从零开始
学创业

阳飞扬　编著

北京联合出版公司
Beijing United Publishing Co.,Ltd.

图书在版编目（CIP）数据

从零开始学创业 / 阳飞扬编著 . — 北京：北京联合出版公司，2015.10
（2022.7 重印）
ISBN 978-7-5502-6196-9

Ⅰ . ①从… Ⅱ . ①阳… Ⅲ . ①企业管理 – 通俗读物 Ⅳ . ① F270-49

中国版本图书馆 CIP 数据核字（2015）第 221775 号

从零开始学创业

编　　著：阳飞扬
出 品 人：赵红仕
责任编辑：李　征
封面设计：韩　立
内文排版：潘　松

北京联合出版公司出版
（北京市西城区德外大街 83 号楼 9 层　100088）
河北松源印刷有限公司印刷　新华书店经销
字数 650 千字　720 毫米 × 1020 毫米　1/16　28 印张
2015 年 10 月第 1 版　2022 年 7 月第 2 次印刷
ISBN 978-7-5502-6196-9
定价：68.00 元

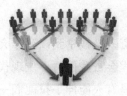

前　言

　　这是一个崇拜企业家的时代，老一代柳传志、张瑞敏、任正非；中年一代马云、史玉柱、俞敏洪、陈天桥；年轻一代李想、茅侃侃、戴志康。老中青三代的创业故事风靡中国，他们的成功故事给无数创业者以遐想与激励。

　　更为难得的是，我们处在一个创业者的美好时代。在全球经济危机的大背景下，无论是政府、银行还是媒体，在鼓励支持创业上达成了出奇的一致，全民创业的时代已悄然而至。

　　从市场层面来看，互联网缩小了人与人之间的距离，地球村的市场到来、创业的机遇云集；从政策层面来看，各级政府提出了全民创业的口号。为了营造创业环境，一些地方政府甚至提出了具体的意见和措施，为创业者提供最优的服务，给予创业者最大的支持，给创业搭建最佳的平台。

　　国内创业环境的日趋完善，创业文化日渐风靡，使得越来越多有思想、有创意、有能力的人走上创业之路，靠自己的能力闯出一番事业的人也越来越多。这是一个必然！物竞天择，适者生存，只有把握住社会发展的大趋势并适应这种趋势才能成就自己的事业！人生难得几回搏，此时不搏何时搏？与其羡慕别人翱翔的雄姿，不如造就自己坚实的双翼；与其羡慕别人拥有自己的事业，享受自己的生活，不如自己付出努力做一番事业。从天时、地利、人和三个角度来看，此时开始创业不失为一个好的选择。

　　创业是指某个人发现某种信息、资源、机会或掌握某种技术，利用或借用相应的平台或载体，将其发现的信息、资源、机会或掌握的技术，以一定的方式，转化、创造成更多的财富、价值，并实现某种追求或目标的过程。创业必须要贡献出时间、付出努力，承担相应的财务的、精神的和社会的风险，并获得金钱的回报、个人的满足和独立自主。对于一个真正的创业者，创业过程不但充满了激情、艰辛、挫折、忧虑、痛苦和徘徊，而且还需要付出坚持不懈的努力，当然，渐进的成功也将带来无穷的欢乐与分享不尽的幸福。当创业遇上现实，任何激情都应该回归理性，创业者除了要有坚忍不拔的精神和意志外，更应该掌握创业的知识，借鉴成功者的经验，这样才可以科学创业、高效创业。创业的过程是循序渐进的，从盲目、冲动的想法到完善商业策划书，再到找投资人，钱拿到以后你会更深层次去考虑市场……在创业的漫漫征途中，上述这些过程会被我们每一位现代创业者逐一地感知、体悟到。在这些过程中，他们最希望的是有人能伸手拉他们一把，他们渴望获得明确的指点和帮助。

为了让每一个梦想走上创业之路的有志者，能在最短的时间内叩开创业的大门，了解创业的流程和方法，从而找到适合自己的创业之路，我们精心编写了这本《从零开始学创业》。本书从创业准备、创业团队的组建、创业项目和商业模式的选择、创业计划书的制作、创业资金的筹集、企业的经营策略、资本运作以及产品营销方法、危机应对策略等方面，全面系统地阐述了创业的基本理论与实践，探讨和总结了创业活动的一般规律和关键问题。与市场上同类创业类图书最大的不同是，本书对创业者所要遇到的各方面问题都做了细致的阐释，不是机械教条式的说教，而是用一些国内外优秀创业者的故事和经历，来启发读者的创业智慧，内容新颖、全面，可读性强。同时，为了便于读者在创业的过程中操作，我们还把这些经验进行了总结和归纳，希望给你创业提供贴心的帮助和保姆式的服务。在编写过程中，我们既注重实用性、时效性，以丰富读者的相关创业知识为目标，又注重系统性、理论性，力求提升创业者对创新与创业精神、创业内涵的理解。

本书既可作为创业教育的培训用书或参考书，同时也适合于各阶层创业者和有志于创业的人士阅读。尤其在当前严峻的就业形势下，越来越多的大学生也选择了创业作为实现就业的手段。国家也出台了相关的政策和扶持帮助大学生自主创业，社会也通过舆论引导大学生积极创业。因此，本书对指导大学生创业具有重要的理论和实践意义。

创业需要时机和条件，更需要创业意识和激情。虽然创业是艰难的，也许你没有资本，没有社会关系，甚至没有很高的学历；但只要独具慧眼，就能捕捉到别人无法看到的创业商机和财富。行动起来，成功就属于你！

目 录

·第二篇·

创业团队：一个好汉三个帮

· 第三篇 ·

捕捉商机：只要用心，无处不在

·第四篇·
商业模式：挖掘创业成功的利润种子

· 第五篇 ·
商业计划书：把公司在纸上开起来

· 第六篇 ·

融资有道：获得投资人的青睐

·第七篇·

日常经营：完善的管理策略

· 第八篇 ·

成长有道：成功的企业就是把产品卖出去

第一篇

创业的准备

导致创业失败的 7 个误区

误区 1：进入自己不熟悉的行业，没有充分调查就行动

俗话说"隔行如隔山"，进入一个自己不熟悉的行业，其困难程度是可想而知的。刚刚起步的创业者在很多方面都经验不足，如果又选择了不熟悉的生意，无疑给自己制造了巨大的障碍。

"不熟不做"是商场的法则。虽然行业之间并不是不可跨越，还是会存在一定的共通性，但是每个行业都有其独特的规则和规律，这个门槛并非想象中那么容易进入。在任何一个行业中，内行的钱是很难赚的，基本上都是内行赚外行的钱。如果对一个行业一窍不通，只是跟着市场上的厚利行业走，就增大了创业的风险性，管理无法深入细致，这样很容易导致失败，从而成为别人的垫脚石。

林曦在一家电脑公司做销售，工作压力比较大，一直希望能够自己开店。正好一个朋友的店铺出让，他就接手下来开了家咖啡厅。林曦觉得产品基本都是一样的，没有太大的差异，能够卖得好是因为销售人员做得好，于是在咖啡厅的产品研发方面，他并没有投入太多资金和精力，只是将工作交给新来的厨师，自己把心思花在了招揽顾客上。然而咖啡厅卖的毕竟不是速溶咖啡，开水一冲就好了。对于咖啡的品种，如何研磨、冲泡，林曦根本一窍不通，顾客抱怨咖啡的口感不好，点心也不对味。到后来顾客只剩下以前的合作伙伴和朋友，一个月下来的营业额连支付房租都不够。有一次在订购原料时还被蒙骗，花了优质咖啡豆的钱拿到的却是劣质咖啡豆，损失惨重。几年间他开过豆腐小作坊，卖过女装，也办过养鸡场，卖过乳制品，从事过的门类多达 15 种。但是直到现在，已经年过中年的林曦还是一名创业者，无论在哪个行业都没有做出太大的成就。

林曦明明对电脑行业很精通，却偏偏一次次地尝试自己根本不熟悉的领域。他没有在任何一个行业里面好好沉淀，始终抱着一种投机的心态，因此也就无法了解这个行业，这也是林曦一事无成的原因之一。每个行业都有自己的核心内容，

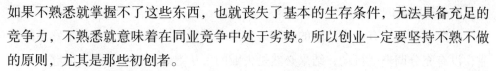

如果不熟悉就掌握不了这些东西，也就丧失了基本的生存条件，无法具备充足的竞争力，不熟悉就意味着在同业竞争中处于劣势。所以创业一定要坚持不熟不做的原则，尤其是那些初创者。

每个行业都有它的可造性，没有一定会赔钱的行业。然而每个阶段的获利是不一样的，不要指望刚刚插手就能一夜暴富。如果看到一个行业很容易赚钱的时候就急着介入，那么等到真正开始经营的时候也许竞争者已经将市场瓜分殆尽了。在资本不够充裕，实力也不雄厚的时候，不要盲目去追赶流行开发新的领域，流行的东西都要经过一定磨合期并且要花费大量的人力、物力、金钱，而市场的占有率如何也是未知的，不是所有人都能承担这样的风险。

创业者最好集中精力从自己熟悉的行业做起，这样更有利于资本的原始积累和更加长远、稳固的发展。

创业本身就是以收益为第一位的，如果对一个行业熟悉，做的过程中遇到问题时，就能自己解决，省去咨询别人的成本和风险，还能很好地预测以后的市场行情走势。熟悉意味着在该行业已建立了人际网络，在生意往来和客源方面有一定的基础和保障。再加上这个行业的资金周转率、应收账款情况、固定设备和流动资产投资额，对投资效益如何、最大费用在哪里，都有一个比较完整清晰的认识，对可能遇到的问题、风险都有一定准备，能少走许多弯路。选择熟悉的行业来创业，能有效规避风险，节省时间，减少行业的间距，有利于横向发展。

创业要在稳健中求发展，在做任何一项投资前都要仔细调研，自己没有了解透、想明白前不要仓促决策。有很多人觉得自己创业失败是因为运气不好，事实上往往是离开自己熟悉的领域，涉足那些热门的、流行的领域想要"一夜暴富"，那是很不切合实际的想法。很多人看到网店红火就跟风在网上开店卖服装，一些人就想当然地认为自己绝对有实力做服装生意，但是等真正开起了服装店，却发现什么都不懂，尺码到底怎么划分，当下的流行款式是哪些等等都不了解，这怎么可能赚得到钱呢！

还是那句话，生意本身是不分好坏的，只有适不适合，完全不熟悉的就不适合做。如果把不做不熟悉的生意理解为墨守成规、不懂得创新就大错特错了。在一个行业做熟之后就能掌握规律和要领，对其他类似的相关行业就有了变通的基础。创业就是要在熟悉的基础上，慢慢将不熟悉变为熟悉。无论选择哪种行业都要控制风险，投入资金不要超过自己承受的范围。当进入一个新的行业，要经过详细的市场调查，看在自己熟悉的基础上能够应用的比例有多高，完全生疏的行业是决不能涉足的。

创业者首先要有一个清醒的头脑，先思考再行动。盲目进入自己不熟悉的行业，没有充分调查就行动，结果必然是失败的。从熟悉的行业做起，能够少走许多弯路，对创业者来说是最明智的选择。

误区 2：用错误的方式管理合伙人，缺乏管理合伙人的智慧

创业者独自在商场拼搏难免会感到势单力薄，尤其是对于初次创业的人来说，资金不足、核心技术短缺、管理经验匮乏，都会降低成功的可能性。因此，选择一个好的合伙人共同创业成了非常重要的选择。合伙创业能够增强实力，降低创业的风险，还可以通过优势互补，从一个较高的起点开始运作。但是如果不能科学有效地管理合伙人，不但达不到 1+1>2 的效果，还会因合伙人之间的纠纷而分割削弱企业实力。

在合伙人的管理上，创业者常常会犯 3 种错误：

1. 选择弱小的合伙人，过度迷恋主导权

很多创业者惧怕实力强大的合伙人，担心最后的主导权会落在合伙人手里，自己有被吞并的危险，为了能够得到合作项目中的主导权，偏向于选择实力相对弱小的合伙人。这样虽然有着做决策人的痛快，却也要承担更多的风险。

李远拥有一家中型纺织厂，随着订单量越来越大，纺织厂的生产速度有些跟不上。为了扩大生产规模，李远决定与其他纺织厂合作完成项目。接洽的几个厂家中，不乏名气实力都很大的企业，但是李远担心自己最后会成为这些大企业的附属，最后选择了一个名不见经传的小企业。然而在运作一个大订单的时候，突然出现了一个意外情况——这家小企业的印染设备老化，无法达到客户要求的颜色标准，必须更新设备才能完成订单。李远要求对方企业共同承担这笔费用，然而由于该企业资金有限，接下这个大订单已经是勉为其难了，根本拿不出更多的资金来改造设备。李远想通过向银行贷款先完成这个项目再说，但是能够贷到的资金远远不够。最后无法按期完成订单，生产出的产品不合格，李远不得不赔偿了大笔的违约金。

没有人想被别人牵着走，在合作中每一方都希望能够主导项目的进行，但

是并不是谁都能够掌握主导权的。共同合作的项目关系到一方甚至多方的利益，掌握决定权的那一方必须要承担着更多的责任。如果不具备一定的实力是没有办法肩负这样的重任的。如果一味地想当"老大"而忽视了合作的基本要求，当项目出现问题时，弱小的合作者无法提供及时和有力的帮助，最后造成的损失可能更大。

2. 不经过仔细调查，草率决定合作伙伴

A 市一家 B 风筝制造厂是一家刚刚起步的企业，恰逢 A 市即将举办风筝节，风筝需求大大增加。B 企业认为这是一个加速企业发展速度，提高收益的大好时机，决定大批量生产风筝。但 B 企业实力有限，于是决定寻找一个合伙人，共同开发这一项目。但 A 市生产风筝的企业众多，最后几经周折终于找到了 C 企业愿意投资共同合作。为了赶在风筝节之前做出产品，B 企业并没有对 C 企业进行仔细的调查，就草率地签下了合作合同。然而随着风筝节的逼近，C 企业承诺的资金一直没有到位，B 企业不仅错过了抢占市场的最佳时机，还由于积压了大量的原材料损失惨重。

无论面对多么诱人的商机，创业者都必须冷静和理智。案例中的 B 企业急于发展，没有仔细调查 C 企业的背景、信誉、实力，为合作埋下了隐患。因此创业者对合作伙伴一定要进行详细深入的调查，合伙人的实力、是否正规经营、口碑评价如何都是必须要考量的。在知根知底的情况下合作，才能减少投资风险。

3. 尚未达成共识，急于合作

现代人越来越重视食品的安全与健康，刘佳的科技开发公司就专门开发了一项用于清洁瓜果蔬菜中残留农药的产品。该产品技术成熟，市场前景广阔，但是刘佳的公司由于缺乏充足的资金，没有投入生产的能力。一位投资者对该产品的市场前景很看好，决定投入资金同刘佳合作开发。刘佳拿到资金后马上投入生产，然而当大批新产品生产出来后，却出现了一个问题。投资者和刘佳在市场运作方式上产生了严重的分歧，投资者认为自己投入了资金，因此要求刘佳必须按照自己的要求做；而刘佳认为投资者不了解市场，坚持自己的看法。双方长期争执不下，投入的资金都打了水漂，刘佳的公司也以倒闭告终。

作为参与项目的合伙人，有参与决策产品运营的权利。无论是投入资金、技术、人力的哪一方都应该尊重其他的合伙人，不能独断专行。因此，在实施具体行动

之前，要达成共识，对具体细节有明确的规划。意见和分歧应该在进行之前做好协调统一，否则等到行动了一半达不成共识，必然造成损失和失败。

合伙的重要前提是取长补短，共同进步，如果不能管理好与合伙人之间的关系，必然会激化矛盾，造成两败俱伤。因此在共同合作时，应该遵循以下原则：

1. 推行民主化管理

凡是参与合伙的人都是整个项目的一分子，都有知情和参与的权利。因此在管理时不能因为合伙人投入的不同而歧视和区别，要尊重合伙人的意愿，在民主的基础上达成共识。

2. 保持战略眼光

合伙人之间是合作互利的关系，而不是竞争对手。要用战略眼光去看待合伙关系，不要因为一点分歧和矛盾影响了合作。只有同合伙人之间保持融洽的关系，才有利于达到双赢或共赢，促进合作的成功。

3. 优化资源配置

合伙的目的就在于取长补短，增加总体实力。要发挥各方的优势，去弥补各自的劣势。如果不能有效地配置资源，合伙的结果很可能比单打独斗的实力还弱。因此，合伙要认清各方的优势劣势，实现资源的优化配置。

总之，错误的管理方式只会削弱各方力量。只有正确的管理合伙人，才能增强合作总体的实力。

误区 3：重情义，轻管理

管理在创业成功中是很重要的部分，如果不能有效地管理，就算有了良好的创业基础，企业也无法长远发展。中国人历来注重人情，很多人在创业过程中偏向于将亲戚朋友放在重要的职位，而不管他们是否适合。不可否认，身边人的支持对创业的成功有着不可忽视的作用，但是如果只注重情义，将会导致企业管理的混乱。

任人唯亲会使管理者偏听偏信，无法正确判断企业内部事务。根据关系的远近而不是贡献的大小分配利益，那么有才能的员工会得不到相应的报酬，直接结果就是企业内人才流失甚至无人可用。企业仅仅靠情义无法为公司留住人才，也没办法取得长远的发展。客观上来说，在创业初期，经济实力、工作环境、人际网络等方面均有不足，也无法吸引社会上的一些人才加盟，因此选择亲友也是相对节省资金的选择。更多的人是从主观上认为亲戚朋友比起"外人"更可靠、值得信任，选择他们担当公司重要职位比较放心。但是必须要清楚，过于重视情义会阻碍科学有效地经营管理，在企业做大之后，将会引起内部分配的混乱和安置的不公平，甚至会使好不容易建立起来的企业毁于一旦。

邱晓经过多年的创业，成立了一家大型乳制品公司，产销遍布全国30多个省、市、自治区。一向经营良好的公司最近却遭遇困境，一群跟公司营销毫无瓜葛的经销商登门讨要3000多万元的货款和欠账，而且他们讨要的不是乳制品公司的货款，而是一家婴儿用品公司所欠下的货款。那么为什么其他公司的货款要向邱晓讨要呢？原来该婴儿用品公司的经理胡东和邱晓是多年的好哥们，邱晓借给胡东注册资金成立了婴儿用品公司。出于对兄弟的信赖和支持，婴儿用品公司全权由胡东一手管理，然而胡东在管理中，任人唯亲，安排根本没有能力的亲戚担任公司的主要管理岗位，导致公司经营混乱，财务不清，还挪用了大量公款到胡东的私人账户上。在营销的时候，胡东甚至还打着邱晓的旗号，利用他的经销商网络，严重扰乱了邱晓的公司。由于经营不善，婴儿用品公司很快倒闭了，还留下了大笔债务。由于胡东常常打着邱晓的名义，所以当出现问题的时候，经销商们找不到胡东就统统跑来找邱晓讨债了。

邱晓只重视兄弟义气，随便提供给胡东注册资金不说，还没有进行监督管理，导致公司名号被滥用，甚至胡东公司的债务也落到了自己头上。"桃园结义"的佳话虽然广为流传，但是并不是所有人都能够对你的创业产生积极的促进作用，兄弟间以怨报德、反目成仇的事情并不鲜见。情义固然重要，但是和管理是两回事，创业者要有清醒的头脑，理智对待企业管理。

首先要做的是减少家族式、朋友式管理的负面影响。创业初期由于条件的限制加上企业稳定的需要，没必要也不可能将朋友式、家族式的管理模式全盘否定。在相当长的一段时期内，朋友式、家族式的管理模式都还是创业者的首选。创业者本身要有一个清醒的认识，对普通员工和亲戚朋友一视同仁，不偏听偏信；根据才能分配职位，不因人设岗；利益分配要按贡献大小，保证公正公平。

其次就是建立有效的管理机制。家族式、朋友式管理的弊端就在于没有健全的机制，根据主观判断而不是客观事实来管理人。建立一套有效的管理机制，既能够避免浪费时间和精力，也能够科学管理。没有制度意识，以人情代替制度，管理中必然存在疏忽和漏洞，也容易因为意见的分歧造成亲人朋友间的不合。有了良好的制度建设，也要注重制度的实施和管理，如果不能落实，再好的制度也只能是一纸空文。

最后要建立科学的用人机制。用人唯贤不唯亲，将个人的能力和德行做为考量标准，而不是以关系的亲疏远近，只有选择、任用优秀的员工才能有优秀的企业。要敢于授权和放权，不要只想着把权力集中在"自己人"的手里，大胆起用适合的管理人员。重视人才、充分挖掘人才、主动培养人才，这样不仅能找对人、用对人，还能留住人。当然，如果亲近的人有能力突出的，也不用一味地排斥，不搞特殊化，公平公正地对待即可，让他们也有发挥自己能力的空间。

误区4：缺乏诚信与商业道德

成功靠的是什么？是运气，是技巧，还是丰厚的投资知识……每个人都可能列出自己创业成功的理由。在迈向成功的征途中，所有这些因素或多或少，会为你指引出前进的方向。但是伟大的品格是不可或缺的因素，一个人成就大事业，置于首位的是他的品格和操守。在通往成功的道路上，诚信是创业者必须具备的素质之一。

人无信不立，创业如果缺乏诚信和商业道德，就无法取得发展和成功。通过投机和欺骗也许在短时间内能够得到明显的好处，但绝不可能长久地存在下去并获得真正的成功。诚信的成本也许很高，但是欺骗的成本更加巨大。比如卖水果的小贩通过缺斤短两获得比别人多的利益，但是失去了顾客的信任，长远来看他将失去更多的利益。再比如通过偷税漏税增加收入，一旦被揭穿，将付出更多的罚款甚至锒铛入狱。对于创业者来说，诚信是经商之本，只有讲诚信才能为自己赢得赞誉和认同，以诚待人，以诚经营，终究会得到长久的利益。那些靠搞欺诈、欺骗等手段赚取不义之财的人，虽然会得到眼前的小利益，但会因失信于人而造成更大的损失。

诚信是创业成功之道的通行证，尽管人们看不见摸不着，但它像影子一样时时刻刻存在着并发挥作用。可以说，良好的信誉对创业者来说，是一种无形的资产，是一块金字招牌。

李嘉诚最初做塑料行业工作时，经常遇到一个乞丐，她从不伸手要钱，但李嘉诚每次都会主动拿钱给她。有一次，李嘉诚和她约定第二天见个面，然后帮她做点小生意。但不巧的是，当天，一位客户偏偏来到李嘉诚的工厂参观，客户至上，他也没有办法，只得接待。但在与这位客户交谈时，他突然说了声"Excuse me"，便匆匆跑开。李嘉诚跑出工厂，驱车赶到约定的地点，好在没有失约，把钱交给了那个乞丐。事毕后，他又开车回到工厂，去接待客户。

即使是冒着怠慢了大客户的风险，也决不失信于人，这可以说是李嘉诚成功的重要因素之一。诚信的作用比材料、设备、工艺等硬实力更加重要，它是一种不可超越的软实力，是持久的竞争优势。企业若想在市场中持久经营，拥有忠实的客户群，就必须以信誉作为市场通行证，而追求短期利益，通过欺骗手段坑害消费者使其利益受损，虽能获得一些短期利益，但其效果与杀鸡取卵无异。不讲诚信，等于自动放弃软实力，企业也必将在以后的经济活动中遭到市场的报复，消费者可用手中的货币作为选票，将不讲诚信的企业逐出市场。

在现代商业活动中，由于信息公开和传播速度加快，企业的信誉状况很快就会收到市场的反馈。如果企业信誉优良，就可以得到更多的信任，收获消费者的口碑，在市场竞争中赢得主动。

诚信是一切企业走向成功的通行证。英国谚语说："信用乃成功之伴侣。"日本谚语说："信用是无形的资产。"中国人也常说："信用是最大的资本。"古人千金买马骨，以此取信于天下。如今，我们为企业树立良好形象，同样需要严格做到"言必信，行必果"。

创业者都必须明确这样一个观念，那就是信誉将是你成功路上最重要的财富，因为与资金、人脉等资源比起来，良好的信誉更加难以获得，同时，也更难以保持。要让顾客有信任感和安全感，我们就要增强诚信意识。"诚招天下客，誉从信中来"，这虽是一句古语，但时至今日，仍不过时，不少商家仍将它作为搞好经营的信条。因为在激烈的市场竞争中，讲信誉、守信用是赢得胜利的保证。

从某种意义上来说，现代市场经济就是信誉经济。诚信是市场经济领域中一项基础性的行为规范，也是市场良性发展的内在动力。而锻造诚信这一软实力，也是企业适应市场竞争的必要前提。创业者只有切实把"信誉高于一切"作为企业的经营宗旨，并按照这一宗旨行事，才能使企业日益兴旺与不断发展。

误区 5：贪大，赌性代替了实干精神

提及小生意，许多创业者可能不屑一顾，尤其在这个几乎每人都想快速致富的时代，小生意的慢性积累似乎更不能让人容忍。翻翻杂志，看看报纸，我们都在寻找致富项目。但现实中令人遗憾的是，大多数创业者的眼睛更多地停留在了那些夸大的能让人一夜暴富的信息上面，其内心深处期待的是哪个项目能让人一年赚上几十万、几百万甚至上千万，事实却是，这样的创富神话可能只是天方夜谭。

有一个故事，说一个老渔夫在水流湍急的河段钓鱼，一个刚学钓鱼不久的小渔夫经过，就问老渔夫，这里鱼儿游都游不稳，怎么会钓到鱼呢？老渔夫笑而不答，提起他的大鱼篓，往岸边一倒。顿时，一尾尾大鱼在地上跳跃着。小渔夫傻眼了。

老渔夫说："只有在大风大浪的地方，才能钓到大鱼。"小渔夫平常总在小河沟里钓小鲫鱼，钓 10 条鱼加起来，也比不上人家一条鱼大。小渔夫一生气，干脆把小鲫鱼一股脑儿全放了，然后在距离老渔夫不远的地方垂下了钓竿。结果呢，一连 3 天，小渔夫一条大鱼都没钓到，他又问老渔夫有什么诀窍。老渔夫这时说了："我没啥诀窍，只是来这儿钓鱼之前，我已经在小河沟里钓了好几年小鱼。"

这个寓言的寓意很明白：在没有能力钓到大鱼之前，应该专心钓一些小鱼。创业也是如此，从一种最简单的模式起步，经过不断的积累、磨炼，往往就能产生惊人的结果。总有一天，你也能开创大场面。

贪大有两个含义：一是贪规模，也就是说，尽管是在起步阶段，也尽可能地将摊子铺大；二是贪大利。在很多管理者眼里，小利润从来都不被看上眼，认为只有捕捉到鲸鱼才是真正的出海。殊不知，以新创企业那么小的实力，即使是捕捉到鲸鱼，也有可能被压垮。

小利照样能够赢得巨额利润。积跬步，可以至千里；积小流，可以成江海。在创办新事业的过程中，"一夜暴富"，"一口吃成胖子"的梦想往往难以实现。利润的薄厚不是关键，关键在于企业能否长久赢利，因此，新事业要轻装上阵，从小利开始做起，莫要让追求厚利压垮了自己。

不想当将军的士兵不是好士兵，创业者都希望能够成就一番大事业，这种激情可以说是促进创业者不断奋斗的动力。然而很多创业者却被这种激情冲昏了头脑，一味地追求规模和速度，成为了机会主义者。看到某个"一夜暴富"的机会

就认为自己掌握了规律，以赌徒心态去搏一搏，最终导致一败涂地。

一口吃不成个胖子，赌性代替实干精神的唯一结果就是失败。很多人在创业时赌博似的把大笔的资金投入在高风险的项目上，想通过放手一搏直接达到成功的目的。赌场中没有永远的赢家，生活中的赌徒会倾家荡产，创业时的赌性也会酿成不可挽回的局面。成功没有捷径，脚踏实地才能提高创业成功的概率。在创业初期，不根据自身的实际情况，盲目地追逐规模和速度，必然不能考虑的全面。创业者必须对自己的发展方向有一个明确的定位，不打无准备之仗，脚踏实地地进行自己的计划，而不能把希望寄托在遇到绝境之时的放手一搏。创业者想要取得成功，不能一味贪大，必须要培养自己的实干精神。

创业首先要从小处入手，不铺大摊子。创业初期，资金和经验都十分有限，因此不要太早做发达梦，避免盲目铺开大摊子。

张萌想要自己创业，因为之前做过内衣店店员，她选择了内衣代理销售。不想"小打小闹"的张萌，通过银行贷款筹集了一大笔资金，开了一家很大的内衣专卖店。然而，由于没有经营的经验，张萌对于具体怎样运作更是不了解，很快就遭遇到了很大的麻烦。代理了大批货物，但是除了自己的店铺找不到分销渠道，每天店内的销售情况也有限，因此，产品出现了滞销的情况。昂贵的店铺租金加上垫付的货款，市场也一直没有出现好转，没多久，张萌的资金已经开始见底了。

不顾自己的实际情况，一味地贪图大规模，但是自己又驾驭不了，陷入意想不到的困境，最终导致了失败。须知小生意并不意味着没有发展潜力，不要小看小生意，很多知名的大集团都是从小生意做起来的。小生意的门槛较低，对想要创业的人来说，从小生意入手是十分明智的选择。如果经营得好，从中能够积累经营和管理的经验，就有了成就大生意的基础。从小生意中得到大收益的例子数不胜数。浙江省义乌市的小商品市场经营的都是跟人们日常生活息息相关的小物件，价格低廉，然而因鲜明的特色成了中国小商品重要的集散地，客流量数以万计。美国一家著名的自选连锁超市，最初是从小镇上的一个"低价"自选商店开始的。无独有偶，美国的刷子大王艾富赖德·弗勒也是从经营8美分一把的小刷子而成巨富的。因此，不要因为生意小就觉得没有发展前景，只要经营得当，小生意也能赚大钱。

其次，实干不等于苦干。如果把实干理解为毫无目的的埋头苦干可就错了。

创业不会是一帆风顺的，困难和磨砺都是必经的阶段，想要成就一番大事业就要先做好吃苦的准备。但是有吃苦的意识不代表就要对所有困难"逆来顺受"，在不确定目标和方法之前的苦干不值得提倡，既然有的苦是可以避免的，就没有非要吃苦的必要。创业者要主动地寻找行业内的诀窍，事前做好准备规避可能的风险，不要以为蛮干苦干就能成功，成功也是有方法可寻的。创业者不应该有"没有功劳也有苦劳"的观念，市场是残酷的，没有功劳就没有人承认苦劳的价值。成功的创业者懂得踏实肯干的重要性，更懂得高效和借力，有效地利用资源，所以他们成长的速度才能比别人快，比别人稳。

最后，把握机遇不等于赌博。创业者如果能把握住机遇，成功的可能性就会增加，但是要知道，把握机遇绝不等于赌博。

在管理上、创业决策上不依靠理智的决定而是依靠赌性，就无法对眼前的实际情况有清醒的判断，就算机遇降临也没办法把握住。创业者需要的是科学决策，凭借自身实力和经验的积累去获取机会；而不是没有任何实力支撑，靠一次运气去赌来成功。

总之，不要贪大，不要盲目追求扩大规模，想要做"大"必须先做"强"，在有了夯实的地基之后，才能有稳固的大楼。

误区 6：急于求成，缺少战略思维

创业者在开拓自己的事业之时，都是满怀激情期待着成功的，然而成功并不是短时期内就可以达到的。创业初期的毫无起色或是不好的苗头会让很多人沉不住气，就会开始着急，想要走捷径追求速度，甚至不惜用违背道德法律的手段，这是非常不可取的。

有一个小村庄，种出来的蕨菜质量特别好，有一家日本企业前来大量收购。渐渐的，这个村庄就发展成为向日本出口蕨菜的生产基地，也成为当地唯一的经济来源。刚开始，村庄里的老百姓都是将蕨菜放在太阳底下晒干了以后打包运到日本去，后来由于放在太阳下面晒干需要两天时间，很多老百姓想赚更多的钱，等不及蕨菜晒干，就把蕨菜收回家，然后用锅烘烤。在锅里烘干来得快，一会儿的工夫就好了，但是烘烤的蕨菜和太阳晒干的蕨菜是有着本质区别的，两者表面上看是一样的，但是烘干的蕨菜用再多的水也泡不开。日本的这家企业发现了村民们的"作弊"后很生气，便挨家挨户下达通知说："千万不要用锅烘烤，一定要放在太阳底下晒，不然就没办法合作了。"大部分的老百姓都遵守了日本企业的要求，把蕨菜放在太阳底下晒，但还是有人把蕨菜偷偷地放在锅里烘烤。日本企业在抽样调查后发现了仍然有烘干的蕨菜存在，于是断绝了跟这个地区的全部蕨菜交易，这个村庄也失去了经济来源。现在，村庄里的老百姓依然在贫困中挣扎，因为再也没有日本企业来收购他们的蕨菜了。

创业就如同蕨菜，需要长期的晾晒才能有优良的品质，如果急于求成，投机取巧只重视短期内的收益而没有长远的眼光，结果必然是失败的。一个想要成功的创业者不能只重视眼前的利益急于求成，需要树立长远的战略思维，规划未来的发展方向。美国通用电气的董事长曾说："我整天没有做几件事，但有一件做不完的工作，那就是规划未来。"战略规划甚至比努力工作还要重要，那么身为创业者要怎样树立战略思维呢？

1. 准确定位目标

有了确定的目标才不会好高骛远，急功近利。创业者要有一个长远目标和多个短期规划。长远目标即创业者心里成功的标准，把这个目标分成短期规划按步骤进行。短期的规划要根据自身的实际情况而定，可以以所在行业的成长趋势和成长速度作为参考标准，然后根据目前拥有的资金、资源、能力来确定每一个阶段应当达到什么目标，这个目标不要求多大，只要具体明确可行性强就足够了。比如在3年之内，想要达到多大的规模，多少的营业额，多大的市场占有率等等，尽可能地量化、具体化。

2. 持之以恒

这是一件看似简单，但实施起来非常有难度的事情。因为许多目标很难在短时期内看到成效，当别人的事业发展得很大而自己还在缓慢前进时，难免会急躁冲动。然而对于创业者而言，持之以恒是战略思维中非常重要的因素。如果制定了准确的目标而缺少坚持，努力就没有任何意义。可以将目标制定的小一点，将实施时间确立的短一点，三年五年的规划几天内肯定体现不出效果，如果是几个月甚至是几个星期的目标就很容易实现，这样也能消除一直未见成果的急躁感。同时要在创业过程中不断思考存在的问题以及可能发生的情况，并采取切实可行的措施加以调整。

3. 懂得取舍

要有梦想而不要有幻想，梦想是鼓励创业者不断前行的动力，而不切实际的幻想只会干扰创业者的思维和选择。在创业初期，如果被过多的选择所干扰，沉不住气，那么创业只能是以失败告终。创业的初期，有些创业者会有很多的顾虑，他们可能有稳定的工作，有尚未还清的房贷，有嗷嗷待哺的孩子。但如果顾虑太多，等到房贷还清了，孩子长大了，创业的时机可能已经溜走了。如果不能有所取舍，将会在顾虑和幻想中迷失方向，不知所措。所以创业者要做的就是懂得取舍，抛弃那些阻碍自己创业的顾虑和不切实际的幻想。

那些急功近利急于求成的人，非但不能比别人更早到达成功的彼岸，反而因为过于急躁在半路就触礁沉船。要知道，创业就如同自然万物一样，都有自己的生长规律，拔苗助长只会枯萎死亡。只有那些一步一个脚印、树立战略思维的创业者，才能取得最终的成功。

误区 7：忽视与投资相关的环境

环境的影响力是极大的，珍贵的种子无法在贫瘠的土地上开花结果，如果没有好的环境，再好的项目也一样无法取得成功。对创业者来说，必须要调查与投资相关的环境是否有利。有了良好的投资环境，创业过程将轻松容易许多。相反，如果投资环境恶劣，创业者将寸步难行。

周斌偶然在一个偏远的山区里发现了稀有的野生果树，他马上认定这是一种极具开发潜力的产品。于是经过一番简单调查、分析后，周斌马上筹措了一大笔资金开发健康型的野生果汁。经过数月的努力后，第一批果汁终于灌装出厂了。然而就在这时，却出现一个致命的问题，由于山区都是绵延曲折的羊肠小道，大货车开不进来，产品也无法运送出去。如果要修这段山路的话需要投资至少几十倍于投资果汁的资金，大大超出了周斌的能力范围。眼看着一瓶瓶的果汁开始发酸变质，周斌依旧想不出对策，只能放弃了这个项目，大笔的资金白白打了水漂。

创业者往往认为只要有好项目在手，其他的因素都不会有太大影响，须知忽视与投资相关的环境将会为创业制造巨大的阻碍。案例中的周斌就是没有对客观的投资环境进行仔细分析，导致好的项目得不到有效的实施。对创业者来说，与项目相关的地理位置、自然环境、自然资源、基础设施建设作为硬环境都是必须要关注的因素，如果忽视它们的作用，就会埋下失败的隐患。另外像地方政策、科技环境、法律环境等软环境也是极为重要的投资环境。那么创业者要如何选择合适的投资环境呢？

1. 根据客观事实综合选择

投资环境的评价要依据客观事实，综合评定区域内的优势与劣势。不能从主观上希望这个环境好或者认为这个环境合适就急于下定论。某些环境从一方面看来很适合，创业者就想当然地认为整个环境都适合发展，等到具体实施后才发现存在很多不利的因素，导致创业进程遇到阻碍或停滞。投资环境不能仅从一方面选择，投资环境的构成要素既有宏观方面的也有微观方面的，既有地形、道路、气候等硬件方面的，也有风俗政策、文化等软件方面的，因此必须综合整体的选择。

2. 根据支出比重大的因素选择

不同创业项目的重要支出因素都是不同的，对投资环境的要求也不尽相同。因此创业者要先确立自己的项目中所占比重较大的因素，然后有的放矢地选择合适的投资环境。创业活动的本性是增值，它也是创业者所最终追求的目标，根据支出比重大的因素选择投资环境能够增强赢利性。如以劳动力支出为最大比重的，就选择劳动力数量密集、价格较低的环境；以运输支出为最大比重的，就选择交通便利、道路良好的环境；以原料支出为最大比重的，就选择原材料产地或者价格相对较低的环境。

3. 根据实效比较选择

投资环境并不是一成不变的，是在不断地发展变化的。投资环境可能今天是有利的，也可能明天就是不利的了。投资环境各个要素的评价标准也不是固定的。另外，不同的投资项目即使是在同样的投资环境下，所产生的效果也是不同的。

蔡先生看到土渣饼销售火热，每家饼店外面都有大批排队等待买饼的人群，于是打算自己开一家土渣饼店。他投入大笔资金进行店面装修、购买技术、办理营业执照、聘请员工等。当店面一切筹备妥当后，信心满满的蔡先生准备大赚一笔。可开张后却发现生意并不如预期的好，由于附近居民区开始拆迁，客源骤减，开业两个月一直在赔钱。蔡先生本想再坚持一段时间，可没多久发现附近的土渣饼店基本都关门了，没有改善措施的蔡先生也只能把店关了。

蔡先生失败的原因就在于创业目的不明确，没有做好投资环境分析。在投资环境转向不利的形势下依然投资开店，从而导致失败。

因此，创业前对投资环境进行理性的分析尤为重要。创业是风险与利益共存，哪种环境适合做哪种项目，需要冷静对待。

创业者应具备的素质

创业的第一个条件：拥有无与伦比的创业精神

创业的过程绝不可能是一帆风顺的，如果没有无与伦比的创业精神，是无法在激烈的竞争中胜出的。"宝剑锋从磨砺出，梅花香自苦寒来。"逆境给人宝贵的磨炼机会，只有经得起环境考验的人，才算是真正的强者。其实，顺境和逆境都是命运的安排，只有坦然去面对，才是最好的方式。把"置身绝境"看成是锻炼自己的宝贵机会。明白这点，那么在面临艰难困苦时，就能勇气百倍地承受，迎接挑战。唯有如此，才能涌出新的智慧，转祸为福。

被誉为"经营之神"的松下幸之助并不是社会的幸运儿，但是，不幸的生活促使他成了一个永远的抗争者。松下电器公司并非一个一夜之间成功的公司，创业之初，正遭遇第一次世界大战，物价飞涨，而松下幸之助手里的所有资金还不到100日元。公司成立后，最初的产品是插座和灯头，然而产品遇到棘手的销售问题，工厂竟到了无法维持的地步，同事们相继离去，使松下幸之助的境况变得很糟糕，当时的困难可想而知。

但松下幸之助把这一切都看成是创业的必然经历，他相信：坚持下去取得成功，就是对自己最好的报答。功夫不负有心人，生意逐渐有了转机，当6年后他拿出第一个像样的行车前灯时，公司才慢慢走出困境。然而，走出困境的松下电器公司所面对的并不是风景美好的坦途，而是一系列坎坷困窘的开始。随着1929年经济危机席卷全球，日本电器销量锐减，第二次世界大战的爆发使日本经济走上了畸形，松下幸之助变得一贫如洗，他所有的却是高达10亿日元的巨额债务。为抗议把公司定为财阀，松下幸之助不下50次地去美军司令部进行交涉，其中的苦楚自不必言。

在94岁高龄时，松下幸之助说过："你只要有一颗谦虚和开放的心，你就可以在任何时候从任何人身上学到很多东西。无论是逆境或顺境，坦然的处世态度往往会使人更加聪明。"他用他的成功向人们表明，一个人只有从心理上、道德上成长起来时，他才可能成就一番事业。

创业过程中一定存在压力和困难，重要的是你能不能以一颗坚强的心去面对。创业之路实际上很残酷，就像只无形的手，总是攫住你，让你无处可逃。但有压力有困难对人并非只是一件坏事，很多时候，人需要一种力量来推动，就像慢马需要马缰一样，适当的压力能激发出你的潜力，竞争可以检验你的能力。遇到困难时，最简单的解决办法就是：勇敢地迎接它，告诉自己——我顶得住！试问哪一个创业者不是承受了各方的压力，最终超越压力，甚至将压力巧妙地转换为动力而获得成功的？成功的面前总是会有一些障碍，只有能够克服困难走过去的人，才有资格品尝胜利的自豪和快乐。

失败对坚定的人来说是一种考验，它是成功前的一次测试，成功者都经过失败的历练，是失败教会他们成功。

万向集团总裁鲁冠球儿时家境贫寒，他的父亲在上海一家药厂上班，收入微薄。他和母亲在贫苦的农村相依为命，日子过得十分艰难。初中毕业后，为了减轻父母沉重的生活负担，鲁冠球回家种地，过起了普通农民的生活。十四五岁本来是读书的大好时光，告别学校的鲁冠球内心很痛苦，他暗下决心，一定要出人头地。

鲁冠球明白，靠种庄稼永远无法摆脱目前的困境，也不可能实现自己的远大抱负。于是，他决定离开浙江农村去上海闯荡，想让父亲帮忙找些事做。但父亲非但没有给他找到工作，自己也很快退休回了老家。鲁冠球感到很失望，怎么办呢？路毕竟要走下去啊，还回到那几亩稻田里？不！一定要走出面朝黄土背朝天的生活。

后来，经人帮忙，鲁冠球到萧山铁业社当了个打铁的小学徒。此后，鲁冠球就干起了铁匠。打铁是非常苦的活，一个十五岁的乡下孩子起早贪黑地跟着大师傅抡铁锤，一天到晚大汗淋漓，而工钱却少得可怜。但鲁冠球却非常满足，他庆幸自己告别了修理地球的生活，有了一份不错的职业。然而，命运往往捉弄人，就在鲁冠球刚刚学成师满，有望晋升工人时，遇上了企业、机关精简人员，他家在农村，自然被"下放"回家了。鲁冠球感到自己又一次陷入了失意的境地。他知道，他必须寻找新的突破点。

三年铁业社学徒生活使鲁冠球对机械设备产生了一种特殊的情感，那是一种用劳动的汗水凝成的情感。当时宁围乡的农民要走上七八里地到集上磨米面，鲁冠球也不例外。久而久之他竟然不自禁地对轧面机、碾米机"一见钟情"。而且他发现，乡亲们磨米面要跑的路太远了，很不方便，如果在本村办一个米面加工厂，一定很受大家欢迎，而且可赚些钱。如果自己能买机器，既省了磨面的钱，又省了乡亲们的工夫。亲友们得知鲁冠球的这一想法后，都很信任他，也很支持他，纷纷回家翻箱倒柜，勒紧裤腰带凑了3000元，买了一台磨面机、一台碾米机，办起了一个没敢挂牌子的米面加工厂。

那个年代是禁止私人经营的，鲁冠球搞米面加工厂的消息不胫而走后，就被查封。鲁冠球和乡亲们一面到处托人求情，一面"打一枪换一个地方"。一连换了3个地方，最后还是在劫难逃。加工厂被迫关闭，机器按原价1/3的价钱拍卖。当时的鲁冠球负债累累，只能卖掉刚过世的祖父的3间房，变得倾家荡产。

鲁冠球很长时间都吃不下饭、睡不好觉，整日闭门不出。让他感到特别痛苦的不仅是这次商业试验本身的失败，还有给家里带来的巨大压力，父母用血汗换来的钱就这样化为乌有了。但是，鲁冠球没有消沉，没有埋怨命运，没有抱怨生活，而是重新挑起生活的重担，奋然前行。没过多久，他成立了农机修配组，修理铁锹、镰刀、自行车等。后来，他的农机修配组的生意越做越红火。

机遇永远垂青于有准备的人。宁围公社的领导找到了鲁冠球，要他接管"宁围公社农机修配厂"。这个农机修配厂其实是一个只有84平方米破厂房的烂摊子，很多人担心鲁冠球会陷进去难以自拔，但鲁冠球以其敏锐的观察力认定可以以此作为创业的起点。于是，鲁冠球变卖了全部家当，把所有资金都投到了厂里。虽然这个工厂前程未卜，鲁冠球却把自己的命运完全押在了这个工厂上。

鲁冠球真正的成功是与万向节密不可分的。万向节是汽车传动轴与驱动轴之间的连接器，因其可以在旋转的同时任意调转角度而得名。当鲁冠球开始接触万向节时，全国已有50多家生产厂商，而且产品饱和，唯一有空间的市场是生产进口汽车万向节。一个乡镇小企业想生产工艺复杂的进口汽车万向节，在许多人看来，无异于痴人说梦。而且，鲁冠球不惜丢掉70多万元产值的其他产品，把所有资源都集中在万向节上，让许多人难以理解。

今天，当我们重新审视这一决策时，不能不为鲁冠球过人的判断力和选择小厂走专业化的道路而拍案叫绝。万向节虽然生产出来了，但是当鲁冠球为刚刚问世不久的产品寻找销路时，却遇到了极大的困难。万向节必须自己闯天下。鲁冠球租了两辆汽车，满载万向节参加山东胶南全国汽车配件订货会，3万名客商，沿街的展销点，却没有鲁冠球的一席之地。3天过后，鲁冠球摸清了各路厂家的价格，毅然提出大降价的决定，市场顷刻之间发生了变化，鲁冠球站在了市场的最前面。

成功的面前总是会有一些障碍，只有像鲁冠球一样能够克服困难走过去的人，才有资格品尝胜利的自豪和快乐。

创业者要有坚强的意志和打持久战的毅力，把创业路上的坎坷视为当然。一个人能否成为百万甚至千万富翁，可以依靠几年的好运和努力，或者一两次机遇就足够了。但一个人能否成为"大生意人"，"大企业家"，成就足以使他人和后人钦佩的事业，则需要持之以恒的努力和付出。一家优秀企业的形成，一份长久事业的形成，甚至一个优秀产品的形成，往往都不是一两年、三五年所能做到的，它很可能需要创业者的毕生心血。创业路上平常心很重要，坚韧的毅力是创业者应该具备的第一精神。

创业者还要能坚持自己的信念和目标。在其他同行走上迷途的时候，创业者要能有清醒的认识，不为眼前小利所动，不做昧良心的产品；更为重要的是，要能耐得住寂寞，静心做技术和产品的创新，稳扎稳打，夯实企业发展的根基。创业者应该把企业当成实践人生理想的平台，而不仅仅是谋利的机器。虽然企业的本质是赢利，但凡是成功的企业，都是具有信念的企业。坚持信念和赢利并不矛盾，只有坚持信念，专注目标，才会获得竞争优势，从而使利润自来。

创业的先决条件，不是有多好的项目，多雄厚的资金，而是诸如坚韧、执着、坦然等无与伦比的创业精神。只有拥有了创业精神，才能够突破困难，打开成功的大门。

创业的第二个条件：制定正确的创业目标

创业要有一个目标作为指导，才有成功的可能。就像运动员打棒球，球飞来的方向是不确定的，运动员必须随时调整自己的方向，准确击球，只有这样，才

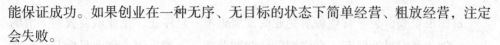

能保证成功。如果创业在一种无序、无目标的状态下简单经营、粗放经营，注定会失败。

制定创业目标并不是一件有趣的事，需要消耗大量的工作时间，然而无论付出多少成本，树立正确的创业目标是必需的。俗话说，机会是留给有准备的人的，在创业中也一样，缺乏一个正确的目标，必然不会得到市场的青睐。目标能够激励管理层去系统地思考已经发生的、正在发生的以及将要发生的事情。一个清晰明确的目标，往往还能帮助企业完善与实现其目标和政策，能够协调好各个部门之间的工作；同样，一个全面且实际的目标，还能够应付不断变化的市场需求。

创业目标并不是制定好了就一劳永逸了。很多人认为，创业是一场短跑比赛，重要的是拿到冠军。然而，拿到冠军之后呢？创业的过程并非一场短跑，而是一场跨栏，不是 110 米跨栏，而是马拉松跨栏。一个企业的发展，跨一个栏以后，前面又有一连串的栏，跨过去一个栏杆就如同实现了一个目标，而想要持续经营的企业，总会还有无数的目标等待着被跨越。

效率提升大师博恩·崔西说过："成功最重要的前提是知道自己究竟想要什么。成功的首要因素是制定一套明确、具体而且可以衡量的目标和计划。"在创业马拉松跨栏的过程中，有一点是一定要注意的，那就是当跨完一个栏以后就要看下面一个栏在哪里，甚至这个栏是已经设立好的。一个有理想的创业者，应该是一直有目标放在那里。

周作亮就是因为缺乏正确目标而失败的。在创业初期，周作亮凭借"敢闯、敢创""大胆地试"取得了很大的成功，然而在企业上了规模之后，他反而没有了明确的目标。当偶然获悉市场上铝材可以获取丰厚利润，当即决定兴建铝材厂，并且仅用 8 个月就投资 12 亿元建成了日产 10 吨的铝材加工厂。随后，由于铝锭、铝棒全部需要外购，周作亮决定再建设电解铝厂，又由于电力供应不足，为解决铝厂的用电问题，他不顾电力部门的强烈反对，在小火电已经列为限制发展项目的情况下，上马了 3 台 5 万千瓦的小机组，年发电能力为 15 亿千瓦时，而铝厂自用仅为 6 亿千瓦时，三台小机组有两台闲置。为了解决剩余电力的外输和联网问题，周作亮又必须建变电站。就这样，周作亮走上了"缺啥补啥"的不归之路，这种没有战略的经营，盲目的发展，最终将企业引入歧途。

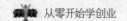

目标很重要，企业管理者对企业的发展思考一旦停止，企业就会驶向下滑的方向。创业者对目标要有一个详细的认知和分析。一般来说，创业目标是一个由众多因素构成的有机整体，主要内容有：

1. 战略任务

是指在既定时间内，创业项目和预期要达到的目标。战略任务通过规定企业的业务活动领域和经营范围表现出来，如针对哪些消费者，经营何种产品，提供哪些方面的服务以及商圈到底定位为多大的区域等。

2. 经营目标

指在预定时间段预期达到的目标成果，是战略任务的具体化，反映着企业在较长时期内经营的水平和营销管理的完善程度。经营战略目标是一个综合的或多元的目标体系，它主要涉及以下内容：

（1）市场目标。指在行业竞争中优势发挥的程度，包括竞争实力和信誉的提高程度。竞争实力的提高程度具体表现为传统市场的渗透和新市场的开拓，市场占有率、销售增长率的提高等。

（2）发展目标。指企业实力和规模的扩大程度。具体表现为商品更新速度和经营管理水平，领导素质和员工素质的提高程度等。

（3）效益目标。指企业在制定经营战略时预期的效益规划。具体表现为利润总额的扩大和资金利润率的提高程度。

3. 目标措施

指创业者为实现战略目标而制定的长远、重要的措施。企业在实现战略目标的过程中，会遇到各种机会、威胁和风险，为了充分利用市场机会，避免市场威胁和减少市场风险，应该制定出积极有效的具体措施。

（1）管理措施。包括管理机构设置的合理化，管理手段的现代化，管理方法的科学化，管理人员的专业化等。

（2）策略措施。主要指在不同的经营环境中采用的特殊策略。

正确的目标，不是好高骛远，不是个人兴趣，不是一时冲动，而是在正确评估企业资源和条件，科学对待企业发展前景的基础上为企业发展所设计的安全航道。创业之路能够最终走多远，就看目标规划有多远。

创业的第三个条件：从决心创业时起，让自己成为一个全才

工作需要专才，创业需要全才。即使是凭着自己的专业创业的人，在创业的过程中也一定会接触到很多非本专业的问题。因此当下定了创业的决心时，创业者就要有成为一个全才的准备，成为一个全才是创业者必须具备的素质，是创业成功的客观要求。然而很多人会问，没有人能够成为样样精通的全才啊！这里所说的全才，并不是对于任何事情都要精通，而是对各方面有基本的了解进而能够培养统筹的人。

创业者身上肩负着多重的责任，承担着多重的角色。那么，只有把每一个角色都做好，才能培养成一个成功的人。

1. 企业的代表者

创业者是企业的代表者，就企业而言，创业者是企业与客户、社会有关部门的公共关系的体现者；就员工而言，创业者是员工利益的代表者，是员工需要的代言人。不论手下有多少员工，也不论这些员工表现如何，企业整体的经营绩效及形象都必须由创业者负起全责。所以，创业者对项目或者企业的运营必须了如指掌，才能在实际工作中做好安排与管理，发挥最大效用。

2. 目标的执行者

创业如同船行海上，一切以船长的目标为目标。创业者的角色就像一名船长，如果船长说："我们的船在 3 天之内将到达目的港，大家目前主要的任务是全力以赴，努力地使船向东行驶。"这样一来，船员们都有了明确的目标，清楚自己目前应该做的工作，因而能全神贯注地遵循船长的指示来完成多项工作，而不必担心其他的事情。这样，船才能正常地行驶，更早地到达目的港。与船长的工作类似，创业者也必须清楚地知道目标，并将目标准确地传达给自己的员工，万众一心，共同努力，实现目标。在向目标迈进的过程中，创业者必须具备领导、管理与沟通的能力。

3. 员工的培训者

员工整体的业务水平高低是关系到企业经营好坏的一个重要因素。所以创业者不仅要时时充实自己的业务经验及相关技能，更要不断地对所属员工进行岗位培训，以促进整体经营水平的提高。同时，经营者工作繁忙，并且常有会务活动，当其不在企业内时，各部门的主管及全体员工就应及时独立

处理企业内事务，以免延误工作。为此，还应适当授权，以此培养下属的独立工作能力，训练下属的工作技能；并在工作过程中及时、耐心地予以指导、指正与帮助。全体员工的各方面素质提高了，企业运营与管理自然会越来越得心应手。由此可见，培训下属，就是提高工作效率，也是间接促成创业之路顺利进行的保证。

4. 各种问题的协调者

创业者应具有处理各种矛盾和问题的耐心与技巧，如与员工沟通、与合作伙伴沟通等方面，是创业者万万不能忽视的。如果创业者对下属的指令传达都毫无瑕疵，但是对与员工沟通、与供货商沟通等方面却做得不够好，无形中就会恶化人际关系。因此，创业者在上情下达、内外沟通的过程中，应尽量注意运用沟通交流的技巧和方法，以协调好各种关系。

5. 运营与管理业务的控制者

为了保证项目的顺利运行，企业正常运转，创业者必须对日常运营与管理业务进行有力的、实质性的控制。其控制的重点是：人员控制、商品控制、现金控制、信息控制以及地域环境控制等。

6. 工作成果的分析者

创业者应具有计算与理解企业所统计的数值的能力，以便及时掌握业绩，进行合理的目标管理。同时，创业者应始终保持着理性，善于观察和收集与运营管理有关的情报，并进行有效分析以及对可能发生的情况做出预见。

身为创业者，所扮演的角色，所承担的责任并不仅仅是这些而已。想要真正有所成就，非要眼观六路耳听八方，做个样样都能兼顾的全才不可。即使现在尚不是全才，也要树立成为全才的志向。

创业的第四个条件：要有真正帮人家赚钱的经验

在一个小村庄里有个医术高超的郎中，被人称为神医。这个神医有3个儿子，他将毕生所学的医术都传给了儿子们。神医老了，没有力气给人看病，就叫3个儿子去给病人诊治。可是前来就医的人怎么也不肯让他的儿子们看病，神医百思不得其解，难道真的是自己的孩子资质平庸？一位经常来看病的老者点破了神医：

"那是因为他们从来都没有把过脉啊！不管你的医术多么高明，他们学会的仅仅是理论而已，人们怎么可能放心让他们来诊治呢？"

没有经过实践检验的知识都只是空谈。无论具备多么专业多么全面的知识，没有实践经验也不要轻易尝试创业。从来没有过赚钱的经验，就想当然地认为自己可以赚到钱，结果则可能会失败。书生型创业者的最大特点是：想得多，完全从自我的主观想象出发，而忽视对市场需求的客观调查。真正的商人凡事不是从"我认为"出发，而是从"市场信息反馈中"得知真正的需求。

20世纪50年代初期，美国的劳拉·阿什雷创立了劳拉·阿什雷公司，该公司主要生产女性装饰用品，其新颖的产品唤起了美国女性的浪漫情怀，所以产品很受欢迎。尤其是在20世纪70年代人们普遍怀旧的情结下，公司通过其怀旧产品的推出，很快由一家小作坊发展到一个拥有50家专卖店的大公司，劳拉·阿什雷也成为国际知名品牌。

劳拉·阿什雷去世以后，她的丈夫伯纳德接手公司，沿着劳拉所设立的经营方向，按照原来的经营模式、框架甚至制度规范继续发展该公司。然而，随着时代的发展，越来越多的女性开始走出家庭谋求工作，市场逐步倾向于职业饰物，因此女性装饰行业发生了巨大的改变。伴随着关税壁垒的逐步瓦解，精品店大多都将生产基地设到海外以削减成本，或者将生产全部外包。但劳拉·阿什雷公司却相反，该公司仍然继续沿着过去曾为其带来成功的老路，仍然生产着式样陈旧的老式饰物，并且以昂贵的成本自己生产，由此，公司的竞争力也日渐衰退。

伯纳德深受劳拉的影响，熟知她的经营理念，但是实际运营时却出了大问题。事实证明富豪的儿子不一定也能成为富豪，财经学校的高才生未必一定会赚钱。创业之初是资金最少承受力最低的时候，稍有差池就可能导致全盘皆输。创业者应该在一段时间内，先去替别人赚钱，为自己积累经验。

1. 利用别人的环境学习经验

对于大多数创业者来说，创业前都是为别人打工。虽然薪水有限，却是最低成本的学习方式，为老板赚钱，为自己赚经验。许多创业者都是从过去工作过的公司经验中，掌握了经营理念、管理方式、运营模式，发现了大量的机会以及可以改进的缺点，甚至利用原来公司的资源、客户为自己创业奠定基础。所以，做

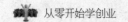

个有心眼的"打工仔"，充分利用别人提供的工作环境，多留心可以借鉴和学习的地方，能够为日后的创业积累丰富的经验。

2. 整合别人的资金练习经营

一位亿万富翁曾说过这样的话："你不必等到有钱了再去挣钱，只要你拥有人们想要的，你就能拿这些东西去付账。如果你拿出预付折扣，就能用现金得到你所需。很快，它刚好成为变戏法的现金。"很多人都错误地认为，手头上有大把现金才能解决问题。"如果我中了六合彩，那什么事情都解决了。"事实不是这样。毫无疑问，手里有钱，干什么事情都会容易一点。但是我们的解释是："如果你没有钱赚不到钱，那么你有钱也赚不到钱。"富人都是善于整合别人的金钱的人。创业者自己没有充足的资金，可以通过整合别人的资金进行创业。即使是在为别人赚钱，"为他人作嫁衣裳"，自己也能够从中练习到"缝纫功夫"，用别人的资金为自己提供锻炼经营的机会。

没有给别人打工的经历，只凭运气和书本上的知识，是绝对不可能成功的。如果想成就一番自己的事业，就先从为别人赚钱开始吧！

创业的第五个条件：技术领先构筑核心竞争力

在利润越来越透明的市场环境中，由不断的技术创新支持的差异优势，是企业保持长久市场竞争优势的重要途径。因此，企业应把发展更核心的竞争力——技术领先，放在最重要的位置。

1998 年，人们惊诧地发现，芬兰有一家名叫诺基亚的公司，其手机销售量超过了全球通信巨无霸——摩托罗拉，一跃而成为移动电话制造业中的世界冠军。诺基亚能取得今天的成就，应该归功于时任总裁的乔马·奥利拉。但诺基亚能从生产胶鞋等传统产品转型为一家高技术公司，却不能不提到前任总裁卡瑞·凯雷莫。

1977 年，凯雷莫被任命为诺基亚新总裁，在他的率领下，诺基亚成功地把简陋的无线通信器，发展为一种成熟的移动通信系统，也就是早期的大哥大。诺基亚开发出来的大哥大，具有许多实用性优点，很受市场的欢迎，成为诺基亚的一个盈利点。

于是，凯雷莫把目光瞄准了当时那些炙手可热的产品——家用电器、计算机、

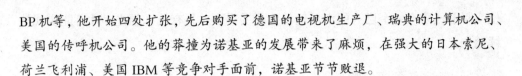

BP 机等，他开始四处扩张，先后购买了德国的电视机生产厂、瑞典的计算机公司、美国的传呼机公司。他的莽撞为诺基亚的发展带来了麻烦，在强大的日本索尼、荷兰飞利浦、美国 IBM 等竞争对手面前，诺基亚节节败退。

更为不利的是，美国通信巨人摩托罗拉只花了很短的时间，就在无线通信技术上后来居上，研制出了第一代手机——模拟机，并大批量生产，使唯一能给诺基亚带来赢利的大哥大产品在市场上处处碰壁，公司业绩下滑，开始亏损。股东们怒气冲冲，不断向凯雷莫施加压力。凯雷莫不堪重负，在 1988 年 12 月 2 日那天选择了自杀。

1990 年 2 月，诺基亚董事会想把手机生产业务卖掉，他们找来刚刚上任的手机部负责人——38 岁的奥利拉。奥利拉阻止了董事会的决定。在手机研发部的项目档案中，他发现诺基亚有一个没被注意的为 GSM 标准开发相应手机产品的项目。尽管当时 GSM 远未是一个成熟的数字化手机通信标准，但奥利拉预见到，它很可能成为继模拟方式之后的第二代手机标准。

1992 年，奥利拉被任命为诺基亚的新任总裁。上任后，他的第一件事就是调兵遣将，他把那些有创新精神的年轻人，放在了 GSM 手机研发位置上。他们全力推进 GSM 通信标准手机的研发和生产，不断扩大着诺基亚的技术优势。1993 年底，局面渐渐明朗，欧洲各国先后开始采用 GSM 数字手机通信标准为新的统一标准。诺基亚趁机把它精心准备的突破性产品——2100 系列手机推向市场。这种手机，采用了新潮的数字通信标准，音质清晰而稳定，机身小巧玲珑，大受市场欢迎。

1994 年，诺基亚终于在美国成功上市，吸纳到大量投资。奥利拉乘胜追击，在追求更完美的技术的同时，高举"手机不再是昂贵奢侈品，而是一种时尚装饰物和易用工具"的旗帜，和对手展开了创新速度、设计、价格大赛。凭借领先的技术优势，诺基亚手机平均每隔 35 天就推出一个新品种，并且带动手机价格在数年内一再下跌。至 1998 年，诺基亚取得全面胜利。在全球手机市场份额中，它一举拔得头筹，占到了 22.5%。

诺基亚的成功说明了技术领先就是企业最大的优势。凯雷莫时代的大哥大，一度在技术上领先于对手，结果这种优势不被重视，很快被摩托罗拉超越；奥利拉没有让这种悲剧重演，在取得领先之后，时时创新，一直保持领先，始终使自己在市场竞争中保持领先地位。企业管理者应该知道，通过技术创新赢得市场地

位实际上比防守一个已有的市场地位要稳妥得多。只有技术领先，才可能实现持续领先。

创业的第六个条件：以自身的优势创业

"尺有所短，寸有所长"，每个人都有自己的缺点和优点。创业者用自己的短去比人家的长，结果必然是失败，但是如果能用自己的长与人家的短竞争，就一定能够成功。所以创业者需要扬长避短，以自身的优势创业。

阿华虽然年纪不大，可是干理发这行已经十几个年头了。当年开第一家店的时候，他也没有太多的想法，只是揣着自己攒下加借来的两万块钱，开起了第一家店。然而，从最初只求一时谋生的小店到如今，阿华已经成为大街小巷响当当的"剪刀手"，其中的奥秘，就在于他充分发挥了自身的优势。

阿华的理发店坐落在 S 市的一条并不热闹的小街上。说是"理发店"，倒不如大多数熟客们俗称的"板寸店"更适合这家小店。阿华的这家小店，只理最简单的板寸头。小店只有区区 20 多平方米，客人多的时候，不管是做什么行业的，一律在马路边的小凳上等着。然而，就这样一家只剪板寸的名不见经传的小店，却因为阿华的手艺而远近闻名，甚至有的老外也到他的店里来理发。

其实阿华十几年前开理发店的时候，并没有太明晰的想法，只是凭借自己的两把剪刀什么发型都理，后来也不知怎么着，阿华发现自己擅长理板寸，理出来的板寸总是让顾客很满意。而且阿华还发现，理板寸的顾客，总是非常执着，只要一次理得满意，以后就会经常来。

于是，阿华的店改成专门理板寸的店。没人的时候他也没闲着，琢磨什么样的人适合理什么样的板寸，慢慢地还真就琢磨出点门道来了，时间一长，他的手艺也就越来越熟练了，客人也越来越多了。他喜欢和客人聊天，什么都聊，聊共同的爱好，聊共同认识的朋友。他觉得和顾客聊天不仅能让顾客觉得来店里和到家一样，同时也能了解顾客的喜好，对发型的意见等等。

阿华的店虽然只有 20 多平方米，但简陋的小店始终保持着绝对干净。另外，对于一些有特殊要求的客人，或者是照顾他生意十几年的老客人，阿华还送给他们每人一个专用的工具箱，专人专用。虽然有的客人跟他很熟，有的客人不认识，只要到他这来，就都是客人。后来阿华招了几个小徒弟，对他们也是这样要求的。

阿华的生意经其实很简单，就是专注于做板寸，并做好，这实际上就是把自己的优势最大化的结果。阿华有意无意地将理发市场以"发型"为标准细分为板寸以及其他种类，自己将营业目标定位为其中的"板寸"市场，并在这个市场上做到最好。

正如营销大师科特勒所说，每一种品牌应该在其选择的利益方面成为"第一名"。"第一名"的定位包括"最好的质量""最佳的服务""最好的设计""最安全的""最快的""最顾客化的""最创新的""最可靠的"或是"最著名的""最低的价格""最高的价值"。如果一家公司坚持不懈地反复强调某一定位，并且令人信服地进行传播，它就可能出名，并取得优势获得成功。

通俗地说，定位就是确定公司或产品在顾客或消费者心目中的形象和地位，这个形象和地位应该是与众不同的。但是，对于如何定位，可谓是仁者见仁，智者见智。绝大多数人认为，定位是给产品定位。

不过，随着市场的不断发展，如今越来越多的营销竞争实践表明，仅有产品定位已经不够了，必须从产品定位扩展至营销定位。营销定位需要解决3个问题：满足谁的需要？满足谁的什么需要？如何满足这些需要？我们可以将其归纳为三步营销定位法。

第一步：找位。满足谁的需要？即选择目标市场的过程。

在市场分化的今天，任何一家商店和任何一种产品的目标顾客都不可能是所有的人，同时也不是每位顾客都能为我们带来正价值。因此，每一位店主都需要确定与筛选我们的目标顾客，裁减顾客就是裁减我们的成本。

第二步：定位。满足谁的什么需要？即产品定位的过程。

产品定位过程是细分目标市场并进行子市场选择的过程。这里的细分目标市场与选择目标市场之前的细分市场不同，之前是细分整体市场，选择目标市场，而在定位阶段，是对选择后的目标市场进行细分，再选择一个或几个目标子市场的过程。也就是阿华在确定理发市场之后，将自己定位在"板寸"的子市场的过程。

第三步：到位。如何满足需要？即进行营销定位的过程。

在确定满足目标顾客的需要之后，我们需要设计一个营销组合方案并实施这个方案，使定位到位。这也就是产品价格、渠道策略和沟通策略有机组合的过程。

可见，整个营销过程，就是定位和到位的过程，到位也应该成为广义定位的内容之一。

实际上，到位过程也就是一个再定位的过程。因为如今产品差异化已经很难实现，必须通过营销的差异化来定位。我们都知道，目前市场上同质化的产品很多，但营销的差异化要比产品模仿难得多，创业者需要充分发挥创造性推动营销。通过发掘自己的优势，进行创业，一定能够在同质化的对手中脱颖而出。

创业者应做的准备工作

善于把握创业机遇

现在不少人在感慨，钱越来越难挣，其实只要处处留心皆商机，钱就在你的身边，关键看你能不能抓住每一个机遇。

从前有两个贫苦的樵夫靠砍柴糊口，有一天在回家的山路上，他们同时发现两大包盐，两人喜出望外，盐的价格高过柴薪数倍，将这两包盐卖掉，足可供家人一个月衣食无忧。当下两人各自背了一包盐，便赶路回家。走着走着，其中一名樵夫眼尖，看到山路旁有一大捆布，走近细看，竟是上等的细麻布，足足有十多匹。他欣喜之余，和同伴商量，一同放下肩负的盐，改背麻布回家。他的同伴却认为自己背着盐已走了一大段路，到了这里才丢下盐，岂不枉费自己先前的辛苦，坚持不愿换麻布。先发现麻布的樵夫屡劝同伴不听，只得自己竭尽所能地背起麻布，继续前行。又走了一段路后，背麻布的樵夫望见林中闪闪发光，待近前一看，地上竟然散落着数坛黄金，心想这下真的发财了，赶忙邀同伴放下肩头的盐，改用挑柴的扁担来挑黄金。他的同伴仍是不愿丢下盐，以免枉费辛苦的论调；并且怀疑那些黄金不是真的，劝他不要白费力气，免得到头来一场空欢喜。发现黄金的樵夫只好自己挑了两坛黄金，和背盐的伙伴赶路回家。走到山下时，无缘无故下了一场大雨，两人在空旷处被淋了个湿透。更不幸的是，背盐的樵夫肩上的大包盐，吸饱了雨水，全部融化了，背盐的樵夫只好空着手和挑金的同伴回家去了。

为什么有的创业者能赚到钱，因为他们就像那个挑金的樵夫一样，总能在人生中发现并牢牢抓住真正的机遇。有位哲人说过："世界上并不缺少美，缺少的只是发现美的眼睛。"同样，在市场经济社会中，并不缺少机遇，缺少的也是发现机遇的眼睛。凡是赚了钱的人，他们获取成功的一个共同特质就是——善于紧紧抓住每一个机遇！处处留心皆机遇，钱就在你身边，看你怎么去赚。

机遇对每个人来说都是平等的。而成功的人之所以能每每抓住成功的机遇，完全是由于他们在生活中处处都很留心，具有一双捕捉机遇的慧眼，当机遇来临的时候，他们就能迅速做出反应，从而把机遇牢牢地抓在自己的手中。

温州青年孟飞的单位分给他一套50平方米的住房，等他把包括床和许多必需的东西搬进屋里后，他那张宽大的书桌实在搬不进去了，于是打算将它运到旧货市场处理掉。恰好，来了一个收破烂的乡下人，问他这张桌子卖不卖。孟飞说要40元。其实邻居说这张桌子在旧货市场只能卖20元。可是，乡下人掏出40元，说这张桌子他要了。"在旧货市场是不能卖这么高的价的，你掏40元买走它，你打算怎么处理它呢？"他忍不住好奇地问。"在乡下，做一张像这样的书桌，材料、加工费是要超过40元的，我打算弄回家乡。"乡下人说。这个发现让孟飞兴奋不已。迅速联系乡下的亲戚，在乡村的公路旁办起了一家旧家具店，把城里的旧家具拉到乡下，结果大受农民欢迎。于是他一不做，二不休，不断地拓展自己的业务，开了几家分店，结果生意都十分红火，利润也很可观。孟飞的生意经营得很顺，在农村，还有很多附近的集镇上的个体户们，不断地来打听，他的这种旧货是从哪儿弄来的，他们也想开一家这样的店。孟飞灵机一动，旧货在农村有如此大的市场，怎样才能把它做大做强呢？于是他想到连锁加盟，自己主要联系货源，让别人去经营。说干就干，孟飞在他经营的店里打出了连锁经营的牌子，不到半年时间，孟飞的连锁旧货店就开了100多家。

当机遇出现时，立刻抓住它，也就抓住了本钱。此时，机遇已不只是机遇，而是一种创业的资本。创业的本身，可以是前途，也可以是"钱"途，无论走哪条路，机遇必然伴随。超人的市场意识，勇于并善于捕捉商机、发掘市场，在别人不曾发现的市场缝隙中创造出一个又一个新的商机，这样的人就比较容易获得成功，容易建立起具有领导地位的品牌，且少有对手与之分庭抗礼，由此容易获得较为丰厚的利润，这为他们在以后的发展中确立其竞争优势起到了决定性的作用。当然，最大的秘诀还是要善于把握商机。可以说，大千世界，尚未开发的市场无时不有、无处不在，各种各样的生财机会很多，关键是看创业者能否练就一双敏锐的"市场眼"和具备观察市场、分析市场的能力，并且能够一旦发现，立马抓住，付诸行动。只有这样，才能获得成功。

编写好事业计划书

对创业者来说，想要使自己的事业快速成长、壮大，提高客户的忠诚度，说服优秀员工愿意与你一起承担风雨，这时，一份诉诸文字的事业计划书便可以让员工了解公司的文化和企业经营的理念，让顾客明白企业在发展过程中遇到问题拟出的解决方案，从而提高员工的归属感与消费者的忠诚度。

事业计划书是一份具有说服力的文件，能展现出企业具有足够的能力出售它的产品和服务，并获取令人满意的报酬及吸引支持者。目前，很多人只是简单地把事业计划书定义为一个策略声明，这样很容易造成拟定出来的事业计划书目标不明、枯燥无味，其原因就在于他们把事业计划书看成是一种"八股"的学校作业。

应当说，一份完美的事业计划书应该是一份以销售为目的的文件，目的是让所有阅读到这份事业计划书的支持者和经营者感受兴奋与期待。这并不是说要在事业计划书里写一些夸大其词、自我膨胀的言论，而是需要在计划书中加入一些确实的研究证据和经验，来支持你的观点，增加说服力与可信度。

因此，在拟定事业计划书的过程中，你最好在心目中设定某个目标客户，这样一来，你的使命感可能就会比较强烈，所写出来的事业计划书也会比较有方向性，比较实际。读到这份事业计划书的人以及那些与公司有利益关系的个人或组织将认同你的观点与想法。

一旦决定了最适合公司的计划书类型之后，接着就是要将它组织起来。计划书的组织方式没有所谓的对或错，不过一般来说，主要涵盖以下几个方面的内容：

1. 封面设计

精致的封面设计可以为整个计划书增色不少。封面通常包括几项目的，在封面上，不但要把公司的名称和地址打上去，同时还必须把主要联络人（通常是创业者）和联系电话也一并打出来。封面上还必须记载印刷的份数编号，表示公司对这件事情的关注；封面上也要警告读者，此计划书的内容是属于私人资料，不可加以拷贝或传送。

另外，如果公司的产品在外观上极具吸引力，例如电脑绘图或是某种新型的机器设备，你不妨把照片刊登在封面上。如果公司的产品是属于低成本的消费性产品，如食品等，那么可以考虑将产品的样本连同计划书，一并寄给有关的利害关系人。

2. 目录要详细

目录要尽可能地做得详细，并须附上每一部分的页数号码，方便相关人员在阅读事业计划书的时候，不喜欢从头开始读起；有的人喜欢先看"总裁的话"，有的人则可能先看市场行销的部分或是财务的部分。因此，你该不会希望因为没有放入页码而让读者感到失望吧！

3. 创业者的话

"创业者的话"是整个事业计划书的缩影。它不是一则摘要、简介、序言，或是随便拼凑出来的重点。

这部分内容可以说是事业计划书里所有内容中最关键的，多数的读者在翻阅事业计划书时，为了要对整个计划有一个概念，通常都会先从"创业者的话"读起。这个部分也可以说是整个计划的心脏，值得多花点心力。

4. 公司状况

这部分内容重点讲述的是公司的策略和内部的经营团队，在写作过程中，必须要从公司的历史和现况角度来切入。要语言简洁，尤其是公司的发展过程不可长篇大论。

5. 市场分析

市场分析要具有可信度，要求有理有据。比如：谁是潜在的买主？人数有多少？这个部分的重点是要辨识出有前景的客户，而且最好能估算出有多少人可以成为公司真正的客户。

6. 产品或服务

与其他部分相比较而言，这个部分是整个事业计划书中比较容易写的。因为大部分的经营者对他们自己的产品或服务的品质及效用，都有很强烈的感受，所以也乐于将这些产品或服务的特点描述出来；而这个部分正是企业家可以充分发挥的地方。

7. 销售和促销方式

在这个部分里，必须说明销售的方式为何，是要由公司自己的销售人员来进行，还是通过制造商所派的代表，或者是要利用邮购的方式？产品或服务如何进行促销？是用广告，还是通过公关公司？

8. 财务管理

这部分是用来探讨一些棘手的财务相关问题，并须加入一些财务数字/预测。一般来说，有3种财务报表是必备的："现金流量表""损益表"和"资产负债表"。

9. 附件内容

这个部分的重点是公司的企业策略和经营团队。在说明公司策略时，必须在"你所打算要做的事"以及"你要如何运用计划中其他的部分以得到支援"二者之间，保持逻辑的一贯性。

描述经营团队是这部分的重点，它的用意在于说明公司的管理者是否拥有足够的能力来执行策略。优秀的团队、一流的人才是吸引人的关键之处。如何表现出你的公司拥有一流的人才呢？就必须描述他们过去所拥有的丰功伟业，如果这些成就是在你的公司里创造出来的，那当然最好；如果是新雇用的经理人员，便要写出他们以前工作的成就。

另外，在这个部分里，可以把一些比较没有特殊关联的资料汇集在一起，例如，总裁的资历、产品文献以及来自客户的赞美信函，等等。

需要注意的是，完美的事业计划书是一项永远无法真正完成的工作。因为企业不断在变化，所以计划书也要跟着一起更新。最好你能至少一年做一次事业计划书的审阅；如果次数能更频繁，当然更好，尤其是当市场在加速变化的时候，更需要这么做。

筹措充足的资金

在确定了进行什么样的项目之后，紧随其后的重要任务就是筹措充足的资金。如果没有适度的资金，再好的创业方案都只是一纸空文。筹集资金作为创业的起点，是一项极其重要又复杂的工作。钱不是万能的，但没有钱是万万不能的，尤其是在创业的情况下，前期的资金投入是必需的，如果没有资金，一切都无从谈起，在实际行动之前，筹措资金是第一要事。创业资金越充足越好，这样可以有效避免营运初期的资金周转难的问题。在筹措资金之前，首先要盘算一下整体费用，做到心中有底，再量力而行。

创业所需的资金通常分为一次性投入资金和定期投入资金，两者兼顾才能明确所需的资金成本。许多时候创业者着重于前者而忽略了后者，这很容易在初期营运中出现资金周转不开的窘状。如果准备资金不到位，就会因为资金缺口，使创业半途而废。故而，在筹办资金时，创业者要充分考虑资金的适时、适量、适度地储备和使用，务必留有一定余地，将投入充分考虑到计划中去，这也是降低风险的要点之一。

自有资金是开店筹资的最佳选择。创业者可以动用自己的储蓄金，或者变现自己的动产和不动产来筹集到所需的资金，这是创业风险最低的方式。一来资金是自己所有，一进一退皆由自己决定，避免了患得患失。赢利也好，亏本也好，都能从中学到不少的知识和经验，承受的压力相对要小一些。二来因为钱只有变成资本，才能体现出它的最大价值。资本只有在运动中才能增值，投放到生产、流通领域的资金才能赢利。再者，个人独资不存在赢利分配或债务承担等问题，权利和责任比较清楚，可以避免经营过程中出现纠纷的情况。

然而创业遇到自有资金不足的情况在所难免，这时人们第一想到的就是向身边的亲朋好友借钱。但现在的时代存在太多"杨白劳理直气壮欠钱不还，黄世仁低声下气恳求还款"的情况，借钱往往成为亲朋好友间比较避讳的话题。故此，借钱就极需要技巧，有许多的讲究在其中。

1. 思索对方与你的关系

如果被借人与你关系密切，而且你也了解他拥有充足的闲散资金，那么大可以直截了当地向对方借钱。如果被借方和你只是一般的朋友关系，则应表达得较为委婉一些，以免被拒后面子上难堪。对这类人，用商量的口气向对方询问，只要对方手里资金充足，一般都会帮忙。比如："我打算开一个饰品店，进货之后手头上就没什么钱了，您看能不能帮我一把？"用这种委婉的口气向别人借钱，让对方感到你有求于他而且对他十分尊重，他才肯帮你。

2. 做好借不到的心理准备

向别人借钱往往会碰钉子，这时就需要控制失望和不满的情绪，万不可说出不礼貌甚至是辱骂对方的话来。如果对方拒绝你的借钱要求，你大可以宽容一些："知道你也不宽裕，这样，我再想想别的办法。"这样的话能让他感觉到你对他的体谅。

3. 有借有还，再借不难

向别人借钱的时候一定要明确还钱的时间，一定要准时归还，要写一张欠条，

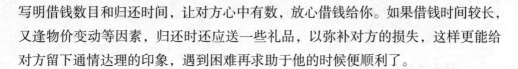

写明借钱数目和归还时间，让对方心中有数，放心借钱给你。如果借钱时间较长，又逢物价变动等因素，归还时还应送一些礼品，以弥补对方的损失，这样更能给对方留下通情达理的印象，遇到困难再求助于他的时候便顺利了。

4. 借钱的注意事项

（1）及时归还所借的钱。向亲朋好友借钱，碍于面子，一般不立借据，借方应牢记心里，一旦资金充裕就及时还钱。遇到意外无法按时归还要及时告知对方，表示歉意。久欠不还，只会引起别人的反感，甚至导致关系的破裂。

（2）还款票面要崭新平整。即使所借的钱票面破旧，面值零碎，归还时也要讲究票面平整，宜整不宜零，以示尊重和谢意。在有条件的情况下，借款要一次还清；分多次偿还的情况下要向对方慎重说明差余款项，写下书面借据，避免日后纠纷。

（3）要当面归还。无特殊情况下借方与被借方应直接交接款项，避免托人转手，这样既失礼也可能因混淆不清造成损失。

（4）还钱切忌遗留。久别远离时，对所借款项都要还清再离开，以免日后发生纠纷不方便处理。

（5）借钱≠出卖店铺权限。亲朋好友借钱给你的时候，总错误地认为他们对企业项目的决策有控制权，容易引起彼此的纠纷。故而，在借钱之时，你要表明且坚定自己的立场，区分开独资和合伙的运作方式。

向亲朋好友借钱，重在巧开口，技巧的运用不仅能顺利筹集到自己所需的资金，也不至于因为借钱而破坏了彼此的感情。

总之，不管采取哪种方式，创业者一定要保证有了充足的资金，才能开始踏上创业之路。

创业者需要考虑的外部环境

全面考虑环境是创业中必不可少的一环，创业者要做的是在这些环境中分析自身的优势与劣势，以及面临的机遇与威胁。科特勒认为："识别环境中有吸引力的机会是一回事，拥有在机会中取得成功所必需的竞争能力是另一回事。"

"优势"——Strengths、"弱势"——Weaknesses、"机会"——Opportunities、"威胁"——Threats4 个方面组成了 SWOT。通过 SWOT 分析，可以结合环

境对企业的内部能力和素质进行评价，弄清企业相对于其他竞争者所处的优势和劣势，帮助企业制定竞争战略。

1. 创业优势与劣势

优势是指创业者相对竞争对手而言所具有的优势资源、技术、产品以及其他特殊实力。另外，充足的资金来源、良好的经营技巧、良好的企业形象、完善的服务系统、先进的工艺设备、成本优势、市场领域地位、与买方或供应方长期稳定的关系、良好的雇员关系，等等，都可以形成创业优势。劣势是指影响企业经营效率和效果的不利因素和特征，它们使创业者在竞争中处于弱势地位。一个企业潜在的弱点主要表现在以下方面：缺乏明确的战略导向、设备陈旧、赢利较少甚至亏损、缺乏管理和知识、缺少某些关键技能或能力、内部管理混乱、研究与开发工作落后、公司形象较差、销售渠道不畅、营销技巧较差、产品质量不高和成本过高等。

创业者不能纠正所有的劣势，也不必利用所有的优势，但必须确定，是否要发展某些优势，以便找到更好的市场机会。

2. 环境机会与威胁（企业的外部环境）

科特勒认为，营销是一门发掘、发展机会并能从中获利的艺术。科特勒把机会定义为："公司能在获利的前提下满足顾客需求与兴趣的领域。"环境的变化、竞争格局的变化、政府控制的变化、技术的变化、企业与客户或供应商的关系的改善等因素，都可视为机会。企业所处的环境随时都在变化，这些变化对不同的企业来说，可能是机遇，也可能是威胁。比如政府对环境的保护以及居民对健康的重视，为香烟替代产品的生产企业提供了机会，但对香烟生产企业来说却是威胁。机会可以说无处不在。例如战争为生产武器的军火商提供了机会，政府的对外开放政策为外国资金的流入提供了机会，居民收入水平的提高为高档消费品的生产商提供了机会等。环境提供的机会能否被企业利用，取决于企业自身是否具备利用机会的能力，即企业的竞争优势是否与机会一致。

市场机会主要有 3 个来源：

（1）某种产品供应短缺。

（2）使用新的方法向顾客提供现有的服务。

（3）向顾客提供新的产品或服务。

营销人员对企业所面临的市场机会，必须慎重地评价其质量。美国著名市场营销学家西奥多·莱维特曾警告企业家们，要小心地评价市场机会，他说："这里可能是一种需要，但是没有市场；或者这里可能是一个市场，但是没有顾客；或者这里可能有顾客，但目前实在不是一个市场。"

威胁是环境中存在的重大不利因素，构成对企业经营发展的约束和障碍。比如，新竞争对手的加入、市场发展速度放缓、产业中买方或供应方的竞争地位加强、关键技术改变、政府法规变化等因素都可以成为对企业未来成功的威胁。与机会无时不在一样，环境中永远存在着对企业生存发展具有威胁作用的因素，只是它们对不同企业的作用不同而已。

对一个企业是机会的因素，可能会对另一个企业构成威胁。例如，政府放松对航空业的控制，是地方和私人航空公司发展的有利机会，但对国有航空公司来说就是一种威胁。同样，某个要素既可以是某个企业的潜在机会，也可能对其形成威胁。例如，网络技术发展使一批新兴企业迅速发展壮大，但如果跟不上技术的更新，也会很快落伍。

认清企业所具有的优势与劣势以及面临的机会和威胁是十分重要的，因为这不仅涉及企业地位的变化，而且关系到竞争战略的制定。企业在设计竞争战略时，要充分利用一切机会，同时清醒地认识自身的优势和劣势，采取正确的营销措施。

准确定位目标市场

很多创业者失败的根源不在技术或产品上，而是定位上。市场定位是创业者面临的最大挑战，定位准确则意味着创业者及企业已向成功迈出了第一步。准确的市场定位能够使创业者知道自己的利润在哪，定位不清晰，就如同向乞丐叫卖珠宝，产品再好，也难逃失败的结局。

创业者在战略布局上最容易出现的问题是：将战略的制定看作一件随意而为的事情，忽视或漏掉了严谨、科学的分析程序和决议过程；将战略的制定完全看作企业内部制定的事情，而忽视或漏掉了市场需求的调研；将战略的制定单纯地看作战略的制定，而忽视了与战术之间的匹配和适应；将战略的执行看作普通的任务，缺乏对战略高度的认知，缺乏对战略执行的监督和审视，使企业在获得最终成果上打折扣。

第一次世界大战以后，美国的年轻人习惯在嘴上叼着一支香烟以表示沮丧的情绪，同样也包括许多女青年。

开发女士香烟被莫利普·莫里斯公司认为是一个千载难逢的机会，他们决心从女士的腰包里大捞一笔。很快，人们在各种媒体上频频地看到这样的广告：娇丽的女郎叼着香烟吞云吐雾，有幸被叼在她们嘴上的，就是莫利普·莫里斯公司的杰作：万宝路香烟。

那些广告制作花了不少钱，公司里很多人为此感到不安，但经营层信心十足："大家不要担心，不出一年，万宝路一定会打开市场，到时候我们就等着数钱吧！"

但事实上呢？1年，2年，10年，20年，万宝路的包装换了好几回，广告中的佳人也换得更加靓丽，但不知道为什么，经营者心目中的热销场面始终未曾出现。大家都非常不明白其中的原因。是质量不过关吗？万宝路在制作过程中，从选料到加工，始终把好质量关，选取优质的烟草，精心处理，万宝路是不折不扣的高品位香烟啊，绝对不会辜负姑娘们的红唇。是价格太高吗？在美国国内的香烟市场上，万宝路的价格，对于大众烟民来说都是可以接受的。

20年后的一天，公司一位高层管理人员极其偶然地闪过一个念头："是不是我们的市场定位出现了问题呢？"他们当即请来广告策划专家，给万宝路把脉诊断。一番望闻问切，专家也认为是定位出了问题，并当即指出，应该抛弃坚持了20年的广告定位，另起炉灶。一个宣传了20年的品牌要割舍，肯定是一件痛苦的事情，抛开感情不说，仅花掉的钞票就让人心痛不已。但为了走出20年的低谷，公司经营层终于同意了专家的意见。

一个全新而又大胆的创意诞生了：以富有阳刚之气的美国男子汉形象来代替原来的娇俏女郎。广告公司费了很大的周折，在西部一个偏僻的农场找到一个"最富男子汉气质"的牛仔，并让他出演万宝路广告的主角。新广告于1954年推出，一问世即引起了烟民的狂热躁动。他们争相购买万宝路，要么叼在嘴上，要么夹在指尖，模仿那个硬汉的风格。万宝路的销售额也直线上升，新广告推出后的第一年，销售额就增加了3倍，一举成为全美十大香烟品牌之一。

在创业过程中，定位决定市场成功。定位就是要让自己进入消费者的大脑，让消费者对你的产品有个清晰的了解。这一理念，多年来一直影响着美国乃至世界企业的市场营销战略。创业者在全面了解、分析目标消费者、供应商需求的信息以及竞争者在目标市场上的位置后，再确定自己的产品在市场上的位置及如何接近顾客，这样才能使营销获得最大限度的成功。

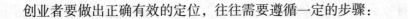

创业者要做出正确有效的定位，往往需要遵循一定的步骤：

1. 确定定位层次

确定定位层次是定位的第一步。确定定位层次就是要明确所要定位的客体，这个客体是行业、公司、产品组合，还是特定的产品或服务。

2. 识别重要属性

定位的第二步是识别影响目标市场顾客购买决策的重要因素。这些因素就是所要定位的客体应该或者必须具备的属性，或者是目标市场顾客具有的某些重要的共同特征。

3. 绘制定位图

在识别出了重要属性之后，就要绘制定位图，并在定位图上标示出本企业和竞争者所处的位置，一般都使用二维图。如果存在一系列重要属性，则可以通过统计程序将之简化为能代表顾客选择偏好的最主要的二维变量。定位图选择的二维变量，既可以是客观属性，也可以是主观属性，还可以是将两者结合起来的。但无论是选择主观属性，还是客观属性，都必须是"重要属性"。

4. 评估定位选择

美国两个广告经理艾尔·里斯和杰克·屈劳特曾提出 3 种定位选择；一是强化现有位置，避免正面打击冲突；二是寻找市场空隙，获取先占优势；三是竞争者重新定位，即当竞争者占据了它不该占有的市场位置时，让顾客认清对手"不实"或"虚假"的一面，从而使竞争对手为自己让出它现有的位置。

5. 执行定位

定位最终需要通过各种沟通手段如广告、员工的着装和行为举止以及服务的态度、质量等载体传递出去，并被顾客所认同。

设计一个优秀的徽标

每个 LOGO（徽标）都是一个企业的重要标志或重要特征，它是企业的形象，不仅可以明显地将该企业与其他企业区分开来，而且可以传达该企业的经营理念和企业文化，以形象的视觉形式宣传企业。因此，设计一个优秀的 LOGO 以自己特有的视觉符号系统吸引公众的注意力并产生记忆，使消费者对该企业所提供的产品或服务产生最高的品牌忠诚度。

英国心理学家丹尼尔·麦克尼尔曾经说过："对一个外表英俊漂亮的人，人们很容易误认为他或她的其他方面也很不错。"一个相貌姣好的人，能吸引周围人更多的关注和好感，而企业如果拥有一个优秀的设计标志，自然也能引起更高的关注度，将其与递增的美誉度联系起来，就能产生品牌效应。

作为创业者，应该都知道企业识别系统（CIS）这个概念。CIS，简单理解起来，就好比是一个人的相貌、穿着、打扮。人主要是靠相貌、穿着、打扮来相互区分，企业则靠 CIS 来相互区分。因此，CIS 对一个企业的生存和发展具有重要价值。

一个由全球广告界权威和媒体人员组成的国际评审团，评选出了 20 世纪的 50 个最佳企业标志。"米其林轮胎人"被评为全球最佳企业标志，伦敦地铁标志、红十字标志、耐克标志和大众汽车标志分列 2~5 名。其中，米其林轮胎的 Bikn—dum、耐克的 Swoosh、大众汽车的 Volkswagen 都属于企业标志。

"米其林轮胎人"是一个由很多轮胎组成的特别人物造型，其最初的创意源于 1894 年在法国里昂举办的一次展览会。当时，米其林兄弟发现墙角有一堆相同直径的轮胎，如果加上手臂及腿脚，就是一个人形了。

于是，在米其林兄弟的授意下，广告设计师奥加罗昔根据那堆轮胎的造型，创造了"米其林轮胎人"，它还有一个可爱的法语音译名——"必比登"。

大众汽车公司的德文 Volkswagen，意思是"大众使用的汽车"。镶在汽车前部的图形商标，是德文 Volkswagen 中的两个字母（v）olks（w）agen 的叠合，嵌于一个大圆圈内。其组合的图形似三个用中指和食指做出的"V"字，表示大众公司及其产品"必胜—必胜—必胜"。大众商标简洁鲜明，令人过目不忘。

1972 年，奈特和鲍尔曼发明出一种鞋，取名叫耐克（NIKE），这是依照希腊胜利女神的名字而取的。卡洛林·戴维森为运动鞋设计了第一个 Swoosh（意为"嗖的一声"）标志，图像造型象征女神的翅膀，又好似一道闪电，极为醒目、独特，将耐克体育用品与速度、爆发力这些运动元素很好地联系起来。

由此可以看出，一个完整的识别系统将企业经营理念与精神文化传达给企业内部和社会大众，使其对企业产生一致的价值认同感和凝聚力，这对企业的发展壮大有着不可估量的潜在意义。但对于一个初创企业来说，建立一套完善的企业识别系统，条件尚不具备，但创业者至少应该在企业标志设计上多费些心思。

在企业识别系统的诸多视觉设计要素中，企业标志的应用最为广泛。如果企业有网站的话，企业标志通常也会作为网站 LOGO。企业标志对企业品牌传播的重要性仅次于商号。而商号通常也会以一种艺术化的形式，出现在企业标志中。根据商号在企业标志设计中所占的地位，将企业标志分为以下两类：

1. 字体标志

对商号名称的字体造型或衍生图案加以设计组合的一种企业标志，具有简洁明快的特点。无论是中文、英文还是阿拉伯数字，都可以进行设计。一个优秀的企业标志，至少应该具备以下特点：

（1）简洁醒目。宜将图形和色彩完美结合，忌堆砌设计元素。

（2）新颖独特。宜别出心裁，展示企业的独特个性，忌千篇一律。

（3）优美精致。宜均衡布局，兼顾画面的动静之美，忌粗制滥造。

（4）准确相符。宜使名称与图案相得益彰，忌不知所云。

2. 企业标志的设计，重在创意

LOGO 是企业形象工程中最鲜明的一部分，以致很多人会错误地把它当作 CI 的主体，设计的关键是创意巧妙、新颖、别致。它不仅是实用物的设计，也是一种图形艺术设计。它与其他图形艺术表现手段既有相同之处，又有自己的艺术规律。它必须体现前述的特点，才能更好地发挥其功能。当然，LOGO 设计在追求的原则下重点需把握以下几点：

（1）设计要符合作用对象的直观接受能力、审美意识、社会心理和禁忌。

（2）构思须慎重推敲，力求深刻、巧妙、新颖、独特，表意准确，能经受住时间的考验。

（3）构图要凝练、美观、适形（适应其应用物的形态）。

（4）图形、符号既要简练、概括，又要讲究艺术性。

（5）色彩要单纯、强烈、醒目。

由于中外的设计理念、欣赏品味都有所不同，因此，国外的设计理念只可借鉴，不可照搬。设计企业标志，可以花几百元找专门的设计工作室去做。但作为设计委托人，你至少应该具备一定的鉴赏力，知道设计作品的优劣所在。

一个优秀的标志，一定要用不同的眼光来判断是否可行，以及是否美观。因为一个标志的外在似乎比其内在更加重要，一个最简单的标志，比一个深奥到让人不明白的标志要强上许多。因此，遵循标志艺术规律，创造性的探求恰当的艺术表现形式和手法，锤炼出精当的艺术语言使设计的标志具有高度整体美感、获得最佳视觉效果，是标志设计艺术追求的准则。

为企业起一个好名字

一个优秀的企业名字，在商业上具有重要价值，这是人们的共识。索尼公司创始人盛田昭夫说："取一个响亮的名字，以便引起顾客美好的联想，提高产品的知名度与竞争力。"这句话在一定程度上证明了公司名称的重要性。

公司及公司产品的名称对消费者的选购是直接影响的，所以，每一位公司经营者应该深深认识到它在竞争中所起的作用，从而精心设计公司的名称。公司名称的确立，在不同国家和不同年代有不同的色彩，它与一个国家的政治制度、经济制度、思想文化的发展有很大关系。在生产资料私有制的条件下，公司名称的确立一般是以公司创始人的名字或吉祥、响亮、含蓄、趣味等方面的因素来确定。

在日本胶卷市场，曾经有过这样一场竞争，竞争双方是富士和樱花两个公司。在20世纪50年代，樱花公司在胶卷市场有超过一半的占有率。然而，随着时代的变迁，富士的市场占有率越来越大，终于击败樱花公司，成为胶卷市场霸主。

根据市场调查，这场竞争的关键在于公司名称上。在日文里，樱花这个词语包括了桃色、软性、模糊的形象，而富士则和日本的富士山的蓝天白雪联想在一起，给人以良好形象。由于樱花受不良形象影响，各种广告都无济于事，只有节节败退。

因此，在给公司取名字时，应仔细研究消费心理以及市场的发展变化，为公司选取一个给人印象深刻、具有时代感与冲击力的名字。企业命名不是简单的字母组合游戏，没那么简单，其中的学问可真不小。

我国企业的命名，主要由行政区名称、字号（商号）、所属行业名及经营范围名称、组织形式称谓四段构成。其中，商号是唯一不可或缺的部分，也是最易被人记住的部分。所以说企业命名，实质上就是商号命名。

给企业命名，更多时候是一个想象力和逻辑思维综合作用的过程。企业经营者要想为自己的公司起一个经典的名称，要把握好下面这些要点：

1. 名称要简短明快

名字字数少，笔画少，易于和消费者进行信息交流，便于消费者记忆，同时还能引起大众的遐想，寓意更加丰富。一般来说，名称字数的多少对认知程度是有一定影响的。字数越少认识程度越高，亦即名字越短越具有传播力。

2. 名称要有影响力

公司名称应具备不同凡响的气魄，具有冲击力、有气魄，给人以震撼。

3. 名称应具备独特性

一个具有个性的公司名称可避免与其他公司名称雷同，以防混淆大众记忆，并可加深大众对公司的印象。如北辰集团的"北辰"，联想集团的"联想"等名称，都具有独特个性，使人印象深刻。

4. 与经营理念相匹配

公司名称应符合公司理念、服务宗旨，这样有助于公司形象的塑造。如蓝鸟大厦的"蓝鸟"两字，真有如蓝色海洋中的一座岛屿，宁静、祥和，给人们提供一方憩息之地，从而树立了良好的公司形象。

5. 响亮易上口

公司名称要响亮，易于上口。如"麦当劳"三字，响亮而又具有节奏感，因而极具传播力。如果名称比较拗口，节奏感不强，不利发音效果，也不利于传播，从而很难达到大众的共识。

6. 要有时代感

公司名称的选择要富有时代感。富有时代感的名称具有鲜明性，符合时代潮流，并能迅速为大众所接受。

7. 富于吉祥色彩

公司名称还要富于吉祥色彩，具有吉利的寓意，或者寄托企业发展的美好祝愿等。例如，金利来远东有限公司的"金利来"原来叫"金狮"，因考虑到金狮用有些地方的方言表达时，有"金输"的含义，这是犯忌的不吉利的名称，因而改为"金利来",寓意给人们带来滚滚财源。

8.通用性

公司名称要考虑世界各地的通用性。如可口可乐公司早期在制定中国市场策略时,只是将该公司的名称 CoCa-CoLa 直译过来,翻译者将该名称发音相似的汉字进行排列组合,运用在饮料的包装上,当印有这些汉字的瓶装饮料出现在市场上时,极少有人问津。后来,可口可乐公司重新设计名称,饮料瓶上所注汉字则改为"可口可乐"。

对资金紧张的小本创业者来说,完全没必要在取名上花大价钱。只要你对公司有正确的定位,掌握上述命名规则,同时抓住转瞬即逝的灵感,就能"抓"住一个优秀的企业名称。

总之,判断一个公司名称好坏,标准在于是否易于记忆,其形象是否鲜明、表达能力强否、独特性如何、传播方便与否等。公司名称应当是音、形、意的完美结合,以达到好看、好记、好印象的效果。

第二篇
创业团队：一个好汉三个帮

凡事靠一个人，这样的公司最脆弱

寻找适合的创业伙伴

在"我能创未来——中国青年创业行动"的活动中，客串主持人的牛根生给在场的俞敏洪提了一个问题："创业路上，有唐僧师徒4人，如果只能从这4个人中挑选自己的创业成员的话，你会挑选谁？"

俞敏洪首先选了孙悟空："孙悟空有信念，知道取经就是使命，不管受到多少委屈都要坚持下去；也有忠诚，不管唐僧怎么折磨，他都会帮助唐僧一路走下去；还有头脑，在许多艰难中会不断想办法解决；有眼光，能看到别人看不到的机会和磨难。"

一个"孙悟空"的力量毕竟有限，单凭个人的力量无法顺利创业的时候，就需要考虑找个志同道合的合作伙伴来共同分担。王强，新东方里典型的"孙悟空"型队友，他是新东方学校"三驾马车"之一，被尊为"美国口语教父"和"语音的完美主义者"。徐小平，新东方"牛人"老师之一，毕业于中央音乐学院，是新东方留学、签证与出国咨询事业的创始人。这样的"牛人"在新东方有很多，他们每一个人都可以在新东方独当一面。俞敏洪说，新东方最初的创业成员，个个都是"孙悟空"，每个人都很有才华，而且个性都很独立，他就是要选择这帮"孙悟空"般的"牛人"作为创业伙伴，并且真的在一起做成了大事，成就了一个新东方传奇。从这一点来说，选择"孙悟空"做创业队友是一个正确的选择。

找合伙人是一个慎重挑选的过程，首先了解自己合伙的目的，再分析对方的优缺点，综合考虑选择。找到合伙人并非就万事大吉，还要经历日后经营中的磨合期。创业者在挑选合作伙伴时要注重以下几个特征，以免在日后的经营过程中产生重大分歧，不利于创业的稳定运行。

1. 志同道合

合伙人合作的最大基础就是志同道合、目标一致。"志"指的是目标和动机，从广义上讲包括了创业的动机、目标及创业者确定的目标、规划等诸多复杂的内容，可以是赚钱、扬名、实现理想等；"道"就是实现"志"的方法、手段，即经营理念和经营策略。拥有共同的目标和经营理念是合作的基础。

2. 优势互补

合作成功是多方面因素综合作用的结果，每一个因素都必须得到重视。一个优秀的经济联合体，不仅能够为合作方的能力发挥创造良好的条件，还会产生一种新的力量，使各自的能力得到最大限度的发挥。最成功的合作事业是由才能和背景各不相同的人合作创造出来的。

3. 德才兼备

挑选合作人时要全面衡量合伙人的素质，力求合伙人德才兼备，切不可只顾其一不顾其二，因为有德无才是庸人，有才无德是小人。重德轻才，往往导致与庸人合作；重才轻德，往往导致与小人合作。无论是庸人还是小人，与之合作注定要失败。

4. 明确利润分配

许多人合伙创业喜欢采取对半分的权益分配方法，但这种方法常常因合作方意见不一而导致经济纠纷，无形中阻碍了发展。俗语云："一山不容二虎。"创业也是一样，决策权往往只能集中在一个人的手里，才能在众人意见不一时做出最终决断。一旦开始赢利，冲突就会随之产生，两位合伙人意见可能相左，尤其是涉及金钱时，其中的矛盾可能会变得不可调和，所以只有明确双方的权益才能获得长久的发展。

总之，理想的合伙人不仅是一个能为你提供资金、经营方法、经验或其他方面支持的人，更重要的是他应该是一个能让你信任、尊敬并能与你同甘共苦的人，是一个与你具有共同的经营目标和价值观念的人，这才是你所需要的。

团队要能互相沟通，达成共识

美国著名的未来学家约翰·奈斯比特曾说："未来的竞争将是管理的竞争，竞争的焦点在于每个社会组织内部成员之间及其与外部组织的有效沟通上。"沟通是管理行为最重要的组成部分，也可以说是任何管理艺术的精髓。不管到了什么时候，创业者都离不开沟通。

GE 前 CEO 杰克·韦尔奇被誉为 20 世纪最伟大的企业领导人之一，在他上任之初，GE 内部等级制度森严，结构臃肿。韦尔奇通过大刀阔斧的改革，在公司内部引入非正式沟通的管理理念，对此，韦尔奇说："管理就是沟通、沟通、再沟通。"

通过这种非正式沟通，韦尔奇不失时机地让人感到他的存在。使公司变得"非正式"意味着打破了发布命令的链条，促进了不同层次之间的交流，改革了付酬的方法，让雇员们觉得他们是在为一个几乎与人人都相知甚深的老板工作，而不是一个庞大的公司。

韦尔奇比他人更知晓"意外"两字的价值。每个星期，他都会出其不意地造访某些工厂和办公室；临时安排与下属经理人员共进午餐；工作人员还会从传真机上找到韦尔奇手书的便笺，上面是他遒劲有力又干净利落的字体。所有这些的用意都在于领导、引导和影响一个机构庞大、运行复杂的公司。韦尔奇最擅长的非正式沟通方式就是提起笔来写便笺，目的就是为了鼓励、激发和要求行动。韦尔奇通过便笺表明他对员工的关怀，使员工感到他们之间已从单纯的上级与下属的关系升华为人与人之间的关系。

一位 GE 的经理曾这样生动地描述韦尔奇："他会追着你满屋子团团转，不断地和你争论，反对你的想法。而你必须要不断地反击，直到说服他同意你的思路为止。而这时，你可以确信这件事你一定能成功。"这就是沟通的价值。

韦尔奇曾说："我们希望人们勇于表达反对的意见，呈现出所有的事实面，并尊重不同的观点。这是我们化解矛盾的方法。""良好的沟通就是让每个人对事实都有相同的意见，进而能够为他们的组织制订计划。真实的沟通是一种态度与环境，它是所有过程中最具互动性的，其目的在于创造一致性。"沟通就是为了达成共识，而现实沟通的前提就是让所有人一起面对现实。

在一个群体中，要使每一个群体成员能够在共同的目标下，协调一致地努力工作，就绝对离不开沟通。沟通，是人类活动和管理行为中最重要的职责之一。因此，组织成员之间良好有效地沟通，是任何管理艺术的精髓。

一个组织在确定目标、制定决策、控制协调、改善人际关系、形成凝聚力、变革与发展等方面都离不开沟通。沟通在组织管理中的作用具体表现在以下几个方面。

1. 实现科学决策和有效计划的前提条件

任何社会组织都是一个开放系统，组织外部复杂多变的因素对组织的生存和发展施加着直接的或间接的影响。一个组织通过与外界的信息沟通，可以获得外界环境变化和需要的各种信息，从而为决策和计划提供必要的依据和参考。

2.实施有效组织和协调的依据和手段

现代社会组织十分显著的特点就是规模庞大，人员众多，业务繁杂，高度专业化。在此情况下，利害冲突、意见分歧、相互制约和摩擦在所难免，而意见和信息的交流与沟通可以消除这些弊病，增进组织的效能。

3.建立和改善人际关系的必要途径

从行为科学的角度来看，组织是一群人因对工作职责的了解、团体精神的感受、情感的交流、需要的满足所形成的一个心理状态。沟通有助于联络，有助于人的思想和情感的交流和了解。

4.改变组织成员心理和行为的有效方法

人们接受不同的信息，受不同的刺激，会形成不同的态度，产生不同的行为。因此，通过传递适度的信息，可以改变人们过激的心理结构和行为方式，以适应现代社会的要求。

5.可以提高组织工作的效率

在庞大的组织中，建立四通八达、自由交流的信息沟通网络和方式，可以改变文山会海、拖拉作风、官僚主义等恶习，提高组织工作的效率。

管理者什么都管是创业的大忌

一个优秀的管理者是那些每天耗费大量精力在技术、市场的人吗？恰恰相反，管的越多不代表管的越好，真正优秀的管理者反而是"什么都不做"的人。在工作中，大多人都抱怨过老板忽视自己的意见，用指挥、命令的方式来行使领导的权力，甚至经常无情地批评与训斥下属。而同样，老板对员工也经常感到不满意，他们认为员工不服从管理、不遵守制度、生产技能不够、懒惰、效率低下等。对于这种冤家似的矛盾，美国学者肯尼思·克洛克与琼·戈德史密斯曾在合著的《管理的终结》中分析指出，管理的终结不应是强迫式的管理，即利用权力和地位去控制他人愿望，而应是"自我管理"。

真正的"人性化管理"，是帮助和引导员工实现自我管理，而并不是要求员工完全按照已经全部设计好的方法和程序进行思考和行动。

事实便是如此，最有效并持续不断的控制是触发个人内在的自我控制，而不是强制。许多企业在推行人本管理的过程中花费了大量的时间和精力，效果却不甚理想。为什么呢？就是没有紧紧抓住最为关键的部分——帮助和引导员工实现自我管理。因为，现代企业的员工有更强的自我意识，工作对他们来说不仅意味着"生存"，更重要的是，他们要在工作中实现自己的价值。一个公司管理者，假如没有认识到这一点，那就无法赢得他的下属员工，他的公司同样无法获得成功。

西门子公司有个口号叫作"自己培养自己"。它是西门子发展自己文化或价值体系的最成功的办法，反映出了公司在员工管理上的深刻见解。和世界上所有的顶级公司一样，西门子公司把人员的全面职业培训和继续教育列入了公司战略发展规划，并认真地加以实施，只要专心工作，人人都有晋升的机会。

但他们所做的并不止于此，他们把相当的注意力放在了激发员工的学习愿望、引导员工不断地进行自我激励、营造环境让员工承担责任、在创造性的工作中体会到成就感这些方面，以便员工能和公司共同成长。

对西门子来说，先支持优秀的人才比支持"准成功"的创意更有价值。这种理念的前提就是，经过挑选的员工绝大部分都是优秀的，他们必须干练、灵活和全身心投入工作。他们必须有良好的学历，积极发展自我的潜力。而且，公司也正是因为有了这些优秀的员工而获得业绩和其他利益的增长。

云南某化工公司是我国磷肥行业中的一家知名企业，它有着30多年的历史，现有员工1600多名，2004年销售收入为15亿元。之所以有如此卓越的成绩，是因为从2003年起，公司就开始推行自我管理的"诚信自律"班组活动，强调给予员工足够的信任和尊重，让班组和员工自愿提出申请，在安全生产、劳动纪律、行为规范、现场管理、生产技能提高等方面进行自我管理，员工自己制定各项行为准则和规章制度，并签署承诺书，自己说到的就要做到，同时自觉改正错误行为，不断提高管理水平。该公司董事长如此说："推行诚信自律班组，有助于增强管理者与员工的相互尊重和信任，进一步改善公司员工的工作氛围，降低管理成本，从而提高工作的效益。"

"道之以政，齐之以刑，民免而无耻；道之以德，齐之以礼，有耻且格。"对于管理者而言，员工的自我约束力是最好的管理制度，是企业事半功倍的法宝。

当然了，员工自我管理虽然是一种切实可行的积极的目标，但是真正做到却非常不容易；不仅需要领导者和管理者具备帮助、引导、培训的种种技巧，还需要极大的热情、耐心，以及正确的信仰。

想达到"无为而治"的管理最高境界，应建立在下列几个前提之上：

（1）建立系统化、制度化、规范化、科学实用的运作体系。科学的运作体系是企业高效运行的基础，用科学有效的制度来规范员工的行为，来约束和激励大家对企业管理非常重要。

（2）超强的领导力的领导者组成的一个高绩效的团队。高绩效的领导者要会发挥自己的影响力，要会激励下属，辅导下属，又会有效地授权。他既要有高瞻远瞩的战略眼光，制定中长短期战略目标，又要有较强的执行力，把组织制定的目标落实到位，这样才会有好的结果。

（3）建构好的企业文化，用好的文化理念来统领员工的行为。企业既是军队、学校，又是家庭，提高员工的职业素养和综合性的素质能力，让员工体会到大家庭的温暖。使企业更具凝聚力、团队精神，能留住员工的心，让企业与员工能共同发展，共同进步。

对员工也要讲服务

员工是企业重要的组成部分，是企业价值的直接缔造者。创业者要学会对员工讲服务，这一点沃尔玛的公仆式领导很值得学习。早在创业之初，沃尔玛公司创始人山姆·沃尔顿就为公司制定了3条座右铭：顾客是上帝、尊重每一个员工、每天追求卓越。沃尔玛是"倒金字塔"式的组织关系，这种组织结构使沃尔玛的领导处在整个系统的最基层，员工是中间的基石，顾客放在第一位。沃尔玛提倡"员工为顾客服务，领导为员工服务"。

沃尔玛的这种理念极其符合现代商业规律。对于现今的企业来说，竞争其实就是人才的竞争，人才来源于企业的员工。作为企业管理者只有提供更好的平台，员工才会愿意为企业奉献更多的力量。上级很好地为下级服务，下级才能很好地对上级负责。员工好了，公司才能发展好。企业就是一个磁场，企业管理者与员工只有互相吸引才能凝聚出更大的能量。

但是，很多企业看不到这一点。不少创业者总是抱怨员工素质太低，或者抱怨员工缺乏职业精神，工作懈怠。但是，他们最需要反省的是，他们为员工付出了多少？作为领导，他们为员工服务了多少？正是因为他们对员工利益的漠视，才使很多员工感觉到企业不能帮助他们实现自己的理想和目标，于是不得不跳槽离开。

这类创业者应该向沃尔玛公司认真学习。沃尔玛公司在实施一些制度或者理念之前，首先要征询员工的意见："这些政策或理念对你们的工作有没有帮助？有哪些帮助？"沃尔玛的领导者认为，公司的政策制定让员工参与进来，会轻易赢得员工的认可。沃尔玛公司从来不会对员工的种种需求置之不理，更不会认为提出更多要求的员工是在无理取闹。相反，每当员工提出某些需求之后，公司都会组织各级管理层迅速对这些需求进行讨论，并且以最快的速度查清员工提出这些需求的具体原因，然后根据实际情况做出适度的妥协，给予员工一定程度的满足。

在沃尔玛领导者眼里，员工不是公司的螺丝钉，而是公司的合伙人，他们尊崇的理念是：员工是沃尔玛的合伙人，沃尔玛是所有员工的沃尔玛。在公司内部，任何一个员工的铭牌上都只有名字，而没有标明职务，包括总裁，大家见面后无须称呼职务，而直呼姓名。沃尔玛领导者制定这样的制度目的就是使员工和公司就像盟友一样结成合作伙伴的关系。沃尔玛的薪酬一直被认为在同行业中不是最高的，员工却以在沃尔玛工作为快乐，因为他们在沃尔玛是合伙人，沃尔玛是所有员工的沃尔玛。

在物质利益方面，沃尔玛很早就开始面向每位员工实施其"利润分红计划"，同时付诸实施的还有"购买股票计划""员工折扣规定""奖学金计划"等。除了以上这些，员工还享受一些基本待遇，包括带薪休假，节假日补助，医疗、人身及住房保险等。沃尔玛的每一项计划几乎都是遵循山姆·沃尔顿先生所说的"真正的伙伴关系"而制定的，这种坦诚的伙伴关系使包括员工、顾客和企业在内的每一个参与者都获得了最大程度的利益。沃尔玛的员工真正地感受到了自己是公司的主人。

到这里，所有人都会明白沃尔玛持续成功的根源。沃尔玛这一模式使很多企业深受启发。

有一家饭店把沃尔玛当作学习的榜样，"没有满意的员工，就没有满意的顾客。"饭店管理者把这句话当作是企业文化理念的精髓。饭店拥有员工近400人，除大部分为正式员工外，还有少部分为外聘人员，饭店领导首先为他们营造的是一个平等的工作环境与空间，一旦发现了人才，无论是正式员工与否都给予鼓励与培养。每年的春节，饭店高级管理人员都要为员工亲手包一顿饺子，并为员工做一天的"服务员"。每年，饭店还要对有特殊贡献的员工进行晋级奖励，目前得到晋级奖励的员工已占到全体员工总数的10%。饭店还定期组织员工外出旅游，节假日举办联欢会。如同沃尔玛取得的辉煌业绩一样，一分爱一分收获，领导的良苦用心得到了回报。由于该饭店员工的素质一流，几乎所有的宾客都能享受到"满意＋惊喜"的服务。他们对此赞不绝口，饭店生意红红火火。

为员工提供服务，把员工视为企业的合作伙伴，这是员工最希望的关系。这种有效的方式，能实现"双赢"。把员工视为企业的合作伙伴，就能增加相互的协作，这样不仅员工能迅速成长，而且为创业者带来的效益也是巨大的。

家族企业也要有制度

每一个家族企业都各有特点，每一个家族企业背后都有一段故事，因此，靠自己白手起家打拼下来的家族企业，哪怕在成长壮大之后，还是愿意坚持自己两权合一的管理方式。然而，现实却是，你不愿意在自己的企业中实行现代企业制度，你一手创立的企业就可能面临被淘汰的惨剧。

家族企业能够获得成功，说明家族企业也有家族企业的优势。在家族企业中，家族成员所有权与控制权两权合一，家族成员既参与企业经营管理，又参与剩余索取权的分配，这使得面临逆向选择和道德风险的可能性大大降低。

不过，两权合一也具有先天不足的劣势，可能造成组织内耗，阻碍组织的发展，这也是家族企业管理的致命伤。因此，家族企业的三轴——家庭、企业及产权间如何平衡关系，成为摆在家族企业面前的重要难题。

从"地下工厂""前店后厂"起步的温州传统私营企业，基本上都是靠亲缘关系来维系的"人和"企业。受文化素养的影响，温州的老板大多"宁为鸡首，不为牛后"，他们把企业封闭起来，不愿外人进入，不愿与其他企业合并，更不愿被其他企业收购和兼并，一般不愿接受股份公司的企业形式。这是温州企业难以壮大的一个原因，也是温州至今只有一家上市公司的原因之一，而这家上市公司还是由国有企业改制而成的。

随着企业的发展，温州模式下的家族式管理的弊病越来越多地显露出来，大批私企纷纷转而建立现代企业制度，逐步发展成为现代化的股份制企业或上市公司。越来越多的温州企业开始计划上市。该市产值超亿元的532家企业和78家股份制有限公司，均为优质的上市后备资源，上市企业梯队基本形成，一批优质私营企业营造出温州私企"想上市、敢上市、争上市"的浓厚氛围。

家族式企业创立之初往往资产都归一个人、一家人或几家人，而发展壮大后，光一家或几家的力量在资本上是远远不够的。即使自己的资产非常雄厚，发展到一定程度也需要有别人来为你照料经营你的资产。

对家族式企业来说，所谓的家族式企业的"经纪人"就是从外面聘请的管理者，特别是高级管理者。而要实现产权和经营权的真正分离，家族式企业完全可以成立董事会和监事会，甚至股东大会。

世界500强企业中，有将近1/3是家族式企业或家族式企业演化而来的。世界著名跨国公司福特、通用、松下、奔驰、长江实业、大通曼哈顿、保洁公司等都是家族式或从家族式演化来的公司。所有这些说明家族式企业很有生命力。其实，中国很多成功的企业也都是家族式企业，他们做得也非常成功。家族式企业只是企业的一种产权所有制形式的选择，不是判断企业成功与否的标准。但是，可以看到的是，大凡做得成功的家族企业，都是很好地把家族企业这种产权所有制形式和家族式管理模式分开了。

主动承认错误给员工树立榜样

当工作中出现失误，敢作敢当、勇于承担责任的创业者，会给员工树立起良好的榜样，企业中会出现平等、坦诚的积极氛围；当成绩出现，又能不居功自傲，懂得与大家分享的创业者，其人格魅力一定能让大家真正成为你的伙伴。

犯错和失职并不可怕，可怕的是否认和掩饰错误。勇于承担责任的创业者，会让员工觉得你是一位心胸坦荡、有责任心的人，因责任而树立起的威信更能让员工信服，从而赢得员工的尊重和支持；否认和掩饰只会一错再错，失去员工的信任。

著名戴尔公司的老板迈克尔·戴尔就是一位能主动承认错误、勇于承担责任的领导。戴尔公司实行年度总评计划，每位戴尔的员工都可以向他的上级、部门经理甚至是迈克尔·戴尔本人提出意见，指出他们的错误所在。第一次员工总评过后，迈克尔·戴尔得到的评价是"过于冷淡"。对此，戴尔当着众多员工的面承认了自己的问题："我个人太腼腆，显得有些冷淡，让人觉得不可接近，这是我的失误。在这里我对大家作出承诺，在以后的日子里，我会尽最大努力，改善与所有员工的关系。"

这件事情在后来被记者提及："戴尔先生，你不担心员工提出的问题是你根本不存在的吗？"迈克尔·戴尔微笑着回答："戴尔公司最重要的一条准则是责任感。我们不需要过多的借口，只要拥有高度的责任感就行，在戴尔公司你绝对不会听到各类推诿之词。"

这段戴尔本人的公开表态，在戴尔公司内部引起了巨大的反响，大家都认为："公司的老总这么勇于承担'莫须有'的责任，那么我们还有什么理由不向他学习呢？"因而，"承担责任，不找借口"的风气迅速在戴尔公司内部形成，这也是戴尔公司拥有强大竞争力的原因之一。

李嘉诚认为，部下的错误就是领导者的错误。他是一个非常宽厚的商人，也十分体谅部下的难处。多年的经商经验让他深知，经营企业并不简单，犯错是常有的事情，所以只要在工作上出现错误，李嘉诚就会带头检讨，把责任全部揽在自己身上，尽量不让部下陷于失败的阴影。他时常说："下属犯错误，领导者要承担主要责任，甚至是全部的责任，员工的错误就是公司的错误，也就是领导者的错误。"

初到香港的李嘉诚，先到舅舅家的钟表公司工作。少年时的他就非常好强，因为他不想落在别人的后面，所以做事情总是想着如何超越他人。自从加入钟表公司，李嘉诚就非常勤奋，在别人休息时他也在学习如何修理钟表。为了尽快提高自己的技艺，他自己还认了一个师傅，只要有不懂的问题就去请教师傅。师傅觉得李嘉诚非常聪明，而且还很好学，也非常愿意教他。

有一次，师傅因为派到外面去工作，李嘉诚趁师傅不在自作主张地开始自己动手修手表，但毕竟欠缺经验，不但没有修好，反而一不小心把手表给摔坏了。看到这种情况，李嘉诚知道自己闯了大祸，他不但赔不起手表，还有可能丢掉这份工作。然而当师傅知道李嘉诚把手表摔坏后，却没有骂他，只是轻描淡写地告诉他下次不要再犯类似的错误。与此同时，师傅主动向李嘉诚的舅舅解释是因为自己一时疏忽不小心把手表掉在地上，要求给予处分，师傅完全没有提到李嘉诚的事情。

这件事情使李嘉诚深有感触，本来是自己的错误却让师傅承担下来，觉得非常过意不去，于是就向师傅道谢。师傅告诉他："你要记住，无论以后做什么工作，作为领导者就应该为自己的下属承担责任，部下的错就是领导者的错误，领导者就应该负起这个责任；否则，就不配当领导。"尽管当时的李嘉诚年纪很小，不能完全领会师傅的意思，但是这句话却如同烙印一样深深地印在他的脑海里——主动为部下承担过失的领导者，才是一个好领导者。

作为创业者，能否主动勇敢承担错误的责任，关系到一个创业者的品格和威望。主动承担责任的创业者，让部属更敬佩，威望不仅丝毫无损，反而会大大提高。

寻找适合的合伙人

合伙经营，找准你的"黄金搭档"

俗话说："一个好汉三个帮"，刘关张拧成一股绳才有了三分天下。创业路上找一些志同道合的人结伴而行，将解决你单打独斗的许多麻烦，尤其是在这个竞争日趋激烈的时代，合伙让你的创业之路从不可能到可能，从小打小闹到大规模作战。

"武大七侠"周汉生、艾路明、张晓东、张小东、潘瑞军、贺锐、陈华是当代集团的创始人。艾路明从武大研究生毕业后，从家里拿出1000元，周汉生等人又凑了1000元，在洪山区注册成立当代生化技术研究所。"7个人中有4个是学生物的，大家觉得做生化技术比较有把握。"周汉生辞去水生所的工作，与艾路明一起彻底"下海"，其他几个人边教书，边经营这个企业。

在武大留校工作的张晓东到复旦大学做实验时，认识了一位做尿激酶项目的博士。该项目是从男性小便中提取尿激酶，出口日本。他得知这个信息后立即通知艾路明、周汉生等，几个人分头行动准备从武汉各大厕所里掘金。

经过考察，他们选中人口稠密的江汉区，在机场河租下一个废弃停车场作为加工车间。经江汉区环卫局同意，该区的厕所里出现许多白色的塑料大尿桶。尿液在4小时以内没有味道，物质活性也较高，利于加工。白天，周汉生与艾路明蹬着三轮车，到各个厕所将盛满尿液的塑料桶扛到三轮车上。晚上，他们将拖回的尿液倒进大缸里处理，并守在缸边，根据情况随时添加各种化学药品。

随着武汉东湖开发区成立，政府开始扶持高科技企业。当时，葛洲坝集团为了开拓新的产业领域，想利用武大生科院的技术，生产赤霉素（一种植物生长激素）。此时，武大正与国内数家公司合作开发这个项目，无力再派技术人员开发新"摊子"。

周汉生来到武大生科院深入实验室，向专家请教生产赤霉素的关键技术，直到全部掌握。然后以当代生化技术研究所的名义与葛洲坝集团进行技术转让与合作，组织生产。这个项目获得国家"火炬计划"100万元贷款。接着，他们又开发一个"原子灰"项目（生产油漆底层的泥子），再次得到国家"火炬计划"500万元的项目贷款。当代有了三个"摊子"：尿激酶、赤霉素、原子灰，资产已达数百万，开始走上发展的快车道。

眼看公司有了规模，几个创业者都想按自己的想法试一试。一年后，各个公司的经营都开始萎缩，大伙意识到还是合在一起好！

在尿激酶生产中，公司从进口试剂中得到启发。"医院检测科需要一种检测致婴儿残疾的诊断试剂，这个市场很大。"艾路明与国家计生委协商合作，成立了一个公司；又用一年时间兼并了扬子江制药厂，取得了针剂生产的批号，诊断试剂和尿激酶临床针剂投入生产。这就是上市公司人福科技的前身。

当代公司开始参与国有企业的购并和重组，资产迅速扩张。到1996年，资产已达5000万元。同年6月，人福科技上市，成为东湖开发区第一家上市公司，资本扩充至1亿元。购并握有医药生产资源的企业，是快速增长的捷径。2000年，当代集团兼并了宜昌医药集团。如今当代集团所属的人福科技更在全国医药企业中排进了前50名。

当代集团初次创业小有成就后，"七侠"曾分道扬镳，但业务马上下滑，最后不得不强强联手。这说明合伙创业的确可以产生1+1>2的效果，它将合伙人的优势互补，产生强大的能动力，使创业之路左右逢源，一路高歌。

合伙创业让不能干的事成为能干的事，不过合伙人之间若是发生内讧等矛盾，也会使创业之路难以为继或将创下的基业毁于一旦，所以合伙创业要慎重，特别要处理好以下几个问题：

1. 理清选择合作的原因

当单个创业者没有足够的力量撑起创业大旗时，可以找一些人合作。合作可以使项目很好地发展实施，合作可以使合作双方资源共享，合作可以使自己变得更强大。合作方式有：项目与项目的合作；项目与人的合作；项目与技术的合作；项目与资金的合作；项目与社会资源的合作。

2. 合作目的与目标

创业合作要有相同的目的和目标，因为有了共同的创业目标，才能走到一起来，所以目标的正确与合作有很大的内因，也是能否找到合作伙伴的重点。利益的合理分配是合作伙伴选择你的主要原因，其中合作伙伴对你的项目的可操控性人的因素会略有差异。当你有了任何一种资源的时候，在选择合作者，看中的合作伙伴必然有很好的可合作资源，这种资源就是你的合作目的，目标是在行业上的定位，有了清楚的合作目的和目标，合作才会顺利。

3. 合作伙伴的职责

合作初期，创业合作者要明确合作伙伴的各自职责，不能模糊，要能拿出书面的职责分析。因为是长期的合作，明晰责任最重要，这样可以在之后的经营中不至于互相扯皮，推卸责任，好多的创业合作中出现问题，就是因为责任明晰不够。

4. 合伙投入比例利润分配

合作投入比例是合作开始双方根据各自的合作资源作价而产生。投入比例和分配利益成正比的关系，也要书面明细清楚；当然根据经营情况的变化，投入也要变化，在开始的时候，就要分析后期的资金或者资源的再进入情况。如果一方没有融资的实力，那另一方的投入会转换成相应的投资股，分配投入产出的利益。

5. 合伙人之间的信任

大多数合伙人初期都是重情意，直接导致一些合作细节模糊不清，这是创业中非常不利的因素。如果有问题出现，没有一个根本的办法解决，互相推诿，留下一堆乱摊子，无人收拾残局。创业中正确的做法是，将朋友和亲人之间的合作建立在商业的基础上，用商业的解决方法去解决合作纠纷，避免纠纷，一切的合作细节都及早预防，提前明晰！一切合同化！创造一个良好的合作平台！

怎样寻找最适合的创业伙伴

创业最宝贵的资源不是金钱，而是人。对内而言是优秀员工的引进，对外就是找到适合的创业伙伴。很多创业者抱怨茫茫人海中没有合适的创业伙伴，其实只是没有找到适合的方法而已。很多时候，适当的人选就在身边，只是创业者没有发现的眼光罢了。

合伙人是以信任为基础的，因此很多人选择从熟人圈子里找合伙人。像Google的创始人是同学关系，然而家族式的弊端一直都成为创业者的顾虑，不知道该不该选择亲近的人合作。中国的民营企业为什么做不大，不少人把原因归结为实行家族制，如果把眼界放开，日本的松下集团、美国的杜邦等，都在证明着

家族企业的成功。

中国目前尚未形成成熟的职业经理人阶层，法律也尚不健全，所以，大多数成长起来的家族企业不敢去冒险放心地使用职业经理人，这也是事实。让外人掌握企业的技术核心机密，会有一定的危险，如果他缺乏职业道德就会造成企业不稳定，而家族人背叛的可能性相对小很多。也因此，在家族企业中，财务、人事等要职多半仍由家族内部成员担任。

那么，家族企业用人是任人唯亲还是唯贤是举？有人说，任人唯亲，是为了稳定，也有人说，任人唯贤，可以谋求更大的发展。在家族企业中，用人重在如何贤亲并举。用人之道分上中下三策：下策是用人唯亲，因为这样的策略虽然强调了稳定，但发展很困难。中策是用人唯贤，但是贤人们缺少亲和力和凝聚力，要把他们组合成一个高效团队花的时间成本太大。所以用人之道的上策是贤亲并举，世界上所有的大企业无一不是这样。用人唯亲是为稳定，用人唯贤是为发展，而真正的智慧在于，如何将发展和稳定的关系更好地平衡。

好的企业人才结构应该是多样化的，如果能够去掉家族式企业的弊端，发挥家族式企业的精华，从熟人中找合作伙伴是最方便不过的了。但是如果熟人中没有合适的人选，依然有很多的方法寻找合作伙伴。

1. 刊登广告

针对自己需要的合伙人类型，刊登合作广告。这样合作意愿传播的速度快、覆盖面广、重复性好，合作的内容也可以清晰明确的公布出来。

2. 委托猎头

可以请专业的人士通过有偿的方式根据创业者的需求去收集信息。比起自己盲目的寻找，委托猎头更加有针对性。

3. 介绍寻找

就算熟人圈中没有适合的人选，还是可以通过熟人圈，请亲朋好友在自己的圈子内物色适当的人选。

4. 从客户中寻找

以前靠工作关系建立起来的客户，有不少可以作为创业的帮手。因此要跟客户保持良好的关系，留作以后创业的资源。

对一个企业来说，创业者就是一位知根知底的管家，他应该知道自己缺乏什么样的创业伙伴，以及怎样才能找到这类人。因此，选出什么样的合伙人是衡量创业者水平的一个重要标志。"用金银总有尽时，用人才坐拥天下"，找准创业伙伴是一门学问，创业者应用心揣摩，做出正确的决策。必须通过科学而严密的步骤，有效地挑选创业伙伴。

1. 确定合伙条件

关于合伙的具体标准，各个国家可能不同，但也有共性。如日本侧重学历、经历、能力、忠诚和健康5条。中国强调德、才、资。德，是指品质，即具有高尚的道德情操；才，是指才能，即具备能够胜任工作的能力；资，是指资历，包括学历、经历、经验和工作成绩。总之，要德才兼备。

2. 拟订选择方案

创业者应根据需要，制订选择方案。它包括确定合伙对象，规定合伙内容，采取的具体方式、方法，拟订具体的时间程序。

3. 选定对象

候选人必须有一定的数目，没有一定数目的考虑对象，就不会有充分的选择余地，所选的合伙人也不一定合格，更不用说合适了。

4. 跟踪考察

创业者要组织人员了解每个候选人的情况，并对候选人进行全面考察。通过考察，就可以大体了解候选人的智力、性格、技能、兴趣、动机、愿望等特性了。在此基础上，创业者还要亲自与候选人进行面谈，以便进一步考察验证。

5. 作出结论

创业者必须经过集体讨论，认真地研究这些候选人的优、缺点；同时从几名候选人中，进行反复比较推敲，优中择优，最后做出决策。

对伙伴要求不要太高

金无足赤，人无完人。合作伙伴也不可能是完美无缺的，如果合伙人能够充分发挥长处，就能给企业带来积极正面的影响，至于无伤大雅的缺点，就没有必要过于苛责。这既是一种管理策略，也是一种用人之道。创业者要知人善任、扬长避短、因材授职、使用得当。

创业者应该一分为二地看人，某个人在某方面的才能突出，其必定有一方面不突出。这需要创业者在挑选合作伙伴时，准确把握优势和劣势，发挥其长处，避免其短处。

美国柯达公司在生产照相感光材料时，工人需要在没有光线的暗室里操作，为此培训一个熟练的工人需要相当长的时间，并且没有几个工人愿意从事这一工种。但柯达公司很快就发现盲人在暗室里能够行动自如，只要稍加培训和引导就可以上岗，而且他们通常要比常人熟练得多。于是，柯达公司大量招聘盲人来从事感光材料的制作工作，把原来的那一部分工人调到其他部门。这样，柯达公司充分利用了盲人的特点，既为他们提供了就业机会，也大大提高了工作效率。

由此可见，创业者只要用人得当，缺点也可以变成优点。事实上，一个人的优点和缺点不是一成不变的，而且长处和短处是相伴相生的，常见到有些长处比较突出，成就比较大的人，缺点也往往比较明显。

至于那些胆大艺高，才华非凡，但由于某种原因受人歧视、打击，而有争议的"怪才"，领导者更要理解他们的苦衷，尊重他们，为他们提供一个发挥才能的空间。如果管理者跳出传统的思维定式，从客观实际出发，有针对性地用人之短，往往能起到意想不到的效果。

一家公司的招聘登记表格中，有这么一栏："你有什么短处？"有一次，一位下岗女工来应聘，在这一栏填上了"工作比较慢，快不起来"。员工一致认为，她是不可能被录用的，谁知，最后老板亲自拍板，录用了这位女工，让她当质量管理员。老板说："慢工出细活，她工作慢，肯定会细心，让她当质量管理员错不了，再说，她到过许多地方应聘，没有被录用，到这里被录用了，肯定会拼命地干，以后，我们公司肯定不会有退货了。"结果，正如老板所预言的那样，她工作成绩显著，公司的确没有退货了。

虽然员工与合伙人不可能完全一样，但是充分发挥了"从短见长"的才智，充分发挥个人的优势，才能取得成功。创业者需要注意的是越是天才越有缺陷。有缺陷的天才就因为他有一方面的欠缺，才有了另一方面的优势。样样精通的人反而可能成不了天才。

需要提醒的是，创业者在用有缺点的合伙人时需要掌握的一个重要原则，就是要做好控制，不然就会纵容合伙人犯错。有家鞋厂的会计，他在管账时经常出错。但他有一个优点：交际能力很强。于是，老总把他调到营销部门，待了一年，业绩斐然。这件事在单位里传为美谈，员工们认为老总慧眼识珠，把一块石头变成了金子。但一次偶然的机会，公司让他负责购进原材料，由于他的粗疏大意，被别人以次充好，公司一下子损失了100多万元。

在很多创业者看来，短就是短，但殊不知，短也是长。即所谓"尺有所短，寸有所长"。清代思想家魏源说："不知人之短，不知人之长，不知人长中之短，不知人短中之长，则不可以用人。"中国智慧充满了辩证法，就看你是否具备这样的眼光。面对有缺陷的人，让其发挥优势是管理者明智的选择，但如果能巧妙地避免其短处，甚至巧妙地使用其短处，使短处产生积极作用，则是创业者的高明之处。

寻找同行合作，优势互补

俗话说"同行如敌国"，同行竞争甚至是恶性竞争的现象比比皆是。其实事实不一定总是如此，合适的同行合作反而能促进整个项目的良好发展，张全国和他的乡亲们就通过共同合作取得了成功。

进入湖北省境内，当离一个小镇还有很远的时候，就能从空气中闻见扑鼻而来的鸡汤香味，鸡汤的香味是从平林镇一家挨一家的鸡汤馆里飘出来的。平林镇位于湖北省广水、安路、随州三市的交界处，一条公路干线正好从这里穿过。闻到鸡汤味就能叫人想到家，想到普通百姓的生活，想到百姓生活的经济实惠和温馨怡人。所以，来来往往的司机和行人，都忍不住要在这里停下来，喝一碗声名远扬的鸡汤再走。这里有萝卜鸡汤、板栗鸡汤、枸杞鸡汤、人参鸡汤、老母鸡汤、乌鸡汤……总之，你想喝什么鸡汤这里都可以满足你的要求。

但在很早以前，这里的鸡汤并没有什么名气，甚至连一家鸡汤店都没有，不过饭馆酒家却多得是。但饭馆酒家一多生意就很不好，因为公路是穿过各个村落的，结果沿线一家挨一家的都是饭店，想想也知道，路途中的行人为什么偏偏要在你这里停下来呢？

刚开始生意不好大家就怪柜台，于是沿途一家又一家的饭店就都开始比装潢门面。然而一个叫张全国的饭店老板，却把心思动的更深。他一直是个喜欢动脑子的人，从穷得两手空空到拥有第一家饭馆、第一笔存款，这都是他善于动脑子的结果。因为他知道，动脑子比动手更重要，卖的东西能打动人的心思，比门面能够抓住人的眼睛更能让生意兴旺，这些都是他第一个琢磨出来的。

困惑了很久，终于有一天，他从"孔府家酒让人想家"的广告中得到灵感，因为出门在外的人都会想家，如果炖一锅在老远都能闻见香味的鸡汤，不是比酒更能让人想家、比酒更能养人吗？于是很快，他就打出了"张记鸡汤馆"的招牌，那炖得香的馋人的鸡汤，也从"张记鸡汤馆"中飘出，飘得很远。

生意于是日益兴隆，生意一显起色，整个镇子的其他酒家饭馆也纷纷挂出了鸡汤馆的牌子，不到一年，整个镇子就形成了鸡汤馆林立的场面了，并且整个镇子的鸡汤味浸入了整个水乡。虽然竞争确实加剧了，但张老板反而笑了，因为这样一来，不仅鸡汤的香味会飘得更远，使鸡汤小镇产生更大的诱惑力和品牌力，形成了一个鸡汤商圈，而且更会带动整个小镇的乡亲们一起致富。

众所周知，创业之初，资金少，难题多，稍有不慎，便会亏本倒闭。因此，对于还未站稳脚跟的创业者来说，一味地和竞争对手搏杀显然不是明智之举，只有联合在一起，才能共享其利，共存共荣，皆大欢喜。

既然你是生意人，那么你就应该以和气生财、长远生财为主要目标，就应当遵循这样的原则：只要是有利可图的生意，即使你挣了100元，而别人挣了2000元，对于你来讲也是成功的。这个道理其实很简单，因为如果你不想让人家赚2000元，估计你的100元也挣不到。

但现实社会中绞尽脑汁相互拼杀，最后往往两败俱伤的例子屡见不鲜。曾经有两家对门的店铺，店主为了招揽顾客，相互展开一场低价大战，把自家商店的商品价格一降再降，斗到最后，竟然降低到低于进货价，结果自然是两败俱伤。而顾客呢，刚开始还挺踊跃的，而经过再三降价后，反而驻足不前开始观望，后来渐渐少了起来，原来因为价格太低，顾客反而觉得是假冒伪劣产品。

相反，如果能找到志同道合的同行共同合作创业，双方都能取得很好的收益，皆大欢喜。同行合作，由于对行业的了解，便能够充分发挥优势，弥补对方的缺陷和不足。对于创业者而言，是简单又稳妥的选择。

不能与之合伙创业的三种人

人不是完美的，有的缺点对于创业合作无伤大雅，有的缺点则会影响合作的进行。在商场中，一定要仔细谨慎地挑选合作伙伴，有的人不仅不能辅助你成功，还会毁掉你辛辛苦苦建立起来的成果。从无数个失败的合作案例来看，以下3种人是不能作为合作人选的。

1. 满口花言巧语，不诚信型

做生意和做人的第一要素就是诚实，诚实就像是树木的根，如果没有根，树就别想再有生命了。诚信对一个人、一个企业都是无形的财富，是一笔巨大的无形资本，无论是个人还是团队坚持走正直诚实的道路，必定会实现良好的愿景。相反，如果缺失诚信，事业就缺少了发展的承重轴。其实"诚信"对每一个创业者来讲，都是关乎新创企业安身立命的大事。创业的起步过程是不断地向社会推销企业的过程：一方面向社会展示企业提供的产品或服务，另一方面向社会证实企业做事的信用。有能力讲信用的人事业才能越做越大，有能力没信用的人可能得逞于一时，断难长久发展。

诚信是合作最起码的准则，如果连这点都做不到，以后的合作就根本不可能成功。对于那些毫无诚信可言的人，根本不能考虑与其合作。

2. 自高自大，不尊重内行型

合伙人不可避免地要参与到项目的决策中，然而有些人不尊重内行的意见，对项目只了解一些皮毛，就像刚练了几个月拳脚的年轻人一样，自我感觉极其良好，恨不得天天举行武术比赛，从此自己打遍天下无敌手。这正是创业必须避免的症状之一：自己其实并没有过人之处，却自我感觉天下第一。这种自我认知不清的唯一结果是：吃大亏，摔大跟头。这类人自大的主要表现是不尊重内行的人，自己在决策之前不能兼听则明。

很多人想要创业，他们把大量精力放在寻找合适的项目上。其实，在通常情况下，对于普通人来说，很少有一进入就能赚大钱的暴利行业和暴利项目。仔细观察就会发现，任何行业、任何项目都有人赚钱，有人亏本。如果能预测和抓住社会发展的趋势切入新兴行业当然赚钱的机会更大，但三百六十行，只要不是已经过时的产业，只要能够为人类提供帮助与服务就都可以赚到钱。赚钱的关键并不是项目，而在于是否善于经营，善于运作，善于运用创意把相同的东西卖出不同。

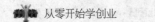

盲目自大，不尊重内行，以为自己什么项目都能做的合伙人，最后一定会导致项目的失败甚至企业的瓦解。

3. 随心所欲，不重视制度型

一个不重视公司制度建设的合伙人，不可能是一个好的合伙人。俗话说："没有规矩，不成方圆。"这句古语也很好地说明了制度的重要性。一个企业想不断发展永续经营，有一个比资金、技术乃至人才更重要的东西，那就是制度。合伙人如果一人独大，认为自己说了算，藐视公司的规章制度，将会导致公司秩序的混乱。

英国首相丘吉尔曾说："制度不是最好的，但制度却是最不坏的。"远大空调董事长张跃说："有没有完善的制度，对一个企业来说，不是好和坏之分，而是成与败之别，没有制度是一定要败的。"在今日竞争日益激烈的商业社会，制度才是克敌制胜的根本之道。从本性上讲，每个人都希望自己有特权，制定的规章制度最好是用来约束别人的，而不愿意制约自己。可如果合伙人不能够率先示范，不能以身作则地努力工作，而是随意破坏各种规章制度，那么这种形象就会影响下属，从而在团队里形成一种消极的态度，严重影响企业的正常运行。

总之，在合伙人的挑选上，创业者一定要尽量避免与这 3 类人合作。

认清合伙创业的误区

挑到了合适的合伙人，就能高枕无忧，大胆创业了吗？答案必然是否定的。很多创业者在合伙创业时，会陷入误区，反而阻碍了创业的进行。

误区 1：人人都是老板。

不管对企业的贡献多少，只要参与了合作，就都是老板。这是最常见的误区之一。每个合伙人都以主人的心态处理事务，谁也不听谁的。大家都是老板，各执一词，员工也不知道应该听谁的。于是企业秩序混乱，项目无法进行，创业就必然遭到失败。

合作虽然是集合了各方力量，但是不能因此而混淆合伙人的角色。对于每个人的位置、角色、职权都要应该有明确的划分，防止越权、混乱的情况发生。

误区 2：利润按人头分。

合伙时利润的划分是最敏感的问题。按人头划分看似公平，实际上更容易埋下矛盾冲突的种子。合伙人对公司的贡献不可能是完全相同的，如果按人头分，无疑伤害了贡献大的合作人的权利。比如说 3 个人合伙创业时，约定所得利润各得 1/3。然而创业的大部分资金是第一个人投入的，技术的开发创新都是第二个人提供的，第三个人只是偶尔去帮帮忙而已。三个人付出的劳动各不相同却要平分利润，这样的话第一个人和第二个人必然会产生不满，矛盾也就会爆发。所以利润的划分必须以公平合理为前提，合伙人付出的金钱、技术、客户资源、劳动都应该算作划分依据。

误区 3：不重视沟通。

很多创业者认为，既然合伙创业就是拴在一根绳上的蚂蚱，感情自然很深厚，因此凡事觉得差不多了就私自决定，不与其他合伙人进行沟通。甚至觉得"如果对我连这点信任都没有，还谈什么合作""这么多年的交情，这点小事他不会在意的"。然而这恰恰动摇了信任的基础，对方不可能对此毫无意见，长期下去，就会摧毁合作的信任基础，甚至造成合伙人之间反目成仇。不管何时，沟通都是合作顺利的保障。合伙人之间必须多加沟通，及时交流信息，以促进合作的顺利进行。缺乏有效的信息沟通会使合作人之间对事业缺乏共同的理解，导致不必要的矛盾从而影响合作。

误区 4：人情与亲情杂糅。

我国很多企业采取的都是家族式的创业方式。家族式企业的管理者大多对于下属要求较宽容，甚至对自己的人情化管理引以为豪。殊不知，情感化管理和人情化管理是两个概念，其本质的区别在于，情感化管理是以情动人，以情感人，以情励人。而人情化管理是"见人下菜碟"的人治权谋，对待不同的人有不同的标准。因此，家族企业应充分利用情感化的柔性管理方式进行管理，但切记不要陷入"人情化"的陷阱。

一个企业的性格往往由企业最高管理者的性格决定，一个团队的性格也往往受团队的主管影响。随着时间的推移，这些影响会逐渐形成一种企业独特的风格。这种风格最外在的表现形式就是公司的企业文化氛围、做事方式和规章制度的执行情况。人情化管理的模式与现代企业制度是完全冲突的，凭感觉办事成为家族企业管理的一大误区。人情化管理模式忽略了管理的残酷性，让管理者一开始就丧失了管理的主动权，让管理失去了刚性约束力。而这样做导致的直接后果就是企业发展滞缓甚至走下坡路，在激烈的竞争中失去优势。

误区 5：口头合同。

中国创业者往往认为有口头承诺就可以了，没有签订书面合同的必要，尤其是与朋友或亲戚的合作，更觉得书面合同太生分，口头说说就可以了。然而须知生意与感情是两码事，亲兄弟也要明算账。没有书面合同，一旦产生了纠纷矛盾，就没有可以作为判别的标准，反而更加伤害感情。因此生意场上的事一定要有明确的规章制度，约定性的内容一定要签订书面合同。

合伙创业的误区绝不仅局限于这几项，实际的操作中还会出现很多不可预料的问题。但是这几种误区是比较典型的且具有代表性的，创业者可以以此为鉴，在合作过程中注意适当规避。

聚集有价值的人才

人才乃取胜之本

资产只是一个数字，人才是企业真正的财富。拥有庞大资产的企业，它的实力一定非常雄厚，但如果该企业缺乏各种人才，那么它的兴盛也是短暂的。与此相反，拥有较少资产但注重人才的企业也会拥有一个更好的发展前景。人才是一个企业成功与否的关键，这是国内外企业家所公认的。

美国惠普电子仪器公司从一个只有 7 名员工、538 元资本的小作坊一跃而成为令人瞩目的国际集团，靠的就是对人才的重视。惠普公司非常注重人才的吸收，并且在员工的智力发展方面投入了大量资金。惠普规定，公司所有的员工，每周必须至少拿 20 小时学习业务知识。据统计，培养人才所花的资金占公司总销售额的 1/10，所花的人力占公司人力的 1/10。也许有人会质疑惠普的这种做法，但惠普公司却一直把"寻求最佳人选"作为公司发展的主要经验。惠普公司正是懂得了人才是企业真正的财富，所以才能实现从一个小作坊到一个跨国集团的华丽转变。

人才乃取胜之本，谁获得了优秀人才，谁就拥有了最大的竞争力，其潜力是不可估算的。所以创业者不要被庞大的资产所迷惑，一定要注重人才的培养，人才是企业真正的财富。

联想集团前总裁柳传志常挂在嘴边的一句话就是："办企业就是办人"。他认为只有理解了人，才能把企业这个人群的能量充分发挥出来。在对人才充分认识的基础上，柳传志对人才的选拔、培养、使用都有自己独特的见解和做法。

1. 在做事中磨炼人才

磨炼就是在实践中的锻炼和培养，当联想集团的事业进入发展阶段，对于常规的"将才""帅才"的认识和培养就成为非常关键的问题。在柳传志看来，优秀的人才不是在脱离责任、脱离做事机会的静态条件下鉴别出来的，必须是对人才有了基本估计之后赋予其责任和机会，在实践过程中才可能获得客观和理性的认识。因此越是高级人才，越应该多挑重担，在不同的领域多进行磨炼。

郭为是联想集团的副总裁，才30多岁，许多人惊诧于他的升迁之快，但对于他的经历却并不了解。他在联想集团工作了8年，经历的岗位变迁近10次，每一次都是不同类型的工作内容。今天，联想集团各部门中已有30多位年轻的创业者，占总创业者人数的80%以上。这一切也正是联想在激烈的同行业竞争中生存下来，而且成为中国电脑业的龙头企业的主要原因。因为这支年轻的骨干力量，不仅对新技术反应敏锐，而且具有全新的、开放型的经营理念，从而保证联想始终走在同行业的前沿。

2. 给他人创造发展的机会

柳传志认为，对人的认识不仅包含对人才重要性的认识和能够培养与使用人才，也意味着对人才需求的尊重。促使一个人发挥最大潜能的最终动力在很大程度上是各种上进的欲望。因此，采取有效的方法来激励人才正确地实现积极欲望的过程就是调动人才积极性的过程。

柳传志的高明之处在于使人才有充分的成就感，并能获得足够的成长机会。这样做的目的固然在于满足心理需求，让人才感到受尊重，更重要的还在于避免出现"人在业兴，人去业亡"的这种事业上的断层现象，而这一点对于企业家的事业成功往往是至关重要的。

不会培养人的创业者绝不会是合格的创业者。作为联想集团的总裁，柳传志运营着几十亿的企业资产，难免有"手痒"一下的时候。但是，每次产生了亲自出马的冲动，柳传志都能及时地提醒自己，约束自己，从而把机会留给下属。这样做的结果是，联想集团目前已经拥有了几十名能独当一面的"帅才"，以至于国外另有居心的电脑厂家放出风来：只要是联想集团的创业者级的人才能"跳槽"到他们公司工作，可以不经过考试，工资涨一倍。

但是，柳传志的用人之道使这些经理们觉得物质上的收获固然重要，但在联想更能施展自己的抱负。因此，联想集团的经理很少有跳槽的。的确，在知识经济时代，谁能树立以人为中心的思想，注重开发人的潜力、调动人的积极性和创造性，谁就能抢得先机，争取到最大的成功。柳传志深悟其中的道理。

在企业步入正轨后，柳传志更以企业家独有的战略远见放手培养帅才式的人物，频繁的岗位交流，使一些年轻人才迅速成长起来，成为联想发展的栋梁。给别人以机会，让人有成就感，是联想能培养人才、发展事业的关键。

柳传志以人为本的思想，拓宽了认识问题和解决问题的思路。创业者要时刻把人放在第一位，时刻了解下属的需求，倾听他们的呼声，善于引导和调动下属的积极性，尊重他们的创造性，为他们创造发展的空间和环境，就能够使创业者的企业走向成功。

有的创业者能够轻而易举地获得优秀人才的信任和追随，而有的创业者筑好金巢之后却引不来金凤凰，其差别就在于创业者自身是否具有才德。

创业者对待人才的品德包括：爱才之心，求才之渴，容才之量。

1. 爱才之心

人才是一种宝贵的财富，创业者必须爱惜人才，绝不能嫉贤妒能。即使创业者自身是一个非凡的人才，如果手下没有几个才华卓越的干将和一大批各类骨干，孤家寡人是很难成就大业的。而且创业者起用一个人才，他就会带来或吸引一批人才来，创业者的事业必然兴旺发达。因此，创业者首先必须有爱才之心。同时，爱才必须出于公心，从事业大局出发，做到用贤任能。这需要创业者有很高的精神境界和对事业高度的使命感和责任感。

2. 求才之渴

既有爱才之心，自有求才之渴。从群体看，人才难得，既是人才，必有出众之处，自然是不可多得。不多的人才又是淹没在广大的人群之中，这就需要创业者孜孜以求才能得到。从个体看，恃才自傲的现象是常有的。既然是人才，自有其独特的个性，不会轻易附和，更不会趋炎附势。人才是不会主动送上门的，需要创业者自己去发掘。创业者求才，不是过问所有员工的选用，主要是选用直接管理下一层的"将才"。至于再下层次的人员，那是"将才"自己去选用的事。如果创业者什么人才都选用，不仅容易模糊选求"将才"的视线，而且干扰了下一层次将才的职能。

3. 容才之量

用才不容易，容才就更难。人有所长，也必有所短，而且往往是优点越突出，其缺点也越突出。恃才自傲是人才的通病。大才者通常不拘小节，异才者甚至还有怪癖，人才与人才之间还常常有各种矛盾。因此，创业者既要善于用其所长，又要能容忍他的弱点。

"宰相肚里能撑船"，创业者必须有宽阔的胸怀，既能像磁铁那样把各种锋芒毕露的人才紧紧吸引在自己的周围，又能像润滑剂那样在人才之间周旋，使人才之间协同高效地运转。心胸狭窄的创业者往往耿耿于怀的并不是人才的缺点，而是人才的长处。既然是人才，必有自己的真知灼见，对自己的见解充满自信，不肯唯唯诺诺，对创业者的意见随声附和。如果创业者采取"顺我者用，逆我者除"的态度，到头来只能用奴才或庸才，而失去真正的人才。

既是人才，通常或忙于事业，无暇去搞人际关系；或缺少人情世故，毫无顾忌地秉公直言，也往往容易得罪创业者，而被一些创业者斥为"骄傲自满""目无领导"。这种创业者把个人尊严放在事业之上，表面上看是无容才之量，实质上看则是无爱才之心。当然，容才之量，也不是对人才的缺点一味迁就、放任不管，而是讲究方式，出自爱心，教育引导，启发其自知、自重、自我约束与自我完善。

清楚地知道自己所需要的人才

国外一家公司的主管在介绍该公司挑选人才的经验时说："在聘用员工方面需要记住的教训是'要当心熟面孔'。"这里的熟面孔指的是那些在一个行业里拥有一定声誉的人，千万不要因为某人在你们的行业里拥有较高的知名度就去聘用他，这么做的结果只会适得其反。例如你公司要推销某种新发明的肥皂，最明智的做法是聘请一个神通广大的推销专家来替你做销售，而不是聘请发明肥皂的化学家来为你做推销。

此外，公司在聘用员工时还要考虑客户的想法。我们以一个高尔夫球俱乐部为例，如果该公司聘请了一个拥有较高知名度的高尔夫球手，其最初目的是想迎合大众的喜好，营造名人效应。但现实是你很难将比赛日程繁忙的高尔夫球星从巡回比赛的旅途中拉回来，让他在办公桌前兢兢业业地为你工作。更糟糕的是其他的高尔夫球员们可能会对他产生排斥感，因为他们觉得："他也不过是一个高尔夫球员，能懂什么呢？"

总而言之，我们在选择雇员的时候，一定要选择那些适合于公司的人，而不是那些拥有众多声誉和头衔的人。

众所周知，一个企业的发展离不开高素质的专业才人，特别是在科学技术迅速发展的今天，企业面临的专业技术人才短缺和技能短缺问题愈显突出，这种人才短缺的情况严重阻碍了企业的高速发展，使之在今天的市场竞争中处于不利地位。

许多创业者都在困扰，参加了多次人才招聘会，也在报纸和一些网站上刊登了招聘广告，但效果一直不佳，投递资料的应届毕业生很多，但真正有工作经验、专业水平较高的技术人才没有招到。面对企业对招聘专业技术人才的困扰，人力资源专家提出了以下建：

1. 分析需求，精准确定选人方向

在用人部门提出用人需求之后，人事部门需要根据用人部门的要求确定出选人方向，也就是确定出选择什么样的人。越早确定出选人方向，越能提高招聘效率，越能避免约来面试的人员与实际需要差之千里。

确定选人方向，首先要分析用人部门的需求原因。用人部门提出补员需求，无非是以下几种：工作量的增加、工作难度和专业化程度增加、工作内容的增加、员工离职。然后，与用人部门充分沟通招聘要求和岗位胜任条件，精准把握用人部门的核心要求和真正需求。最后，根据需求原因和需求要求，勾勒出人员招聘模型，并确立出招聘参照人员。

由于工作量的增加和员工离职而产生的人员需求，以公司现有的员工中业绩较好的人员为参照进行招聘，即可满足；由于工作内容的增加而产生的需求，应了解同行业该类职位的岗位胜任素质模型，参照进行招聘；由于工作难度和专业程度增加而产生的需求，需要招聘主管对工作难度和专业程度进行充分了解，可通过竞争对手的优秀人员或其他机构此类职位的优秀人员作为参照，并根据本公司的实际情况进行招聘。

2. 效率至上，合理选择招聘渠道

招聘专业技术人才，与招聘一般人才相比，需要更专业的招聘渠道。招聘渠道主要有现场招聘会、猎头、网站招聘、内部招聘和员工推荐等。就招聘专业技术人才而言，猎头和行业专场招聘会是需要重点考虑和主要使用的招聘渠道。

由于是处于同一个行业，并且处于同一竞争层次上，竞争对手的人员一般来说是比较适合公司需求的人选，所以，从竞争对手那里挖人是最便捷的招聘途径。如何去挖？这需要借助专业的"挖人"机构——猎头公司的力量。猎头公司能够"静悄悄"地将竞争对手的优秀人员请到自己公司来。即使不去竞争对手处挖人，使用猎头公司也有诸多好处——它能够在最短的时间内在尽可能大的范围内找到最合适的人选。如果以效率来评价的话，猎头渠道是首选。

行业专场招聘会是现场招聘会的一种，相对于综合性的招聘会，行业专场招聘会吸引的都是具有相关行业背景的企业和人才，针对性较强，招聘企业不必再从海量的简历中"海底捞针"，求职者也获得了尽可能多的就业机会，大大节省了招聘企业和求职者双方的时间和成本，能够达到事半功倍的效果。

3. 各司其职，分别把握品性、专业能力

在整个招聘过程中，人事部门和用人部门需要分工明确，各司其职。人事部门把握候选人的职业习惯、性格、品性、发展潜力，以及对公司企业文化的适应性。用人部门需要对候选人的专业能力把关。需要候选人具备什么样的专业背景、专业经验、专业深度，以及胜任岗位的其他相关知识，用人部门最清楚。让用人部门把握专业能力，既是发挥其所长，也是理性的必然要求。人事部门需要从"软"的方面对候选人进行把握，也是人事部门的职责所在。

在招聘流程安排上，即可先由用人部门进行专业能力测试，后由人事部门进行品格测评；也可先由人事部门进行"软"条件把关，后由用人部门进行"硬"条件筛选。人力资源认为，对于急于招聘的岗位，可采用前一种；对于可以放缓招聘的岗位，可采用后一种。

总之，只有清楚地知道自己需要什么样的人才，才能够对症下药找到合适的人才，没有定位选人方向的创业者是无法凝聚起人才力量的。

创业期招聘需要大智慧

美国著名的西华公司（原名萨耶·卢贝克公司）的创始人理查德·萨耶是做小本生意起家的，他的事业发展到后来那么兴旺，连他自己都感到吃惊。他的成功之处在于他善于发现人才和使用人才。

萨耶最初在明尼苏达州一条铁路做货物运输代理业务。做这种业务，有一件令人头痛的事情，那就是有时收货人嫌货物不好而拒收，收不到货款不说，还倒赔运费。萨耶是一个善于动脑筋的人，不多久，他就想到了邮寄这种方式。出乎意料的是，这一方式竟然非常成功，于是同行都纷纷仿效，大有超越他这个创始人的势头。萨耶意识到必须扩大规模。可扩大规模就得有人手，去哪里找这样的人呢？

在一个月光皎洁的夜晚，他碰到了迷路的卢贝克。两人一见如故，一席话竟

然谈了个通宵。卢贝克非常欣赏萨耶的经营思路，萨耶万分激动，盛情邀请卢贝克加盟，两人一拍即合，"萨耶·卢贝克公司"就在那个夜晚诞生了。

两个人搭档使生意突飞猛进，他们开辟了多种经营，突破了运输代理范围。他们的生意越做越大，却发现自己已无力管理好公司，因此就想找个人帮他们管理，但是过了好长一段时间他们都没找到合适的人。

突然有一天，萨耶下班回到家时，看到桌子上放着一块妻子新买的布料。"你要的布料，我们店里多得很，你干吗还花钱去买别人的呢？"他有点不高兴，因为他经营的小店确实有很多同样的布料。

"这种布料的花式很特别，流行！"妻子说。

"就这种布料，也能流行起来？它不是去年上市的吗？一直都不好卖，我们店里还压着很多哩。"

"卖布的这么说的，"妻子说，"今年的游园会上，这种花式将会流行。瑞尔夫人和泰姬夫人到时将会穿这种花式的衣服出场。这可是秘密哦，你不要告诉其他人。"

萨耶感到有些好笑，所谓的流行，不过是卖布的骗人谎言罢了，抬出当地的两位贵妇人，也不过是促销罢了，想不到他这样精明的商人，竟有这么一个轻易上当的妻子。

到了游园会开幕那一天，果然如妻子所言，当地最有名望的两位贵妇瑞尔夫人和泰姬夫人都穿上了那种花式的衣服，其次是他妻子和其他极少的几个女人穿了，那天，他的妻子出尽了风头。更奇特的是，在游园会上，每一个女人都收到一张宣传单：瑞尔夫人和泰姬夫人所穿的新衣料，本店有售。这哪是什么新衣料啊？但萨耶突然开窍了：这一切，都是那个卖布的商人安排的！手段可不同凡响啊！

第二天，萨耶和卢贝克带着妻子的宣传单，到那家店去，想看一下那个商人到底是谁。在看到该店挤得水泄不通的人群之后，萨耶和卢贝克一下子对那个商人佩服得五体投地。但当他们见到那个商人时，却不禁哑然失笑：那个商人竟然是他们的老熟人路华德——经常和他们做生意的人。

寒暄之后，萨耶和卢贝克开门见山："我们想请你去做我们公司的创业者。""请我？做创业者？"路华德简直不敢相信这个事实，因为萨耶和卢贝克的生意在当地做得太好了。路华德要求给他3天时间考虑，因为他自己正做着生意，面临着选择。

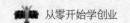

"当然可以，"萨耶说，"不过，这3天内，你得保证不能到其他公司工作啊。"

"那是肯定的，"路华德笑了，"我还没有那么俏，不会有人找我的。"

事实上，萨耶的担心一点也不多余，因为他们刚刚离开，就有两家化妆品公司登门邀请路华德加盟了。路华德也是一个守信之人，因为萨耶有言在先，他拒绝了那两家化妆品公司。出身于市井小店的路华德对萨耶和卢贝克深怀感恩之情，工作十分投入，很快做出了卓越的成绩。他和萨耶、卢贝克一起奋力拼搏，公司业务蒸蒸日上，10年时间，公司营业额增长600多倍。后来，公司更名为西华公司。如今的西华公司有30多万员工，主营零售业，每年营业额高达70亿美元。这个营业额，在美国零售业中属于一流成绩。

创业期企业是社会的新生儿，规模小，实力较弱，还未得到社会的广泛认可。这类企业引进新生人力资源，往往会遇到比成熟企业更多的困难，同时也需要招聘企业考虑得更加周全。人力资源专家认为，创业期企业招龙引凤，更需发挥比成熟企业招聘更多的智慧。

1. 注重人才与老板的匹配度

创业期企业各方面均不成熟，管理制度很不健全，甚至是基本没有，企业文化也未形成，公司的日程管理都是有老板亲力而为，企业发展战略的目标是求得生存和发展。企业的发展和业务的开拓主要靠老板的能力。总体而言，老板的个人风格决定着公司的命运。

多年工作的磨炼，企业老板基本上都已经形成了相对稳定的工作方式和做事风格，调整的空间和可能性有限。所以，这就要求引进的员工要与老板有较高的匹配度。只有匹配度高，大家才能高度团结，才能产生出较高的工作效率，才能克服企业在起步阶段的种种困难。反之，容易造成工作中的摩擦、误会，积累到一定程度就会爆发矛盾，从而导致合作失败。而这种团队建设上的失败，对创业期企业往往是致命的。

测试人才与老板的匹配程度，首先需要测试老板是一个有什么样工作行为的人。测试工作行为主要从3个角度入手：和人打交道的风格，办事的风格以及接受信息、处理信息、反馈信息的能力和风格。

2. 看重人才的职业素养和核心竞争力

创业期企业对外部人才的需求并不突出，数量少，以一般员工尤其是业务开

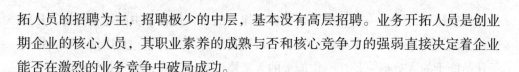

拓人员的招聘为主，招聘极少的中层，基本没有高层招聘。业务开拓人员是创业期企业的核心人员，其职业素养的成熟与否和核心竞争力的强弱直接决定着企业能否在激烈的业务竞争中破局成功。

评判一个人的职业素养可以从以下几个方面测评：职业习惯、职业成熟度、工作主动性、工作压力承受、学习素养。对于创业期企业而言，更为重要的是工作主动性和工作压力承受。创业期企业不可能获得足够多的业务资源和社会关系资源，这就需要企业人员具有较高的工作主动性。同样，企业人员面对的是新市场、新资源，业务开拓进程中有着更多的不确定性，这就需要企业人员要有较强的压力承受能力。

相对职业素养，人才的核心竞争力是企业最为看重的。人才的核心竞争力主要由以下几项内容组成：知识、技能和经验。知识是指以专业知识为核心的全方位认知水平；技能主要体现在专业能力上；经验和工作经历有密切关系，有经验的人才能够帮助企业规避风险。对于创业期企业，技能为首选，经验为次，知识居末。

3. 兼顾人才与组织、组织发展的协调性

如今激烈的竞争环境要求并决定了创业期企业发展速度一定要快。市场可以不断拓新，产品可以不断创新，而企业内部人力资源则不能日日更迭。团队的稳定是企业高速发展的基础。这就需要企业在招聘人才时要考虑人才与企业组织、企业发展的协调性。

人才与组织的协调性主要体现在人才与组织的相互适应程度、人才成长与企业成长的一致性；而人才与组织发展的协调性主要体现在人才对企业价值观的认同感、人才对企业愿景的信任感。因为创业型企业不具备成系统的企业文化，未凸现出明显的企业风格，所以，人才与组织发展的协调性对创业期企业而言不如人才与组织的协调性重要。人才与组织的协调性测评主要是人才的知识、技能、经验、职业素养与企业提供的岗位、企业的成长速度的对应。能够满足企业岗位、企业发展要求的人才，则可认定人才与组织的协调性高。

与你为伍的人决定了你的财富与成功

"近朱者赤，近墨者黑"，有了优秀的人才才能有成功的企业。综观失败的企业，其失败都是从任用庸才开始的。美国著名历史学家诺斯古德·帕金森通过

长期调查研究，写了一本名叫《帕金森定律》的书，他在书中阐述了机构人员膨胀的原因及后果：一个不称职的官员，可能有3条出路。第一是申请退职，把位子让给能干的人；第二是让一位能干的人来协助自己工作；第三是任用两个水平比自己更低的人当助手。

这第一条路是万万走不得的，因为那样会丧失许多权力；第二条路也不能走，因为那个能干的人会成为自己的对手；看来只有第三条路最适宜。于是，两个平庸的助手分担了他的工作，他自己则高高在上发号施令。两个助手既无能，也就上行下效，再为自己找两个无能的助手。如此类推，就形成了一个机构臃肿、人浮于事、相互扯皮、效率低下的领导体系。

与失败的企业相比，成功的企业其动力必然是源自使用出色的人。使用出色的人，能够事半功倍。与成熟的企业相比，新创企业只有拥有更快的发展速度和更为出色的产品或服务才有可能获胜。而获得较快的发展速度和给客户提供较好的产品或服务，就需要优秀人才来决策和实施。对于创业者而言，人数的多少不重要，最重要的是出色的人才有多少。

卡内基曾说过："即使将我的所有工厂、设备、市场和资金全部夺去，但只要保留我的技术干将和组织人员，4年之后，我仍将是'钢铁大王'。"卡内基之所以如此自信，是因为他能够聘用那些比自己强的人做自己的助手，善于有效地发挥人才的才能。

卡内基虽然被称为"钢铁大王"，但他是一个对冶金技术一窍不通的门外汉，他的成功完全是因为他卓越的识人和用人才能——总能找到精通冶金工业技术、擅长发明创造的人才为他服务，比如说任用齐瓦勃。齐瓦勃是一名很优秀的人才，他本来只是卡内基钢铁公司下属的布拉德钢铁厂的一名工程师。后来，当卡内基知道齐瓦勃有超人的工作热情和杰出的管理才能后，马上就提拔他当上了布拉德钢铁厂的厂长。在厂长的位置上，齐瓦勃充分发挥出了自己的才干，带领布拉德钢铁厂走向了辉煌，以至于卡内基因为布拉德钢铁厂而放言："什么时候我想占领市场，什么时候市场就是我的，因为我能造出又便宜又好的钢材。"几年后，表现出众的齐瓦勃又被任命为卡内基钢铁公司的董事长，成了卡内基钢铁公司的灵魂人物。就在齐瓦勃担任董事长的第七年，当时控制着美国铁路命脉的大财阀摩根提出要与卡内基联合经营钢铁，并放出风声说，如果卡内基拒绝，他就找当时位居美国钢铁业第二位的贝斯列赫姆钢铁公司合作。面对这样的压力，卡内基要求齐瓦勃按一份清单上的条件去与摩根谈联合的事宜。齐瓦勃看过清单后，果断地对卡内基说："按这些条件去谈，摩根肯定乐于接受，但你将损失一大笔钱，看来你对这件事没我调查得详细。"经过齐瓦勃的分析，卡内基承认自己过高估计了摩根，于是全权委托齐瓦勃与摩根谈判，事实证明，这次的谈判卡内基有绝对的优势。

20世纪初，卡内基钢铁公司已经成为当时世界上最大的钢铁企业。卡内基是公司最大的股东，但他并不担任董事长、总经理之类的职务。他要做的就是发现并任用一批懂技术、懂管理的杰出人才为他工作。

企业的生存、发展离不开人才，一个成功的创业者要善于寻找比自己更强的人才来为自己服务。创业者最重要的责任是善于用人，而不是和属下比谁更能耐。

海纳百川，有容乃大。妒才是创业者的一个大忌。创业者的职责是招募到比自己更强的人，并鼓励他们发挥出最大的能力为自己服务。这本身就已经证明了你的本事，同时不费吹灰之力就可以让自己的事业大风起兮云飞扬，在这个过程中最占便宜的还是管理者自己。那些时常害怕下属超越自己、抢自己风头而对功高盖主者实行严厉打击的领导者是很难变得更强大的，因为他总是缺少比自己有谋略的人的协助，而仅靠一个人的能力和智慧是不可能将企业做大做强的。只有跟优秀的人才为伍，你的创业之路才会通往成功。

充分发挥集体领导力

传统的领导观念认为，创业者就是站在队伍最前面，带领所有人前进的那个人，而集体领导的领导方式是对这种观念的直接挑战。与近年来大受企业欢迎的授权模式相比，集体领导的不同之处在于它以一种真正交互的模式，将领导的权力由一人独有转化为人人共享，从而重新定义了"领导力"。它不是仅提供一种咨询式的领导框架，在这种框架下，掌握权力的领导者允许"下属"参与到他们的领导实践中。

集体领导主要有4个特征，即允许多名领导同时存在于团队；所有重大决策都由集体作出；成员相互协作；领导者关怀他人。借助这4个特征，企业能够在更大的范围内完成其领导力培养进程，并且与传统的方法相比，成效更为显著。

楚汉之争刘邦胜，却不是靠自己的力量，而是通过授权，发挥集体领导的力量，使张良、萧何、韩信三人实现完美的组合，达到了超越三个人本身能力的效能，终于打败项羽，一统天下。

仔细分析楚汉之争中有关刘邦的那一段作战史，我们不难看出仅凭刘邦一个人的力量是无论如何都无法成功的。刘邦之所以能够战胜项羽而得天下，最主要的原因就是他清楚自己的不足，把各项工作都交由比自己更擅长的人去打理，从而形成一个集体领导层，他们各有所专，各司其职，发挥了巨大作用。

集体领导核心成员之一——谋士张良。张良是刘邦重要的谋臣，为刘邦建立汉王朝立下了奇世功勋。起义之初，刘邦虽有樊哙等武将，却缺乏一个谋士。义军之一的韩王谋臣张良，被刘邦看中，于是用借五万石粮食的借口借来张良。张良来到刘邦处一个月内就教会了刘邦三个道理。

其一，人心险诈，不可不防。刘邦交友广泛，但对他人缺乏提防心理。张良让刘邦拨三千兵并将沛县交由一个"朋友"雍齿管理，而雍齿却借机造反，挟持刘邦的亲眷。用张良的话就是刘邦应该意识到：冰霜薄，人情更薄；华山险，人心更险。

其二，攻城为下，攻心为上。张良知道雍齿是个爱贪便宜的小人，猜测他必定会在晚上出城偷粮。张良让刘邦在劫粮必经之处等候雍齿，将其抓获，没有费一兵一卒。这件事情教会了刘邦：攻城为下，攻心为上。带兵打仗应该尽力了解对方将帅的性格，所谓知己知彼才能百战百胜。

其三，仁义在口中，诡诈心中藏。刘邦宅心仁厚，想打开牢门让雍齿自己走掉。这时张良告诉刘邦：仁义在心中是没有用的，应该做出来，要学会假仁假义。于是，刘邦在集市上当众释放了雍齿，并说了一番慷慨激昂、反抗秦朝暴政的话。结果放了一个雍齿，又有两千人马来投。

这三个道理是每一个君王都应该学会的，张良在辅助刘邦成就大业的整个过程中，不知为刘邦出了多少点子，谋划了多少优秀的策略。

集体领导核心成员之二——相国萧何。相国萧何在辅助刘邦的整个过程中，有两个典故不得不提。由这两个典故中，我们也可以看出萧何对刘邦的辅助作用有多大。

典故一：安定汉中，借机东进。攻下关中后，项羽自封为西楚霸王，封刘邦为汉王，以偏僻的巴、蜀、汉中地区作为刘邦的封地。为了阻止刘邦向东发展势力，还把关中地区一分为三，分封给三个秦朝降将。刘邦看出了项羽的用心，气愤不过，

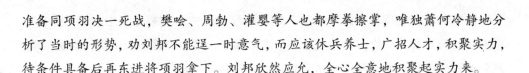

准备同项羽决一死战，樊哙、周勃、灌婴等人也都摩拳擦掌，唯独萧何冷静地分析了当时的形势，劝刘邦不能逞一时意气，而应该休兵养士，广招人才，积聚实力，待条件具备后再东进将项羽拿下。刘邦欣然应允，全心全意地积聚起实力来。

典故二：月下追韩信，设坛拜大将。说起萧何，最脍炙人口的莫过于"月下追韩信"的佳话了，天下人莫不敬佩此公的伯乐眼力。韩信原是项羽的部下，他有勇有谋，是天下无双的军事家。但在项羽手下却得不到重用，就投到刘邦麾下。开始，刘邦对他也不重视，韩信一气之下就跑了。萧何得知后，马上放下没处理完的紧急公务，亲自去追回了韩信，并力劝刘邦设坛拜韩信为大将，为刘邦挽回了一个无人替代的良才。后来，韩信果然没有令刘邦失望，没有辜负萧何的良苦用心，在楚汉战争中，为刘邦消灭了项羽，平定了天下。所以，刘邦能够夺取天下，从一定程度上说，不可忽视萧何荐贤的作用。

集体领导核心成员之三——大将韩信。韩信是一位军事天才，他能够把弱小的军事力量的潜能发挥到极致，以至于最后在垓下设下十面埋伏将不可一世的项羽彻底击败，一举奠定了建立汉王朝的基础。可以说没有韩信的帮助，刘邦不可能冲出汉中大破项羽，最后做上皇帝，开启汉王朝，成为中国第一位平民天子。

对于这三个人的作用，刘邦也心知肚明："夫运筹帷幄之中，决胜于千里之外，吾不如子房；镇国家，抚百姓，给馈饷，不绝粮道，吾不如萧何；连百万之军，战必胜，攻必取，吾不如韩信。"所以，他才能够放心把各项工作交给他们去管理、去指挥，这其实就是我们所说的授权。

在20世纪，企业或许可以依靠某一个人的意志或某一个人的决策而攀上成功的巅峰，但在21世纪，那些企业领导者个人企图控制企业一切的时代已走向了死亡之旅。在一个越来越依赖集体智慧的时代中，与一位集权的创业者相比，会授权的创业者才能让企业走得更远，更辉煌。

各取所长，各取所需

德鲁克认为：卓有成效的管理者在聘用和提升有关人选时，考虑的是这个人能干些什么。他在做这种人事决策时，考虑的是如何充分发挥他们的长处，而不是他们的短处。任何人有其长处，就必有其短处。要知人善任、扬长避短、因材授职、使用得当，把每一个员工放在最适合他的岗位上。

松下幸之助是用人方面注重扬长避短的榜样。中田原来是松下公司下属的一个电器厂的厂长。一次，副总裁对松下幸之助说："中田这个人没用，尽发牢骚，我们这儿的工作，他一样也看不上眼，而且尽讲些怪话。"

松下觉得像中田这样的人，只要给他换个合适的环境，使用得当，爱发牢骚、爱挑剔的毛病很可能变成敢于坚持原则、勇于创新的优点，于是他当场就让中田进了松下公司。在松下幸之助的任用下，中田果然将弱点变成优点，短处化为长处，表现出惊人的创造力，成为松下公司中出类拔萃的人才。

对于如何用人之长，德鲁克认为，首先要进行合理的职位设计。创业者应该知道，职位不是上帝或自然而然设立的，而是由非常容易犯错误的人来设计的。因此，在设计职位时，一定要非常谨慎，千万不能搞出一些"不可能完成任务"或"任何人都无法胜任"的职位来。企业管理者应该警醒的是，如果某项工作已连续使二三个人觉得无法胜任，而且这些人在以往的履历中都曾有过良好的表现，那么就应该认为这项工作是不可能做得好的，这样的职位就必须重新设计。

其次要确保每个职位既有很高的工作要求，又有较宽广的工作范围；它应该带有挑战性，能使员工充分发挥自己的优势和长处；它为员工必须提供足够的表现空间，使员工能将与任务有关的优势转化为重大的成果。

再次创业者在用人时绝不能只看到职位的要求，应该着重考虑被用之人究竟有哪些长处。换句话说，在决定将某人安置到某个职位上去之前，管理者早就对此人的优势进行了充分的考虑，而且在考虑时绝不会只局限于此一职位。

最后卓有成效的创业者必须懂得，若想利用某人的长处，也必须能够容忍他的短处。

除了上述4点之外，德鲁克还提到了一个与长处无关的但极为重要的方面：人品。德鲁克说，正直的品格本身并不能创造价值，但如果缺乏正直和诚恳那就有可能会搞糟其他一切事情。所以在这种情况下，如果人品不好，长处或者短处都无从谈起。

让所有木板一起变长

相信创业者对木桶原理早已耳熟能详，一只木桶盛水的多少，并不取决于木桶里最长的那块木块，而恰恰取决于木桶里最短的那块。企业就好比这个木桶，每个员工都是其中的木板，只有木桶上的所有木板都足够长，那木桶才能盛满水。如果有一块短板，那么木桶里的水就不可能是满的。

成绩卓著的企业显然更善于奖励领先者，从而使领先者在团队内部成为大家学习的榜样和目标。"我们喜欢榜样的力量，因此会寻找一些榜样性质的领导者。"GE亚洲首席教育官说："他们的特点是：具有远见、鼓舞人的能力。这些才是（领导者）真正需要传承的，就是榜样精神。""榜样精神"是GE在继任者身上寻找的核心基因。在此之后，GE就是想方设法帮助榜样去放大优点，从而引起团队内部其他成员的关注和学习。

GE释放榜样优点的最为主要的方式就是奖励领先者。他们成功地采用了绩效测控的方法，在GE的年度考核当中，管理层会针对本年度业绩优秀，以及那些为其他员工做出榜样的员工进行二度考核，提问的问题多是针对个人素质提升和自我管理的，其中的三大经典问题几乎囊括了对于一个人才是否优秀、自信的全部定义：你的优势是什么？你的成就是什么？你还有哪些需要改进的地方？而在此之后，对于高层颇为满意的一批人，GE会毫不吝啬地对他们进行奖励，包括增加薪酬以及分配诱人的股票、期权。

对于优秀的员工而言，他们更为看重的奖励是去克劳顿管理学院进修的机会。从这个学院出来，就意味着在公司可能要承担更为重要的职责。美国《财富》周刊评价GE的企业大学（克劳顿管理学院）为"美国企业界的哈佛"。每年在克劳顿村培训的高级管理层占GE总领导级别人数的10%，培训是针对管理者之中的高潜质人群所进行的。对于所有的员工而言，通往管理学院的道路只有一条：学习榜样，认真工作，业绩优良，从而实现超越榜样，成为团队内最为优秀的人，以此来敲开管理学院的大门。

与奖励领先者相辅相成的是，针对公司内部的平庸者，一定要采用刺激的手段。因为平庸的员工从来不会感觉到危机感。管理者应该想方设法为员工创造"危机"，让他们"动"起来。美国旅行者公司首席执行官罗伯特说："我总是相信，如果你的企业没有危机，你要想办法制造一个危机，因为你需要一个激励点来集中每一个员工的注意力。""危机"的出现可以刺激员工试行自己工作的新思路，满足个人抱负。

如果员工的状态始终处在平庸之中，任何事情对他来说都平淡无奇，没有什么问题，那么，工作兴趣自然不会高涨，更谈不上什么积极性和创造性了。"危机刺激"犹如一个人在森林中被猛兽追赶，他必须以超出平日百倍的速度向前奔跑。对他来说，后面是死的危险，而前方则是生的机会。"危机"作为一种压力，将促使人们利用他们全部的积极性和创造性解决管理者交给他的问题，而且随着其处理复杂事物的能力的提高，给他更多的自信，鞭策他不断地用他的积极性做好工作。事实上，人们常在承受着"危机"的巨大压力下获得成功。

在公司还有一部分人，他们是公司的累赘，他们用极其低下的工作效率拖住公司发展的步伐。虽然任何比较和排名都是相对的，但是他们的确是团队中最不优秀的一部分人。这时，管理者唯一要做的就是淘汰他们。

创业者在淘汰员工时应注意的问题有：准备充分，有理有据；尽量保留其自尊心；为员工留有余地，不宜全盘否定员工；一次不宜淘汰太多员工；最大可能地保障员工的各项权益。

如果能够善于促进员工进步，让所有木板一起变长，那么企业的整体实力就会得到有效的提高。

公司的人事管理

人事管理首要的任务是管好人

人事管理与人息息相关，这句话揭示了人事管理的真相：管理的对象是人，管理的服务对象也是人，管理所有达到的经济目标由人来创造。这要求创业者在企业里要尊重员工、重视员工，竭尽全力地促进员工成长，最大限度地帮助员工获得工作成就感。一个懂得充分尊重人的价值的企业必然能够兴旺发达，反之，必然会失败。没有在"人的管理"上下够工夫，即便是宏伟大业也会轰然倒塌。

香港著名企业家李嘉诚认为人才对于公司非常重要，甚至比金钱还重要。他广纳贤才，而不在意出身和背景，只要有能力，他均奉为上宾。一个人要成就一番事业，就必须有得力的人才辅佐。他曾高兴地对记者说："我所取得的成就是大家同心协力的结果。"媒体形容他身边有300员虎将，其中100个是外国人，200个是年富力强的香港人。

20世纪80年代中期，长江实业集团的管理层基本上实现了新老交替，各部门负责人大都是30～40岁的少壮派，其中最引人注目的要数霍建宁。霍建宁毕业于香港名校港大，随后赴美深造，1979年学成回港，被李嘉诚招至旗下。他擅长理财，负责长实全系的财务策划。李嘉诚很赏识他的才学，长江实业的重大投资安排、股票发行、银行贷款、债券兑换等，都是由霍建宁亲自策划或参与决策，传媒称他是一个"浑身充满赚钱细胞的人"。

这些项目动辄涉及上百亿资金，由此可以看出李嘉诚对他的器重和信任。1985年，李嘉诚委任他为长实董事，两年后又提升他为董事副总经理。此时，霍建宁才35岁，如此年轻就担任香港最大集团的要职，实属罕见。这从另外一个角度可以看出，李嘉诚对人才的重视程度。

管理与人息息相关，还需要企业管理者设计出一套可以使所有员工公平参与的群体运行体制，这个体制能够使员工发挥所长，避其所短。

中石化海南炼油化工有限公司（以下简称海南炼化），这个被誉为中国石化21世纪样板炼厂的新企业创造了奇迹，它以最短的时间、最快的速度建成我国20世纪90年代以来第一个整体新建的环保型炼油厂。它以国内领先的炼油技术运营生产，成为国内单系列规模最大的炼油企业之一。不仅如此，海南炼化创造的奇迹更体现在它运行着一个与老企业截然不同的管理模式，管理体制上的创新构成海南炼化的最大亮点。

海南炼化管理创新首先体现在内部管理体制和运行机制创新。一是机构高度扁平化，不设车间管理层，建立以经理班子、部门、运行班组的扁平化管理模式；二是部门精减，只设10个部门，既是管理部门也是运行部门；三是一人多岗、一专多能，岗位职能高度复合化；四是辅助后勤系统社会化、专业化，使主业精干高效。

对人才的管理，海南炼化强调"以岗论英雄"，不管你多高的学历，多高的职称，在岗位面前人人平等。海南炼化取消了干部编制，不管你原来任何职，职务高与低，来到这里都变成了员工，即使是做管理，也仅仅是分工的体现。从2004年4月26日奠基、9月16日开始施工建设，到2006年7月底建成、9月底全面投产，海南炼化已经创造了无数个奇迹。被领导和专家给予了设计方案最优化、建设周期最短、工程质量控制最好、开工组织最周密、安全环保是优良等诸多赞誉。

海南炼化的成功，是管理体制的成功。

在很多创业者的心中，"管理"这个词是等同于管人、卡人，是管员工、卡员工的手段、工具、过程。以至于有学者说，在中国用管理一词太不应该，特别是当今在大谈和谐社会，以人为本的前提下，就更不应该了，他认为，中国人如此聪明，如此有"悟"性，是不需要管理的。

事实上真正意义上的管理并不是管员工，卡员工的，而是有着极其丰富的内涵。我们可以先将管理这个词分拆为两个字："管"和"理"。"理"应该有两层含义：第一层含义是，对员工的心理进行梳理，能让员工始终保持一份好的心情；第二层含义是，对员工从事的工作进行梳理，保持员工所进行的工作条理清晰，有条不紊。

有了这两层含义，员工就能始终快乐，工作再也不是苦恼的事，就愿意工作。再来看"管"字，"管"应该是协调，协同不同员工的工作，让大家劲往一处使，

心往一处想。

这样的管理对创业者、员工来讲都将与幸福关联。

企业要有好的机制

在兵法上有一句话说得好："用赏贵信，用刑贵正。"这里的用赏贵信也就是激励机制，用刑贵正，也就是惩罚机制，但现在我国大多数企业对员工的管理机制与约束机制还没有很好地建立起来。如在一些企业中，不仅缺乏有效的培养人才、利用人才、吸引人才的机制，还缺乏合理的劳动用工制度、工资制度、福利制度和对员工有效的管理机制与约束措施。

当企业发展顺利时，首先考虑的是资金投入、技术引进；当企业发展不顺利时，首先考虑的则是裁员和员工下岗，而不是想着如何开发市场以及激励员工去创新产品、改进质量与服务。那么企业如何制订一个员工激励制度，从而有效地驱动员工工作呢？其实这就是一个博弈的运用。

比如说有一家游戏软件的企业老总，打算开发网络游戏。如果开发成功，根据市场部的预测可以得到 2000 万元的销售收入。如果开发失败，那就是血本无归。而企业新网络游戏是否会成功，关键在于技术研发部员工是否全力以赴、殚精竭虑来做这项开发工作。如果研发部员工完全投入工作，有 80% 的可能，这款游戏的市场价值将达到市场部所预测的程度；如果研发部员工只是敷衍了事，那么游戏成功的可能性只有 60%。

如果研发部全体员工在这个项目上所获得的报酬只有 500 万元，那么这些员工对于这款游戏的激励不够，他们就会得过且过、敷衍了事。要想让这些员工得到高质量的工作表现，老板就必须给所有员工 700 万元的酬金。

如果老板仅付 500 万元总酬金，那么市场销售的期望值有 2000 万 × 60% ＝ 1200 万元，再减去 500 万元的固定酬金，老板的期望利润有 700 万元。如果老板肯出 700 万元的总酬金，则市场销售的期望值有 2000 万 × 80% ＝ 1600 万元，再减去总酬金 700 万，老板最终的期望利润有 900 万元的剩余。

然而困难在于，老板很难从表面了解到研发部的员工在进行工作时到底有没有尽忠职守、兢兢业业地完成任务。即使给了全体员工 700 万元的高酬金，研发部员工也未必就会尽心尽力地完成这款游戏。由此看来，一个良好的奖罚激励机制对于企业极其重要。

公司最好的方式就是若是游戏市场反应良好，员工报酬提高，若是不佳，则员工报酬缩减。"禄重则义士轻死"，如果市场部目标达到，则付给全体研发人员 900 万元，若是失败，则让全体研发员工付给企业 100 万元的罚金。这种情况下，员工酬金的期望值是 900 万 ×80% − 100 万 ×20% = 700 万元，其中 900 万元是成功的酬金，成功的概率为 80%，100 万元则是不成功的罚金，不成功的概率为 20%。在理论上，采用这样的激励方法会大大提高员工工作的努力程度。

从某种意义上来说，这种激励方法相当于赠送一半的股份给企业研发部员工，同时员工也承担游戏软件市场失败的风险。然而这种方法在实际中并不可行，因为不可能有任何一家企业能够通过罚金的方式来让员工承担市场失败的风险。可行的方法就是，尽量让企业奖惩制度接近于这种理想状态。更加有效的方法，就是在本质上类同于奖励罚金制度的员工持股计划，可以将股份中的一半赠送给或者销售给研发部的全体员工，结果仍然和罚金制度是相同的。

从这个例子中可以看到，员工工作努力与否与良好的激励机制密不可分。然而现实中的很多公司却不明白这个道理。比如很多公司的奖惩制度上写着："所有员工应按时上班，迟到一次扣 10 元，若迟到 30 分钟以上，则按旷工处理扣 50 元。"国外有弹性工作制，即不强求准时，但是每天都必须有效地完成当天的工作。即使有人迟到、早退、被扣除工资，但是在实际工作中很有可能并不是努力工作，其因扣除工资而产生的逆反心理导致的隐性罢工成本反而有可能高于所扣除的工资。从表面上看，老板似乎赚得了所扣工资的钱，实际上却损失更多。可见，这并不是一个有效的奖罚激励制度。

再比如有的公司规章条例写着："公司所有员工应具有主人翁意识，应大胆向公司创业者提出合理化的建议，可以直接提出也可以以书面形式提出，若被采纳后奖励 50 元。"试问，不同的合理化建议对公司所创造的效益是不同的，假设一个人所提建议可以提高效益 5 万元，另一个人所提建议则只能提高效益 500 元，都用 50 元的奖金来进行物质激励，其条例本身明显就不是合理化的制度。

雨果曾说过："世界上先有了法律，然后有坏人。"制度是给人执行的，也是给人破坏的。有时，制度成为不能办事的借口。刚开始，制度是宽松的，后来设的篱笆越来越多。有很多规则是潜规则，不需要说明。比如，买菜刀时，不需要说明就知道不能让刀刃对着人。有些规则不规定不行，比如开会，不规定准时就肯定有人迟到。

制度还有一个给人破坏的特征。破坏制度的时候让人觉得亲密，比如，按制度你只能住 400 元的房间，老板说，我破例给你住 600 元的，员工觉得老板违反制度对我特别好，而这样员工就会在工作上付出更多的努力。

总而言之，一个良好的奖惩制度首先要选择好对象，其次要能够建立在员工相对表现基础之上的回报，简单地说，就是实际的业绩越好，奖励越高。只有合适的奖罚分明的制度才能够对员工创造出合适的激励。因此说，一个好创业者应建立好一个管理激励与约束机制员工的制度。

关于员工招聘和入职体检

著名企业家松下幸之助曾经规定松下公司选人的标准是：不念初衷而虚心好学的人；不固守成规而常有新观念的人；爱护公司和公司成为一体的人；不自私而能为团体着想的人；有自主经营能力的人；忠于职守的人；有气概担当重任的人。

因此，初创企业应重点追逐那些相对优秀的人才，即目前最需要的而且能够与企业共同成长的人才。而一些创业者在招聘时，抱着一种"凑合"的态度，这很大程度上是源于创业者本人的不自信。如果连自己都不相信优秀人才能够加盟，那么优秀人才还会对你感兴趣吗？

创业公司要想吸纳到素质高、专业技能强、工作经验丰富的员工，在实际的招聘工作中应做好以下几个方面：

1. 拟定招聘启事

在招聘员工之前，招聘者应该做到心中有数，最好先做一个计划。比如：招聘什么样的人才，给他（她）什么样的条件，怎样让合适的人才愿意接受这些条件？弄清楚了这些问题，你才能拟出一份有效的招聘启事。

初创公司在拟定招聘启事时，不要以"具备本市户口""3 年以上工作经验"等千篇一律的形式，而应该有"自我推销"的意识。因为应聘者对你是不了解的，你应该站在应聘者的立场，了解他们想做什么样的事情，然后有意识地去描绘企业蓝图，这样才能引起他们的兴趣。

2. 发布招聘信息

发布招聘信息，最简单的方式是网络招聘。大家比较熟悉的知名人才招聘网有智联、中华英才前程无忧等。

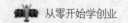

如果招聘的是特殊的行业人才，特别是高级技工人才，从常规渠道招聘可能有困难，那么可考虑参加专场招聘会，或者委托给猎头公司代为寻找。虽然花费高一些，但招到这类人才的可能性较大。

3. 简历筛选

由于就业形势严峻，即使你是一家只雇佣一两名员工的小企业，也可能收到不少应聘者的简历。所以收到简历以后，要先认真筛选一下，从简历中排除那些明显不符合要求的应聘者。

4. 电话初试

简历筛选出来后，不要立即通知面试，要先电话初试一次，重点是确认对方在简历中描述的工作经验和能力是否属实。通话中要巧妙地设计一些"考题"，进一步筛除不合要求的应聘者。

5. 面试和笔试

对于初步认可的应聘者，可约定一个时间进行面试。面试是整个招聘流程中最关键的一个环节。面试表面上是招聘者考验应聘者的能力，其实也是在考验招聘者的"自我推销"能力。

因此，在面试时，你不但要提出高质量的问题请对方回答，同时还要看对方能否提出有价值的问题。面试最好安排在周末，并注意将时间错开，以节省双方的时间。

面谈结束后，可立即进行笔试。题目要根据应聘职位来设计，以考察专业知识为主，同时也可考察一下应聘者的综合素质。

6. 决定聘用

根据面试、笔试的结果，决定正式聘用的人选。在此之前，最好有一次更为深入的谈话，以加深双方的了解。

7. 体检

入职体检意在通过体检保证入职员工的身体状况适合从事该专业工作，在集体生活中不会造成传染病流行，不会因其个人身体原因影响他人。入职体检有相对固定的体检项目与体检标准。体检的一般项目包括抽血化验、血常规、肝功能、乙肝表面抗原、血型等。

8. 办理入职手续

新员工在进入公司之前应到人事部门办理劳动人事关系，签订劳动合同等公司规定的其他相关入职手续，人事部门并给予建立档案。档案中需要有员工基本情况登记表、录用员工审批表、职工劳动合同、资力证书复印件、培训情况等。

试用期员工管理

为使新员工尽快熟悉工作，融入所属团队和公司文化，同时明确新员工在试用期期间，人力资源部门、所在部门和新员工本人的职责，加强试用期员工的管理是新创公司培养人才的关键。

一般来讲，新员工进入公司后，无论对团队还是对具体的工作岗位，都充满了期待和希望，他们常常会表现得很积极、努力。但面对完全陌生的环境，试用期的员工心理会比较敏感，因此，管理者需要"呵护"式的沟通与指导。

文月进入新公司快 3 个月了，职位是编辑，也开始以"公司记者"的身份去采访公司员工、撰写稿件和策划公司内刊。一天，部门经理找到人事经理，决定终止文月的试用，理由是她的"选题不好"，"思路不清晰"，"文字表述都有问题"等等。

按公司惯例，人事经理通知文月办理离职手续时，文月抱怨事情处理得太突然。她表示："自己做得不错，上了那么多稿子，况且平时主编从来也没说过什么，快转正了才说我不行，太不公平了。"当然文月最终还是离开了公司。

从文月的上述遭遇我们不难看出，这个公司在管理环节上出了问题，不注重与新员工进行沟通与指导。管理者重视与员工的交流沟通，可以及时了解员工对新岗位的适应情况，从而对其工作进行及时指导。

当然，管理者做好员工的思想工作的同时，还要在岗位技能方面给予帮助引导。在实际的工作中，很多企业往往通过开展员工培训来促进员工尽快了解企业文化，融入团队，掌握岗位技能。

招聘一名经验丰富的员工，对创业企业来说当然是理想的选择，但如何让他们适应新的环境，而不被老经验束缚，是一个不小的难题。因此，不管新进员工是否有工作经验，企业都需要为其量身打造培训计划。

但对于创业公司来说，根本没有能力组织非常系统的员工培训，所以，新企业的员工培训工作，应以解决当务之急为目标，培训最需要培训的员工，培训最需要培训的内容。因此，创业公司在对新员工培训时，要重点培训以下内容：

1. 培训应偏重员工心理

现代企业的培训方式大致可分为两种，即能力培训和心理培训。能力培训主要是知识和技能培训，它是硬性的、可测评的，因此受到企业的普遍重视。而心理培训则容易遭到忽视。

企业对员工的能力培训，主要采取的是老员工带新员工的方式，而创业企业不具备这样的条件。很多时候，连创业者本人都是边干边摸索，又怎么谈得上培训呢？所以，在创业企业，员工能否快速提升能力，主要依赖于他们的自我学习。

员工自我培训的效果，很大程度上取决于其心态是否端正。对创业企业而言，心理培训具有更重要的现实意义。教育心理学中，有一个术语叫"翁格玛利效应"，即通过对受教育者进行积极的心理暗示，使其认识自我，增强信心，最大限度地挖掘潜能。

因此，在新员工的试用期内，应该有意识地加强对他（她）的这种心理培训。这种培训完全可以与工作同步，在潜移默化中完成。通过这种培训，使员工拥有更健康向上的心态，他们就会主动去寻找提升自身能力的方法。

2. 培训应与考察结合

员工试用期的培训应该与考察结合起来，因为不管招聘者如何慧眼识人，都有可能招到不称职的员工。当然这种"不称职"也是相对的。看似"不称职"的员工，如果在培训中心态良好，学习能力强，能较快胜任工作，那么管理者有什么理由不聘用他呢？

如果发现应该淘汰的员工，你应及时地、果断地解除雇佣关系。这个时候不要被感情因素牵制。你要知道，拖得越久，对其伤害可能越深。

为了防止高估或错失人才，管理者要给自己留下足够的考察时间，同时也要给员工一些适应的时间。况且第一轮培训期应与试用期基本一致，试用期的长短应视工作性质而定。很多事实证明那些逐步进入状态的员工，反而更能踏实做好自己的工作。

在试用期结束前，管理者应该明白哪些员工是应该留下的？哪些员工是应该淘汰的，需要提醒的是，能力不是决定去留的唯一标准。对于那些心态不好，总

是满腹怨言，或是唯我独尊、和企业不合拍的人，能力再强也不能留。

美国企业管理学教授沃伦·贝尼斯曾说："员工培训是企业风险最小，收益最大的战略性投资。"员工培训是一个长期的过程，优秀员工的培养也是一个循序渐进的过程。没有哪一个企业通过一次培训就培养出卓越人才的。"经过培训的员工是资产"这句管理名言说的就是这个道理，对于新创公司来说，培训员工也可以说是在为公司的成长积累原始资本。

保密协议

商业秘密是我国近年来比较热的一个词，它是指不为公众所知悉，能为权利人带来经济效益，具有实用性并经权利人采取保密措施的技术信息和经营信息。对于企业来说，商业秘密是一种可以带来巨大经济效益的无形资产，更是某些高科技企业赖以生存发展的资本，因此保护商业秘密有极大的意义。

因企业商业秘密泄露引发劳动争议的事例常见诸报端。很多企业为了避免自身的损失，经常通过与员工订立保密协议来保护本公司的商业秘密。由于商业秘密本身的经济价值，签订保密协议对企业的重要性不言而喻；但对职工而言，签订保密协议意味着加重自身义务，也可能因此限制了择业自由和发展空间，所以说两者之间是一种矛盾对立的关系，其签订和履行都存在一定难度。

很多企业的高级研发技术人员和高级经营管理人员，通常掌握着企业最核心的商业秘密，对这些人员则必须签订专门的保密协议。但目前，劳动法领域对保密协议还没有做出明确的规定，用人单位和职工因签订和履行保密协议很容易引发纠纷。因此，用人单位与员工在签订保密协议应当注意以下几个问题：

1. 应当遵循公平原则，兼顾双方的利益

保密协议跟其他协议一样，首先必须遵循公平、平等的原则，才具有法律效力。我国《劳动法》规定用人单位有权采取措施保护商业秘密，但在订立保密协议时应注意不能侵犯劳动者的合法权利；劳动者有择业的自由，但在行使权利时同样不得损害用人单位的商业秘密。

2. 明确保密范围

保密范围是协议的重要部分，因此有必要在协议中写清楚。在约定保密内容时，务必把需要保密的对象、范围、内容和期限等明确下来，清晰当事人的义务

和责任。因为不同的企业和同一企业的不同时期，所持的商业秘密是不一样的，因而保密范围、内容也有所变化。

此外，当商业秘密具有企业无形资产和职工个人劳动成果双重性质时，例如广告公司策划人员完成的创意工作、IT公司技术人员研发的程序、数据库等，应当特别明确是属于个人的著作权还是属于公司的商业秘密，当事人是否要承担保密义务。

3. 明确保密期限

虽然按照法律的规定，不得侵犯公司商业秘密的义务不因双方劳动合同的解除、终止而免除，但由于商业秘密存在过期、被公开或被淘汰的情况，因此最好还是约定保密义务的起止时间，以免引起不必要的纠纷。此外，保密主体在用人单位授权、司法调查或用于个人学习研究等特殊情况下使用商业秘密的，均不可视为违约。

4. 保密主体和保密义务要明确

商业秘密的保密主体一般仅限于职工。对于保密岗位和技术岗位，要求其不得披露、公开、出借、赠予、出租、转让、处分或者协助第三人侵犯公司的商业秘密。如果一般员工在工作中有意或无意获悉公司的商业秘密时，也应该列入保密主体的范围，承担保密责任。此外，那些掌握了商业秘密的职工的家属、朋友，对保守商业秘密也应该负有同等义务。

5. 明确违约的情形及法律责任

违约责任可按照《合同法》的规定处理，即约定一定数额或比例的违约金，违约金不足弥补实际损失的，可按实际损失赔偿。需要注意的是，违约金数额不得过高，一般不超过职工所知悉的公司商业秘密的许可使用价格；职工违反竞业限制条款的，违约金一般不超过补偿费的1~2倍。

在签订保密协议时，双方既可在劳动合同中约定保密条款，也可以订立专门的保密协议。但不管采用哪种方式，都应当采取法定的书面形式，并做到条款清晰明白，语言没有歧义。下面提供一份保密协议的模式，供管理人员参考。

保密协议

甲方：

住所：

法定代表人：

乙方：

住所：

身份证号码：

因乙方现正在为甲方提供服务和履行职务，已经（或将要）知悉甲方的商业秘密。为了明确乙方的保密义务，有效保护甲方的商业秘密，防止该商业秘密被公开披露或以任何形式泄露，甲、乙双方本着平等、自愿、公平和诚实信用的原则签订本保密协议。

第一条　商业秘密

在此条款中，甲方应当详细说明协议规定的商业秘密的内容及范围。

第二条　保密义务人

保密义务人是指为甲方提供相关服务而知悉甲方商业秘密，并且在甲方领取报酬或工资的人员。通常情况下，乙方为协议所称的保密义务人。

第三条　保密义务人的保密义务

1. 保密义务人对其因身份、职务、职业或技术关系而知悉的公司商业秘密应严格保守，保证不被披露或使用，包括意外或过失。

2. 在服务关系存续期间，保密义务人未经授权，不得以竞争为目的、或出于私利、或为第三人谋利、或为故意加害于公司，擅自披露、使用商业秘密。

如果发现商业秘密被泄露或者自己过失泄露商业秘密，应当采取有效措施防止泄密进一步扩大，并及时向甲方报告。

3. 服务关系结束后，公司保密义务人应将与工作有关的技术资料、试验设备、试验材料、客户名单等交还公司。

第四条　保密义务的终止

下列情况下，保密义务人的保密义务可以终止。

1. 公司授权同意披露或使用商业秘密。

2. 有关的信息、技术等已进入公共领域。

3. 乙方是否在职、劳动合同是否履行完毕，均不影响其保密义务的承担。

第五条　违约责任

保密义务人违反协议中的保密义务，应承担违约责任，并支付至少相当于其工作报酬或一年工资的违约金。乙方如将商业秘密泄露给第三人或使用商业秘密使公司遭受损失的，乙方应对公司进行赔偿，其赔偿数额不少于由于其违反义务所给甲方带来的损失。

因乙方恶意泄露商业秘密给公司造成严重后果的，公司将通过法律手段追究其侵权责任，直至追究其刑事责任。

第六条　争议的解决方法

因执行本协议而发生纠纷的，可以由双方协商解决或共同委托双方信任的第三方调解。协商、调解不成，或者一方不愿意协商、调解的，争议将提交××仲裁委员会，按该委员会的规则进行仲裁。仲裁结果是终局性的，对双方均有约束力。

第七条　双方确认

在签署本协议前，双方已经详细审阅了协议的内容，并完全了解了协议各条款的法律含义。

第八条　协议的效力和变更

1. 本协议自双方签字或盖章后生效。

2. 本协议的任何修改必须经过双方的书面同意。

第九条　本协议一式二份，甲乙双方各执一份。

甲方：

乙方：

年　月　日

竞业限制协议

竞业限制是保护商业秘密的一种特殊方式，一般要求在职职工不得到同类企业兼职；离职后多长时间内未经同意不得到企业竞争对手任职；不得自行组建同类企业参与竞争；不得唆使原单位的其他员工接受外界聘用；不为企业竞争对手提供咨询、建议等服务。

换句话说，竞业限制合同是双务有偿合同，离职员工承担保守原企业商业秘密、不与原企业竞争的义务，应享有获取一定经济报酬的权利，目的是平衡双方的利益，合理设置双方权利义务是关键。相类似的还有"竞业禁止"合同。

无论"竞业限制"还是"竞业禁止"合同，它们产生的义务既是法定义务又可为约定义务。但这种方式有时间上的限制，参照国家劳动部及国家科委等相关文件的规定，竞业限制的时间一般不得超过3年。此外，用人单位还必须支付一定数额的经济补偿，一般按年计算不得少于该员工离开企业前最后一个年度从该企业获得的报酬总额的 2/3。

张然是一家软件公司的软件开发工程师。他在入职时与公司签订了一份竞业限制协议，约定他如果离开了公司，两年内不得自营同类业务，也不得到与公司有竞争关系的同类企业工作，否则将承担违约金和经济赔偿责任。为此公司在张然每月的工资中增加了 600 元作为"保密费"。

两年后，张然因个人原因不得不离开工作的城市，遂向原公司辞职。不久，他跳槽到另外一个城市的公司，可事先他并不清楚新公司与原单位有竞争关系。原单位听说后，遂向劳动争议仲裁委员会提起仲裁，要求张然立刻支付违约金并赔偿损失。仲裁机构最终以公司未在解除劳动合同后给付张然经济补偿为由未支持公司的请求。

《劳动合同法》规定用人单位可以与劳动者约定竞业限制条款，并约定在解除或者终止劳动合同后，在竞业限制期限内按月给付劳动者经济补偿。本案中，公司虽然在劳动关系存续期间每个月支付张然保密费，但却未在解除合同后按月给付其经济补偿，故张然有权不依照竞业限制条款的规定履行相关义务。

因此，用人单位在与员工签订竞业限制协议时，要注意以下操作要点：

1.竞业限制的对象

签订竞业限制协议的对象适用于企业的高级管理人员、高级技术人员和其他负有保密义务的人员。对于一般接触不到企业商业秘密的员工则无须与其签订竞业限制协议，但可以在劳动合同条款中给予限制。所以，企业对掌握本公司经营技术秘密的关键岗位的骨干人员和重要管理人员，应当与其签订竞业限制协议，以保护企业利益。

2.支付经济补偿的时间要正确

企业应在"正确"的时间支付竞业限制的经济补偿。对于签订了竞业限制协议的员工，企业应在其离职后按月给付约定的经济补偿，以避免企业实际支付了补偿金，但却因为"错误"的支付时间，而丧失要求员工履行竞业限制义务的权利。

3.最佳竞业限制期

我国《劳动合同法》规定企业与员工约定的竞业限制期限最长不得超过 2 年，

故在竞业限制协议中，企业应注意不要约定超过 2 年的竞业限制期，从而导致该超过的期限得不到法律保护，也不要将竞业限制期约定得过短，而达不到限制员工从事与企业有竞争关系的业务的目的。

4.明确约定违约金

在竞业限制协议中，企业应明确约定违约金，且该违约金金额应足以使员工考虑其违反竞业限制的情况下，所要承担的经济损失，以限制高级管理人员、高级技术人员和其他负有保密义务的人员在其离职后不立即进入与企业生产或经营同类产品、从事同类业务的其他公司工作，或者自己开业生产或经营同类产品、从事同类业务。

在掌握了以上操作要点后，用人单位与员工签订竞业限制协议时，就可以做到心中有数。为了用人单位的利益不受损失，员工的权益得到保证，这里提供一份竞业限制合同文本。

甲方：（企业）　　　　　营业执照码：

乙方：（员工）　　　　　身份证号码：

鉴于乙方知悉的甲方商业秘密具有重要影响，为保护双方的合法权益，双方根据国家有关法律法规，本着平等自愿和诚信的原则，经协商一致，达成下列条款，双方共同遵守：

1. 乙方义务

（1）未经甲方同意，在职期间不得自营或者为他人经营与甲方同类的行业。

（2）不论因何种原因从甲方离职，离职后 2 年内不得到与甲方有竞争关系的单位就职。

（3）不论因何种原因从甲方离职，离职后 2 年内不自办与甲方有竞争关系的企业或者从事与甲方商业秘密有关的产品的生产。

2. 甲方义务

从乙方离职后开始计算竞业限制时起，甲方应当按照竞业限制期限向乙方支付一定数额的竞业限制补偿费。补偿费的金额为乙方离开甲方单位前一年的基本工资（不包括奖金、福利、劳保等）。

3. 违约责任

（1）乙方不履行规定的义务，应当承担违约责任，一次性向甲方支付违约金，金额为乙方离开甲方单位前一年的基本工资的 50 倍。同时，乙方因违约行为所获得的收益应当归还甲方。

（2）甲方不履行义务拒绝支付乙方的竞业限制补偿费。甲方应当一次性支付乙方违约金人民币5万元。

4. 争议解决

因本协议引起的纠纷，由双方协商解决。如协商不成，则提交仲裁委员会仲裁。

5. 合同效力

本合同自双方签章之日起生效。本合同的修改，必须采用双方同意的书面形式。

双方确认，已经仔细审阅过合同的内容，并完全了解了合同各条款的法律含义。

甲方：（签章）

乙方：（签名）

离职协议

当员工即将离职，要求员工签订一个全面的离职协议不失为一个好方法。很明显，与因不满情绪而离职的员工相比，以较好的原因离开公司的员工更愿在终止协议上签字。然而，要求员工签订离职协议，或许结果会令你惊喜。注意文档中涉及时间的内容，确保离职员工签署离职协议时是有效的。

离职协议

甲方：

乙方：

身份证号码：

乙方因个人原因，向甲方提出离职申请，经公司领导批准，乙方自×年×月×日起正式离职。甲乙双方本着平等自愿、协商一致的原则，就乙方自动离职事宜签订以下协议，供双方共同遵守。

1. 乙方原任职甲方××部门的员工，任××职一职，从本协议签订之日起，乙方与甲方正式解除劳动关系。

2. 乙方承诺：

（1）保证离职后严守甲方商业机密，包括但不仅限于客户资料、设计方案、工程预算、工程投标等等。

（2）与甲方继续保持友好关系，维护甲方名誉，不得做有损甲方利益的事情。

（3）如乙方在离职后做出任何伤害甲方的言行，甲方保留对其追究法律责任的权利。

3. 乙方自离职之日起，所有薪酬及其他费用皆已核算结清，所有交接手续已办理完毕。

4. 自本协议签订之日起，乙方在外的一切行为均与甲方无关。

甲方：（签章）

乙方：（签名）

日　期：

让你的团队充满激情

组建一个强有力的创业团队

杰克·韦尔奇告诉创业者："优秀的领导者应当像教练一样，培育自己的员工，带领自己的团队，给他们提供机会去实现他们的梦想。"企业的成长是人才成长的一个集中体现，创业者能否走得更远，取决于创业者和创业团队的基本素质。

企业的成长是人才成长的一个集中体现，企业的成功也是人才的成功。搭建一支优秀的创业团队对任何创业者而言，都是一项至关重要的工作，它决定着创业的成败。优秀团队的标准是高度责任感，成功的行业经验，合作的心态。

在硅谷流传着这样一个"规则"，由两个哈佛 MBA 和 MIT 的博士组成的创业团队几乎就是获得风险投资人青睐的保证，当然这只是一个故事而已。但是从中创业者可以看到一个优势互补的创业团队对于创业成功的重要性，技术、市场、融资等各个方面都需要有一流的合作伙伴才能够成功。

为什么团队创业成功的概率要大大高于个人创业？原因很简单，因为没有人会拥有创立并运营企业所需的全部技能、经验、关系或者声誉。因此，从概念上来讲，如果想要创业成功，就必须组成一个核心团队。团队成员对创业者来说将发挥不同作用：他们或是合伙人，或是重要员工。他们不可或缺，有了他们，可以解决创业过程中可能出现的一些问题。

红花也需绿叶扶持。不管创业者在某个行业多么优秀，也不可能具备所有的经营管理经验，而借助团队就是拿来主义，他们可以拥有企业所需要的经验。例如顾客经验、产品经验和创业经验等。人际关系在创业中的比重也被放在一个很重要的位置，人际关系网络或多或少地能帮助创业者，是企业成功的因素之一。通过团队，人脉关系可以放得更大，可提高创业成功的概率。

一项针对创业者能力的研究报告也指出，组成团队与管理团队是成功创业者需要具备的主要能力之一。由于组成创业团队的基石在于创业远景与共同信念，因此创业者需要提出一套能够凝聚人心的愿景与经营理念，形成共同目标、语言、文化，作为互信与利益分享的基础。组成创业团队是一种结合愿景、理念、目标、文化、共同价值观的机制，使之成为一个生命与利益共同体的组织。

某位管理学专家曾经对国内众多企业家进行过一次问卷调查："未来的企业家应该具备哪些素质？"其中有这样几种回答：

UT 斯达康前 CEO 吴鹰认为：第一，有宽广的心胸；第二，具有国际化的能力；第三，有亲和力和凝聚力（个人魅力）；第四，有眼光。摩克迪集团创始人兼董事长张醒生认为：现代企业家首先应该是有能体谅下属的胸怀和站在人前人后的修养，要先有信服才能有追随，这也是为什么人们常说做企业如同做人，企业家的素质赋予企业灵魂。

美国欧文斯科宁公司大中国区销售和工程总经理李雷认为：企业家应该具备 3 个素质，第一，他是一个预言家，他的愿景和信念是鼓励员工的源泉，是制定战略计划的蓝图；第二，他要有 Leadership，也就是具有包括决策能力的领导力；第三，他勇于承诺与兑现，在资源分配、个人诚信与平等方面负起主要责任。

从上面我们可以看出：凡是成功创业的企业家，总拥有一个优秀的核心团队。虽然每个企业家关注的侧面不同，但都直接或间接地反映了一个组织核心团队建设中必须注意的要素，非常值得后来的创业者借鉴。

1. 志同道合

找创业搭档就跟找对象一样重要，对方是你事业上的另一半，在共同的创业过程中是否会与你福难同当、同舟共济是至关重要的。比如"拳头"，一个拳头由 5 个手指组成，如果 5 个指头握紧打出去，可以打碎一块砖，但分散开来，用每个手指去戳，是很难弄断的。团队的成员应该是一群认可团队价值观的人。团队的目标应该是每个加入团队里的成员所认可的。否则的话，就没有必要加入。在明确了一个团队的目标时，作为团队的负责人，应该以这个共同的目标为出发点，来召集团队的成员。团队是不能以人数来衡量的。如果你有一群人，但没有共同的理想和目标，那这就不是一个团队，而是一群乌合之众。这样的团队是打不了胜仗的。所以，你和你的伙伴应是志同道合的，有共同的或相似的价值追求和人生观。

2. 包容性很重要

在这个世上，要想做一番事业，必须具有识人的眼光，这也是作为领导者整合人才资源的第一条件。但光会识人还不够，还要有敢于用人的魄力，容人的雅量。大行不顾细谨，成大事者历来都是心胸似海之人。不仅仅是企业创业需要包容，在我们人生慢慢走向开放的过程中，包容心也是非常珍贵的品质。

3. 不谋全局者不足谋一域

中信资本是由中信集团旗下的中信泰富和中信国际金融控股两家香港上市公司联合创建的。建立初期，恰逢9·11恐怖袭击，世界经济领头羊的美国经济低迷。受此影响，香港等地经济形势到2002年依然没有好转，一些著名的大投行不得不裁人。张懿宸却认为，大家都裁员，他反而打算借此聘请一批业务拔尖人才。

"凡事都要想得长远，"在组建中信资本的过程中，张懿宸说，"了解投行的人都知道，投行最大的成本是人力成本，做投行的前两年就要先投钱把人养活，然后再挣钱。在有人才的前提下，业务才能建起来。"

俗话说：三个臭皮匠，顶个诸葛亮。团队精神在企业管理中也占有重要地位。微软集团在用人的时候就非常注重团队精神，理由是即使你才华横溢，有超群的技术，可是如果你不懂得与人合作，那么就不能发挥出最好的成绩，只有把企业内部有着不同的文化背景和知识结构的各种人才有效地联合起来，创业者才能更好地成功创业。

创业团队 5P 模型

5P 模型，即目标（Purpose）、计划（Plan）、人（People）、定位（Place）、权力（Power），这 5 个因素构成了优秀的团队。

1. 目标（Purpose）

在团队建设中，有人做过一个调查，问团队成员最需要团队领导做什么，70% 以上的人回答——希望团队领导指明目标或方向；而问团队领导最需要团队成员做什么，几乎 80% 的人回答——希望团队成员朝着目标前进。从这里可以看出，目标在团队建设中的重要性，它是团队所有人都非常关心的问题。有人说："没有行动的远见只能是一种梦想，没有远见的行动只能是一种苦役，远见和行动才是世界的希望。"

团队目标是一个有意识地选择并能表达出来的方向，它运用团队成员的才能和能力，促进组织的发展，使团队成员有一种成就感。因此，团队目标表明了团队存在的理由，能够为团队运行过程中的决策提供参照物，同时能成为判断团队进步的可行标准，而且为团队成员提供一个合作和共担责任的焦点。

2. 计划（Plan）

对于一家新创企业来说，制定一套完善的计划更为重要。发展计划要远远高于解决聘用问题、设计控制系统、确定上下级关系或确定创始人的角色等事项。发展计划明确的公司能够经受组织的混乱和创业者无能所带来的考验，而再完善的控制系统和组织结构也无法弥补计划上的缺陷。

企业发展计划的最大使命就是保持企业行驶在正确的航道上。如果一个企业的发展计划出现了致命失误，最终会出现南辕北辙，即便是拥有强大执行力的组织队伍，也终会一无所获。检验企业发展计划是否出现偏颇的角度有：计划与企业的长期目标是否一致；计划与企业的竞争优势是否一致；计划是否突出了企业的目标市场和消费群体；计划目标是否为更多的子目标所分解。一般而言，企业发展计划会与企业的长期目标一致，能够发挥出企业的竞争优势，为企业确定出最容易获得利润的目标市场，并且被分解成阶段性目标和众多子目标。

3. 人（People）

在知识经济时代，人是企业最重要的资产，也是企业可持续发展最核心的生产力。松下幸之助认为，企业经营的基础是人，"要造物先造人"，如果企业缺少人才，企业就没有希望可言。可以毫不夸张地说，在竞争激烈的市场环境中，人才决定企业命运。因此，在一个组织中，任何决策都不会比人事决策更重要。德鲁克认为，人事决策是最根本的管理，因为人决定了企业的绩效能力，没有一个企业能比它的员工做得更好，人所产生的成果决定了整个企业的绩效。

而企业要用人，就必然要选人，要招聘人。然而很多进行人事决策的创业者，并不真正懂得选人。很多人都自认为自己是优秀的创业者，当创业者以此为前提选人时，就可能犯下严重的错误。卓有成效的创业者必然明白，不能凭自己的直觉和感悟来雇佣员工，必须建立一套考察和测试程序来选人。

4. 定位（Place）

选用人才，能力固然是首要考虑的，但一个人的能力必须与相应的职位相结合，这就是对人才的定位原则。用人不能只看能力大小，更要看其适不适合某一职位。最好能做到人尽其才，既不能大材小用，也不能小材大用。物尽其用、人尽其才是每一个创业者都孜孜以求的，这涉及一个人才及岗位价值的最大化问题，与企业用人标准密切相关。

5. 权力（Power）

创业者面临的各项事务纷繁复杂、千头万绪，任何管理者，即使是精力、智力超群的创业者也不可能独揽一切，授权是大势所趋，是明智之举。授权的目的是让被授权者拥有足够的职权能顺利地完成所托付的任务，因此，授权首先要考虑应实现的目标，然后决定为实现这一目标下属需要有多大的处理问题的权限。只有目标明确的授权，才能使下属明确自己所承担的责任，盲目授权必然带来混乱。要做好按预期成果授权的工作，必须先确定目标，编制计划，并且使大家了解它，然后为实现这些目标与计划而设置职位。

对于团队建立无从下手的创业者，大可以从这 5 个方面建立起自己的创业团队。

管理团队最需要的东西

狼群中老、幼、强、弱个体有较大区别，但一到团队围猎，常常就是老弱做掩护，强者进攻，团队成员各尽所能，各司其职，可以说，狼群是一个完美的互补型团队。管理团队最需要的就是优势互补，促进团队的综合实力。

哲人说："完美本是毒。"事事追求完美是一件"劳民伤财"的事情，尤其对于企业管理来说，这是执行中的大敌。很多创业者总是抱怨自己的手下能人太少，恨不得自己的下属个个都变成能杀能闯、能文能武、有勇有谋的"良将"。但中国有句古语：金无足赤，人无完人。世界上本就没有十全十美的人，又怎么能够要求拥有完美的员工？何况，完美型的员工属于"能人"，最终会增加数倍的管理成本，而结果极可能是得到了一个并不满意的结果。

其实在企业管理中，创业者应该关注的不应是某个人的力量，而是团队的综合实力。在一个团队中，每个人都有他的长处，作为创业者，如果你能很好地掌握他们的特点和优势，把他们放到最能发挥其作用的位置上，你就会发现，你得到了一个完美的"互补型"团队，并且，你的工作变得卓有成效，你的员工对你尊重并拥护。

在一次战役中，由于战争的需要，临时招募了许多各行各业的人参军打仗。战役的将领临时编制了一支小分队，命令其驻守在一个小岛上。他们当中有大学教师、机械工程师、政府机构的办事员，也有泥瓦匠、小饭馆老板、裁缝铺的学徒，还有消防队员、小提琴手、汽车修理工，等等。一到岛上，他们就行动起来了。有的用捡来的木条、干草搭起了简陋的帐篷，有的用自制的工具支起了炉灶，还有的忙着施展烹饪手艺，人人都施展自己的拿手戏，在各自擅长的方面尽情地发挥。一顿丰盛的晚餐过后，还举办了一场热闹的晚会，大家有说有笑，有唱有跳。

几天过后，小岛遭到敌人的攻击。在枪林弹雨的战场上，大学教师和小饭馆老板便显得手足无措，失去了用武之地，而消防队员和汽车修理工则能够临阵不乱，熟练地使用手中的武器，对敌人进行了狠狠地打击，完成了守护小岛的使命。

以上的例子中，大学教师虽然受过高等教育，掌握着最多也最权威的知识，但在打仗的时候，却毫无用武之地，而只念过几年书的消防队员却可以在抗敌中勇猛杀敌。这就是所谓未在其位，能力就不能得以施展。对于创业者来说，团队就好比上述的那个小分队，由各色各样的人组成，他们都有自己的特长优势，身为创业者，最大的职责就是对下属的特点、能力，甚至个人的性格做到了如指掌，做到唯才适所，使员工内在的潜力得到充分的发挥。

对于任何企业而言，建设"互补型"团队，对企业的发展非常重要。很多企业过分重视个人素质、经验和成就，但是很少考虑到每一名员工都必须在团队中工作，他的能力、优势、性格能否与团队的其他成员构成一种互补关系。对于某一特定工作而言，是不可能找到最理想的人选的，因为这种人根本就不存在。那么次理想的人选是什么呢？那就是能充分发挥自身优势，并和别人的优势相互补充的人，这类型的人能最大化地实现目标。

激发员工的高昂斗志

激励员工要从结果均等转移到机会均等，努力为员工创造公平竞争的环境。对员工来说，能不能得到公平的机会，这才是激励的更高机会。下面我们通过吴

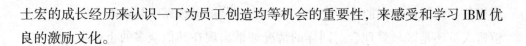

士宏的成长经历来认识一下为员工创造均等机会的重要性，来感受和学习 IBM 优良的激励文化。

吴士宏是 IT 界的知名人士，非常有名。她之所以引人注目有这样两个方面的原因：首先，她是一位女性；其次，更突出的是她最初的专业素质不太好，而她后来却成为一名企业高层的执行者，这是很令人佩服的。

她原来是个护士，中专毕业。她是一个不甘心受命运摆布的人，在当护士的时候自学了一些英语口语，能够用英语说几句话。但她一心想进取，一心想进公司工作，恰逢 IBM 招聘清洁工，为了进入这家公司，她毅然去应聘了清洁工。成为 IBM 的清洁工之后，她踏踏实实地工作，非常努力，很快受到了大家的一致好评，大家都说："咱们这个清洁工真勤快，别人不干的活她都帮人家干。"

在做好清洁工的同时，她一直在寻找着新的机会。正好 IBM 在扩充销售人员，由于在做清洁工的时候就建立了很好的人缘，于是她向销售部的人员递了一份申请，在申请中她提出："能不能让我做一做，如果我做得不行，我还回来当清洁工；如果我做得好，希望能让我成为 IBM 正式的销售员。"

虽然 IBM 对销售人员的要求很高，但是 IBM 有很好的企业文化，即对自己的员工有学历培养的文化，因为她人缘比较好，于是主管销售的副总就给了她一个机会，让她先从兼职的销售开始做起。当时在别人没对她抱什么希望的情况下，吴士宏紧紧抓住了这次机会。她做兼职的销售做得不错，居然还卖出了几台设备，这使她名正言顺地进入了销售部门。

一般来说，要在企业里干出一番事业，销售是最好的途径，因为销售是全靠成绩来反映能力的，而吴士宏具有天然的亲和力，也就具备了天然的销售潜力。成为正式的销售人员后，她做得非常好，开始一路上升，从销售创业者做到了区域创业者。

吴士宏之所以能够获得成功，除了凭借她自身的天资以及她令人敬佩的学习精神之外，还有一点非常值得企业注意，即 IBM 这样优秀的企业栽培了吴士宏，给了她公平发展的机会，这很好地体现了员工激励的第一条重要原则——激励员工要从结果均等转到机会均等，努力为员工营造公平竞争的环境。

在 IBM，不管你原来是打扫卫生的或是中专毕业的，只要你有成绩就会得到提拔，这就是他们的企业文化。吴士宏一路被提拔靠的是竞聘上岗，无论是销售人员还是区域管理者。同样的情况如果出现在其他众多的企业中，吴士宏很可能还是一个清洁工。所以，我们的企业一定要掌握员工激励的高级原则，要善于激发员工，为各种员工提供平等的展示自己才华的机会，这样才能不断培养出人才，才能留住人才。

第二条重要原则是激励要掌握时机，也就是该激励的时候激励，过期的激励就失去了意义和效果。比如，需要在目标任务下达前激励的，要提前激励；若是员工遇到困难，有强烈要求帮助的愿望时，要给予关怀，及时激励。这些都是激励的最佳时机，中层执行者一定要善于把握，千万不要错过。

大家都看过《水浒传》，宋江这个人为什么做了梁山的领袖呢？其实，宋江文韬武略都不算强，只是有个最大的优点，懂得关心帮助别人，所以得了一个外号"及时雨"，就凭此一点便能服众，所以得人心者得天下。

第三条重要原则是激励要有足够力度，主要表现在"两个重视"上。这两个重视是：对突出贡献要重视，对重大损失也要重视。也就是对突出的贡献要予以重奖，对造成巨大损失的要予以重罚，重奖可谓正激励，而重罚就是负激励。很多国有、民营企业做不到这两个重视，而做不到就意味着没有激励。所以，企业在激励员工中一定要做出力度来，一定要赏罚分明。

第四条重要原则是激励要民主。奖罚分明强调的是要健全、完善绩效考核制度，做到考核尺度相宜、公平合理。中层执行者在激励员工时，要克服有亲有疏的人情风；在提薪、晋级、评奖、评优等涉及员工切身利益的热点问题上务求民主。

某民营企业请人去给他们做咨询，该企业老板说："我们的产品较畅销，为什么就做不大？"咨询顾问在给他们进行完企业诊断后，发现问题并不复杂。原来，该企业内部任人唯亲，关系套关系，人情风十分严重。新招聘来的人才很快就走了，受不了这种氛围，尽管工资不低，但根本留不住人。事实上，在这家公司，奖惩根本做不到人人平等，更做不到民主立规了。

第五条重要原则是在员工激励中，大家不能因为倡导物质激励而忽视精神激励，精神激励一定要做物质激励的合理补充，因为精神激励有四两拨千斤的作用。就拿通用电气公司的韦尔奇来说，他就能将这两者统一得很好，所以他和员工的关系非常好。韦尔奇经常给普通员工写字条，他会在字条上说："你最近表现很好，是对公司业绩的极大提升，我作为总裁谢谢你。"试想，一个员工收到这样的字条会何等的高兴？会受到怎样的激励？这就是精神激励的一种方式，企业中层执行者一定要好好地利用和发扬。

正负激励相结合主要强调的是该惩罚的要惩罚，虽然现在主要提倡教育为主、惩罚为辅，但是不敢惩罚绝对是错误的。所以，按条例该惩罚要惩罚，不然就不能弘扬正气，就会遍地歪风邪气。

第六条重要原则是员工激励还要构造员工分配的合理落差，在这里所谓的合理落差主要指的是鼓励拉大收入差距。

现今，我国大部分企业的分配差距还是比较小的，尤其是企业的高层和基层的收入差距还有很大的可拉开空间，只有落差大才能动力大，就像三峡之所以能发电就因为水的落差大。企业一定要学会在落差中去鼓励员工的进取心，而且巨大的落差能保持中层执行者的自尊，让每一个人都害怕失去自己的职务，都会加倍努力地工作，企业才能真正实现高效。

用高薪激发员工工作

人要生存，要发展，精神是支撑，物质是保障，所以薪酬相对于员工极为重要。它不仅是员工的一种谋生手段，还能满足员工的价值感。事实证明，当一个员工处于一个较低的岗位时，他会表现积极，工作努力，一方面提高自己的岗位绩效，另一方面争取更高的岗位级别。在这个过程中，他会体会到由晋升和加薪带来的价值和被尊重的喜悦，从而更加努力工作。

"当你给员工高薪时，你的企业成本是最低的！哪怕你只比第一、第二位的高出一点点，效果也会非常明显！"2008年1月15日，在《赢在中国》第三赛季36进12第三场节目现场，已连续两个赛季担任《赢在中国》36进12评委的史玉柱在点评11号选手时说出上述的话。史玉柱的一席话立即博得了现场一片热烈的掌声。事实上，他是这样说的，也是这样做的。

2007年11月1日，巨人网络挂牌上市，交易代码为"GA"，开盘价高达18.25美元，超过发行价17.7%。在11月4日举行的庆功宴上，史玉柱许诺给公司的员工每人派发一枚金币，另外是给公司所有员工加工资，一个不放过。

第二天，新民网从可靠渠道得到消息验证：史玉柱于该日兑现诺言，给所有员工派发金币，该金币由中国知名金饰品厂商龙凤祥定制，重量为 9.39 克，印有"纽约证券交易所成功上市巨人网络 2007.11.1"的字样。

史玉柱说："当你给员工高薪时，表面上看仿佛增加了企业成本，实际不然。我这些年试过了各种方法，高薪，低薪，但最后发现，高薪是最能激发员工工作热情的，也是企业成本最低的一种方式。"

自从进入珠海巨人集团时代，史玉柱一直实行军事化管理，后来他渐渐明白一个道理：大多数员工的使命是打工挣钱，养家糊口。虽然军人有对国家和民族效忠的义务，但员工没有对老板效忠的义务。

巨人前副总王建回忆道："20 世纪 90 年代中期，脑黄金战役第一阶段考核结束后，按照制度规定，对完成任务的经理兑现奖金，其中江苏和浙江分公司的两名经理个人奖金累计 40 万元，相当于当时广东市场一个月的回款。在集团办公会议上，面对奖金问题谁也不作声了，因为财务干脆把问题捅开了，若干个分公司存在回款作假，财务认为不能这么快发奖金。"

史玉柱被这种局面难倒了，非常尴尬。在士气与议论之间，在榜样与制度之间，他必须作出决定。最后，他还是力排众议，发奖金。当财务怀抱沉甸甸的现金进入表彰大会现场时，会议已经结束了，全体员工都在等，连保安都擅自离岗，拥至会场。财务一出现，史玉柱就说，你们看，财务都抱不动了。全场的目光由主席台转向财务身上，先是寂静，继而是雷鸣般的掌声。

这时史玉柱发话了，他说："能者多得，只要能为巨人做出贡献，不拒绝索取，要在巨人内部培养一批富翁。"

这样的激励方式，对员工的刺激相当大。在脑白金时期，员工们疯狂地工作、加班，史玉柱经常会在员工加班的时候动不动就发上几千元的奖金，让员工惊喜不已。此外，在脑白金时期，史玉柱在员工待遇方面的做法是：重点技术人员不受公司级别制度限制，只要技术能力强，就不怕付出高额报酬。后来，做网游时，史玉柱将这套模式运用到了游戏团队中，他说："游戏团队的薪水我不管，由管理层定，工资是一事一议，开多少钱评估一下，值得就给，不受任何等级限制。"

史玉柱这样的做法，会让研发人员感觉到，巨人网络给他们的报酬绝对在整个行业居于前列。在《征途》开发过程中，史玉柱出手颇为大方，给整个研发团队开出了很高的工资。《征途》游戏某负责人承认，这个 20 人的研发团队在当时的薪水、所占期权与同行业相比是非常高的。

巨人网络上市后，史玉柱在接受媒体采访时说："刚做这家公司的时候，同行业对我们都看不起，到现在，我们已经成为这个行业内市值最大的公司了，大家精神上非常开心，然后待遇上，我们给所有的骨干、所有的研发人员发了期权，上市后他们马上就可以衡量出来他们期权的价值，我们现在一下子诞生了21个亿万富翁，还有近200个百万以上的富翁，大家可以改善自己的生活。"

对于《征途》在线超过百万的好成绩，有记者曾经问史玉柱会制定什么样的员工奖励政策？史玉柱回答道："我们每个季度或者每个项目都定了奖罚措施，只要取得大的成就我们内部一定会有一次发奖金的过程，该奖一定得奖，奖罚分明。所以你刚才说《征途》到152万，一定会有奖金，我还会请他们喝一顿。如果没有达到具体的目标该罚也会罚，这就是我们管理的基本原则。所以我们的员工整体的待遇还是非常好的。"

美国哈佛大学教授威廉·詹姆士研究发现，在缺乏科学、有效激励的情况下，人的潜能只能发挥出20%～30%，科学有效的激励机制能够让员工把另外70%～80%的潜能也发挥出来，所以企业能否建立起完善的激励机制，将直接影响到企业的发展。

从史玉柱的做法中可以看出，将薪酬奖励与内在激励机制良好地结合起来，就会为企业带来更好的效益。尽管薪酬并非激励员工的唯一手段，也不是最好的方法，但它是一个非常重要、最容易被运用的手段。相对于内在激励，企业管理者更容易运用薪酬激励的方法，而且也较容易衡量其使用效果。

人才是企业的基石。在全球经济一体化的今天，人才问题被企业提到了更高的位置。怎样识别人才、留住人才，是摆在企业家面前的一个非常严峻的问题。放走一个人才，不仅事业受损，还有可能为自己增加一个竞争对手，这样的道理谁都懂，但要想很好地解决人才问题，很难找到一举多得的方法。如何让人才为企业打拼？他们凭什么会去打拼？最重要的方法就是涨薪，使薪水具有市场竞争力。

以晋升激励精英人才

创业者在人员使用方面，常常会为如何令精英人才最大限度地发挥作用而烦恼。解决它的最好办法，就是将表现优异的精英人才提拔上来，把他安排到重要的工作岗位上，这不仅使员工的自尊心得到满足，最大限度地调动他的工作积极性，企业也会因为人才的合理安置而获得更大的收益。

人才是企业的资本，能够善于利用员工对工作的热情，并且适时给予训练和晋升，即使是庸碌之才也有不少被造就成才的例子。在日本就有不胜枚举的企业家是因为被创业者适时提拔而跃居重要岗位，然后使自己的才华充分施展出来，把企业推向新的高峰的。

一般来说，获得晋升的人没有不欣喜若狂的。但有许多人常因难以适应突如其来的擢升，感受到无法承担的重大压力。所以，创业者也应先了解被晋升者是否有能力突破承受压力的时期。

为了确认被晋升者的心态，某位心理学家制定了一项心理测验。首先，让两个人共同办理一件事情，在事情完成后，给予其中一个大幅度晋升，而给另一个仅少许的报酬，尽管做同样的工作，却故意出现待遇的差别。

由最初的实验显示，得到晋升的人不但自觉"不踏实、有罪恶感"，而且对于创业者有不良的评价。但是，进一步由测谎器的实验却发现，得到晋升的人，不仅没有罪恶感，反而有强烈意识愿效力于管理者的心态。

总之，人们虽然在心理上对获得晋升有不平衡的感觉，但是，实际上却为自己能受到上司较高的肯定而有满足感，甚至对管理者抱有良好的评价。因此，适度的晋升可以得到对方的向心力。也就是说，给员工一个晋升的机会，不仅能够满足对方的自尊心，同时也能获得对方的尊重和爱戴。

所以，创业者应经常提拔人才，得到利益的人由于找到依靠之处和肯定自我，就会逐渐发挥潜力，努力效命于知遇者。

世界著名的施乐公司每年都保持很高的销售业绩，除了以质取胜之外，很大程度都依赖于他们给员工注入的最佳动力——晋升。

施乐公司晋升的标准是将员工分为3类：一类是工作模范，能胜任工作和监督工作。凡是被提升到公司最高层前50个管理者岗位上的人都必须完全是工作的典范，积极投入到质量管理中去。而要想成为较低层次上的管理者，则起码必须能胜任工作。至于需要别人督促工作的那一类员工则根本不可能被提升。这样，表现良好的员工就会感到自己能得到迅速提拔，于是他们会以更高的热情投入到工作中。

谢尔比·卡特就是这样一名员工。他是施乐公司的销售人员，最初是一名推销人员，工作积极肯干并善于动脑筋。他每天不停地在外面奔波销售，他的妻子总是在他的车里放上一大罐柠檬，这样他可以吃上一整天，而不必吃午饭。

卡特以自己的聪明和勤奋为公司销售了大量的产品，于是他得到了逐步提拔，最终被提升为全国销售经理。事实证明，他的确是个称职的管理者。卡特最喜欢做的事情之一就是将镶在饰板上的长猎刀奖给那些真正表现杰出的员工。这些猎刀代表着一种晋升神话，得到它比得到奖金更有意义。得到奖励的员工会把猎刀挂在办公室的墙上，所以在施乐公司的办公室里常常会看到这些猎刀。

由于晋升的机会把握在自己的手中，所以施乐的员工充满着热情和干劲，即使在街道上散步，他们也会观察两旁的建筑群，思考如何使每一幢建筑里的单位都成为施乐复印机的用户。

就是这样充满趣味的竞争使每一个员工都竭尽全力去为公司打拼，每一个施乐的员工都深爱着自己的公司，公正的晋升制度使他们看到了自己的辛勤劳动付出是值得的，他们认为在这里确实可以实现自己的梦想。

千万不能总让员工原地踏步，特别是对那些能干的员工，而应更信任他们，适时提拔，如果对他们总是半信半疑，不放心，那么给他们的感觉是不信任他们，怀疑他们的能力，那么他们还能尽心竭力地工作吗？

每个人在某个岗位上，都有一个最佳状态时期。有的学者提出了人的能力饱和曲线问题，作为管理者，要经常加强"台阶"考察，研究员工在能力饱和曲线上已经发展到哪个位置了。

一方面，对在现有"台阶"上已经锻炼成熟的员工，要让他们承担难度更大的工作或及时提拔到上级"台阶"上来，为他们提供新的用武之地；对一些特别优秀的员工，要采取"小步快跑"和破格提拔的形式使他们施展才干。

另一方面，经过一段时间的实践后，不适应现有"台阶"锻炼的员工要及时调整到下一级"台阶"去"补课"。如果我们在"台阶"问题上，总是分不清谁优秀谁不称职，不能及时提升那些出色的员工，必然埋没甚至摧残人才。如果该提升的没有提升，不该提升的却提升了，那将为企业带来很大的损失。

对于提拔自己的人，几乎没有谁会不怀感激之心，因此，创业者若是能够将一个出色的员工提拔到重要的岗位上，他在自己的自尊心得到满足，体会到自己的重要性的同时，也必会对赏识他的主管心存好感，积极配合主管的工作。这样，人力资源管理必然会进行得很顺利。

因此，创业者一定要关心员工的成长，对他们的工作多鼓励、多支持，并及时给予肯定，使能力突出的人到更合适的位置上大胆发挥自己的长处，从而大大提升人才的使用价值。

第三篇

捕捉商机：只要用心，无处不在

准确调研，认真评估项目

科学的市场调查是创业成功的关键

创业初期，创业者在做任何决策前都应该进行科学的市场调查，充分了解将要"一展拳脚"的这个行业的独特规律以及发展趋势。如果创业者不深入进行市场调查，而只是凭经验凭感觉或者人云亦云盲目跟风，这种不经过调查分析所做的决策，往往容易导致创业失败。

所谓市场调查，就是对某一产品或服务的消费者，以及市场营运的各阶段进行调查，有目的地、系统地搜集、记录、分析及整合相关资料，了解市场的现状及其发展趋势，为市场预测和营销决策提供客观的、正确的资料。

市场调查对创业起到什么样的作用？又会怎样影响企业经营呢？我们不妨来看一看这个例子：

享誉全球的大品牌可口可乐在20世纪80年代中期出现过一次极具毁灭性的"失误"。

1982年，老对手百事可乐对可口可乐发动了新一轮的市场攻势，这一回，百事可乐的销量一路上升，已经威胁到可口可乐的传统霸主地位。为了扭转劣势，可口可乐公司决定进行一次深入的市场调研，以便发现问题，找到对策，解决危机。

这一次的市场调研中，设计了诸如"你认为可口可乐现有的口感如何？""想不想尝试一下新的口感？""如果可口可乐的口感变得柔和一些，你是否能接受？"等一系列问题，公司希望通过这次市场调研，了解消费者对可口可乐口感的评价，以便开发新口味的可口可乐。根据市场调研的数据显示：大多数消费者表示接受新口味的可乐。

于是可口可乐公司以此为依据，开始研发新口味可口可乐。新口味可口可乐正式推向市场之前，可口可乐公司又进行了口味测试。结果让决策层更为放心。这次市场调查的数据显示：新可乐应该是一个成功产品。

1985 年，可口可乐公司举行了盛大的新闻发布会，并在会上隆重宣布：新口味可口可乐取代老可口可乐上市。

　　然而，实际情况却是：在新口味可口可乐上市之后，可口可乐公司遭到了人们的严厉指责，人们认为新口味可口可乐是对美国的一个象征的背叛，甚至有人成立"美国老可口可乐饮用者"组织来威胁可口可乐公司，如果不按老配方生产，就要提出集体控告，有的消费者甚至扬言再也不买可口可乐。仅仅过了 3 个月，新口味可口可乐计划就以失败而告终。

　　市场调查是企业制定方针策略的依据，是非对错需要由市场来验证。这一次的市场调研中，可口可乐公司却忽略了最关键的一点：对于广大消费者来说，可口可乐背后所承载的传统的美国精神才是他们最主要的购买动机，新口味可口可乐的出现，无疑是对美国精神的一种背叛，这次市场调研失败的最主要原因就在于此。

　　市场调查是创业的前奏，是制订战略方针的基础，可供参考的调查方法主要有两种：一是委托专门的市场调查公司，二是由自己一手操办。但总体来说，不管是找人操办还是亲自操办，市场调查的实施方案大致相同：

1. 确定明确的市场调查目标

　　市场调查是为创业者做市场预测和经营决策提供科学可靠的依据。这就要求创业者首先要明确："我为什么要做市场调查？我要了解哪些情况？我要解决哪些问题？"不少创业者由于目标模糊，对市场调查的设想显得杂乱无章。这就要求创业者必须对症下药，在进行正式的市场调查之前，要先通过网络、各类报刊、统计部门、行业协会公布的信息等方式，有效地收集整理相关的二手资料。这样就能够在明确目标的指导下，为市场调查做足准备工作，而在具体调查中，消费者也乐于配合，创业者的市场调查设想也显得井然有序。

2. 设计具体的调查方案

　　创业者在制定明确的市场调查目标后，接下来的一个步骤就是将为实现这一目标设计一个具体的方案。一个切实可行的市场调查方案一般包括以下几个方面的内容：

　　（1）调查要求与目的。这是每次市场调查最基本也是最为关键的问题。不管准备从事哪一种创业项目，都应该将需要了解的相关信息具体落实到方案上。

（2）调查对象。通常情况下，市场调查的对象一般为消费者、零售商、批发商。

（3）调查内容。创业者可以根据市场调查的目的来拟定明确的调查内容。调查内容要求条理清晰、简洁明了。避免主次不分，内容烦琐。

（4）调查样本。

（5）调查的地区范围。

（6）样本的抽取。

（7）资料的收集和整理方法。

与企业在做决策前都该做市场调查一样，创业者在决定创业项目时，更应该进行科学的市场调查。科学的市场调查是创业成功的关键，决策正确与否，关系到创业的成败。不少创业者因为一个错误的决策导致全盘皆输，但愿更多的创业者能够认识到市场调查的重要性，认识到科学的市场调查是创业决策的好帮手，真正重视市场调查，在激烈的市场竞争中不断取得胜利。

市场调查的 3 个阶段

具体来说，创业者进行市场调查一般分为 3 个阶段，分别是：前期准备阶段、正式调查阶段、信息处理阶段。

1. 前期准备阶段

前期准备阶段又可分为明确调查主题、拟订调查计划、调查人员培训、试探性调查等阶段。

（1）明确调查主题。创业者在调查之前要在综合分析的基础上，确定好调查主题。调查主题一般要根据调查的目的，并经过初步情况分析后加以确定。初步情况分析主要是为了确定调查主题，使调查更具有针对性，并对与公司创建相关的内外部环境进行初步了解。

（2）拟订调查计划。调查计划包括：明确调查的目的；确定调查对象；选择调查和收集资料的方法；明确调查日期，特别是完成时间；做出调查经费预算及规定作业进度安排。

（3）调查人员培训。调查人员的素质对调查质量影响重大。因此，必须确定合适的人选并采取有效的方法进行培训。

（4）试探性调查。调查人员根据调查主题，应在小范围内做一些试探性调查，如访问有关专家、中间商和推销员，征求用户和销售人员的意见等。

2. 正式调查阶段

（1）设计样本计划。样本计划就是描述选择这个样本的过程与方法。一种方法是使用随机抽样。这里，总体里的每个组成部分都以一个已知且同样的概率被选在样本里。在要表明样本代表总体的程度时，一般使用随机抽样。另一种确定样本的方法是非随机抽样。在非随机抽样中，研究总体中每个组成部分被抽中的概率是不同的，而且也是未知的。样本设计还包括确定样本大小以及选择适当方法以确保样本结果的准确性等。

（2）组建调查机构。调查机构的组建可以由内部的专业人员来完成，也可以直接委托外部的专业组织来进行调研和分析。另外的选择就是，与外部的研究专家联合形成课题小组或请他们完成课题的某一部分，如进行抽样设计或提供特殊的资料分析手段等。

（3）调研资料的搜集。市场调查的各种资料，可分为原始资料和外部资料两大类。原始资料是从实地调查中所得到的第一手资料；外部资料是从他人或其他企业取得的、已经积累起来的第二手资料。使用二手资料的好处是可以借鉴其他公司的成功经验，同时也能节省经费，提高效率，应该作为主要的资料搜集手段。

（4）现场实地调查。即现场收集资料。现场调查要把调查人员分工，并掌握调查进度，保证调查质量。

（5）确定调研分析方式。在具体调查之前，调研者一定要预先考虑对每个数据将进行何种分析以及作何种检验，模拟问题答案，然后对模拟的答案进行分析。因此，调研者必须在开始收集资料之前判断将要收集什么类型的资料，或需要什么样的结果才能达到研究目标而且也适宜提出决策建议。一旦资料收集完毕，再补救就晚了。

（6）经费预算和时间安排。调查进行之前，还要事先对调研经费进行预算，并估计研究的价值，进行成本—效益分析。在做费用估计时，可以根据研究阶段或费用类型估计，如劳务费、问卷费、差旅费、设备使用费等。另外要考虑的是时间因素。调研组织者要对整个调研在时间上做周密的安排，规定每个阶段要达到的目标或任务。有效的时间安排可以使调研管理更方便，而且也便于调研资料的分类。

3. 信息处理阶段

（1）整理资料。市场调查获得的资料，大多数是散乱无序的，有时难免出现虚假、差错、短缺、冗余等现象，甚至包括调查人员的偏见，难以反映调查问题的特征和本质。因此，必须对资料进行整理加工，使之真实、准确、完整、统一。整理资料，就是运用科学方法，对调查资料进行编校和分类，使之系统化、条理化。这一过程十分重要。

（2）提出调查报告。资料的整理和分析是提出调查报告的基础，而提出调查报告则是市场调查的必然过程和结果。调查报告由以下几个主要部分组成：

①前言。主要说明调查的目的，调查过程及采用的方法。

②正文。根据搜集的资料，进行准确的分析，做出结论与工作建议。

③附件。主要是报告正文引用过的重要数据和资料，必要时可以把详细的统计图表和调查资料作为附件。

创业者需要注意的是，调查报告应力求客观、简明，用资料、数字说明问题，切忌主观臆断，并且要及时准确地完成，以指导实际工作。

预测未来市场需求的 5 种方法

由于市场环境的不同，情报资料来源、可靠性和类型的多样性，以及预测的差异，产生了多种不同的市场需求预测方法。常用的预测方法包括以下 5 种，创业者可以借鉴一下。

1. 经营者意见法

经营者意见法是利用群体讨论的方式，首先组成专家小组，然后定期集会共同讨论、共同作预测，希望能从讨论中得到一致的看法。使用经营者意见法时，通常将财务、采购和销售等部门的管理人员聚集在一起举行会议，共同对预测事项进行讨论。有些公司在开会之前会准备一些相关的背景资料供与会者事前参考，这样可以使讨论更深入地进行，也往往能取得极佳的效果。

2. 购买者意向调查法

购买者意向调查法是通过直接询问潜在购买者的购买倾向和意见，据以判断销售量的一种预测方法。此法由于能够直接了解潜在购买者的意向，而他们又最清楚自己未来的购买量，因此，如能获得完整资料，预测的准确性就比较高，所以多用于需求较稳定的生产资料市场的预测。

对以下 3 类顾客而言，购买者意向调查法比较有效：购买意向明确清晰的购买者；意向会转化为购买行动的购买者；愿意把其意向告诉调查者的购买者。

对于产业用品，创业者可以自行从事顾客购买意向调查。对于耐用消费品，如汽车、家具、家用电器等的购买者，创业者一般要定期进行抽样调查。另外，还要调查消费者目前和未来个人财力情况以及他对未来经济发展的看法。通过统计抽样选取一定数量的潜在购买者，访问一些购买者的有关部门负责人，以此获得第一手资料和一些相关资料，创业者通过综合分析，就可以对其商品的市场需求有一定程度的了解。

3. 时间序列分析法

对于一个已经经营了一段时期的公司而言，可以根据前段时期的销售状况来预测未来的销售发展趋势。这首先要通过统计分析方法，证明历史的销售数据确实具有连续性的因果关系，然后才可以此为基础来预测未来。

来润公司是一家专营销售电视机的公司。2009 年，该公司售出 20000 台电视机，其想根据时间序列分析法计算出 2010 年 3 月的预计销售量。其已知销售量的长期趋势是每年递增 6%，因此，2010 年的总销售量估计为 212000 台。但是由于经济周期的影响，预计 2010 年经济形势将进一步好转，销售量达到正常情况下的 120%，即 254400 台。如果每月的销售量相等，那么，月平均销售量应为 21200 台。然而，3 月通常是销售淡季，季节指数为 0.9，因此，预计 3 月的销售量为 21200×0.9=19080 台。

4. 销售人员意见法

调查本公司销售人员的意见不失为一种可行的预测方法。因为处于第一线的销售人员经常接触顾客，对市场行情有深入的了解，他们对未来的市场需求走向和销售量的起伏，往往可以提出宝贵的意见。

采用这种调查方式，可以根据具体情况的不同，采取个别判断、群体讨论或问卷调查的方式；调查对象也可依情况分别调查销售员、销售主管或经销商。

5. 专家意见法

专家意见法是以专家的经验和判断进行预测，此法又名德尔菲法。其具体做法是向选择的预测专家分别发函或调查表，提出问题，并提供进行预料的各种资料，要求专家背靠背地按照自己的想法提出预测意见，由预测组织者把专家们的意见汇集、整理后，再把不同的意见及其理由反馈给每位专家，这样多次反复整理，逐步缩小各种不同意见的差距，得到基本上趋于一致的预测结果。

实践中，创业者应用专家意见法进行市场预测，要注意以下 5 方面的问题：

（1）会议之前，预测组织者要向与会专家提供与主题相关的详尽资料。因为虽然各方面专家都是对预测问题有较深入了解的人员，但有时各位专家所了解的只是自己所从事工作的一个方面，对于全面情况或近期的情况，还需要一个深入了解的过程，这是保证专家意见切实可行的基础条件。

（2）会议在邀请专家时，应该包括对主题内容相关的各个环节有独到见解的多位专家。要包括部门管理人员，也应包括专家学者。如若对某种新产品投放市场后的需求量进行预测，则应邀请产品的设计生产专家、组织产品销售的专家及产品的消费者等。这样的专家阵容往往能收到良好的效果。

（3）各位被邀请的专家，要在会议前准备好发言提纲；会上要充分发表意见；对于不同意见可以讨论。

（4）会议人数多少，要根据实际需要和会议主持者的能力而定。一般会议参加人数不宜过多，以能够解决预测问题为标准。

（5）会议主持者要有虚心求教的态度，在会议上以听取意见为主，一般不发表意见，防止因先入为主的意见阻碍与会者的发言积极性。

进行市场调研的几大方法

市场调查的方法多种多样，使用哪一种方法主要取决于调查的目的、行业以及被调查对象的特点等。在公司创建初期的市场调查中，往往要综合应用多种调查方法。

常用的市场调查方法大致有以下几种：

1. 二手资料收集法

二手资料收集法在创业者无法清楚地理解和表述问题所在时可以采用。有的时候，创业者提出了一个问题，但是通过一段时间的分析才发现，其实该问题并不是自己所想调查的核心问题。这个时候二手资料收集法或许能让消费者放弃错误的"问题"，转而研究真正的核心问题。

下面的例子就很好地说明了这一点：

美国一家著名的汽车生产厂家要在我国投资建立一家摩托车生产厂。刚开始，这家美国公司提出的需要进行市场调研的问题是："我在哪里投资会更好一些？"并且把浙江萧山定为调研对象，继而进行了一番实地考察。但考察一段时间后，他们发现，投资地点的问题并非自己所面对的核心问题，真正的核心问题是中国中央和地方政府的摩托车政策是什么，而这个问题，借助于二手资料收集法会更容易将问题解决。

在解决问题上，二手资料收集法会给创业者带来许多便利。那么，创业者如何运用二手资料收集法呢？

通常情况下，利用二手资料收集法的具体步骤是：

（1）确定调查目的，明确调查主题。进行二手资料收集首先应该确定研究的目的，根据调查主题来确定所需要的信息资料和资料来源，再安排适合的人选有针对性地进行资料查询，主题的确定非常重要，可以避免搜集与主题无关的资料。

（2）确定资料来源途径并着手进行搜集。调查人员要根据调查主题，制订调查方案，确定从哪里获得二手资料，搜集所需二手资料的顺序和方法，以及搜集这些资料所需要的时间、精力、人员安排等。二手资料有企业内部和外部资料之分，搜集的基本顺序是先内后外，从一般到具体。

（3）评估和筛选工作。其评估和筛选的标准为：

①内容是否与调查目的相吻合，是否满足调查主题要求。

②搜集方法是否可靠与可信。

③二手资料的时效性。

④二手资料获取的时间、精力、人员安排的可行性。

（4）出具分析报告。

2. 访问法

访问法是将所要调查的事项，以当面、电话或书面的方式向被调查者提出询问，以获得所需资料的调查方法。它是最常用的调查统计方法。

（1）个体访问法。是调查者面对面地向调查对象询问有关问题，调查对象的回答可当场记录的调查方法。这里的调查对象多是相互之间没有关联的个体。调查者可根据事先拟定的询问表（问卷）或调查提纲提问，也可采用自由交谈的方式进行。调查方式可采用走出去、请进来或召开座谈会的形式，进行一次或多次调查。

（2）分组访问法。是指建立一个包括各部门人员的专门小组面对面地向调查对象询问有关问题，调查过程中调查者相互配合的一种方法。如组织设计、工艺、情报、质量、设备和销售人员参加的用户访问小组。这种调查方法能取得全方位的资料，效果较好。

个体访问与分组访问的特点是直接面对调查对象，能当面听取意见并观察反应；能相互启发和较深入地了解情况，对问卷中不太清楚的问题可给予解释；可根据被调查者的态度灵活掌握，或进行详细调查，或一般性调查，或停止调查；资料的真实性较大，回收率高。这两种调查方式也存在着两大弊端：首先是调查成本高，包括资金成本和人员成本；其次是调查质量取决于人员配置，容易因小失大。

（3）电话访问法。是调查者经充分准备后，用电话向调查对象询问并收集资料的一种方法。其优点是资料收集速度最快，成本最低；可按拟定的统一问卷询问，便于资料统一处理。缺点是调查对象只限于有电话的用户，调查总体不够完整；调查程度不够深入，调查的质量与调查对象当时的心情和调查气氛有关。

（4）信函访问法。是将设计好的询问调查表、信函、订货单、征订单等通过邮局寄给被调查者，请其填好后寄回的方法。这种方法的优点是：调查范围广，凡邮政所达地区均可列入调查范围；被调查者可有充分的时间来回答；调查成本较低；调查资料较真实。缺点是得到的反馈数量要打折扣，回收时间较长；往往因调查对象不能全面配合而导致调查质量不高。

至于在具体调查中到底选用哪种方法，主要应根据调查问题的性质和要求，决定一种或多种结合使用。

3. 观察法

观察法是由指定的专门人员或仪器在现场从旁观察并记录调查对象的行为的一种搜集资料的方法，此法不直接向被调查者提出问题，而是直接观察事实或通过仪器进行记录。常用的观察法包括以下几种：

（1）现场观察法。是指调查人员到现场直接观察被调查对象的调查方法。如调查人员想了解某种新产品性能对消费者的吸引力，就可到出售该商品的现场去观察并取得第一手资料。

（2）随机观察法。是指按提前选定的抽样时间点记录现场状态的方法，如对某随机顾客购买某种商品的行为进行观察。

（3）迹象观察法。迹象观察法是指对调查现场、对象的事后调查，调查的资料是现场、对象留下的痕迹，如顾客在意见簿上的留言等。

4. 实验法

在一个相对较小的特定市场内，以商品经营的某个因素为基准，如商品质量、包装、设计、广告、价格、陈列等，通过实验的方法来测定顾客的反应，然后根据实验的结果，决定是否值得开发。

实验法通常采用以下两种方式：

（1）变动商品因素。在同一市场条件下，首先对正常经营情况下的各个因素进行测量，然后再测量变动某个商品因素（如价格、包装、广告等）后的情况，通过销售的效果来测定该商品因素对购买行为的影响。

（2）变动调查区域。如由于市场形势发生变化，商品购买力变化，以及价格、消费心理、季节变化等，都会不同程度地影响实验效果。如果在同一时间将不同区域的经营状况进行对比，则会大大提高实验效果。如把同一类商品采用某种特定的包装形式分别在条件大致相同的两个公司进行试销，然后测量其结果，来了解这种包装对购买行为的影响。

5. 抽样调查法

抽样调查就是采取重点调查的方法，从全体调查对象中选取一部分具有代表性的顾客或商品因素进行调查，从而推断出需要调查的市场的整体状况。在市场调查中，这是一种最基本、最常用的方法。采用抽样调查的方法相对于普查法来说，具有科学、省时、省力、节省经费开支等优点，可以获得足够准确的市场调查资料。抽样调查可分为随机抽样和非随机抽样两种方法。

进行有效的市场分析

对产品的市场现状调查分析是准确定位的一个重要步骤，一个全面、有效的市场分析主要包括对于市场现有状况调查、产品与竞争者、顾客消费能力及市场未来消费变化趋势等多方面的认识与解析。

1. 市场发展现状调查分析

商场如战场，孙子曰："夫未战而庙算胜者，得算多也；未战而庙算不胜者，得算少也。"意思是，凡是在未开战前，就以预计获胜的，是由于筹划周密的缘故；未开战就预计不能取胜的，是由于筹划不周的缘故。

对于初创业者，首先应进行市场调查，主要包括地理环境、商业业态、交通、人口、当地政策环境、各方面法规等。然后按照调查、分析、筹划3个步骤进行整合，来确定一个切实可行的商业计划书。这份书面报告对于坚定投资者信心，后面的筹集资金都是有利的书面证据，所以应特别重视。

在区域市场的选择上，一旦确定，就要对区域市场现有规模、市场饱和程度、现从业者的市场营业额等情况进行预估。对于刚刚进入行业的人来说，可以向一些业界人士求教，然后进行小范围内的市场调查，尤其对所在城市的市场必须作为重点研究。对于具有多年开店经验的人来说，则可以省去前面的环节。

2. 产品与竞争者分析

孙子曰："知己知彼，百战不殆。"在商业竞争中，只有了解自己的情况，又能知道竞争对手的情况，才不会有危险。要了解你所主打产品的品牌信息，这样才能够准确把握市场需求。

可口可乐和百事可乐是世界上两大生产可乐的饮料公司。但随着一些新型饮料在各地市场上的出现，两大巨人开始面临来自行业内竞争对手的挑战。这些规模不大的饮料公司生产的产品，品种多、口味全，从矿泉水、饮料、啤酒，到水果、蔬菜类营养汁和原汁饮料，应有尽有，已经开始侵占两大可乐公司的市场了。

这些小饮料公司生产出了上千个品种的各类饮料，其花色品种可使消费者尽情选购和品尝，满足了消费者的多种需求。仅1991年一年间，消费者喝掉的不同类别、品牌的饮料价值达13亿美元，其中包括瓶装冰镇茶、咖啡、矿泉水、汽水、果味水、果汁及运动型饮料。

在可乐市场上，1991年的全球可乐消费量是122亿加仑。但是，从相对于各类其他饮料销售量10%的增长来看，可乐这一年的消费增长率却减少了1.5%，可乐公司的软饮料帝国形象出现了衰退的迹象。

为了重新挽回可乐公司在饮料王国的地位，可口可乐公司决定对一种采用了二三十年的泪珠形瓶子进行重新包装，以便能更好地与其他公司竞争。他们还充分利用小公司的优势，比如与耐斯特尔公司一起开发一种方便饮料。

百事可乐公司也采取了相应的策略，在市场上销售阿佤伦牌矿泉水、冰镇茶（与利普顿公司合作）和果汁（与奥西恩·斯普瑞公司合作）。百事可乐的斯书特曾说，公司的长期战略目标的一个重要组成部分是开发出各种可供消费者选择的饮料，从而打败那些小饮料公司的竞争。

无论是行业中的领跑者，还是挑战者，他们都随时可能面临着竞争——既包括对方的竞争，还包括来自其他小企业的竞争。市场竞争激烈，创业者必须时刻处于竞争态势，充分分析行业竞争环境与竞争者的竞争行为。调查分析竞争对手的目的是了解竞争对手在市场中的战略和策略，洞悉竞争对手的变化如各种营销政策，促销方案，总结和感悟出竞争对手在市场中的经营规律，分析如何战胜竞争对手，及自己的经营策略。

3. 顾客消费能力与消费习惯分析

创业者创业前要认真研究区域内的核心顾客群，研究他们的消费能力、购物习惯等。目标顾客消费能力的高低，很大程度上影响你的经营定位。另外当地消费习惯很重要，如经常到夜市、普通市场的顾客，一定是想买到便宜、打折的商品，多习惯砍价。而到一些知名品牌店的顾客，多是注重品牌，而非价格因素。

4. 对未来发展趋势的分析

在了解市场现状的同时，也应当对未来的创业策略做未来市场的趋势调查分析。通过对未来市场发展的规模发展趋势的分析，为未来企业的发展速度、布点及网络扩展提供重要的参考。

因此，对于创业者而言，应该对通信市场未来 5 年的发展趋势进行预估，并且做出相应的策略调整。如果市场即将进入稳定高成长阶段，快速而全面的经营策略应当是较好的选择；相反，如果市场即将进入萎缩阶段，那么对于创业者来说，采取较为稳妥的扩展计划则是最佳选择。

"谁消费我的产品，我就要把他研究透"

史玉柱说："谁消费我的产品，我就要把他研究透。一天不研究透，我就痛苦一天。营销是没有专家的，唯一的专家是消费者。你要搞好策划方案，你就要去了解消费者。"

从巨人汉卡到巨人大厦，从脑白金到黄金搭档，从《征途》到《巨人》，史玉柱是具有传奇色彩的创业者之一。

创业者选准了行业之后，该怎么抓住消费者？这是一个叫人绞尽脑汁的问题。

而史玉柱每做一行都先把自己置于消费者的地位来考虑每个细节。

在研发《征途》过程中，史玉柱会以玩家身份亲自体验每一个环节，一旦察觉到可能会让用户厌烦的问题，哪怕只是一个小小的道具，他也会立刻打电话给策划团队要求他们进行修改。

在一些网吧里贴着征途网络公司的宣传四格漫画，每张海报张贴的位置甚至高度、角度，史玉柱有时也会亲自检查，会站在玩家的角度来分析海报最佳张贴位置。如果海报张贴位置不是最佳的，随时撕下重贴。

"我的策划从来都是到市场里面去，从消费者那里学来的。"对于初次创业者来说，就更应该具备"顾客就是上帝"的理念，不管做哪一个行业，你最终所赚的财富，其实都是消费者给的，他们才是我们的衣食父母。所以创业要想取得成功，首先必须要把消费者研究透，要先把自己置于消费者的地位来考虑每个细节：消费者究竟需要什么？只有这样，创业之路才会走得通畅。

那么，在实践中，创业者如何了解消费者的需求呢？以下方法或许可以给你一些启示：

方法一：听。听的时候要像听父母、领导、老师讲话一样专注，向对方传递一种信息：我很想听你说话，我尊重和关注你。交流中，聆听比自己说话要重要得多，只有通过聆听你才能了解消费者的真实意图，才能让你说的话有说服力。还要记得适时地给予消费者适当的鼓励和恭维，这样的话，消费者会告诉你更多。

方法二：看。通过看来了解消费者需求，要求创业者善于观察，观察消费者的言谈举止、穿着打扮、神态表情，通过观察了解消费者的需求。

方法三：想。你在与消费者沟通的时候，要通过消费者说的话，进行思考，来了解消费者的需求。消费者因其产品知识的局限，可能无法准确地讲出他们的需求，这种情况下，你应根据所观察到的线索和消费者的言语来确定其需求；有时候消费者所表述的要求不一定是其真正的需求。所以你要根据观察和聆听以及思考，逐步了解其真正意图。

方法四：问。通过问来了解消费者需求。这里必须强调的是，结合产品卖点询问。各个品牌都有的功能或者不如人家的功能强大，你就别询问。比如，你的手机照相非常清晰，你可以询问消费者是否爱旅游、爱照相。

创业者要想深入了解消费者的消费需求，进行消费者市场调研是一种科学可行的方法。专业的市场调研主要包括以下几个方面：

（1）消费者需求调研的内容是什么。主要包括：

①消费状况调研。

②消费目的调研。

③消费心理调研。

④消费趋势调研。

⑤个性化消费需求调研。

⑥产品品牌定位调研。

⑦产品目标市场调研。

⑧产品核心利益点调研。

⑨产品系列卖点调研。

⑩产品价格定位调研。

⑪产品口味需求测试。

⑫产品包装调研。

⑬产品销售渠道调研。

⑭产品适合的传播方式调研。

⑮产品终端销售调研。

⑯产品有效的促销方式调研。

（2）消费者需求调研方法：调研方法主要为 CLT 调查法，即固定场所问卷调查。

（3）消费者需求调研样本量：首先必须是该类产品的消费者或潜在消费者，调研人数不得少于 300 人，并且要注意到消费者性别、年龄、收入以及文化程度等情况的趋势走向，这样才能确保市场调研的可信度与科学性。

（4）消费者需求调研的数据分析：对调研所得到的各种数据、资料进行分析，通过分析得出调研结果。分析的方法主要是针对调查问卷的数据统计进行专业分析，所采用的统计方法一般包括频数分析、交互分析等。

（5）消费者需求调研报告：在完成上述调研过程后，由资深调研专家撰写成消费者需求调研与分析报告，指导创业者制定战略目标、整合营销策划的全过程。

创业者只有在对消费者需求进行科学专业的市场调研之后，才能够真正了解和掌握消费者的潜在需求，只有把消费者研究透彻，才能够避免走弯路，避免创业风险，也只有这样，创业之路才有可能走得顺畅长久。

抓住消费者的心理需求

对于创业者来说，有一点一定要牢记：企业竞争的关键其实就是争夺市场份额。而争夺市场份额最有力的武器就是顺应消费者的消费习惯，生产出他们最需要的产品，只有赢得消费者的信任，才能在激烈的竞争中占有一席之地。

经典的营销4P理论中，第一个P讲的就是从消费者的需求出发，创业者推出的任何产品一定要迎合消费者固有的消费习惯，满足消费者的真正需求。

A品牌香皂在某商场做促销活动，促销的方式是在每块香皂上捆上一个香皂盒，买一送一，但是这个促销活动做得并不太成功，顾客的购买欲望并不强烈。后来活动方灵机一动，将赠品换成了一支牙刷，这一回，促销活动有了明显变化，送牙刷的活动销量远远高于送香皂盒活动的销量。这是为什么呢？其实原因很简单，试想哪个消费者会因为一个香皂盒而买香皂呢，一般家庭的香皂盒都是很耐用的，并不需要经常更新，况且香皂盒也不是生活必需品，这样的赠品自然引发不了消费者的购买欲；而送牙刷就不一样了，即使家里有牙刷，但牙刷是用完就得买的生活必需品。这样一来，促销活动自然会大有起色。

B品牌巧克力要在情人节做活动，原本是想做买赠或特价活动来促销的，但这种促销方式过于老旧，没什么新意。他们就突发奇想：在这一天买巧克力达到一定金额者，可以得到玫瑰花一束。果不其然，这个促销方式赢得了很好的效果。

为什么有时候明明是同样的商品只因为选择了不同的促销赠品，就会得到完全不一样的效果呢？关键点就在于是否把握了消费者的真正需求。因此，每一次在做促销方案之前，一定要好好研究消费者，挖掘出他们真正的消费需求，不应该仅仅局限于打价格战的层面，还应该注重消费者的心理需求，敢于创新，达到以低成本赢得促销好效果的高境界。由此可见，想要创业取得成功，深入了解消费者的心理需求是关键所在，只有充分了解消费者的内心需要，并能根据消费者内心需求开发出相应的产品或服务，才有可能在激烈的市场竞争中占得一席之地，否则的话，最终只得落个转瞬即逝的悲惨下场。要想成功生产一个产品，新产品必须要获得消费者的信赖以及心理需求的满足，只有得到消费者的认同，能够满足他们的需求，包括使用需求和心理需求，创业者的创业才有可能取得成功。也就是说，只有消费者认为你的产品是好产品，它才是好产品。这就是消费者价值导向营销的基本内涵。所以我们必须时刻关注消费者的心理需要，以消费者的价值观为导向，从中发现商机。那么怎样才能准确抓住消费者的心理需求，生产出能够满足他们需求的产品呢？关键要做好以下几点：

1. 满足消费者更深层次的需求

有时候消费者的需求并不仅限于物美价廉，还要能够满足他们更高层次的心理需求。有很多消费者在支付能力允许的情况下，并不会满足于买那些产品价格与成本完全一致的产品，而是追求更高层次的产品。例如，消费者王女士现在已经拥有了两条白金项链，但如果可能，她其实更想要一条铂金的项链。

2. 要学会不断创新

随着社会的不断进步，消费者的需求也是不断变化的，创业者应该顺应消费者不断变化的需求，注重研究和开发新产品，只有不断地创新，不断地完善，才能在同行业的竞争中立于不败之地。

3. 做好市场调研

生产一个新产品，首先一定要了解消费者的想法，这就需要做好前期的市场调研。一个能够满足消费者需求的产品，是市场调研的结果，而不是关在屋里苦想出来的。市场调研是开发新产品的基础，创业者必须要了解消费者最想要的是什么，只有真正了解、掌握消费者的心理需求，做到有的放矢，才能够让他们满意。

4. 最实用的产品才是最需要的产品

对于消费者来说，有时候最好的产品不见得能够满足他们的需求，但最实用的产品一定能够得到他们的青睐。惠普公司曾生产过一种低价简易的打印机，他们删除了打印机所有的非必要功能，只保留了打印功能。这种打印机虽然外形朴素，功能单一，成本低廉，但因为满足了消费者的真正需求，所以一上市就取得了巨大的成功。

5. 不要试图改变消费者固有的想法

创业者不要天真地想着去改变消费者固有的想法。连创业天才史玉柱都说：世界上什么事最难——改变消费者固有的想法最难，比登上太阳还难。对于消费者，你只能因势利导，他有什么想法，你在他的想法上面往前引导，尽量把他们引导到自己的产品上去。

选择最适合自己的商机

挑选项目要认真考量

李盂大学毕业后从事过很多工作，但都因为不太喜欢而放弃。经过一番冷静思考，李盂决定创业。创业的前提是要选择一个好项目，李盂为此颇费脑筋。

经过长时间的调研，李盂决定搞园艺开发。一则因为他喜欢伺候花儿草儿，对园艺有着相当浓厚的兴趣，更重要的是他对此有着丰富的经验，因为他之前工作之余也曾搞过绿化种植和绿化装饰设计。于是，他和同厂下岗职工自筹资金，选择在浦东新区杨思租了 6 亩土地，办起了园艺场。到目前为止，他们种植了包括 7 个大棚，2 间暖房在内的 6 亩地的盆花和观赏植物，花卉品种达百余种，拥有 30 多家固定客户，资产近 200 万元。

现在的市场竞争愈发激烈，就业形势也越来越严峻，有很多人选择自主创业，但创业并不是一件简单易行的事情，譬如说创业项目的选择，就是一件令人颇为头疼的事情。而创业成功与否与项目的选择休戚相关，要想创业取得成功，挑选一个好的项目是必不可少的首要任务，创业者在项目的选择上要针对所在地域的消费人群，他们的消费观念和消费水平来挑选创业项目。

下面将简单地向大家介绍选择创业项目需要注意的 3 大绝招、5 大原则以及 5 条标准，虽然是创业项目的选择最终是要由创业者自己决定的，但是创业者也可以广泛听取专家、成功企业家的建议，这样可以少走弯路，使自己的决策更具可行性。

1. 选择创业项目 3 大绝招

（1）选择创业项目时不要跟在别人后面走。

小本经营者，求稳心理较重，往往喜欢跟着别人的套路走，总是走在别人后面的创业者，很难取得成功。

（2）巧占市场盲点。

经济愈发达，社会愈进步，人们的需求就愈细化，因此，创业者应该独辟蹊径，致力于经营人无我有的商品和服务，巧占市场盲点。

（3）眼明手快抢占先机。

经营环境瞬息万变，市场行情经常此一时彼一时。因此要时刻保持清醒，及时对市场变化作出灵敏快捷的反应，抢占先机。

2. 选择创业项目5大原则

（1）选择国家政策鼓励和支持、并有发展前景的行业。

想创业，首先必须要知道哪些行业是国家政策鼓励和支持的，哪些是允许的，哪些是限制的，等等。我们要选择国家政策鼓励和支持，并有发展前景的行业，这样实施起来会比较顺利，而且有时国家还会出台一些优惠政策。

（2）做好筹备工作，进行科学的市场调研。

多数创业者认为，创业是为了赚钱，什么行业赚钱，就搞什么项目，这种想法是极其错误的。创业者必须树立正确的观点，即"企业是为解决顾客的问题而存在的"。因此项目的选择必须以市场为导向，通过进行科学的市场调研，寻找最合适的项目。

（3）做自己擅长的事。

创业需要我们发挥自己的长处，去做自己最擅长的事情，在选择创业项目时，一定要考虑自身的情况，千万不可人云亦云，盲目跟风，要充分发挥自己的优势，只有这样创业才有可能取得成功。

（4）量力而行，从小事做起。

创业是一种有风险的投资，尤其对于初创业者而言，应该尽量避免风险大的项目，遵循量力而行的原则，从小项目做起，先赚小钱，再赚大钱，一步一个脚印。

（5）要坚持创新。

创新也是创业成功的关键。管理大师汤姆·彼得斯认为"商业世界变化无常，持续创新才是唯一的生存策略"。在选择项目上，要做到"人无我有，人有我新，人新我优"。只有这样，创业之路才会走得更远。

3. 选择创业项目的5条标准

（1）挑选自己感兴趣的。

兴趣是最好的老师，创业者只有对某项事物感兴趣，才会更容易做好，并且会事半功倍。因此，正在艰难选择项目的创业者们，最好选择自己感兴趣的行业和项目。

（2）挑选不违法的。

创业项目要选择国家允许准入的行业和领域。国家对于有些领域是明令禁止的，如制毒贩毒、军火的生产和经营、非法传销，等等；有些领域是有限制条件准入的，如制药、烟草等；有些行业是有资质限制准入的，如大型的建筑安装工程、矿山的开采等。自己所选择的项目及经营要符合法律的规定，否则创业也是要失败的。

（3）挑选现有条件能够赚钱的。

创业的途径有很多，赚钱的门路更是不少。但是，并不是所有的创业项目都能够挣钱。所以，作为一名创业者，在选择创业项目时，一定要看准，根据自己的条件选择最赚钱的项目，这样才能达到专心致志，确保创业成功。

（4）挑选具有可行性的。

项目本身是否可行是创业成败的关键所在。如果一个项目非常好，但是在实际操作中如果不可行的话，那么即使你付出再大的努力最终可能还是要失败的。所以，在选择创业项目的时候一定要进行调查分析，对项目的可行性进行预估。

（5）挑存在广阔市场的。

一个项目如果具备了以上几个关键条件，但是如果生产出来的产品没有市场，这样的项目也不是好项目。通常情况下，一个项目的产品没有市场的原因是：产品的质次价高；产品的安全性能不达标；产品的质量不符合标准。所以，创业者们在选择创业项目时，切记要选择物美价廉、安全可靠、产品质量达标的项目。

找最适合自己的而不是最赚钱的

创业是一门大学问，看似热门赚钱的行业未必人人都可以做得来，创业项目本身并没有好坏之分，关键就在于适不适合。以股票市场为例，如果你是一个资深股票投资者，你应该知道，在股票市场上，除非出现一些比较大的意外情况，股票的交易屏上每天都有飘红的股票，甚至涨幅在5%以上的股票几乎在每个交易日都有。面对如此"令人欣喜"的场景，有个初涉股市的青年说："挣钱比捡钱还要容易。"其实，真正了解股市的老股民都清楚，在股票市场上赚钱的永远都是少数真正懂股票投资的人。国外有位投资理论家说过，在股票市场上，10%的人在赚钱，20%左右的人能打个平手，到最后能全身而退，而70%的人都在赔钱。所以，即使是股市上的老手，也有可能赔得一塌糊涂，更何况初涉股票市场的新手呢？

股票市场如此，创业其实也是如此。经商创业需要发挥自己的优点，需要扬己之长避己之短。选择创业项目时，一定要仔细斟酌自身的优劣势所在，切忌看到某个项目最赚钱，就头脑发热扎进自己不擅长的领域而不能自拔。如果对餐饮业比较擅长，就踏踏实实地做餐饮业，而不要去经营汽车配件；熟悉建材业，那就将建材业作为主要发展目标，而不要看到眼下经营化妆品的生意很赚钱就去经营化妆品。在进行创业设想的阶段搞清了这一点，对创业者以后的创业会大有好处。

总之，作为一名创业者，你需要一心一意、全心全意地去做你熟悉、你懂行的行业，千万不要人云亦云，盲目跟风，不要好高骛远，也不要打一枪换一个地方。如果能做到这一点，你创业就很可能会赚到钱。否则，只有站着观看的份儿，弄不好"海"没有下成，反而喝了一肚子"海水"。

实践中，要想寻找到适合自己的创业项目就得靠创业者自己。因为，良好的创业项目，不是到街上走一趟回来就能够发现的，而是要经过长期的考察，加上系统的分析才能够发现的。在寻找适合自己的创业项目时，切记关注以下几点：

1. 搞清楚你面临的市场是什么

寻找适合自己的创业项目，首先需要搞清楚你面临的市场是什么？然后就是你所做的项目在市场中的价值链的哪一端？只有提前确定好自己的市场位置，才能比较出是谁在和你竞争，你的机遇在哪里。

2. 对市场做出精确的分析

确定好你的市场位置之后，接下来你就要开始分析该市场了。你首先应该分析这个市场的环境因素是什么？哪些因素是抑制的，哪些因素是驱动的。此外还要找出哪些因素是长期的？哪些因素是短期的？如果这个抑制因素是长期的，那就要考虑这个市场还要不要做？还要考虑这个抑制因素是强还是弱？只有经过对市场的正确分析，你才能进一步做出更好的选择。

3. 找出市场的需求点

经过一番细致的对市场的分析，你就很容易找出该市场的需求点在哪里，然后对该需求点进行分析、定位，对客户进行分类，了解每一类客户的增长趋势。如中国的房屋消费市场增长很快，但有些房屋消费市场却增长很慢。这就要对哪段价位的房屋市场增长快，哪段价位的房屋市场增长慢做出分析，哪个阶层的人是在买这一价位的，它的驱动因素在哪里？要在需求分析中把它弄清楚，要了解客户的关键购买因素。

4. 及时了解市场的供应情况

在了解了市场需求后，应该及时地了解市场的供应情况，即多少人在为这一市场提供服务？在这些服务提供者中，有哪些是你的合作伙伴，有哪些是你的竞争对手？不仅如此，作为一名创业者，你还要结合对市场需求的分析，找出供应伙伴在供应市场中的优劣势。

5. 寻找如何在市场份额中挖到商机的方法

作为一名创业者，在了解了市场需求和供应后，所应该做的下一步是研究如何去覆盖市场中的每一块，如何从市场份额中挖到商机。对市场空间进行分析的最大好处是，在关键购买因素增长极快的情况下，供应商却不能满足其需求。而新的创业模式正好能补充它，填补这一空白，这也就是创业机会。这一点对创业公司和大公司是同样适用的，对一些大公司的成功的退出也是适用的。对新创公司来讲，这一点就是要集中火力攻克的一点，这也是能吸引风险投资商的一点。

作为一名创业者，若想在市场上获得成功，不但应该知道市场中需要什么，还要了解关键购买因素是什么，以及市场竞争中的优劣势，只有这样你才能找出新创公司竞争需要具备的优势是什么，并可以根据要做成这一优势所需条件来设计商业模式。

总的来说，创业者应该找准适合自己的行业项目，千万不可人云亦云，盲目跟风，否则面临的可能就是创业失败。

标新立异，永远不做大多数

关于经商，日本企业界曾提出这样一句口号："做别人不做的事"。这个观点道出了创业的诀窍所在，那就是：标新立异，永远不做大多数。

旧报纸在常人眼中没有什么价值，而法国人贝利却用自己独特的想法改变了旧报纸的命运。在贝利看来，每个人对自己的生日都很敏感，希望收到特别的礼物，而鲜花、蛋糕等传统礼物，由于其短暂性和普遍性，无法很好地体现生日的特殊性。于是，他创立了一家"历史报纸档案公司"，把旧报纸当成礼品，出售给生日日期与报纸出版日期相同者。从表面上看，贝利卖的只是一个"日子"，却抓住人们追求个性化的心理，同时也抓住了独特的商机。如今，贝利每年可卖出 25 万份旧报纸。

当今时代是个充满竞争与挑战的时代，几乎所有的创业者们都感觉到创业的艰难。但凡事都有两面，对有些人来说，却是生意越难做，就越有钱赚，因为他们总能棋高一着，靠自己独具匠心的产品和服务吸引顾客的眼球。

"仁者乐山，智者乐水"，登高山如履平地，没有大智慧、大勇气是做不到的。而登山训练出来的大智慧、大勇气使登山者突破了心理障碍，站在了生命的顶峰。"山登绝顶我为峰"，这就是他们的个人品牌主张。

汤姆·克鲁斯演一部电影可获得 2000 万美元的报酬，因为他有明星效应。畅销书、流行音乐……都依赖明星因素，他们太独特了，不能被复制。

在房地产行业，最重要的 3 个要素是：地段！地段！地段！在建立个人品牌时，最重要的 3 个要素是：与众不同！与众不同！与众不同！所以，建立完美个人品牌的第一个要点就是：另类！

有句老话叫作："夫唯大雅，卓尔不群。"什么意思呢？其实就是在告诫我们，无论是做人还是做事，都不应该做大多数。

在许多人的眼里，成功者往往是上帝的宠儿，被赋予了许许多多的成功机遇。然而，殊不知，成功者并非如人想象得是天赐良福，他们的成功大多源自他们身上总会在不经意间所透露出来的某种另类和禅机。面对事业，他们总是在以一种独辟蹊径的方式，演绎着独一无二的传奇。就像潘石屹那样，凭借着非凡的能力、敏锐的观察力，以及独特的思维方式，义无反顾地踏上了一条"人迹罕至"的人生之路，并留下了一串串坚实的脚印，留给了大多数人去羡慕。

所谓标新立异，不做大多数，就是要凭着你自己对社会的理解和看法去解读世界、塑造生命。这是一种成功的捷径，也许会在你猝不及防的时候给你以惊喜，帮助你成就别样的人生，活出独特的自己。

标新立异，不做大多数，是创业者成功的前提。因为，在看似特立独行的行为轨迹中，我们生命的潜力会得到最大限度的挖掘，而只有我们生命的潜力得到最大限度的挖掘，我们才能拥有更多获得成功的机会。

记得有这样一句俗语讲得非常形象化，叫作："蟹子过河随大流。"不过仔细想来，在生活中，我们是否也曾做过这样过河随大流的蟹子？是否也常常做事缺乏独创性，或是安于现状、无所作为。如果是这样，那么就要多一些敢于尝试的勇气，标新立异，不跟大多数人一样随波逐流，这样就有机会实现卓越的自我、书写精彩的创业传奇。

在自己熟悉的行业中发展

25岁的丹麦青年李曦独自来到上海淘金。这位复旦大学的留学生折腾了大半年后仍一无所获，走投无路之际，老同学提醒他："你不是擅长吹萨克斯吗？干吗不先用它糊口呢？"当天下午，李曦就在上海卡门夜总会找到了工作，每晚演出收入300元。

温饱无忧之后，他开始反思自己商场折戟的原因，觉得就像眼前只能靠吹萨克斯吃饭一样，应当从自己熟悉的行业入手。他想起刚毕业时曾到非洲采访过一个很有名气的木材商，对方曾拍胸脯说非洲的木材不比北欧的差，但非洲的木材价格就是卖不上去。他迅速查到那个木材商的地址，向对方发出传真，对方很快有了反馈。然后，他又打电话给上海几乎所有的木材厂，终于落实了一笔200万美元的合同。一个月后，生意成功，他赚了个钵满盆满。

此后，李曦又将目光瞄向了家乡丹麦的著名产品。他发现，随着上海的进一步开放，越来越多的外国人入住上海，同时许多家庭搬迁新居，如果把高品质的丹麦家具打入中国百姓的家庭，定能填补市场的空白。不久，一组名为"北欧风情"的系列家具迅速占领了上海乃至北京、深圳、大连等地市场。至2000年底，李曦已经创出9亿元的资产。

对创业者来说，可做的项目有很多，但是，真正适合自己的不一定有很多，更何况，由于知识和时间、经历有限，况且又没有太多的时间和条件去学习和实践。基于这个因素，即使我们的活动领域再怎么变动，还是脱离不了原有工作的窠臼。譬如从事销售业的，变来变去还是在销售业里兜转，搞财务的，搞来搞去还是搞财务，所不同的只是从这个圈圈跳到那个圈圈而已。所以，从这个意义上来说，创业者要想脱离打工生涯，走上个人创业之路，应该先从自己原先工作的也就是自己熟悉的行业范围内寻求发展。

初次创业，若选择以前一点认识都没有的行业，或许风险性是大了一点，所以最好还是先从自己能力范围内的行业去发展较为妥当。三五年内能够成功的事业，都值得大家去尝试。但是，大部分的事业在开始时，都是很艰苦的。以开餐馆来说，起先靠的都是亲友的捧场，但如果没有更进一步的改善，不多久，可能就要闲得没事捉苍蝇。因此无论从事任何事业，都要像水泥匠一样，把砖头一块一块地砌起来，如此才会成功。

另外，一定要选择自己感兴趣的项目来做。如果对目前的领域不感兴趣，那么不妨尽早脱离那个领域去追求自己的理想，或者是对于某项事业很有兴趣，也不妨进入类似这种事业的领域去工作，等待时机成熟后，再做自己创业的打算。

总的来说，对于一名创业者，寻找合适的创业机会，一般应该先从自己熟悉的行业着手。想要创立事业，须缜密地做个计划，估测未来的发展前景，看看是否在自己能力范围所及，这样才有成功的希望。

一位成功人士曾这么说过："你一定要做自己喜欢做的事情，才会有所成就。"这句话对创业者们来说可能会有一定的启发性。创业者在创业初期要选择自己熟悉又精通的行业。初期可以小本经营或与股东合作，按照创业计划逐步拓展。企业的发展，"稳健"永远比"成长"重要，刚开始要有马拉松式的耐力及准备，按部就班，不可存有短期化的投机心理。这个时候，企业应先求生存再求发展，打好根基，不可好高骛远。贪图业绩，不屑风险，必然不会经营长久。重视经营，步步为营，打好根基，再求创造利润，进而扩大经营，才是创业发展的长计。

因为行业选择是一项艰难而必须慎重的过程，一旦开始创业投入就是开弓没有回头箭，所以在选择行业时一定要慎之又慎，千万不可执意跟风或追涨杀跌。最好是下点功夫，结合自身的实际情况，眼光放得远一点，这样可能成功的把握就大一些，生命周期长一些。

结合自身条件，成功选择项目

作为一名创业者，选择项目是一件可能会决定其创业成败的关键环节。尤其是对一名初次创业者来说，所选项目的合适与否至关重要。

在面对众多的创业项目信息时，创业者要从自身实际条件出发进行选择。很多项目确实很好，但是其对投资者自身的要求已经超过了投资者的能力范围。这样的选择就得不偿失了。在进行创业项目选择时要根据自身条件,结合性格、兴趣、专长、实力、环境等多方面综合考虑。

1. 根据自身的资本进行项目选择

资本少的创业者可以选择一些最简单的贩卖式的创业方法。如在大城市批发些服装、杂货等去比较小的城市出售。一般情况下对于特色类的东西市场虽小，但是利润还是很不错的。

资本中等的创业者可以选择依靠或者依托别人的现有资本、生产材料等方式创业。如现在很多的国有企业效益不是很好，你可以租赁他们的车间，或者在他们的企业附近生产制造同类产品。只要你的成本低些，自然价格比他们的便宜，这样顾客很有可能会选择购买你的产品或者会选择你为他们的生产提供辅料、配件等。

资本雄厚者可以选择那些同类产品少的、远期前景很好的项目。如环保行业、保健行业、妇幼行业等。这些行业市场的需求很大，但是产品很少或者不够完善，存在很大的发展空间。

2. 根据性格进行项目选择

创业者的性格是创业者是否成功的关键因素。如果创业者的性格是急躁型的，并且一时半会儿修正不了的话，适合做贸易型的项目。一般不要选择生产型的项目，因为生产的项目需要很长时间的市场适应期，需要具有坚强的耐力，需要一个市场对创业者品牌的认知过程。为了确保项目的生存和可持续发展，需要不断地扩大创业者的规模，创业者可能等不了那么长的时间，一旦创业者撑不住的时候，创业者的设备、半成品就一文不值了，创业者必然陷入累累纠纷的泥潭之中了；也不能选择娱乐服务型的项目，因为现在的客户是越来越挑剔了，有时候刁钻的客人会让创业者暴跳如雷，那样客户将越来越少，最终的结果必然是关门大吉。以上两类项目适合温柔耐力型性格的人。当然，创业者如果有合伙人，并且他们的性格能够互补也是可以选择自己性格不允许的项目的。

3. 根据专长进行项目选择

创业者的特长、专业、才智、阅历在某种情况下会成为选择项目的主要根据。这有利于创业者一开始就进入娴熟的工作状态，使创业者的初始创业成功率高出很多；当然，创业者如果具备较高的才智和较丰富的阅历，确认自己能力非凡，哪怕没有什么学历，也可以选择很好地适应创业者的初创项目，也不一定要选择自己熟悉的项目，事在人为，因为创业者在短期内就会熟悉那个行业，这样的成功案例也很多。不主张一个人抛弃自己的专业特长来选择创业项目，要知道具备专业特长且不失才智和阅历的人比比皆是，他们在业内才是真正容易的成功者。

所以，对创业者来说，项目的选择直接或间接地决定着其所创事业的将来，所以，在进行选择时，一定要仔细斟酌，结合自身条件，选择一个适合自己创业的项目。

到有鱼的地方去钓鱼

钓鱼爱好者一定知道钓鱼最关键的一个步骤是：选择好垂钓的地点。"一日三迁，早晚钓边"，"早钓近，午钓远"，"夕阳西下，钓鱼最佳"。这就是说，在一天之内，各种鱼都有自己的活动规律和范围，有一定的觅食和栖息地点，选择钓鱼的位置时，必须熟悉各种鱼的生活习性，应选择鱼多的地方钓鱼。

创业者在寻找创业的机会时，也应该遵循这个道理。市场瞬息万变，不同类型的市场有不同的特点，不同国家之间的市场差别也非常显著，创业者必须了解市场，熟悉市场，能够洞察市场的瞬息万变，随时改变自己的观察视角，根据市场的变化而变化，到有市场需求的地方去寻找机会，这样才会更容易找到好的创业项目。

对创业者来说，他们虽然没有经验，也没有足够多的资金去"试错"，但依然可以少走弯路，甚至直奔财富之源。秘诀在哪里呢？看完下面的实例或许就明白了。

食品领域曾经出现的一些质量问题使得消费者在购物时满腹疑虑，他们对于新鲜和天然的需求也越来越强烈。上海的"每日新鲜水果吧"之所以能够在市场上立下脚并打造出自己独特的天空，正是抓住了消费者那种焦虑和需求，用新鲜水果、酸奶、鲜牛奶等为原料，将厨房设在消费者面前，在消费者的注视中完成鲜榨果汁饮料的制作和供应，吸引了众多消费者的眼光。

"每日新鲜水果吧"生意异常红火，虽然他们的果汁价格偏"贵"，每杯至少10元，但人们显然认为是值得的，争相来光顾，还有很多人远道慕名而来。正是看到上海第一家水果吧每日近万人的客流量，足以吸引人的利润以及巨大的市场需求和相对短缺的市场供给之间的不平衡，上海市及其附近城市的水果吧如雨后春笋般冒了出来，没过多久，仅上海市就已有不下10家水果吧，大家都瞄准了这一市场机会，都想在"新鲜水果吧"这一市场上分得一杯羹。

"每日新鲜水果吧"红火的生意和滚滚而来的利润一再证明：其商家的选择是正确的。面对纷繁复杂的果汁市场，在瓶装果汁上，有汇源、康师傅、统一等大品牌，如果他们也与其相争的话，或许会败得很惨，甚至在市场上立不住脚。但是，如果采取"每日新鲜水果吧"这种操作模式，则是独辟蹊径，令人耳目一新，而且其操作规程一目了然，令消费者看个清清楚楚，喝得也放心。

除此以外，还有一点值得初创业者们借鉴，即创业者们要学会根据替代品市场或互补品市场的拥挤程度来判断某一市场的市场需求或市场机会。通常，在某一地区的市场上，如果其替代品市场极为拥挤或者达到饱和状态，那么此产品的市场发展前景应当受到质疑，产品立足的空间已被其替代品挤占，很难在这里有所作为，相反，如果其互补品市场拥挤程度呈上升趋势，则会促使此产品市场加速发展，出现市场需求较大而市场供给不能满足需求的情况，那么两者之间的不平衡就是某种机会。谁来填补这个空白，谁就能把握这种机会，谁就能改变不平衡，成为大赢家。

作为一名创业者，你如果想寻找到合适的市场，抓到好鱼、大鱼，就必须了解市场，到有鱼的地方去。还要能够洞察市场的瞬息万变，随时改变自己的观察视角，根据市场的变化而变化，到有市场需求的地方去寻找机会。

寻找创业的空白点

创业者在创业初期，要学会寻找创业的空白点，切忌跟在人家的后面跑。因为有的时候，你不跟着别人跑大路而是沿着自己寻找的小道走，或许更容易到达你想去的地方。

初进入市场的创业者们或许无法与业界大腕站在同一条起跑线上，但是，如果他们能够成为一个"善于寻找空白点"的有心人，那么也不是没有可能找到业界大腕所没有发现的成功机遇。"联想"的成功也正是抓住了市场的空白点。

在为美国 IBM 电脑做代理的过程中，积累了许多经验后，"联想"开始推出自有品牌的个人电脑，为了避开与国际知名品牌的竞争，联想走了家用市场之路。当时国际知名品牌主要是做商用电脑，家用电脑市场还微乎其微。而联想则在避开竞争的情况下，找到了市场缝隙，求得了生存，成为国内个人电脑第一品牌。

由此看来，创业者要找准市场缝隙，必须具备慧眼，打破思维定式，通过精密的市场调查，发掘出竞争对手忽视的市场空间，或在已有的产品之间进行归纳、类比和排查，从而发现潜在市场，打开市场缝隙。

当今，很多年轻人都喜欢穿牛仔裤，而牛仔裤的发明正是发明者"剑走偏锋"、善于发现空白点的收获。

100年前，在美国的加利福尼亚掀起了一股淘金热潮。许多人因为淘金而成为百万富翁。因此，越来越多的人都来这里淘金。一时间，这里成为一个人口密集的城市。随着人口的增多，经营淘金用的器具，生活用品也成了热门行业。

这时，一个名叫施特劳斯的打工者也来到了这座大城市。但是，与别人不同的是，他带来的不是淘金工具和日用百货，而是他原来经营的线团、帆布等用品。

一到达目的地，他的缝纫用品就被大家抢购一空，因此他认识了很多裁缝，可是他的帆布却始终无人问津。

这曾使他非常着急，但经过一番细致观察，他发现机会来了。

一天，施特劳斯正在和一位疲惫不堪的淘金者坐在一起休息，这个矿工抱怨说："唉！我们一天到晚拼命工作，挖不完的矿使我们就连吃饭睡觉的时候都担心别人抢在自己前头去，裤子破了也没有工夫去补。这个鬼地方，裤子磨破得又特别快，一条裤子穿不了几天就得扔了……"

听到这里，一个念头突然跑入施特劳斯的脑子里。"是吗？如果有一种非常耐磨的裤子……"施特劳斯陷入了沉思。帆布不就是一种非常耐磨的材料吗？对，就这样，让裁缝把帆布做成裤子不就行了吗？

他立即行动起来，找到裁缝，裁缝按照他的意思，做成世界上第一条牛仔裤。

在此基础上，施特劳斯不断改进和提高牛仔裤的质量，帆布牛仔裤逐渐演变成一种流行时尚。牛仔裤也迅速从一个小镇波及整个美国，不久便传遍整个世界。就这样，施特劳斯成了闻名于世的"牛仔裤大王"。

当我们没有实力和别人竞争，或者和别人竞争非常困难的时候，要多想一想还有没有其他途径。有时候，绕开困难险阻，可能会别有一番天地。再热门的行业也只会热一阵子，赚钱的也只是少数人，所以你要想方设法去找到创业的空白点，你才更容易成功。

实际生活中，市场空白本身是客观存在的，但有的创业者轻松地就找到了它，有的创业者则百思不得其"道"。那么，寻找市场空白到底有哪些诀窍呢？下面是一些方法供创业者借鉴：

（1）利用"询问法"寻找市场空白。问问你自己什么会使自己的生活变得更容易一些，问问你的朋友希望得到什么样的新产品或服务。

（2）从专业化市场中寻找市场空白。寻找市场空白的一种方式是把一个大市场分成一些小市场，并把重点放在不同的客户上。弗兰·伦特在袋装食品行业已经工作10年了，有一天她认识到这一市场有一个漏洞。作为一位有两个小孩的上班母亲，她常常忙得没有时间做饭，但她也知道，让孩子吃快餐或冷冻晚餐并不好。利用她所掌握的这个行业的知识，她开发出了弗兰健康食品——供孩子们食用的营养冷冻系列产品。目前，她的产品在冷冻行业占有一席之地。

（3）借助媒体的力量寻找市场空白。作为一位专门经营妇女与企业领域图书的开发商，珍妮弗把自己描述成媒体依赖者。她每天都要花费几小时的时间来阅读各种杂志和报纸、听收音机、浏览各种电视频道，寻找新的东西。她偶尔会发现一些小小的亮点，有谁会想到报上的一则小消息可能会有助于产生一种图书创意呢？事实上，她的畅销书《萨克拉曼多女性黄页》就得益于她的这一习惯。因此，为了让自己随时能够发现市场空白，创业者要在各种媒体上多下功夫，并成为一位媒体依赖者。

（4）关注某一特定群体。创业者创办企业肯定会针对不同的客户群，所以，创业者可以通过关注某一特定群体，并从中寻找区别于其他企业的地方即市场空白。"老年人"这一群体是非常值得我们创业者注意与关注的目标群体，无论在美国还是在中国都是如此。当前，中国老龄化人群占有的比例越来越大，而且他们的需求也越来越多。比如，现在很多老年人喜欢补照婚纱照，那么创业者可以开办一家专为老年人服务的照相馆。随着时代的发展，孩子在家庭中的地位越来越重要，所以，定位于"小孩"这一群体来寻找市场空白也是一条不错的路。

实际上，创意也并不是多么的复杂和深不可测，有一点改变就可以了。一个拥有无限创意的人，无论在哪个行业、哪个岗位上，都会有较出色的表现，都会有令人欣赏的地方。创意就是一些富有创造性的思想和点子。这些创意可能是新的观念或是新的意念，它们能用来帮助解决一些问题，增加一些趣味，提高一些效率。

借助"巨人"的力量好赚钱

著名科学家牛顿曾经说过：他之所以能获得成功，就是因为他站在巨人的肩膀上。这话虽然说得有些谦虚，但仔细分析，确实很有道理。一个人要想在事业上取得成功，单枪匹马是很困难的，只有善于借用别人的力量，取得别人的支持，才更容易发现成功的机会。这个道理对于创业者来说也同样适用。

创业初期，很多创业者在资金、技术、人才等方面都存在着"软肋"，参与市场竞争的能力非常脆弱，所以，为了尽快解决企业的生存和发展问题，高明的创业者往往会集结一切力量来发展壮大自己。

如果我们把企业视为生物种群，不同种类的企业与企业之间，就像生物种群之间可能存在着寄生或共生的关系。所谓企业的寄生，是根据生物中的"寄生"定义推理出来的，借喻一个能依法独立经营的公司而不独立经营，专门从另一个独立经营的公司获取利益的一种经营方式。所谓企业的共生或共栖，也是以自然界中两种都能独立生存的生物又以一定的关系生活在一起的现象，借喻企业与企业之间优势互补、共同存亡的经营模式。

相对于独立生存能力很强的大公司来说，刚刚创立的企业孤军作战的能力较弱，巧妙地利用"寄生"或"依附"的原理显得尤其重要。当企业初创时，力量还不够强大，势单力薄时，靠自己单枪匹马奋战，且不说不会看到"开门红"的良好局面，很多企业会由于一直生活在巨人的阴影下，而难以得到长足的发展，甚至会因为互相撞车而自取灭亡。硬拼不行，创业企业应当怎么办呢？只有以巧取胜，凭借自身的优势，取长补短，依附大企业成长，充分利用大型企业的资源发展自己。

王老吉凉茶拥有庞大的市场占有率和鲜明的认知度。就在王老吉销售红火的时候，另一个品牌的凉茶百济林看到王老吉风起云涌而缺乏相应的市场寻衅者，乘势而出。凉茶一直是两广地域的优势饮料，百济林同样来自两广地区，包装外形主色调也是红色，也是打喜庆牌，也是有去火的功效，仿效痕迹明显。当然，也有一些不同之处，不然和王老吉硬拼是难以取胜的，既然是追随，更多的是智取。百济林公司一位高层说："传统的凉茶纯粹是去火，我们加了蜂蜜清润，强调蜂蜜滋润、养颜的功效，在强调了清润就更加合适以温州为代表区域的口味。"

百济林的前身就是一家传统的生产凉茶的老牌企业。该企业高层不避讳：因为王老吉在温州卖得旺，所以也打算在有一定基础的温州市场一显身手。百济林以温州为中心，在浙江省全面上市。温州地域是重点，应用报纸、电视、广播、公交等载体展开宣扬攻势，在最短的时间里让人将百济林和王老吉放到一起来议论。因其成分加了纯天然蜂蜜的糖分，减肥女性和有糖尿病的老年人对百济林颇有好感。

百济林聪明地借用了王老吉刮起的凉茶风，推广宣传自己的品牌，同时加强从形式到内容上和王老吉的更多区别，强调不同的特点，成功的借助巨人的力量推动了自己的发展。

善于站在他人的肩上，尤其是站在有实力的同行肩上创业，不失为走向成功的一条捷径。实践中，一个人单枪匹马是很难获得成功的，所以创业初期，创业者们要懂得，只有善于借用别人的力量，与巨人互补才更容易创好业，赚到钱。

只要用心发现，商机无处不在

在生活中寻找机会，从细节中挖掘财富

"泰山不拒细壤，故能成其高；江海不择细流，故能就其深。"想成就大事的创业者很多，但能够把小事做细的人很少。我们不缺少雄韬伟略的战略家，缺少的是精益求精的执行者；我们不缺少各类管理的规章制度，缺少的是规章条款不折不扣地执行。所以创业者要想创业成功，应该改掉心浮气躁、浅尝辄止的毛病，提倡注重细节，把握细节，做好细节。

要说创业的成功是由许多细节累积而成的，有的创业者或许不以为然。事实上，只要对你周围的人与事稍加注意，你就会发现细节是多么重要。

对于个人而言，无论是说话、办事，还是做人，任何一个小细节都可能产生巨大的影响。一个不经意的细节，往往能够反映出一个人深层次的修养。展示完美的自己很难，需要每一个细节都完美；但毁坏自己很容易，只要一个细节没注意到，就会给你带来难以挽回的影响。

无论是生活还是工作中，每个人都离不开细节，细节是成败的基础，是成功的引导者。在创业上，细节的重要性也是非常大的。一些成功的创业者就是从细节中挖掘到一笔笔财富的。

阅读是李嘉诚的习惯，特别是塑胶行业类的杂志，他一定不肯放过。1957年初的一个晚上，李嘉诚正埋头在灯下阅读新一期的英文版《塑胶》杂志，突然，一小段消息让他兴奋起来：意大利某公司利用塑胶原料制造塑胶花，全面倾销欧美市场。这给了李嘉诚极大的灵感，他敏锐地意识到，人们在物质生活有了一定保障之后，必定在精神生活上有更高的追求。而种植花卉等植物，不但每天需要浇水、除草，而且很快会凋谢，这与当时快节奏的生活和工作方式很不协调。如果大量生产塑胶花，完全可解决以上的问题。于是李嘉诚预测塑胶花肯定会在香港流行，马上亲自带人赴意大利的塑胶厂去"学艺"。

回来之后，李嘉诚不仅牢牢占据了香港的塑胶花市场，他还开拓并逐步稳固了欧洲市场。趁着这股风靡全球的塑胶花浪潮，还将眼光转向北美地区。塑胶花为他赚得了人生的第一桶金，他也因此赢得了"塑胶花大王"的美誉。

杂志上的一小条消息，却催生出了上千万的大生意，这是常人发掘不了的。凡事做有心人，不放过细节，是李嘉诚教给创业者的又一条生意经。

现实中的一个个实践都是由细节积累起来的，创业者们只有注重细节，把一点一滴都注意到了，自然而然，也较容易获得大的成功机会，正所谓"细节决定成败"。所以，对于一名创业者来说，无论从事什么项目，都应该从点滴入手，从细节入手，拥有一双善于从细节中挖掘财富的眼睛。

市场并不缺少机会，而是缺少发现。没有一个市场是天衣无缝的，因为新需求不断在产生，市场是不断变化的，总会存在机会。如果创业者能够抓住别人没有发现的细节，就能赚取别人赚不到的财富。

在 20 世纪 60 年代末，米勒啤酒公司在美国啤酒行业排名仅仅处在第八位，市场份额仅为 8%，与百威、蓝带等知名品牌相比，差距十分明显。为了改变这种现状，米勒公司的领导决定进行严谨的市场调查，进行市场细分，从而找出战胜对手的机会。通过调查发现，若按使用率对啤酒市场进行细分，啤酒饮用者可细分为轻度饮用者和重度饮用者，而前者人数虽多，但饮用量却只有后者的 1/8。

随着进一步调查，他们还发现，重度饮用者有着以下特征：多是蓝领阶层；每天看电视 3 个小时以上；爱好体育运动。米勒公司决定把目标市场定在重度使用者身上，并果断决定对米勒的"海雷夫"牌啤酒进行重新定位和包装，改变宣传策略，加大宣传力度。到了 1978 年，这个牌子的啤酒年销售达 2000 万箱，仅次于百威啤酒，在美国名列第二。

创业者如果能够先于竞争对手捕捉到有价值的细节，通常就可以抢先获得持久的竞争优势，就可以比竞争对手更好地适应买方真实的需求。因此，创业者需要做的就是瞄准用户需求，挖掘新的市场机会。寻找潜在的机会，可以从以下几个问题着手：是否存在顾客需求但是目前市场上仍然没有的产品；改进的产品能否完成附加的功能；是否存在将服务和产品整合出售。市场无处不在，细节之处有商机。成功的创业者要善于抓住市场细节，从而为企业创造竞争优势。

只要有需求，就有生意做

创业项目的选择，无疑是摆在每个创业者面前的一道难题，选择好的创业项目对创业成功非常关键。好的创业项目要能满足客户的需求，只要有需求就有生意做。

需求是创业的导向，通过市场调查，了解和搜集市场需求确立企业的产品，是创业者致富的根本手段。在这一点上很多企业做出了许多积极的举动，创造性地提出一些有特色的服务品牌和内容，例如福特汽车公司根据客户对动力系统的要求进行的改进服务；联邦快递公司针对个人客户与公司客户的不同要求推出的特色服务，以及加州州立医院对老弱病残家庭实行的特需服务，这些都使企业的服务工作发生了很大变化，社会的整体服务水平也得到明显的提高，这些是整个社会组织成员都希望看到的事情。

前些年，世界现代营销之父科特勒的一句话启动了商界变革："市场营销最简短的解释是，发现还没有被满足的需求并满足它。"消费者愿意掏钱，那是因为购买的产品或者服务能满足他的需求。

因为酷暑寒风或者工作忙碌，越来越多的人开始选择用金钱来购买方便与舒适。跑腿公司也就应运而生了。在杭州涌现了一些奇怪的公司，这些公司的服务听起来有点匪夷所思，那就是跑腿，帮助客户代买代办。从买一顿肯德基的快餐，到帮公司送几千元的支票，从代购一两本小孩的课外读物，到买上几张飞机票，只要你有想办而不愿出门的事，他们都乐意帮办。目前，跑腿行业的前景非常看好，如火如荼，很多白领或者老板愿意花钱买时间，甚至有人连一包纸巾也愿意花上20元叫人跑一趟。

只要顾客有需求，聪明的创业者都不会错过机会，而不管这需求看起来多么奇异。这就是赚钱的秘诀之一——关注他人的需求。

有位企业家说过，看到了别人的需要，你就成功了一半；满足了别人的需求，你就成功了全部。那么，怎样寻找他人的需求呢？你可以从以下几个方面入手：

1. 多关注他人的意见

其实，人们的需要只有一小部分得到了满足，大部分的需求不是没被发现，就是没有引起重视。所以，多听听别人的意见甚至是牢骚，或许就有好的机会和新的想法。有农民提意见说希望能有一台机器洗地瓜，某洗衣机生产商就马上推出能洗地瓜的洗衣机。这种"洗衣机"一上市，市场便一片火暴。

所以，积极关注他人的意见，满足他人的需求，会让你的创业之路更加顺利。

2. 努力发掘"潜在"的需求

对于消费者的需求，既要看，又要听，还得思——能挖出他的潜在需求。但思的前提是按照消费者的生活要求来判定这种潜在需求是否存在。

舒肤佳香皂的成功自然有很多因素，但关键的一点是它根据消费者的生活要求，发现了潜在的需求——洗得干净，就得除菌。

3. 紧追时尚个性潮流

现在是"酷品牌"时代了，要关注个性和时尚，紧跟潮流，你才有可能成为财富新贵。易趣前中国区副总裁发现了一个成功的秘诀：酷的核心是"顾客至上"，要积极了解新兴消费群体的消费需求和心理，就要对时尚潮流进行密切关注。要有多渠道的信息来源，关注流行趋势：什么是热议的，什么是热门的，等等。

需求是市场的灵魂，但是，创业者往往会发现自己面对的需求有很多，甚至多达上百种。从创业的角度讲，每一种需求都可以成为创业的出发点。但是，并不是每一种需求都可以让创业者取得创业的成功，只有准确把握目标顾客的关键需求，创造出顾客所期望得到的但竞争对手尚未提供的顾客利益，才能获得巨大成功。所谓顾客关键需求，就是对购买决策产生重要影响的利益需求。在创业方面，顾客关键需求才是成功的根本。

说到白加黑，很多人就会立即想到它的广告语：白天服白片不瞌睡，晚上服黑片睡得香。白加黑的产品功效确实具有差异化特征，但是，在感冒类药品市场上，讲究功效差异化的产品并不少。白加黑为什么能够脱颖而出？主要是因为它发现了上班族治疗感冒的一个关键需求：现在，上班族都面临着巨大的工作竞争压力，每个人都不希望因为感冒而影响工作，不希望因为吃药造成的瞌睡而使自己的工作业绩受影响。因此，处于感冒中的他们迫切需要一种白天能够使他们正常工作、晚上能够促进睡眠质量的感冒药品。

在这种需求环境下，白加黑应需而生。白加黑把自己的产品功效特征与城市上班族的关键需求紧密地联系在一起。在它的广告中，凤凰卫视主持人吴小莉在感冒期间仍能精力充沛地高效工作，这个广告情境向上班族传达了这样的效果诉求：有白加黑，再沉重的工作压力也能像往常一样从容应对。这个效果诉求符合了上班族的心境和期望，从而将他们吸引了过来。白加黑由此奠定了在感冒类药品市场上的领先地位。

什么是白加黑黏住顾客选择的万能胶呢？显然，是满足顾客的需求。顾客不会忠诚于某一产品或者企业，他只会忠诚于自己的需求。只有从解决顾客的需求入手，用更好地满足顾客的需求的策略占据顾客的心，才能让顾客把自己的企业放在优先选择的位置，对竞争产品进行有效拦截。

由此可见，只有准确地把握顾客的关键需求，创造出他们期望得到的且竞争对手尚未提供的顾客利益，创业者才能创造出真正的竞争优势。否则，一切都是隔靴搔痒，一切都是空谈。

从新闻事件中嗅到商机

当今时代是一个信息时代，创业者只要留心，报纸、杂志、广播、电视、网络等媒体每天发布的大量新闻信息中往往蕴涵着一定的商机。

新闻是对客观事实的报道，创业者如果能练就一双"新闻眼"，能从新闻中看出"门道"来，对报道的事件的发展趋势有个比较准确的判断和预测，做到未雨绸缪，就能抓住商机捷足先登，成功创业。

2003年，关于"非典"的报道成为几乎中国所有城市的新闻焦点，其强热度甚至一度超过了对美国与伊拉克的战争事态的报道。就在全国人民为之动容之时，国内一些企业纷纷抓住这个"非典"具有强烈感染力的社会时事，迅速推出了新型产品和与之配套的宣传战略。

作为保健品业界策划水平一流的养生堂公司就是其中的一个。它于2003年4月23日率先向国家卫生部捐赠价值500万元具有提高免疫力的新产品——成人维生素；同时向一些隔离区的医护人员大批量赠送其代表产品——龟鳖丸。同时，电视、报纸等媒体在每次的广告宣传中，养生堂都紧扣这张公益牌，争取社会各方面的支援和信任，在全国上下的媒体进行消费教育和消费观念引导后，短短几天之内，其提高免疫力的产品龟鳖丸曾一度卖断货，其新产品成人维生素也取得较大的市场份额，同时，也真正拉开了国内维生素市场大战的序幕。经过这一次事件以后，国内消费者日常保健意识逐渐增强，健康习惯慢慢养成，尤其对维生素的认识更加增强，为养生堂新产品成人维生素进入市场无疑节省了一大笔广告费用。

养生堂之所以得到了长足的发展，就是因为它们嗅到了新闻时事中可以捕捉的机会，并开展了各式各样的公益活动来进行宣传，通过宣传战略巩固了企业的形象，并笼络了消费者的心。

"非典"时期，很多企业都利用这一突发的新闻事件抢先迈出了一步，既为抗击"非典"做出了贡献，自身又得到了品牌提升。然而有些企业却麻木迟缓，最典型的当属北京一家生产"生活源免疫调节口服液"的企业，其产品功能是卫生部批准的免疫调节类保健食品，在一家家产品都往提高免疫力上胡靠乱靠时，这家企业连产品名字都带"免疫调节"却一直默默无声，这家公司董事长对此解释："我已是上了年纪的人，60岁的人反应还能不迟缓，谁见过这种场面？我一贯做事小心谨慎，也就在黑夜当中打了个盹。这个盹打得堂堂正正的，合法的免疫调节的姓名都没有去提，好端端的一个产品没有卖好，以致失去机会。"

"非典"是一个非常事件，如果创业者能够把握住其中的商机，必然会对自己产生"非常"的影响。所以，在面对偶尔发生的社会危机时，创业者不要一味地唉声叹气，感叹时运不济，须知道如若处理得当，很可能成为自身企业迅速发展的一个拐点。可以肯定的是，"非典"过后，有的企业得到了迅速崛起，有的企业则死于"非典"！二者之间之所以会有如此大的差别，就在于面对这种新闻事件，各个企业在市场运作上的不同，即是积极地应对，还是消极地观望等待？也就是说，在重大新闻事件中倒下去的企业，往往不是被新闻事件所打败，而是被自己所打败！

有远见的人不但能赚今天的钱，并且能赚到明天的钱。在信息如此便利的今天，新闻事件摆在那里，人人都可以看到，而大多数人在看清事实之后却没有估量将来会发生什么情况，而只顾眼前，这是短视。短视者最多看到黄灿灿的金币一样的太阳，有远见者却能看见无限星空。在现实生活中，多想几步，远见卓识将会给我们的生活带来极大的价值。思路决定出路。很多创业者思维僵化，对新闻事件不敏感，不仅不能有效利用信息，而且还对已经发生的未来做出应对之策。应需而变是企业适应市场的要求，企业组织只有在商海中做到应需而变，才能使企业完全融入市场经济的运作机制，在各种环境下都能游刃有余。

李嘉诚说过："精明的商家可以将商业意识渗透到生活的每一件事中去，甚至是一举手一投足。充满商业细胞的商人，赚钱可以是无处不在、无时不在。"当某种事物或潮流将要来临的时候，聪明的创业者就已经提前预知到了，并且做好一切准备等着它的到来。这是一种积极的赚钱方法，能够让创业者在波涛汹涌的商海中始终立于不败之地。

闲谈中也有商机

在生活中，创业者免不了要与人交往，与人闲谈。其实看似无聊的闲谈也有不少值得挖掘的"潜在商机"。只要创业者做个有心人，也能在闲谈中挖掘到隐含在谈话中的创业机遇。

俗话说，处处留心皆学问，创业也是同样的道理。经商就要眼观六路、耳听八方，从变化中寻找财富。也可以说：时时处处皆有财富。方便面被称为20世纪最伟大的食品，2003年方便面在全世界的产值达到140亿美元，而发明方便面的就是被称为方便面之父的日本人安藤百福。

20多年前，安藤百福在大阪申开了一家以加工销售食品为主的日清食品公司。他每天下班后都要乘坐电车回到他居住的池田市。在车站附近，安藤常见到许多人挤在饭馆前，等着吃热面条。有几个人在闲聊的时候还发出这样的感慨："要是有随身携带的面条就好了！"

听到他们的闲聊，安藤就想：既然面条这样受欢迎，我做面条生意不是很好吗？这显然是一个很值得挖掘的潜在的生意机会。因为吃热面条需要在饭馆前等候，费时费力，很不方便。所以安藤琢磨：如果能搞出一种只要用开水一冲就可以吃、方便调味的面条，一定会广受欢迎。

于是，安藤百福开始试制设想中的新型食品，经过3年的奋斗，安藤百福终于获得了成功，仅仅8个月，方便面便销售出1300万包，安藤由此也从一家小公司的经理一跃成为拥有大量财富的大老板。

安藤之所以成功，是因为他善于从普通的生活现象——闲聊中发现人们的潜在需求，并努力生产出使顾客的潜在需求得到满足的产品。

对聪明的创业者来说，闲聊无异于一个发现商机的百宝箱，在那里，即使是日常的闲谈，他们也能从中发现许多成功创业的机遇。

闲聊的形式有许多种，在日常实践中，创业者们如何从中发掘出商机呢？在与人闲聊中，创业者们又应该注意哪些问题呢？以下内容，创业者们可以借鉴一下：

从广义上来讲，闲聊是你与商界同僚或者其他人最初进行的、与业务不相关的谈话。闲聊可能在某次会议开始前的几分钟内进行，或者是在走廊里，在走进会场时，或是你们碰巧在体育馆、咖啡厅或体育赛事上相遇时进行的交谈。

闲聊应在什么时候进行？有两个时间段十分重要：在任何会议或商业聚会开始前或结束后的几分钟内可以进行闲聊。此时闲聊可以让你有机会为进行成功的商业会晤做好准备。利用此闲聊时机仔细听听对方的声音。你是否听到对方怀有紧张的情绪？或是满怀信心？对方是否感到厌烦或比较傲慢？这些重要的线索都有助于你评估及最终调整你的行为方式，以使你在会议期间能与他人建立起良好的关系。

另一个进行闲聊的恰当时机，是在商业环境以外遇到商界同僚的时候。例如在鸡尾酒会上，或在某娱乐场所，若要充分利用这次社交偶遇，创业者就应对业务只字不提。不要在社交和商业聚会上谈业务，那样有悖商业礼节。建立了联系以后，你就是为迟些时候在更恰当的时间和氛围内进行的、实质性的商务谈判打好了基础。

在不同的地点，闲聊的艺术也不尽相同。以下简略归纳了一些不同地点的闲聊原则：

1. 在客户的办公室里

在客户的办公室里，用关于家庭成员或假期的照片引起谈话是个好选择。办公桌和书架上放置的体育赛事的纪念品或其他个人物品也是一样。大多数人都会用能体现出他们的个性、爱好、兴趣，或对他们有特殊意义的物品来装点他们的办公室。如果你注意到这些物品，并在闲聊中提及它们，那就表现出你想对其有更深入的了解。这有助于你提高声名，建立联系。

2. 在你的办公室里

别人来拜访你时，你也还是有很多机会可以和他进行兴致勃勃的闲聊的。例如，可以问一下来访者的行程：走的是什么路线？搭乘的航班怎样？虽然这些话题可能并不新颖，但是足以使你达到目的。

3. 在商务交友会上

在这类聚会上，你没法借助办公室的装饰品来引起话题。因此，你要进行恰当的闲聊就必须敏锐、善于观察。房间里面或周围的物品，例如壁画、吊灯、地面、房间的装饰或建筑物本身都是适当的闲聊话题。冰雕是否在融化？花卉的摆放形式是否值得拿来谈论？聚会的地点是否有重大意义？这些都可以谈论。

4. 在社交聚会上

即使不在严肃的商业环境中，闲聊的艺术仍然是重要、有益的。创业者在派对、体育赛事或在孩子的活动项目中碰到的人，没准有朝一日会对创业者的创业生涯发挥至关重要的作用。在这些场合进行巧妙的闲聊是很重要的。在咖啡店里随便跟谁聊了几句，没准他就是创业者一直希望做成的某笔生意中的关键人物。

女人是天生的财源

如果说女人是天生的财源，可能许多人一时摸不着头脑。如果问男士们，每个月的钱都交到哪里去了，许多人就会恍然大悟了。有一种说法：一个女人和一个男人吃饭，两人都付钱，说明他们是朋友；男人付钱，说明他们在热恋中；女人付钱，说明他们是夫妻。可是无论他们是什么关系，男人赚钱女人花钱，这是社会通行的规则。

犹太人遍布世界，他们被誉为最会做生意的人。《犹太法典》里说"金钱的实际拥有者是女人"，"男人就是在不停地大把大把赚钱，女人一辈子就是大把大把地花男人赚来的钱"。做讨好女人的生意，会使创业者财源不断。

有调查显示，社会购买力 70% 以上都是由女人掌握的。做生意盯紧女人口袋能够得到可观的利润。在商家看来，女人身上有挖不完的资源，女人往往掌管家中的财政大权，消费上也比较感性。从个人的化妆品、服装、首饰，到家庭的卫生用品、日常杂货，基本上都是女人来添置的。任何一种产品对女人来说都有着相当程度的吸引力，现代女性所追求的高品质的生活方式和消费方式，更为中外商家们提供了充满诱惑的无限商机。可以说吸引了女人的目光，就创造了无限的购买潜力。爱美是女人的天性，对于能增加自身魅力的产品，女人往往不惜代价购买。商人如果选择女人作为主要客户，一定能够赚得盆满钵满，"赚女人的钱"无形之中便成了生意场上的圣经。

吉列公司是一家知名的大公司，该公司在新型刀片开发方面不遗余力，在新产品开发上有过"不可思议"的得意之作，就是推出了女用吉列刀片，使"吉列"成为女性的知音。

吉列公司通过市场调研发现：英国多数 30 岁以上的职业妇女为了自己的形

象更美丽，要定期使用"吉列"刮胡刀刮除腿毛和腋毛，每年此项消费的资金高这 7500 万美元。得知这一信息后，吉列公司便快速推出专供妇女使用的"刮毛器"。这种新型产品在握柄上印有女士喜欢的各种图案，造型与色彩都符合女性的心理。

这种女士专用的"刮毛器"上市后，吉列公司销售额急速增加，原来羞怯地躲着使用男士刀片的女士们，从此可以大胆地在市场上挑选供自己使用的刀片。专攻男士市场的吉列公司在女人身上淘到了金。

要想赚取女人的钱，首先要抓住女性消费的心理。只要真正掌握了女人的消费心理，就可以使创业者轻而易举地赚到女人的钱。

1. 追赶潮流的心理

女人是善变的，她们的欣赏眼光总是随着潮流的发展不断改变，只要创业者赶在潮流的前面，就抓住了最大的商机。

2. 爱慕虚荣的心理

在别人看不到的地方，女人宁愿让自己做一个不修边幅的黄脸婆；一旦出门，却总是不惜花费更多时间把自己装扮得光鲜亮丽。从女人的衣着打扮入手，是个创业的好方向。

3. 恋爱期的消费心理

俗话说："女为悦己者容。"处于恋爱期的女性，最喜欢打扮自己。而且恋爱期的女人一般都会表现出小鸟依人的样子，所以恋爱期的女人有更大的魅力让男人为自己掏腰包。

4."视觉第一"的心理

女人大都凭感性消费，一旦看上某一件东西，不惜重金也要拥有。因此在经营女性产品时，要注重产品的视觉和美感，哪怕仅仅是因为欣赏，很多女人也会心甘情愿地掏腰包购买。

社会购买力 70% 以上是掌握在女人手中，要想激活消费市场，赚到钱财，必先洞察时代女性的消费心理，把准女性的消费脉搏。那么，怎样才能搭上女性消费者的快车呢？

首先创业者要有做女性生意必备的经营常识，学会以女性的心理为先导，因为女人很感性，在消费的时候，除了关注商品的质量、价格等硬性指数，还容易被许多能影响其情感的软性因素所左右。所以，在做女性生意的时候，如果能关注女性的情感需求，从人性化、人情味的角度出发，拉近与消费者的距离，生意就已经成功了一半。其次要以生活气息渲染殿堂文化，热爱生活的女性是最美的，因此，热爱生活是大多数女性不变的追求。如果一个经营者具备了这项素质，也就基本上具备了与消费者交流、沟通的条件。

值得创业者投资的女性项目有以下几个：

1. 发饰

开一家经营发饰、梳子的小店，定会赢得女人的心。经营者可按少女、青年、中老年等年龄段陈列发饰，便于顾客对号入座。开店不需太大的门面，可一人经营，选取一间临街店面，投入房屋租赁费每年 4 万~5 万元，装修费 1 万元左右，货物采购费用 2 万~3 万元，流动资金 1 万元，就可开店。

2. 彩妆店

上海"彩妆吧"的出现，已将"店"的消费内涵从吃、喝、玩延伸到"用"的范畴。全透明的开架式立橱，近百种色调的各种唇膏，数十种粉底、香水及应有尽有的护肤霜，无不醒目地向爱美的消费者展示诱人的风采。来到这里，你可以毫无顾忌地问这问那，从从容容地把唇膏涂在手背上比色，直到满意为止。

3. 绳结工艺作坊

绳结就是用细绳编结成的各类工艺品，如吉祥结、福字结、双喜结、项链、手链、耳坠、胸花、戒指，等等。绳结工艺简便易学，原材料便宜易得，老人小孩均可制作。绳结是中国古老的民间艺术，随着北京申奥成功及旅游业日益兴旺，其市场会越来越大，且投资少，风险小。

在聪明的创业者的眼中，女人就是一座宝藏，在她们身上存在着永远挖不尽的创业机会。所以，创业的时候如果能从女人身上入手，肯定能增加创业成功的概率。

但话又说回来，女人的钱并不是想赚就一定能赚到。难道只有聪明的商家，就没有聪明的女人吗？事实上并不是。创业者不要忽略，女人都有一个共性：上一次当后可以自认倒霉，但绝不会再上第二次当。小苏是一个特别爱购物的女孩子，一天，她在熟人那里花了 150 元买了一双鞋子，后发觉在其他的店里只需

100 元就能买到，在痛呼上当后，她就再也没有"旧地重游"过了，并且还将这种"口碑"四处"推广"。

因此，聪明的创业者要想让女人掏腰包，而且长期在你这里消费，决不能使用拙劣手段，要从高层次上满足女性的需求，使她们心甘情愿地解囊。否则，做一个，少一个，最后只有关门大吉。只有认真研究女性对商品品味的需求，并在质量、款式、价格上真正地去迎合女性，才是赚女人钱的"正道"，女人才会成为你的"财源"。

抓住嘴巴这个"无底洞"

《犹太法典》中说"嘴巴是消耗金钱的无底洞"，因为地球上有 60 亿张嘴要吃东西。做食品生意有一个较大的优点，那就是它能够获得长久的利益，因为口腹之欲是人生存的最起码的条件，没有多少消费品能像食品那样需要天天消费。无论富贵还是贫穷，人们对食品都是一点儿也不马虎，总会在自己能接受的经济条件下选择营养、美味的食物享用。所以，犹太人认为做食品生意一定赚钱。在经营"嘴巴"的生意上，中国人也很在行，很多海外富有的华侨以及国内的许多大款，最初都是靠小饮食店起家的。现在，无论是在美国还是欧洲，华人开的餐馆随处可见。

据行家测算，高级饭店的利润率在 80%，一般酒店、饭店的利润率在 50%，会经营的人利润率更大。至于到底利润率有多大，只有实际经营的人自己知道。

实际生活中，靠经营饭店发家的创业者真是太多太多，因此而成为富豪的也数不胜数。

世界闻名的麦当劳，在 30 多年前只是美国加州的一间默默无闻的小店。后来，新店主经营麦当劳汉堡包出了名。目前，全世界有 6700 多个麦当劳快餐店，分布在 29 个国家和地区，其中在美国就有 5544 个。

当然，要想做好任何一种生意，生搬硬套地去运用生意常规，这是不够的，它还需要创业者具有聪明的头脑和深透的洞察力。"嘴巴"生意也不例外。靠吃维持生存的是人类。富人在吃上的花销绝对数大，穷人在吃上的花销相对数高。抓住嘴巴这个"无底洞"，商机无限。

日本大阪有个美国籍犹太商人，他负责经营一家美国麦当劳快餐店，为了迎合日本人的口味，他准备向日本人提供物美价廉的肉馅面包。

在准备开业时，不少日本商人都笑话他，认为在习惯于吃大米的日本推销肉馅面包，无疑是死路一条，绝对不可能有市场。但是犹太商人却不这么认为，因为日本人体质可能同以大米为主食有很大关系；同时他又看到，美国的肉馅面包店正在向全世界发展，成为一股时尚的潮流。依据这两点，这个犹太商人认为，同样是嘴巴里的商品，在美国能畅销，在日本也一定能有广阔的市场。按照犹太人的观点最为重要的是，人总是需要不断地吸收能量，消耗能量，因此作为有能量、人人都需要吃的商品，总是连续不断地被消费。在吃完面包和消化几个小时后，人体内吸收的能量又被消耗掉，又需要其他的食品能量来补充。

凭着这个坚定的信念，这个犹太商人的肉馅面包店如期开业。让大家大跌眼镜的是，开业第一天，顾客爆满，利润还大大超过这位犹太商人的意料。此后利润每天都在迅速增长，以至于一连用坏了几台世界上最先进的面包机，还是满足不了顾客的消费要求。结果，该犹太商人利用肉馅面包，即利用"嘴巴"的生意成了人人羡慕的大富翁。

从上面犹太商人的成功案例，创业者可以得到这样的启示：经营用嘴巴的生意，赚钱的机会多多，更容易获得创业成功。

中国有句古话："民以食为天。"我国人口众多，餐饮消费历来都是家庭消费的重要部分，通过最常见的问候语"您吃了吗"，就足可见人们对餐饮的重视程度；逢年过节、庆祝活动、谈生意、谈恋爱，中国人都喜欢在饭桌上进行，餐饮市场一直保持着快速稳定的增长。因此，创业者可以从人们的餐饮消费上下功夫，抓住嘴巴这个"无底洞"，为自己积聚财富。

政策嗅觉发现商机

对很多创业者来说，政策似乎很枯燥乏味，往往忽略了这样一个道理：如果政策嗅觉灵敏，可能会从中抓到难得的商机。有心的创业者勤于思考并抓住它，或许就能改变自己的创业命运。

李宏杰刚到重庆创业时，身上仅有3000元钱。由于资金少，李宏杰选择了炒干货生意。

"那时重庆的干货都是散卖，味道品种少，如果能把味道弄丰富一点，品种好一点，肯定有生意。"虽然李宏杰瓜子卖得比别人贵，但销售火暴。关键原因就是李宏杰在瓜子上做了点"手脚"，他买了一台小型的包装机，按照一斤、半斤等类型，把瓜子进行简单包装。"这样看起来上档次，市民情愿每斤多花2毛钱，扣掉5分钱的包装成本，同样的瓜子，我的利润是别人的两倍。"后来，积累了一定的资金，李宏杰决定自己办炒货厂。由于资金不够，李宏杰借了几万元的高利息款，在家乡租了一间300平方米的厂房做加工厂，买了机械设备开始干。由于李宏杰特别能吃苦，而且消息灵通，善于跟着政策走，他的厂子很快就发展起来了。

随着市场一天一天扩大，300平方米的厂房已经不能满足产品的发展需要，第二年李宏杰又购置了4亩土地修建标准厂房，其中一半出租给了别人，获取了更大的收益。也就是这次出租厂房的经历，周少华又看到了新的商机。"重庆市直辖以后，经济肯定会大举发展，随着市场发展的速度，特别是一些中小企业，往往来不及自建厂房。"李宏杰也认真分析了重庆直辖以后的快速发展形势，立即抓住这一发展机遇，决定在修建厂房出租经营上大干一番。

说干就干，正好一个朋友告诉他说当时的沙坪坝双碑有土地转让，他听见消息当天就去考察，立即敲定并办理了一切手续，在双碑共投资上百万元买了10亩土地，修建了4000平方米厂房，自己安装了变压器等。厂房还没有修好，就有企业主动找上门来求租。

就在出租厂房的同时，李宏杰根据当时的政策做了一件事情——转手网吧牌照。"当时手头有些闲钱，不知道投什么，恰好看报纸得到消息，说国家可能会停止审批网吧牌照。"李宏杰觉得其中隐藏着巨大的商机，于是他就开始四处收购网吧，卖掉废旧设备只保留牌照。从中，李宏杰获得了极大利润。

从李宏杰的创业经历上，创业者可以得到这样的启发：创业要保持灵敏的政策嗅觉，懂得看清形势。创业生涯上的得与失，让李宏杰看到了政策的重要性："现在我不看市场形势分析报告，一分钱都不会投，只有顺应了经济发展政策，才能赚到钱。"

"政为名高，贾为利厚"是国人的传统观念，所以很多人一直认为政、商所追求的目标不一，两者界限黑白分明，不可兼容并蓄。然而事实并非如此。历史上有名望的商家总是热情而主动地参加政府和主管部门组织的有关活动，仔细听取他们对商界各项工作的意见和建议。在有些情况下，也可以反映自己在经营中取得的成绩和存在的困难及要求。一般来说，由政府提供的有利于社会公益事业的活动，那些商界名人总是会积极主动地参加。

市场经济时代，创业的机会无处不在。一个产业的淘汰就是另一个产业兴起的商机。当前，中央提出科学发展观，始终把环境与生态保护作为一种可持续发展的战略，这对一些有害于环保的产业来说可能是"灭顶之灾"，但对另一些保护环境的绿色产业来说却又是一次难得的机遇。因此，在经济发展中，创业者应始终关注国家有关政策，把握住国家宏观经济的脉搏，这样，才能觅得更多的创业机遇。

产品或技术创新带来的机会

相信不少创业者都曾想过这样一个问题：别人为什么能够取得创业成功？别人都具备哪些我所没有的条件？别人为什么能够很快致富？

世界著名的成功学大师拿破仑·希尔的《思考致富》一书或许能够回答创业者这些问题——思考致富，创新致富。

为什么是"思考"致富，而不是"努力工作"致富呢？希尔在书中强调，最努力工作的人最终也绝不会富有。如果你想变富，你需要"思考"，通过思考进行创新，独立思考而不是盲从他人。成功的创业者最大的一项资产就是他们的思考方式与别人不同，他们善于把握产品或技术创新中带来的机会。

"科学技术是第一生产力"，科技不仅在社会进步、经济发展中有至关重要的作用，对于创业者来说，其中也蕴涵着无限商机。作为创业者，要善于从科技发展中发现商机，有一双敏锐的眼睛，不愁捕捉不到生意机会。

闻名遐迩的日本索尼公司能有今天的声望，完全靠的是领导者敏锐的目光和开拓的胆识。他们善于发现市场需求的新动向，选准科技发展的制高点，从科技成果中发掘商机。起初，索尼制造的磁带录音机是模仿美国的产品，几乎卖不出去。1952年，索尼经理井深大正在美国推销产品，听到美国军方转让耗资数万美元开发成功的晶体管技术后，便立即赶去谈判转让专利。两年后，他终于以2.5万美元的极低价格买到手，并加以改造，把它用在收音机上。1955年8月，第一台晶体管收音机出现在日本东京某商店的橱窗里。第二天，人行道上5000人排队等待进店，急于抢购。当其他厂家也转向生产晶体管时，索尼已开发出新的电子品种。

索尼是一个开拓者，从小型晶体管收音机、晶体管电视机、"沃克曼"耳机式袖珍录音机到"沃茨曼"车板型便携式袖珍电视机、"迪斯克曼"便携式激光机等，都是它率先研制出来的。公司最早把立体声引进日本，在世界上最早生产家用录音机，最先设计出单枪三束彩色显像管，发明了 8 英寸计算机软盘，8 毫米磁带摄像机等。它的不少发明创造都带来了人们生活方式的变革，更是为公司创造了巨大的收益。

高新技术是推动产业革命的动力，也是人类社会进入 20 世纪下半叶之后经济的主要增长点。每一次的高新技术革命都会创造出一个新的市场。在常人的眼里，高新技术似乎只用在很重要的领域，但事实上这种观念已经过时。在冷战时期，高新技术主要用于军事目的，只有在更新、更高的技术开发出来之后，才会转为民用，不过，这个时代已经逐渐远去了。现在，高新技术已经普遍地用于老百姓日常所用到的商品之中，而且应用的速度很快。高新技术只有用于消费者普遍会购买的商品中，才会尽可能快地实现价值转换。越来越多的事例表明，科学技术是第一生产力已不再仅仅只是一句口号，创业者要想源源不断地获取财富，就必须从科技创新中挖掘商机。

创业离不开创新，而能否创新取决于是否具有创新思维。创新思维一般指的是开拓认识新领域的一种思维，简单地说，创新思维就是指有创见的思维。创新思维是人们在已有经验的基础上，从某些事实中更深一步找出新点子，寻求新答案的思维。

为了培养自己创新思维的能力，也为了让创造性思维结出丰硕的成果，创业者可以借鉴以下方法：

1. 随时随地把好想法记下来

你不妨一想到认为自己以后可能用得着的新点子，就马上记下来，就像记者采访随身带一个记事本。虽然不可能件件都用得上，但起码你拥有了许多"矿石"，有了这么多"矿石"，还愁炼不出好东西来吗？当创新的思维翩翩来临时，你千万不要让它无缘无故地飞走了。

2. 经常审视你曾有过的创新思维

经常翻看你的记录本，将有价值的想法留下，没意义的删除，很现实的马上就应用起来。

3.不断总结完善你的创新思维

对你的新想法要不断增加它的范围和深度，把相关的想法连接起来，从各种角度去分析、研究，说不定会从中提炼出一个博大、新颖、极具价值的大策划呢。

对于一个创业者来说，要通过不断发明创造，改进技术和开发新产品等方法来争取主动权，想别人所未想，做别人所未做的事。现代社会竞争激烈，似乎能想到的竞争招数都已用尽，但仍有人灵机一动，新招数便不断出现。

在改革开放和市场经济的大潮中，创业者们的欲望被激活，千人千姿，百人百态，不同的欲望在他们的心中激荡着，为了满足这种种欲望，每个创业者都在百舸争流、竞相奋战。然而，最终取得胜利的，是那些具有创新精神、敢于创新的创业者。勇于叛道，求异创新，是创业者的经营之魂，是满足创富欲望的成功法宝。

谨慎创业，规避风险

创业中面临的 8 类风险

创业有风险，而且风险很大！因为经济复苏期悄无声息地来临，许多人绝处逢生——谋划着要创业，在这里提醒创业者创业时需要时刻防范风险。

对于每一个创业者来说，都需要认真分析自己创业过程中可能会遇到哪些风险，这些风险中哪些是可以控制的，哪些是不可控制的，哪些是需要极力避免的，哪些是致命的或不可管理的。一旦这些风险出现，应该如何应对和化解。特别需要注意的是，一定要明白最大的风险是什么，最大的损失可能有多少，自己是否有能力承担并渡过难关。

通常来说，创业中的风险主要包括以下 8 个方面：

1. 创业者自身能力不够

创业者和普通员工有很大的区别，需要承担的东西比普通员工多很多。而且创业者的能力也是一天天在实践中积累起来的，所以创业初期，创业者一定要学习如何做老板，因为创业者没有做过老板，缺乏老板能力，所以要学习如何做老板，其实很多创业者在创业初期，缺乏老板能力还喜欢以自己是老板而骄傲，这样会给员工以及企业带来很多害处。

2. 错误意识

意识上的风险是创业团队最内在的风险。这种风险来自无形，却有强大的毁灭力。风险性较大的错误意识有：投机的心态、侥幸心理、试试看的心态、过分依赖他人、回本的心理等。

3. 资金链断裂

创业者在创办企业时，最容易碰到的风险就是资金的缺乏问题。现实中，有许多企业在创业初期经营顺利，发展态势良好，但因为资金链出现问题，而入不敷出，最后以创业失败而告终。所以，创业者要注意规避这一风险，做好资金筹集和规划工作。

4. 缺乏核心竞争力

对于企业尤其是新创企业来说，是否具有自己的核心竞争力就是最主要的风险。因为一个依赖别人的产品或市场来打天下的企业是永远不会成长为优秀企业的。核心竞争力在创业之初可能不是最重要的问题，但要谋求长远的发展，就是最不可忽视的问题。

5. 人力资源流失

一些研发、生产或经营性企业需要面向市场，大量的高素质专业人才或业务队伍是这类企业成长的重要基础。防止专业人才及业务骨干流失应当是创业者时刻注意的问题，在那些依靠某种技术或专利创业的企业中，拥有或掌握这一关键技术的业务骨干的流失是创业失败的最主要风险源。

6. 缺乏老板的状态

普通的员工做事是在常态下做事，而老板做事是在爆发状态下做事，老板做事一般都有饱满激情。所以，有很多人一旦进入创业的时候，会很不适应，因为创业时期需要以一种充满激情的状态做事，于是很多创业者走进创业期总在爆发状态和常态之间徘徊，心想："我怎么能这样工作？我天天这样没黑没白的图啥？"心态调整不过来，一旦适应了创业状态，再回到常态也很困难。老板之所以天天奔波做事则是习惯，习惯成自然，老板认为就应该这样做事，遇到事情立即行动，不这样会认为是在拖拉，心里难受。所以渡过创业期的创业者看员工干活总认为效率低。其实，大可不必，如果有员工像老板这样干活，很有可能也是老板——未来的老板。所以，创业者要逐渐学会爆发状态，像老板那样做事，而且尽快调整心态，从心理上适应创业的状态，否则，有可能因为状态调整不好而使创业失败。

7. 团队分歧的风险

现代企业越来越重视团队的力量。创业企业在诞生或成长过程中最主要的力量来源一般都是创业团队，一个优秀的创业团队能使创业企业迅速地发展起来。但与此同时，风险也就蕴涵在其中，团队的力量越大，产生的风险也就越大。一旦创业团队的核心成员在某些问题上产生分歧不能达到统一时，极有可能会对企业造成强烈的冲击。

8. 同行的排挤

由于新创企业处于萌芽阶段，所以在初期很可能受到同行的排挤，例如大企业会采取降价的方式。对于大企业来说，由于规模效益或实力雄厚，短时间的降价并不会对它造成致命的伤害，而对初创企业则可能意味着彻底毁灭的危险。因此，在创业的过程中，创业者要处理好与同行的竞争关系。

选项目时规避风险的 8 大兵法

创业是否成功最重要的是项目的选择，产品与消费群体，以及经营管理。项目的选择要针对所在地域的消费人群，他们的消费观念和消费水平。还要注意的是：由于在项目的选择上会时刻面临着很多潜在的风险，所以，创业者要善于规避这些风险。

而在风险的规避上，成功创业者曾留下许多先进的"兵法"供后来的创业者借鉴：

1. 同别人联手

小本投资由于规模小实力弱，不可能四面出击，收到规模效益。通过几家小投资者联手，集中优势攻入目标市场，力争哪怕是在一个小小的领域里形成相对优势，创出自己的特色，从而使势力得到发展壮大。

当然，这种联合应当做到以下几点：

（1）集中优势，每个合作者都将自己的优势贡献出来，形成一个统一的核心优势。

（2）相互信任，坦诚相待，效益共享，风险共担。

（3）不必长期联合，有机会则聚，任务完成则散，协作对象不固定，通过合作获利来壮大各自的实力。

2. 采取补缺填空策略

小本投资者由于势单力薄，经不起市场竞争的大风大浪。因此，在选择投资项目时就应审时度势，既不要向市场强大的对手挑战，也不要白费精力紧随其后。要选择别人不愿意干或尚未顾及的那部分市场，采取补缺填空策略。这样既可以开发属于自己有利可图的"角落"市场，同时又最大限度地避免与强手直接较量。

但是，必须做好3方面的工作：

（1）要善于把握市场和紧跟市场。

（2）要善于在市场上捕捉商机。

（3）要善于创造新市场，背靠"大树"好乘凉，小本投资者选择依附大企业，走"寄生型"发展之路，也不失为一条回避风险的良策。

3. 不能借贷太多

普通大众大多是小本投资，由于经济相对比较拮据，又希望手中这点钱赚钱，在投资过程中，只能赢，不能输，因此，开始投资时，要根据自身的情况量力而行，不能借贷太多。因为大量借贷风险大，创业的心理压力大，极不利于经营者能力的正常发挥。

4. 实行多角化经营

所谓多角化经营，是指企业的经营范围打破产品和行业界限，向多品种和多种经营发展。在市场竞争中，无论何种企业，如果将生产的产品或经营领域限制在某一方面，势必给企业经营带来极大的风险，而多角化经营能充分利用现有设备、人力、厂房，有利于发挥企业潜力，使企业真正走以内涵发展为主的道路；另外，它还使企业在市场发生变化时，可以随机应变，分散企业风险。

5. 学一门专门技术

交一些学费，学一门专业技术，也不失为一种稳当的投资方式。21世纪是知识经济时代，要想跟上时代步伐，就必须重视智力投资，结合自身情况学好一门手艺，就不愁找不到赚钱的路子。

6. 学会钻空子、找冷门

在创业初期，很多人由于不熟悉市场，往往是跟着感觉走，也不考虑自身情况，看到别人做什么生意赚了钱，盲目仿效跟风。这样，往往因为市场供过于求或不适合做这项经营，结果血本无归。因此，在投资时要学会钻空子、找冷门，做到"人无我有"。

7. 先从小生意做起

有的创业者刚投资创业时，由于心中没底，见别人开公司办企业大把大把赚钱，心就痒痒，总想一口吃个大胖子，到头来很有可能吃大亏。因此，对于手中没有较多资金又无经营经验的创业者，不妨先从小生意做起。小买卖虽然发展慢，但用不着为亏本担惊受怕，还能积累做生意的经验，为下一步做大生意打下基础。以较少的资本搞小生意，先了解市场，等待时机成熟，再大量投入干大生意，是很多小本创业者的经验之谈。

8.实地调查，不轻信广告

现在，一些吹嘘"投资少，见效快、回报高"等能一夜暴富的广告铺天盖地。其实，投资的利润率一般处于一个上下波动但相对稳定的水平。投资项目的利润有高低，但不会高得离谱。因此，创业者在选择项目时，最好不要轻信这类广告，而要做好实地调查工作。

创业者要想创业成功，选好项目是至关重要的环节，切记学会以上"兵法"，规避风险。

降低选项目风险的6条建议

当今时代，创业者的人数一直处于上涨的趋势，但与此"相呼应"的是，创业失败的人数也在不断地上涨。其中，创业失败很大的一个原因就是创业者在项目的选择上没有合理地规避风险，降低项目风险。

那么，为了使创业成功的概率增大，创业者在选择项目时该如何降低风险、保障成功创业呢？以下6条建议创业者不妨借鉴一下：

1.走一条"特立独行"的路

创业者选项目的时候，一定要有一双敏锐的眼睛，看到别人看不到的市场。那么，我们在选择创业项目时，要如何才能做到眼光独到，与众不同呢？

第一，要充分做好市场调研和前期准备，调研的时候要注意这个项目在国际上的发展，是朝阳产业还是夕阳产业，市场空缺是否有比较好的上升空间。

第二，要把握市场脉搏，随时进行调整。你要学会针对市场进行随机应变，我们都知道电视广告成本很高，但是有时候广告又是必不可少的，那你就要想办法，既能做广告，又可以节省成本。于是在游戏中植入广告这种方式就应运而生了。任何一件事情只要是你做事的方法与别人不同，你可能就容易走向成功。

第三，要宏观上选定两个比较热的方向，现在比较热的两个方向一个是IT业，包括在网上开一些商店来进行交流和营销，还有一个是服务业。年轻人一般都很熟悉网络，这也是初次创业时比较有优势的地方，可以充分发挥网络的优势，使创业者所从事的生意更有竞争力。比如，可以在网上开一家个性化的店铺，利用年轻人追求个性、时尚的心理来做买卖，或者利用网络远程、即时的便利性，为客户提供专业咨询与服务。

2. 求实

在选择项目和合作对象上，一定要求实，产品好吃是真的，产品好卖更错不了，项目能赚钱才是硬道理。不要被公司玩弄项目包装所蒙骗，好产品必须靠真技术生产出来，产品必须靠本身的品质打市场，市场才决定着产品的根本命运。

3. 降低价格，薄利多销

俗话说得好："三分毛利吃饱饭，七分毛利饿死人。"利润微薄，价格降低，在竞争中以优势招引顾客，实现"薄利——多销——赚钱"的目标。尤其是对那些小本创业者，资本相当有限，最怕造成商品积压，资金周转不了，成为死钱，包袱越背越重，影响下一步的经营，形成恶性循环。

4. 量力而行，适合自己

选择适合自己的经营项目，与创业者的性格有关系。假若创业者极富热情，活力四射，可考虑自助火锅店，传统小吃店、便当外送等餐饮服务业。

如果创业者是个时时刻刻为别人着想的人，宠物店和鲜花店是不二选择。

我们知道即使同一个品种的店，也可能风格迥异，拿服装店来举例：

若创业者浑身充满创造力，内心热情如火，外表光芒万丈，可考虑经营时尚先锋店，创造流行趋势，做个时尚先驱。

若创业者酷好精致有品位的物品，二手精品店、精品服饰店、品牌专营是一个很好的选择。

若创业者极度敏感，有爱家、恋家情结，童装店是个好的选择。

若创业者常常跟着感觉走，时时设身处地地为人着想，外贸服装，平价服装店会是一个好的选择。

5. 不要时刻想着赚大钱

赚大钱是许多创业者的梦想，但大多数创业者终其一生却难以梦想成真。这是什么原因呢？是因为他们赚钱心太急切，小钱不想赚，大钱挣不来。曾有位成功的创业者说过："小钱是大钱的祖宗。"生活中不少腰缠万贯的创业者当初就

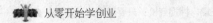

是靠赚不起眼儿的小钱白手起家的。

6. 哪儿"空"往哪走

选择项目的时候，我们都知道越空白的市场越有发展潜力。做一个时尚小店就是一个很好的选择，可是现在的时尚小店如此之多，你要找到那种比较有品位的却不容易。

创业者可以选择投资一个比较新颖的项目做加盟店。加盟是因为比较容易操作，要求一定新颖独特，是因为这样才能吸引顾客的眼球。可以考虑搞个特色蜡烛 DIY 小店，DIY 就是顾客自己手工制作的意思，年轻人会很喜欢。选个好项目是赚钱的关键，所以选项目一定要重视市场空缺。

色彩形象咨询顾问公司是一个前途十分被看好的行业。这个个人色彩形象顾问要做的事情很多：就顾客的肤色建议他们使用什么色系的化妆，梳什么样的头发及其他色彩的搭配。整理顾客的衣服，把不适合的剔除，达到出色的搭配。替顾客买适合他们穿着的新衣。纠正顾客不适宜的肢体语言及神态等，指导顾客演讲的技巧等等。

有些企业公司甚至以此来为与其企业形象有关的工作人员改善个人形象。一般而言，这个行业光靠形象咨询是不够的，如附带经营服装店，兼售与个人形象有密切关系的化妆品、围巾、书籍等，替厂商销售美容产品通常可得到10% ~ 15%的佣金。

创业者不得不警惕的 12 种"死法"

在创业的潮流中，有人成功，有人失败；有的企业一笑笑百年，有的企业中途即"夭折"……在激烈的市场竞争中，数以万计的创业者很快便被淘汰出局，消失得无影无踪。沧海横流，大浪淘沙，对于创业企业的"死"，我们早已是见怪不怪了。尽管有不少人在研究创业企业的成功之后再掉过头来研究其失败，但很少有人做系统分析并以深入浅出的方式研究它们是怎样"死"去的。倘若细细地品尝、总结其中的滋味，相信会给后来的创业者不少有益的启示。

1. 竞争关系处理不当

既然是商业，必然会牵涉到各种利益的纷争，难免产生各种磕磕碰碰的关系，这时候如果创业者的心胸狭小，不能大事化小，小事化了，而采取偏激的方式处理，往往会给自己的企业带来很大的困扰，如法律纠纷等。

2. 不能随着市场的变化而变化

有不少企业，由于创业者的素质不高，目光短浅，缺乏远大目标和长远的眼光，不能随着市场的变化而及时调整产业结构，人才结构，那么这种企业的寿命肯定是不长的。但它有一个特点，它是慢慢消亡的，它的年龄虽然不大，但已经开始衰老了，这就称之为"老死"。

3. 生"病"而死

企业就如同人一样，如不能精心照料，任凭其风吹雨打，则少不了要得病。生病后又得不到有效的救治，很快会病入膏肓。故曰：创业企业的这种死法是生病而死。这类企业要么是先天不足，内部机制不健全；要么是机制老化，按部就班，诸如论资排辈、荣辱"难"共、毁誉相争，权益不公；要么是高层分裂，内讧不止，结果轻而易举地被对手各个击破。

4. 自己找死

当一个创业者对项目的决策犯了一些常识性的错误时，这叫作自己找死。比如说，创业者所选的项目与人才结构不匹配，与自己的实力不匹配，与自身的能力不匹配，与自己的文化不匹配，特别是再犯一些已经犯过的错误，犯一些不该犯的常识性的错误。没有人要你这么做，也没有谁命令你一定要干这个项目，你自己不仅对项目判断不了，对自己也判断不了，以为自己什么都能做，等等。某著名企业，在一个自己熟悉的行业刚刚有所进展，人才结构没有形成的情况下，匆匆忙忙冲入保健品市场，并在市场虚假信号的误导下，被一时的胜利冲昏了头脑，又投重资直入房地产业，使资金需求迅速放大了几倍，远远超过了自身的能力，结果原有的阵地丢了，保健品也垮了，房地产也只好留下一个个的大坑。

5. 不重视员工利益

员工的利益概括起来主要包括两方面：

（1）能力培养。很多创业者只把员工当作企业赚钱的"工具"，却从未想过如何帮助员工一起成长，甚至把员工的能力增长当做是对自己企业生存的威胁。

（2）经济保障。有的创业者因为整体经营效益不佳而克扣优秀员工的绩效奖金，有的创业者以这个员工还存在这样那样的缺点和不足而不给予正常加薪，有的创业者要求员工必须做出完美的表现才给予奖励，甚至有的创业者连正常的薪资发放日期都要故意拖延十天半月……创业者不要以为这些现象员工都会看不见，都能忍受，当创业者不重视员工利益的时候，员工用"消极怠工、做私单"等损害企业利益的行为来"回报"，创业者也就不奇怪了。

6. 被"挤死"

市场经济讲的是优胜劣汰，在激烈的市场竞争中，往往是前有封堵，后有追兵，企业不堪挤压，市场份额越做越小，人才越走越少，效益越来越差。由于力量对比的悬殊，在国有资本和外国资本的双重挤压下，迫使创业者不得不退出某个行业，被"挤死"了。

7. 难死

企业运营所需要的资金和经验远远超越单纯的开发，很多创业企业不具备运营条件，产品难以及时有效地推向市场，或者找到的代理商实力有限，投入资源不足，造成运营失败，几年的研发努力付诸流水。

8. 被压死

在创业初期，很多创业者盲目地扩张，贪多求大，不注重基础建设，不练内功，内部管理混乱，虽自知效益低下，却敢去大笔贷款，甚至不怕高息贷款，宣称利润等于贷款减掉利息。自己找来巨额负债，结果被压得喘不过气来，殊不知贷款终归是要连本带利归还的，最后，创业者就被自己找来的巨额负债活活压死。到头来落了个损人又损己的下场，因此被称为"被压死"。

9. 被人捅死

这是由于创业企业管理不规范，处处违法，毛病诸多，授人以柄。一旦东窗事发，要么委曲求全，息事宁人；要么被人到处告状，结果三告两告就被告垮台了。这样的创业者即使再有远大目标，由于自身的不规范，也只能是"壮志未酬身先死"。

10. 憋死

现金流是现代企业经营理念中非常重要的一个指标。现金流从某种意义上说比利润更重要。在国外，尤其是资本市场，对现金流是格外重视的。而国内有相当一部分创业企业往往忽视这一点，故而因为现金流中断，使企业在对外经营比较正常的情况下，内部财务却难以为继，俗话说一分钱难倒英雄汉，讲的就是这个道理。

在企业经营过程中，很多创业者可能注重资产质量，也可能注重存货，也可能注重其他很多方面，但往往忽视现金流，就像下围棋一样，围棋是有两口气活，一口气死，现金流状况的好坏是企业能否持续发展的另一口气，虽然你还有资产、还有库存，一旦现金流中断，到头来你还得宣布破产。这叫作企业被活活"憋死"。

11. 过于关注短期利益，忽视长期发展规划

并非说创业者不要追求短期利益，因为企业要健康成长，"碗里的、锅里的、田里的"都要有。"碗里的"（短期利益）是保障我们现在活着，"锅里的"（中期利益）是保障我们明天活着，而"田里的"（长远利益）则是保障我们后天还能继续活着。但绝大部分创业者都只关心"碗里的"，至多关心一下"锅里的"，而"田里的"的却任它贫瘠荒芜，这里面既有精力、资源等客观因素，但更多是因为创业者眼光短视。比较典型的就是明明知道某一项工作对于企业未来发展非常重要，但就是因为眼前业务的诱惑或短期经营的压力而把看起来"重要但不紧急"的事情一拖再拖，直到这件事火烧眉毛，变得"重要紧急"时已经来不及了。这也是很多创业者在企业经营上小富即安、缺乏长远战略规划的直接体现。

12. 资源高度集中

由于企业过分依赖个人能力，可供使用的资源往往又高度集中，一旦个人的判断力出现偏差，或是个人出了意外，必然使企业高度不灵，遭受重创，结果导致企业突然死亡。这也就是通常说的把所有的鸡蛋放在一个篮子里带来的后果。一个优秀的创业者，不论是从投资风险的角度考虑，还是从对员工负责的角度考虑，都不应该使资源高度集中。

小本经营如何规避风险，成功上路

对于初次创业的人来说，"小本创业"不失为一条好出路。小本经营虽然能够获得的利润较小，但是容易上手，所承担的风险也相应地小了很多。但迈出第一步前一定要做好充分准备，切忌因头脑发热而令事业陷入更大困境。

小本经营虽然风险小，但并不代表就没有风险。在进行小本创业时，创业者需要关注以下几个问题：

1. 擦亮自己的眼睛，不要被蒙骗

成本低，收益快的投资项目是小本创业者梦寐以求的选择，而很多招商者也抓住了小本创业者的这种心理，利用网络做大肆虚假宣传。这就需要创业者擦亮自己的眼睛，不要被诱人的广告所迷惑。创业者需要看投资的项目是否合法，还要深入招商者下属的加盟店做实地调查，看其经营状况如何，是否值得投资。

2. 为自己的创业买份保险

现实中，许多小本创业者都不买保险。其实，买保险是"小投入大保障"，是小本创业者在创业时期必不可少的。这里讲的保险有员工人身险和财产险两种。买份合适的保险，能够帮创业者有效规避员工意外伤害及突发事件造成的损失。

3. 一边打工一边创业

这种方式一般是利用自己的专业经验和自身的厂商资源在上班时间外进行创业尝试，好处是创业风险非常低，但应该注意处理好本职工作与创业的关系。

王丽是某服装公司的采购，从事了几年的采购工作后积累了丰富的服装买卖经验，对服装有了一定的敏感度，并熟悉了各种服装加工企业。由于服装企业现在很多是虚拟经营，很多知名服装品牌只是负责产品设计，本身并不设厂，设计出衣服样式后再找服装厂加工制成成衣，然后加上品牌标识发往全国的零售终端。基于这种情况，王丽就经常在工作之余接一些"私活"，客户提供样式，然后王丽负责采购面料和找加工厂，最后交付成衣。一个单子下来，少则几千，多则几万，这让王丽从中获利颇丰。

一边打工一边创业这种方式成本少，风险也小，保障创业者在有自己的工作的同时也可以有自己的事业。或许很多人可能以为一边打工一边创业有对供职公司不忠诚的嫌疑，其实只要在公司和自身经营之间掌握好一个度还是可行的，利用工作的闲暇时间去开拓自己的事业并且增加收入无可厚非。

4. 最好不要做回报周期长的项目

对于初创业者，投资回报周期不应该大于 6 个月，以 3 个月左右为宜。因为，回报周期长的项目很可能会让你掏光最后一分钱，然后拖得你精疲力竭，最终将你的信心和自尊一点一点地击溃，最后不得不以失败告终。

5. 正确评价自己的实力

所谓实力，不仅指创业者的经济实力，也包括创业者的经商实力。看过、读过、学习过很多创业方面的资讯、信息、经验并不代表创业者就可以去创业了。在创业之前，要重新评估一下自己，总结一下自己的优缺点，要对自己有一个正确的评价，在创业的道路上既不要看轻自己，也不要抬高自己。一句话，就是要对自己正确定位。人的商业智商和创业潜能是可以被激发和提高的，相当一部分的小本经营者经过了许多年还是做什么都不成功，究其原因主要是因为对自己的实力没有正确评估，定位错误。

一旦发现错误，马上纠正还不算晚，创业者所要做的就是，苦练基本功，逐渐积累经验和财富。切记：盲目羡慕别人是没有用的。要成功，就要想办法尽快地用各种商业实践活动的真实历练来形成一套只适合你自己的专用经验和思维模式。

6. 不做无本生意

创业者切忌做"无成本"之类的生意。"无成本"的生意也许开始不要钱，却可能在你赚不到钱想要退出的时候付出巨大的代价。

7. 要有资金防范安全意识

这里要强调的主要有两点，一是防止员工自盗营业款，二是防止业务人员挪用货款。对创业者来讲，要尽量减少岗位或人员直接接触现金的机会，在金钱面前，很多人是无法抵挡诱惑的，对员工，你给他过多的接触钱财的机会，实际上就是在引诱他犯罪。

对于防范员工出现财务问题，首先应该从源头上做些工作，及时对员工道德品质的审查及以往工作背景的了解，然后对于经手钱财的人员，最好做个经济担保，这样做的目的一是让创业者了解到他的家人或朋友，再就是给员工增加一点自律的枷锁。

另外一个就是防止业务人员挪用货款，许多公司业务员是集业务开发与收款于一身的，这就给了业务人员可乘之机。对于这类事情，是需要财务监管制度来控制的，一个好的办法就是定期对账，由企业财务跟客户财务直接对账。最后还要谈一点对于大额现金（营业款或货款）存取银行的路途安全，这一点如果被熟知规律的不法分子知道也是风险很大的。

小本钱创造大事业是创业者共同的愿望，俗话说"条条大路通罗马"，进行小本创业时，创业者选择哪些创业方式比较容易成功呢？以下两种创业方式可供参考：

1. 特许经营

特许经营指特许者将自己所拥有的商标（包括服务商标）、商号、产品、专利和专有技术、经营模式等以特许经营合同的形式授予被特许者使用，被特许者按合同规定，在特许者统一的业务模式下从事经营活动，并向特许者支付相应的费用。

2. 合作创业

许多时候，创业者在创业过程中会遇到很多麻烦，如果完全由自己亲自去解决，可能会花费大量的精力和金钱，因此，选择与合作伙伴共同创业就成为目前主要的创业途径之一。志同道合的亲戚、朋友、同学、同事都是我们合作创业的对象，而关键所在就是志同道合，大家的经营理念要相一致。

对于那些怀揣着创业梦想的小本创业者而言，只要找到了适合自己的创业方式，谨慎进行创业活动，就能有效地规避风险，取得创业成功。

网上创业如何规避风险，步步为"赢"

网上购物正逐渐成为主流购物方式，并呈现出独特的发展趋势。基于网上购物的风行，网上创业也已成为最流行、最便捷的创业方式。不少人对网上创业蠢蠢欲动，但又因为不熟悉网络而犹豫不决，那么，网上创业到底如何才能步步为"赢"呢？

任何事情都有一定的步骤，按着步骤进行，就能走好创业的每一步。

1. 如何网上创业

如果想在网上创业，但又对此不太熟悉，可以试着按照下面的步骤走：

（1）了解市场。学当顾客，可到易趣、淘宝等网站当几回买家，熟悉网上购物的整个流程。

（2）选择商品。一些特别的、有个性的商品是吸引顾客的重点，或选择自己容易找到货源的商品，利用地区差价来赚钱。

（3）申请网站平台或成立个人网站。域名、地址好比是门牌号码，缺一不可。在选择时要选择人气旺盛的网站，并注意是否收费、收费多少等因素。

（4）店铺分类。要根据自己的商品"对号入座"，例如，出售手表的就应归在"珠宝首饰、手表、眼镜"中的"手表"一类，以便让目标用户准确地找到。然后为店铺起个好名字，可有效提高店铺的点击率。

（5）商品信息登录。需要把每件商品的名称、产地、所在地、性质、外观、数量、交易方式、交易时限等信息填写在网站上，最好搭配商品图片。

（6）商品定价。首先要保证自己的利润点，在此基础上定价，商品价格应有一定层次，以吸引不同的客户。

（7）商品出样。网上出售商品，买家事先无法看到实物，因此需要拍出清晰漂亮的商品照片。

（8）开办银行账户。

2. 在网上你都可以卖什么

网上创业虽容易，赚钱却非易事，要有独特的卖点，才有机会成功。那么，网上创业有哪些比较独特的经营方向？

（1）特色商品。特色商品到哪里都受欢迎，如能找到时尚又独特的商品，如自制饰品、玩具 DIY、服饰定做等，将更吸引眼球。

（2）国外打折商品。国外一线品牌在换季或节日前夕都会打折，价格非常便宜。如果在国外有亲戚或朋友，可请他们帮忙进货，然后再在网上销售，可以赚取差价。

（3）批发商品。如和批发商有良好的供求关系，能直接拿到流行货品，而且能够保证网上销售的低价位，生意肯定不错。

（4）名牌原单货品。如可拿到名牌产品的原单货，绝对是个大卖点。有些名牌商品的库存积压很多，一些商家干脆把库存全卖给专职网络销售卖家。

（5）独家货源商品。如有特殊的进货渠道，保证自己的商品独一无二，那就不愁卖不出去。

（6）私人收藏品。一些收藏爱好者把自己的藏品拿到网上销售，与志同道合者分享收藏的快乐，这也算另辟蹊径，建立自己独特的优势。

（7）外贸产品。外贸产品因其质量、款式、面料、价格等优势，一直是网上销售的热门品种。

3.巧妙规避风险

网上创业是进门容易入行难，产品质量、物流安全等问题都会影响创业进程，从而带来许多风险。那么，如何避免这些创业风险，做到成功创业呢？

要规避风险还需做好以下几点：

（1）拥有合适的货源。

从批发市场进货是最常见的进货渠道，也是网店店主最主要的进货渠道。例如，经营服装的网店就可以去周围一些大型的服装批发市场进货。在批发市场进货需要有店主具备强大的议价能力，力争将批发价压到最低，同时要与批发商建立好关系，在关于调换货的问题上要与批发商事先协商好，以免日后起纠纷。

直接获得厂家货源也是网上创业者的一个货源方式。正规的厂家货源充足，态度较好，如果长期合作的话，一般都能争取到滞销换款。但是一般而言，厂家的起批量较高，不适合小批发客户。如果资金储备充足，有稳定的销售渠道不存在压货的风险，就可以考虑这条进货渠道。

创业者还可以寻找信誉度高的大批发商。想要经营什么商品，在百度、谷歌等网页上输入关键字，搜索批发这些商品的公司，就会出现许多相关的信息，挑选其中信誉度高的大型批发公司。这些大型批发公司都和厂家建立了长久而稳定的合作关系，直接由厂家供货，货源较稳定。不足的是因为他们已经做大了，订单较多，服务难免有时跟不上。而且他们一般都有固定的回头客，不怕没有批发商，新进货的店主很难和他们谈条件，除非定的次数多了，并且成为他的一个大客户，才可能有特别的折扣或优惠。而最糟糕的是，他们的发货速度和换货态度往往差强人意，店主最好是提前预订货物，避免货物无法及时上架的困扰，但面对商品中难免存在的一些瑕疵，尤其是饰品，艰难的退货程序着实令人不悦，这就需要店主和批发公司事前做好充分的沟通与协商。

（2）要敢做生意。

当然，网上开店不是那么简单，也同样考验店主的生意胆。创业者如果以为将商品登录到网上就没事了，那肯定赚不到钱。

你如何让买主知道你的网上小店？最好的办法就是做广告。有一位店主长达几个月连续在首页上做商品广告、做店铺广告，每天上百元的广告费也成了不小的投资。创业者如果做广告，一定要选择漂亮的广告语，这样才能引人注目。

面对赚钱机会你有胆"吃"下吗？网上开店和网下开店都需要魄力。晓东是淘宝上的一家店主，一次，他一口气买断了网上一批每个价值20元的手提袋，这么做并不是为了独家专卖，而是打出了一则广告："购买××××送时尚手提袋"。由于这款手提袋很受欢迎，以致他店里的货物销售一空。晓东的行为其实需要很大的魄力，创业者如果没有生意胆就会失去赚钱机会，当然，这样的机会也是充满风险的。

（3）学会开价很关键。

小琳曾经在网上卖过两部电脑，她开出的价已经比网下的价格便宜了一两千元，而且还赠送物品。可是半个月挂下来，根本没有买家出价。后来，仔细找了一下原因，发现是她的出价还是太高，另外她没有配上产品的照片和令人注目的标题而失去了机会。

所以，店主学会开价是很关键的。因为，网上产品其实是通过拍卖的形式成交的，即卖主开出一个价，然后各路买家再加价，直到成交。因此，卖家开出的价并不是自己心里要出售的价，而是要便宜，然后再靠人气将价格拍卖上去。所以，你对商品的描述、商品的定位一定要吸引人，这样才能增加点击率聚拢人气，也为你的小店拉进长期顾客。

对广大创业者来说，网上开店不失为一种好的创业方法，如果掌握了其中的诀窍，就很容易赚到钱。

创业风险自我评估

传统社会观念主张"宁为鸡头不为牛后"，认为当个小老板总比大公司的小职员要体面很多，通常只要愿意付出努力去做，就很有可能获得创业成功。因此，中小企业创业者在中国经济社会中相当的普遍。

然而，随着时代的发展，在今天的知识经济社会进行创业，情况已经完全不同于以往。创业者多半都是学有所成的专业人士，他们追求的事业目标远要高过于只是当个小老板。现代创业还需要集结大量资金与优秀人才，除了付出不低的机会成本，而且失败的风险也比以往大为增高。因此，在没有充分准备下贸然创业而导致失败，其实也是一件相当不值得的事情。甚至对于因创业而加入团队的成员以及他们的家属，还需要付出道义上的责任，更遑论大家付出的机会成本与浪费的社会资源。

　　虽然处于创新与创业风起云涌的时代，创业对于知识工作者而言，还是属于一生中重大的决定。因此，事先充分准备与谨慎的创业决策评估，是创业者在创业之初，至少应该尽到的职责。创业不应该只是被视为一种英雄的浪漫冒险，而应该是极其严肃的责任与承诺。因此，所有创业者在投入创业行为之前，都必须要深刻的自问，是否已经准备好了？

　　以下针对攸关创业成败的 11 个基本问题，提出一套可供有意创业者作为自我评估的架构。对于这 11 个问题，如果创业者能够清楚回答，而且获得的都是正面答案，那么就尽管大胆的启动创业脚步。但如果这 11 个问题中有部分还不清楚或还未具备条件，则建议创业者对于创业决定还要再慎重的考量。因为仓促创业，半途失败的概率恐怕会很大。

　　（1）你是否具有一个能够振奋人心的愿景？这个愿景必须是远大且清晰的，除了能使自己兴奋，也能激发他人追随你一起创业的意愿。

　　（2）你是否看到一个具有潜力的市场机会？必须是一个潜力够大，且在可见的未来能够被实现的市场机会，当然也需要能够大略估计实现市场潜力所需要的时间与资源条件。

　　现实中，很多成功的创业者就是瞅准了市场机会而成功创业的。

　　刘洋曾经是一家服装公司的服装设计师，后来从服装公司辞职后自己创业，转租别人的带照商户（现在有很多商品市场可以租，有些人买下后通过出租赢利，并且经营证照齐全），在一家服装市场中经营批发零售业务，凭借自身的设计能力和多年的行业经验，刘洋自己设计，找服装厂加工成衣后在自己的店铺内销售，获得了不少商业利润。

　　（3）你是否提出一个明确可行且能够结合市场机会的创业构想？这个创业构想也必须要具有一定程度的创新以及能带来市场竞争优势。

　　（4）你是否发展出一个能够创造利润的创新经营模式？同时，也需要能够描述经营模式中顾客介绍、核心策略、资源能力、价值网络各要素的内涵与创造利润的可能方式。

　　（5）你是否拥有足以判断产业相关技术与产品发展的专业能力？须知，创业阶段，如果创业者对产品技术的成熟度了解不深入，将有一定风险。

　　宋克英与开发出计算机远程控制全色护栏灯的朋友合作，注册了一家公司，拟进行产品的推广。刚刚做出样机，就有客户找上门来。该客户看到计算机模拟演示效果后，便和宋克英签订了一个很大的工程订单。由于工期较紧，宋克英便直接开始大批量生产，投入工程安装。但是最后由于产品的抗干扰性能不过关，导致客户退货，造成了巨大的经济损失。

宋克英经营失败的一个很重要的原因是：没有进行充分的产品可靠性试验，尤其是缺乏模拟现场工况的试验。

宋克英的例子给我们创业者这样一个启示：凡是在创业选项中选择新发明、应用新技术或投资于高科技新产品的时候，产品的可靠性、技术的成熟度是必须进行重点考核的可行性指标，在产品投入市场之前必须进行产品质量的相关测试，作出产品质量检测报告，如有条件应提供给部分客户使用，作出客户使用报告，使客户的使用情况全面、客观地反映出来，使企业能够正确地作出是否可以投入市场的决定，有效地规避贸然进入市场的经济风险和信用风险。

（6）你的创业心是否非常强迫？唯有强烈的企图心才能化为持久的行动与坚持的毅力，没有强烈企图心的人恐怕是不太适合创业，这点创业者自己必须先要三思。

（7）你是否勇于承诺愿意承担风险与愿意吃苦耐劳？能够勇敢地在公开场合向大众做出承诺的创业者，他的决心与行动力就不会令人质疑。

（8）你是否拥有足以带领团队前进的领导与沟通能力？

（9）你是否拥有能够协助企业取得各项必要资源的网络关系能力？

（10）你是否拥有足以经营管理一个新生企业发展的经验与能力？

（11）你是否了解与创业项目相关的政策、法律、法规？选择创业项目阶段，创业者不熟悉相关政策、法律、法规将有一定风险。

刘明准备在一家医院设立大屏幕药品广告播放系统，合作医院已经找到，药品生产厂家也十分愿意投放产品广告，正当一切条件均已经具备，刘明准备大干一场的时候，其行动却遭遇了相关执法部门的制止。原因是其直接设立大屏幕药品广告播放系统的相关行为不符合《药品管理法》的相关规定。这最终使刘明的创业计划泡汤了。

所以，不管从事哪一行业，创业者必须先了解相关的政策、法律、法规，这是项目可行性分析首先要研究的问题，如果遭禁，只有另行选项。

　　创业者在创业前，可以用这11个问题作为检测创业时机是否已经成熟的参考。许多创业失败的案例，都是因为创业者事前准备仓促，没有对自身能力做合适的定位而造成的，这点，后来的创业者应当从中吸取教训。

第四篇
商业模式：挖掘创业成功的利润种子

商业模式的核心原则

实现客户价值原则

凡是成功的企业都必有独具特色的商业模式，不同的商业模式决定了企业不同的赢利模式。从生存和发展的角度来看，任何一个企业只有不断赢利，才能拓展自己的生存空间。而赢利的基础就是建立合适的商业模式。合适的商业模式是企业安身立命、健康成长的根本。要想让自己的企业成为常青树，就必须注重商业模式，并且保证在发展的每一个阶段，都有最适合的商业模式。

诚如彼得·德鲁克预言的那样，客户是唯一的效益中心。一个成功的商业模式往往与客户价值最大化的实现有很大关联。如果一个商业模式不能满足客户的价值，即使赢利也一定是暂时的、不能长久的，是不具有持续性的。

但是，一个可以实现客户价值最大化的商业模式，即使暂时不赢利，但终究也会走向赢利。所以很多企业都把对客户价值的实现再实现、满足再满足，当作企业始终追求的主观目标。

大学毕业以后，小红决定在网上开一个蛋糕店，自己创业。在没有资金，没有实体店铺的情况下，借助网络的优势，小红却在3个月内卖了几百个蛋糕，并且得到很多买蛋糕人以及合作伙伴的好评。小红的成功创业之道有两方面的原因，一方面，她在网上搜索了多种蛋糕的图片，把这些图片做成漂亮的照片，然后加上详细的介绍，为客户提供便利；另一方面，她与全国各大城市的蛋糕配送店签订合同，建立合作关系。她还记下了每一个客户的名单，甚至记下他们买蛋糕的故事。

每次当客户订蛋糕的时候，她都很热情的介绍；蛋糕一送到，她就立刻给客户打电话，详细咨询客户的满意度。有时候，由于特殊原因，蛋糕并没有按照约定时间送到，她就会向客户道歉，真心实意地退款，甚至会免费补送其他的礼物。当客户预定的蛋糕临时不要了，或者蛋糕送过去接收人不在家的时候，她也会尊重客户意见，退款给他。除了和客户合作愉快，全国许多家蛋糕店也很乐意和她合作。因为她总是想着他们，尽量先和他们结算。在利益分配上，也相互体谅。

客户每订一个蛋糕，都有一个美丽的故事在里面，都传递着一份真诚的感情，而她，也负责地传递着这份爱意。有一次，一个客户订了一个蛋糕给远隔千里的父母。蛋糕送到之后，客户打来电话说："父母很激动，都感动的说不出来话了。"小红真诚地为客户着想，最终赢得客户的信赖，也为她的网上蛋糕店带来了源源不断的客户。

小红创造了一种独特的商业模式，其独特的核心竞争力在于整合客户和蛋糕店的能力，并用真诚的服务构建起竞争壁垒，为她的赢利创造了条件。其原点就是满足了客户的内心需求，使客户得到了最好的服务。

客户经济时代的到来，昭示着很多企业的公司战略将发生一场翻天覆地的变化。在市场经济正向着客户经济时代演进的今天，很多公司也正在倾全力推进客户价值创新战略。而创业的新兴企业最需要坚持的观念就是，怎样去实现客户价值的最大化，而不是像传统理念一样追求企业经营利润的最大化。只要坚持客户价值最大化了，企业的利润自然就包含其中。因此，创业人员必须明白，客户价值最大化是主产品，企业利润最大化是副产品。

拥有长期忠诚的客户以及由此整合的客户资本是一个企业特别是服务性企业生存发展的重要基础。企业的任何经营决策都必须将满足用户需求、培养客户忠诚度放在重要位置。现在的企业面临着公司战略从以"销售"为中心到以"客户"为中心的客户价值过渡。企业的价值创新是指以客户价值主张为主导，在企业与客户的互动中，由企业实现的价值创新，不是离开客户价值主张，离开企业与客户互动而由企业闭门造车式的价值创新。

通过增值服务、创造需求的方式也是实现客户价值最大化的一个途径。企业可以不断提供增值服务方案，让客户更准确地掌控企业的服务信息，及时响应瞬息万变的市场动态，不断完善客户服务。举例来说，如果一个电影院的管理层很清晰地明晓他们的客户的组成状况以及他们的需求，他就会根据不同影片的目标客户，决定在什么时间播放什么片源、怎样布置大厅、应该增加哪些附加服务、放映前播放什么样的广告、票价如何浮动等。更进一步，如果管理者了解影院卖饮料和爆米花的收入超过了卖电影票的收入，他们就会想办法营造一种在电影院里便于消费饮料和爆米花的环境，同时增加观众流量来多销售爆米花和饮料，而不是把眼光只放在卖票的收入上。更深一步考虑，如果放映爱情片，可以采购些关于爱情的纪念品用以销售，如果放映《羊羊运动会》之类的动画片，就可以考虑采购一些与《羊羊运动会》等相关的玩具来销售，等等。

企业还可以通过提供个性服务和专业服务的方式来实现客户价值的最大化。比如，戴尔公司"以客户为中心"的直销模式。戴尔公司采取量身定制的方式，按照客户的需求配置电脑，去除零售商的利润，以更好的服务、更有效率的方式直接将产品送到客户手中，并且把零售商的利润省下来返还给客户。"量身定做"还实现了零库存、高周转，订单制的直销模式使戴尔胜出，真正发挥了生产力的优势，也为客户提供了最富于价值的技术解决方案。为此，戴尔每周花一天的时间与顾客接触，包括走访芝加哥等城市和出席高级经理人员的销售报告会。与顾客接触不仅促进了企业业务的发展，同时也获取了信息，贴近了用户。

客户价值主张，就是创造客户价值，为客户解决难题。实现客户价值最大化要明确：客户在哪里，谁是客户，客户需求，客户需求变化以及如何满足客户。也就是说，如果一个企业始终把客户放在心上，始终考虑如何为客户提供便利，这样才能在为客户实现价值的同时，企业的利益才有真正的保障，这是双赢。

持续赢利原则

一个企业的成功不能仅仅看它现在的利润，更需要看它未来的发展前景。因为企业的竞争不仅仅看今天谁赚钱多，而是看哪一家企业有持续赚钱的能力。如果企业暂时赚钱了，却不去提升自己的竞争力，不投资未来的竞争领域，那么以后这家企业的钱是越来越难赚。所以未来的企业竞争不是比资本，而是比企业的赚钱能力，如果企业没有持续赚钱的能力，那么今天企业的固定资产根本就支撑不了多久。

持续赢利指企业既要能赢得利润，又要有发展后劲，赢利具有可持续性、长久性，而不是一时的偶然行为。能够持续赢利是判断企业商业模式成功的最基本要求，也是唯一的外在标准。因此，初创企业在设计商业模式时，能持续赢利和如何赢利也就自然成为非常重要的考虑方面。

虽然奇虎360只能算是杀毒业的新兵，但在周鸿祎的领导下，360安全卫士以"狠狠的"免费招式掀起了安全领域的风暴。

作为中国PC客户端的鼻祖，周鸿祎始终恪守着"用户需要什么就要什么"的理念，尊重用户体验的价值。所以360杀毒软件走入市场时，并没有立刻追求付费的模式，而是采用免费的方式，给用户以选择权。然而，几乎所有的免费软件都面临着一个问题：如何赢利？如何在没有任何收入来源的情况下继续运营？顺应互联网免费大潮的奇虎也在探索自己的赢利模式。

事实上，360安全卫士推行的赢利模式很简单：普遍性服务免费，增值服务收费。周鸿祎和他的团队认为，免费的软件能够吸引足够大的用户群。只有足够多的用户，才能为未来的赢利创造良好的基础。在软件价格低廉的情况下，即使有1%的360用户，每个月哪怕花费几块钱，付费也是庞大的市场。这也是周鸿祎对投资免费互联网软件看好的原因之一。

另外360杀毒里面还有一个软件推荐功能，这些软件如果想长期获得360杀毒的推荐，就需要支付一定的费用。360安全浏览器，上面集成谷歌、百度、有道搜索框，每天有成千上万的人在使用，这些搜索框每天都在给360带来利益，同时360安全浏览器中投放的文字广告也会带来不少收入。

凭借着360安全卫士等免费软件，奇虎获得尽可能多的用户群，并通过提高软件功能和丰富多样的产品种类来满足不同客户的需求。对于那些只有少数人需要的个性化服务，奇虎360将针对部分用户提供增值服务从而赢利。2010年，360安全卫士推出首个增值服务——在线存储和安全备份。

随着3G时代的到来，手机平台也越来越开放，各色各样的手机病毒日益浮出水面，手机的信息安全也成为消费者关注的问题之一。奇虎360公司加速在手机安全领域布局，为其在安全领域的下一步扩张做好铺垫。同时奇虎也在积极部署未来的"云安全"领域，360的数据中心部署了5000多台服务器，通过专业的搜索技术、海量的用户基础，三者共同建立起了云安全体系，从而为消费者提供更加有效的服务。

拥有了庞大的消费群体，自然就拥有了获取利润的方法。目前，周鸿祎旗下拥有360安全卫士这一免费软件平台，以及360杀毒，360手机浏览器，还有手机上的360安全卫士等多款免费产品。而这些免费的产品正是周鸿祎的"立企之本"，他希望通过"免费"模式，像腾讯 QQ 一样抢占用户桌面，从而获得长久的发展动力。

持续赢利是对一个企业是否具有可持续发展能力的最有效的考量标准，赢利模式越隐蔽，越有出人意料的好效果。赢利能否持续，要看消费者能否持续放大或维持。一旦有了庞大的消费群体，收益就有了保证，这个赢利模式也就能持续！

初创企业发展的最大瓶颈就是客户，只要把客户引到产品上来，就等于成功了一半。用免费的产品吸引客户注意，并提供用户体验，的确是别出心裁的一招。如果该产品经得起市场考验，消费者就会使用并信赖此产品，企业也因此会实现赢利。

一般来说，一个持续赢利的商业模式必须具备两个要点：第一，是所属行业的领头羊，或者做到市场份额的老大。第二，所进入的行业市场必须具备良好的扩展期和成长期。而对创业者来说，要成为行业的领头羊有 3 个地方值得思考：首先，在选择进入行业的时候，要反常规思维，也就是避免进入一个热点或焦点行业。其次，对要进入的市场和行业具备理性分析，要有市场前瞻性，看清未来两三年市场的需求在哪里，为这个市场的需求做好准备。再次，就是必须在技术、产品、销售体系、赢利模式上能够有所创新。

当然，持续赢利并不是一蹴而就的，企业赢利是一个长期积累的过程。在市场竞争初期和企业成长的不成熟阶段，企业的商业模式大多是自发的，随着市场竞争的加剧和企业不断成熟，企业开始重视对市场竞争和自身赢利模式的研究。优秀的赢利模式是丰富和细致的，并且各个部分要互相支持和促进，改变其中任何一个部分，就会变成另外一种模式。

对于创业者来说，在刚开始进入市场的时候，肯定会存在很多困难，但是不要轻易放弃，一旦转行，厂房重新建造，机器重新购买，产品重新创造，客户重新开发，创业者前期的投入就白费了。所以做企业坚持很重要，因为坚持会让你的经验越来越丰富，行业越来越熟悉，客户越来越多，能力越来越强。当企业拥有了这些资源实质上就等于创业者增加了企业的竞争实力。即使一个资金比你雄厚的企业，他在没有经营能力的前提下也是无法与你竞争的。所以企业要想持续赚钱，永远立于不败之地，就需要在自己的行业内做精、做专、做细。当你成为这个行业的专家，自然就成了市场的赢家。

成功的商业模式要做到放眼未来，而不是追求短期的利润。企业也需充分认识行业的扩展性和成长性，从实际出发，以务实为赢利模式的主基调。

合理整合资源原则

经济学研究资源的合理配置与利用，只有配置合理，才能充分发挥资源的效用。当今成功企业的战略，其根本已经不再是公司本身，甚至不再是整个行业，而是企业整个价值创造系统，即对所属行业以及相关行业资源的有效整合。

资源整合是企业战略调整的手段，也是企业经营管理的日常工作。整合就是要实现资源的优化配置，使资源得到最大化的利用，并获得整体利益的最优。对于初创企业而言，资源整合要根据企业的发展战略和市场需求，通过一系列的组织协调，把企业内外部关系有机地统一起来，实现对相关资源的重新配置，并寻求资源配置和客户需求的最佳结合点，从而凸显企业的核心竞争力，取得 1+1 ＞ 2 的效果。格兰仕集团以其有效整合资源，挖掘环节利润的产业链循环方式为自己创造和赢得了生存和发展的空间。

被誉为"价格屠夫"的格兰仕是全球市场整合和资源整合的榜样。该公司并没有拥有全球微波炉核心技术、也没能掌控全球销售网络，还遭遇过发达国家的反倾销袭击，但从 1995 年拿下中国市场产销量桂冠以来，格兰仕微波炉产销量已经"十连冠"，国内市场占有率最高达 70%，全球市场占有率达 50%，把一家中国的格兰仕培养成了世界的格兰仕。

格兰仕成长为全球微波炉老大之路其实就是一条整合全球市场和全球资源之路。格兰仕通过对微波炉上、下游和自身的有效整合，将其内部系统高效率运作，保证其始终位居技术工艺、研发设计的领先地位，并同时具备为全世界消费者提供最价廉物美产品的能力；通过对微波炉世界同行资源的整合，格兰仕依靠不断地降价策略为全球微波炉企业做 OEM 赚取微薄的利润；通过对全球微波炉销售渠道资源的整合，格兰仕将采购供应系统高效协调，形成一个统一体，始终将生产成本控制在最低。

由于格兰仕不断地扩大规模、提升技术能力、加强全球资源协作，格兰仕的产品、技术、服务、利润空间得以维持在一个相对稳定和持续增长的状态，再加上全球资源的有效支持，因此取得了共赢的发展，成为中国规模企业领先全球市场、善用全球资源的楷模。格兰仕的成功，验证了"中国的格兰仕就是世界的格兰仕"的道理，也说明了与世界共舞的企业必然能赢得世界的认可。

资源整合的目的是通过组织制度安排和管理运作协调等来增强企业的竞争优势，实现企业资源的最大化利用，从而提高客户服务水平，企业获得赢利。企业资源整合一般体现在以下 5 个方面：

1. 优化企业内部产业价值链

企业为了提高整个产业链的运作效率，也为了用较低的成本快速占有市场，同时满足客户日益个性化的需求，不断优化内部产业价值链，将关注点集中在产业链的一个或几个环节，还以多种方式加强与产业链中其他环节的专业性企业进行高度协同和紧密合作，从而获得专业化优势和核心竞争力，击败原有占绝对优势的寡头企业。

2. 深化产业价值链上下游的协同关系

企业通过合作、投资、协同等战略手段，在开发、生产和营销等环节与产业价值链上下游企业进行密切协作，加强与这些企业的合作关系，使企业自身的产品和服务进一步融入客户企业的价值链运行当中，从而提高企业的运作效率，进而帮助其增加产品的有效差异性，提高产业链的整体竞争能力，便于以整体化优势快速响应市场。如洛克菲勒从石油产业的下游向上游拓展产业链，实现资源的最大化利用。

3. 把握产业价值链的关键环节

初创企业在发展过程中，必须明确自己的核心竞争力，紧紧抓住和发展产业价值链的高利润区，并将企业资源集中于此环节，构建集中的竞争优势，借助关键环节的竞争优势，获得对其他环节协同的主动性和资源整合的杠杆效益，使企业成为产业链的主导。如西洋集团，它就是通过控制整个产业链的所有关键环节，挖掘每个环节利润，并将其做到各自环节的专业化最强，给竞争对手设置了难以跨越的进入壁垒，同时也将整个终端产品的成本降到最低点，从而形成压倒性的竞争优势，演绎了一条产业链循环赢利模式的成功之路。

4. 强化产业价值链的薄弱环节

管理学中有个木桶原理：一个木桶由许多块木板组成，如果组成木桶的这些木板长短不一，那么这个木桶的最大容量不是取决于最长的木板，而是取决于最短的那块板。企业在关注核心领域的同时，也要强化产业价值链中的薄弱环节。

企业可通过建立战略合作伙伴关系或者由产业链主导环节的领袖企业对产业链进行系统整合等方式，主动帮助和改善制约自身价值链效率的上下游企业的运作效率，实现整个产业链的运作效率的提高，使公司的竞争优势建立在产业链整体效能释放的基础上，并同时获得相对于其他链条上的竞争对手的优势。如青岛啤酒对全国48家低效益啤酒厂的收购整合、蒙牛对上游奶站的收购等，都属于强化产业价值链薄弱环节的范畴。

5. 构建管理型产业价值链

企业在资源整合的时候，为了使自己始终保持竞争优势，不能仅仅满足于已取得的行业内的竞争优势和领先地位，还需要通过对以上几种产业链竞争模式的动态运用，去应对整个产业价值链上价值重心的不断转移和变化。同时还要主动承担起管理整个产业链的责任，密切关注所在行业的发展和演进，这样才能使产业链结构合理、协同效率高，引领整个行业去应对其他相关行业的竞争冲击或发展要求，以保持整个行业的竞争力，谋求产业链的利益最大化。

创业者刚刚开始创业，面临着资金不足、资源缺乏、不会经营等很多难题。可以说，任何一个创业者都不可能把创业中所涉及的问题都解决好，也不可能把一切创业资源都准备充足。创业者关键的一点就是要学会进行资源整合，因此合理整合资源的原则不仅是创业设计中的一个重要原则，也是在创业中借势发展，巧用资源，优势互补，实现双赢的重要方法。

不断创新原则

时代华纳前首席执行官迈克尔·邓恩说："在经营企业的过程中，商业模式比高技术更重要，因为前者是企业能够立足的先决条件。"

商业模式的创新贯穿于企业经营的每个环节中，一个成功商业模式的创新不一定必须体现在技术上，也可以是企业运营的某一个环节如企业资源开发、研发模式、制造方式、营销体系、市场流通等的创新，或是对原有模式的重组、改造，甚至是对整个商业规则的颠覆。所以可以说在企业经营的每一个环节上的创新都可能变成一种成功的商业模式。苹果公司在创新方面，可谓发挥得淋漓尽致。

2010 年 5 月 26 日，美国发生了一件大事。这一天，苹果公司以 2213.6 亿美元的市值，一举超越了微软公司，成为全球最具价值的科技公司。然而在 2003 年初，苹果公司的市值也不过 60 亿美元左右。一家大公司，在短短 7 年之内，市值增加了近 40 倍。苹果公司的发展，可以说是企业史上的奇迹。而这些业绩的取得，源于它不断地创新，产品的创新和商业模式的创新。

1997 年，乔布斯回到苹果做的第一件事情，是重新塑造了苹果的设计文化，推出了 iMac，让苹果电脑重新成为"酷品牌"的代表。

2001 年，乔布斯推出了 iPod，进入音乐播放器市场。

2003 年，苹果推出了 iTunes。iTunes 的存在能够让更多人更方便地下载和整理音乐，受到了来自用户和合作伙伴的广泛支持。这时候的苹果公司，不仅仅靠卖 iPod 赚硬件的钱，还可以通过 iTunes 赚音乐的钱。短短 3 年内，iPod+iTunes 组合为苹果公司创收近 100 亿美元，几乎占到公司总收入的一半。

2007 年，苹果公司发布了 iPhone，掀起了一场手机革命。除了产品设计本身的创新之外，苹果公司还沿用了 iTunes 在 iPod 上的引用，在 2008 年推出了 App Store，并和 iTunes 无缝对接。iPhone+App Store 的组合，为苹果引领手机革命赋予了主导地位。

2010 年初，苹果又推出 iPad。这款产品采用了和 iPhone 同样的操作系统，外观也像一个放大版的 iPhone，在应用软件方面也沿用了 iPhone+App Store 的模式。虽然这款产品存在很多争议，但无疑受到了"苹果粉丝"的狂热拥护，每周的销量超过 20 万部，并被公认为会颠覆未来的出版行业。

同样是创新，从 1997 年到 2003 年，苹果侧重于产品创新，虽然也获得消费者的认可，但在体现公司市值方面不甚理想。而到了 2003 年以后，由于商业模式的创新，苹果创造了一个商业史上的奇迹。苹果公司的过人之处，不仅仅在于它为新技术提供时尚的设计，更重要的是，它把新技术和卓越的商业模式结合起来。

一个成功的商业模式，第一步就是要制定一个有力的客户价值主张，也就是如何帮助客户完成其工作。苹果真正的创新不是硬件层面的，而是让数字音乐下载变得更加简单易行。利用 iTunes+iPod 的组合，苹果开创了一个全新的商业模式——将硬件、软件和服务融为一体。商业模式的创新对价值进行了全新的定义，为客户提供了前所未有的便利。

另外，对于苹果而言，iPhone 的核心功能就是一个通讯和数码终端，它融合手机、相机、音乐播放器和掌上电脑的功能，这种多功能的组合为用户提供了超越手机或者 iPod 这样单一的功能。苹果的 App Store 拥有近 20 万个程序，这些程序也是客户价值主张的重要组成部分。苹果在用户体验方面也做得非常出色，这些都是苹果提供的客户价值主张。

在实现客户价值主张的同时，制定赢利模式是成功的商业模式的第二步。对于苹果公司而言，赢利路径主要有两个：一个是靠卖硬件产品来获得一次性的高额利润，二是靠卖音乐和应用程序来获得重复性购买的持续利润。由于优秀的设计，以及超过 10 万计的音乐和应用程序的支持，无论是 iPod、iPhone 还是 iPad，都要比同类竞争产品的利润高很多。同样，由于有上面这些硬件的支持，那些应用程序也更有价值。因此可以看出，明确客户主张和公司赢利模式方面的创新，在为客户创造价值的同时，也为公司创造了价值。

那么，如何创新自己公司的商业模式呢？正如苹果公司做的那样，第一步就是要明确客户主张。也就是说要明确客户到底需要什么？管理大师德鲁克有句名言："企业的目的不在自身，必须存在于企业本身之外，必须存在于社会之中，这就是造就顾客。顾客决定了企业是什么，决定企业生产什么，企业是否能够取得好的业绩。由于顾客的需求总是潜在的，企业的功能就是通过产品和服务的提供激发顾客的需求。"这就意味着，公司要去发现一个新的市场。在准确把握消费趋势的前提下，站在市场前面引导市场，通过持续的技术创新使自己始终处于行业领先地位。

从苹果公司的高成长奇迹来看，高成长的公司对于赶超或打败竞争对手其实并不感兴趣，他们真正感兴趣的是，在成熟的业态下创造与众不同的市场。这样的市场创造并不遥远，而是在没有人注意的地方开创出一片蓝海。

这种创新原则在不断指导企业优化他们的商业模式，指导企业创新，开辟新的蓝海，并走向资本市场。苹果的成功，也告诉我们面对技术进步和需求复杂化带来产品和产业的融合时，创新与突破、不断培育自身的核心竞争力，才是创业者在激烈竞争中能够生存与发展之道。

有效融资原则

资金是企业发展的血液。企业生存需要资金，企业发展需要资金，企业快速成长更是需要资金。资金已经成为所有企业发展中绕不过的障碍和很难突破的瓶颈。谁能解决资金问题，谁就赢得了企业发展的先机，也就掌握了市场的主动权。因此融资模式的打造对企业有着特殊的意义，尤其是对初创企业来说更是如此。分众传媒就是凭借其成功有效的融资模式，实现了一统电梯媒体的江湖地位。

在国内领导群雄的数字媒体公司——分众传媒，是中国围绕都市主流消费人群的生活轨迹打造的无时不在、无处不在的数字化媒体平台，是中国最大的数字化媒体集团。

2003年5月，分众传媒成功获得日本软银等公司的首轮私募股权投资4000万美元。

2004年3月，UCI维众投资、鼎晖国际投资和TDF基金联手美国知名投资机构DFJ、WI-HARPER中经合以及麦顿国际投资等联手注资分众传媒数千万美金，分众成功获得了第二轮私募股权融资。

2004年11月，分众传媒控股有限公司与UCI维众投资、美国高盛公司和英国3i公司在人民大会堂召开新闻发布会，宣布UCI、高盛及3i共同投资3000万美金入股分众传媒，实现了第三轮股权融资。

2005年7月，分众传媒成功登陆美国NASDAQ（股票代码FMCN），成为海外上市的中国纯广告传媒第一股，并以1.72亿美元的募资额创造了当时的IPO纪录。

2006年1月，分众传媒以3.25亿美元的价格合并中国第二大楼宇视频媒体运营商——聚众传媒，从而以75个城市的覆盖度、约98%的市场份额进一步巩固了在该领域的领导地位。自合并之日至2006年3月底，公司在分众、聚众两个品牌原有的楼宇联播平台基础上将该网络划分为更加精细分众化的几个频道，包括中国商务楼宇联播网、中国领袖人士联播网、中国商旅人士联播网、中国时尚人士联播网等。

在不到两年的时间里，分众传媒成功运作了3次私募股权融资，并引进了几家国际顶级的机构投资人，无疑是近年来中国本土公司私募股权融资的一个不可多得的经典案例。有效的融资对于企业的成长发展起着非常重要的作用。分众传媒的成功也与有效地融资有着密切的关系。

那么该如何有效融资呢？分析分众传媒有效融资的原因，不难看出有 3 大成功要素：

1. 准确评估融资值

估值的高低，对企业融资都会产生重大影响，甚至直接影响到能否融资成功。因此公司在融资前，要给融资公司一个准确的定位，合理的评估企业所要融资的资本，因此如何评估估值，是企业管理者面临的重要问题。

公司在评估自己的融资值时，要明确评估资本以哪家公司作为参照物、以哪些财务数据作为参数？公司投资前估值与公司的融资额以及增发新股的比例是多少等？这些都关联到融资是否有效。

2. 依靠成熟的团队

虽然分众广告媒体业是一个融户外媒体、数字娱乐、IT 技术等于一体的新型广告媒体产业，在国外也无成型的商业模式可供参考，但是分众传媒的创始人及其团队，凭借其经营广告代理近 10 年的行业经验，率先独辟蹊径地开创出一条适合中国国情、符合自身发展的商业模式和赢利模式。

在错综复杂的投融资商业谈判中，分众传媒公司的年轻团队，表现出果敢、干练和沉着的品质。他们热情洋溢的陈述，让潜在投资人感受到创业的激情。优秀的团队及其领导人，始终是融资成功的第一要素。

3. 积极斡旋，高效谈判

在融资过程中，投资双方或多方都会提出不同的问题，尤其是在公司估值、投资比例、投资人优先保护条款、公司治理和管理权归属等重大问题上，积极的斡旋、协调谈判双方或多方，控制谈判节奏，成为谈判对手之间的一道缓冲，使艰难而紧张的谈判进行得更为顺畅，大大提高了谈判的成功率。

分众传媒的领导人在与投资方会谈中，能把握大局，因势利导，并能充分发挥"财务顾问"的作用，把投资方的积极性恰到好处地引发出来。另外国际投资基金的全力配合，及各基金之间微妙的互动压力，使分众传媒第二轮私募融资得以在不到 4 个月的短时间内就顺利完成，并出现机构投资人超额认购的局面。这在近年来的中国私募股权融资和风险投资领域，都是极为罕见的。

依靠这 3 个方面的因素，分众传媒成功地融入资本，为其企业的发展插上翅膀。对于一些成功企业来说，融资所发挥的作用无疑是非常重要的。当然，也有一部分企业就是由于没有建立有效的融资模式而导致资金链断裂，结果失败了。如"巨人"集团，仅仅因为近千万的资金缺口而轰然倒下；曾经与国美不相上下的国通电器，拥有过 30 多亿元的销售额，也仅仅因为几百万元的资金缺口而销声匿迹。所以说，创业者在设计企业的商业模式的时候，一定要考虑企业的融资模式，甚至可以说，能够融到资并能用对地方的商业模式就已经是成功一半的商业模式了。

任何形式的创业都是要成本的，就算是最少的启动资金，也要包含一些最基本的开支，如产品定金、店面租金等，更别说大一些的商业项目了。因此，对创业者来说，能否快速、高效地筹集到资金，是创业成功至关重要的因素。融资的方式有很多，如银行贷款、寻找风险投资商、民间资本、创业融资、融资租赁等，创业者需要认真考量各种可选择的融资源，以便于有效融资。

组织管理高效原则

在互联网时代，整个市场面临着由产品驱动向用户驱动转变，谁能最快满足用户的需求，谁就是强者。高效率的组织管理是保证企业竞争力的关键环节，而成功的商业模式也需要高效的组织管理，海尔公司采取的"倒三角"组织结构是高效率管理的典型。

在海尔的"倒三角"组织结构里，员工在最前线，直接面对市场，所有的员工都听客户的命令，领导却倒过来，在最基层，一方面为一线员工提供资源，另一方面捕捉市场的变化，抓住机遇。

这种结构实现了组织的高效管理，员工直面市场，可以第一时间将客户的声音传递到企业，自主经营体的负责人则以第一竞争力目标，获取一流的用户资源换取开发市场的资源，最后根据用户的需求倒逼研发、供应链、客户管理 3 大体系。事实上，海尔的管理模式由 3 个基本框架构成，即目标体系、日清控制体系和有效激励机制。

首先由目标体系将企业的目标层层分解，量化到每人、每天做的每件事，做到人人都管事，事事有人管。每个人都清楚每天要完成的每件工作，再小的事都有明确划分，甚至每一块玻璃、每一个地段，都标有责任者的名字。

然后由日清体系来保证完成目标的基础工作。每个人要明白自己当天应完成的任务量，但又并不到此为止，还要进一步看到近期的不利方向，从而形成一种自我鞭策机制。通过"日清日高"，海尔使人人既明白当天做到了什么程度，又与过去对比看是否有所提高。海尔正是在日常一点一滴的小小改进提高之中，最后由量变到质变，出现创新，成为企业不断前进的动力。

日清体系的结果与激励机制挂钩来激励全企业向目标努力。海尔的激励机制坚持两个原则：一是公开、公平、公正，通过3E卡可明确地计算出日收入状况，使员工心里有数；二是计算依据合理，如海尔实行的"点数工资"，就是从多方面对每个岗位进行半年多的测评，并且根据具体条件的变化而不断进行调整，又如"计点工资"，将一线职工工资100％的与奖金捆在一起，按点数分配，在此基础上对一、二、三线的每个岗位实行量化考核，从而使劳动与报酬直接挂钩。

另外，海尔还设立海尔奖、海尔希望杯奖、职工合理化建议奖等多项奖，又采用职工姓名命名小改小革等形式，对职工进行精神激励，激发员工的工作热情。

凭借着目标体系、日清控制体系以及激励机制的独具特色的管理法则，海尔一步一个脚印，靠质量享誉的名牌效应、覆盖面广泛的市场网络和星级服务体系三张无形资产的"王牌"，使得兼并的十几家企业个个都"亮"了起来，做到了行业前列。

在市场经济的环境下，衡量一个企业成功的唯一外在指标是利润最大化。企业要实现利润最大化关键是要提高企业的管理效率。高效率的组织管理企业，是每个企业管理者梦寐以求的境界，也是现代企业管理模式追求的最高目标。

现代管理学上讲，一个企业要想高效率地运行，首先要解决的是企业的愿景、使命和核心价值观，这是企业生存、成长的动力，也是员工干好工作的理由。

其次，清晰产权的界定。只有产权明晰，才能做到企业的权、责、利三者之间的一致，实现高效率。产权清晰要做到以下几点：有明确的所有者、股权要多元化、股权要相对集中。股份制企业中一定要有几家大股东，如果都是小股东，对企业的利益关心程度就低，造成决策效率低下。

再次，要有一套科学实用的运营和管理系统，解决的是系统协同、计划、组织和约束问题。管理体系是指企业运行的制度，管理制度追求的不是现代化，而是实用，是全体人员一定要坚持的。

最后，还要有科学的奖励激励方案，解决的是如何让员工分享企业的成长果实的问题，也就是向心力的问题。

高效率的组织管理模式的建立，其作用是不可估量的。创业者可以结合自己企业的实际，不断优化企业的运营结构，协调各方面因素，以促进企业组织管理的高效率。

商业模式的常见形式

赢利模式：好好琢磨到底怎么赚钱

企业商业模式的设计就是围绕着使企业形成核心竞争能力来展开的。具有独特核心竞争优势的商业模式肯定是一个能使客户价值实现、使企业赢利的商业模式，也一定是能使企业走向成功的商业模式。持续赢利是商业模式的重要原则，如何持续赢利，通过怎样的渠道和模式赢利，就需要初创企业认真研究，要好好琢磨到底怎么才能赚到钱。

赢利模式是企业在市场竞争中逐步形成的企业特有的赖以赢利的商务结构和与之相对应的业务结构。企业按照利益相关者划分的企业的收入结构、成本结构以及相应的目标利润，就是企业的赢利模式。

企业的商务结构主要包括企业外部所选择的交易对象、交易内容、交易方式、交易规模、交易渠道、交易环境、交易对手等内容及其时空结构，它反映了企业内部资源整合的对象及其目的。企业的业务结构主要指满足商务结构需要的企业内部从事的包括科研、采购、生产、储运、营销等内容及其时空结构，它直接反映了企业资源配置的效率。在商业结构和业务结构的协同配合下，可以考量企业的赢利模式。

任何企业都有自己的商务结构及其相应的业务结构，但并不是所有企业都赢利，因而并不是所有企业都有赢利模式。阿里巴巴作为中国电子商务界的一个神话，其创造的赢利模式一直被社会各界拥趸。

从1998年创业之初，阿里巴巴就开始了它的传奇发展。它在短短几年时间里累积300万的企业会员，并且每天以6000多新用户的速度增加。不仅仅是其创始人马云的传奇神话，它的成功更是得力于其准确的市场定位以及前瞻性的远见和独特的赢利模式。

在中国电子商务刚萌芽时，阿里巴巴的高层就准确地切入该领域，并且脚踏实地地做着力所能及的事情，致力于规范并促进电子商务贸易的发展。阿里巴巴从一开始就有非常明确的市场定位和商业模式。在发展初期，阿里巴巴绕开物流，专做信息流，前瞻性的观望资金流并在恰当的时候介入支付环节。

它的运营模式也是一个循序渐进的过程，根据中国电子商务界的发展状况来准确定位网站。阿里巴巴从最基础的替企业架设站点开始，不断捕捉新的收入机会，如利用网站推广以及对在线贸易资讯的辅助服务，交易本身的订单管理等，不断延伸自己的赢利模式。

阿里巴巴的赢利模式符合 3 个特点：赢利的强有力、可持续、可拓展。

1. 抢先快速圈地

1988 年阿里巴巴初创时，中国互联网先锋瀛海威已经创办了 3 年，瀛海威采用美国 AOL 的收费入网模式，这对于经济发展水平高的国家本身经济实力强而且网络信息丰富的 AOL 是适用的。阿里巴巴并没有采用瀛海威的收入模式，而采用了免费大量争取企业的方式。这种快速圈地的模式为马云积累了大量的用户。

但是在遭遇互联网寒冬的 2001 年，坚持这样的模式是需要洞见和魄力的。他说："今天是很残酷，明天更残酷，后天很美好，但是很多人都看不到后天，因为他们死在明天的晚上"。现在的阿里巴巴，有中国企业会员 700 万家，海外也有 200 多万家。

2. 有效的私募融资

信用对于重建市场经济和经济刚起飞的中国市场交易是拦路虎，在电子商务方面尤为突出。阿里巴巴创新了中国企业的互联网信用认证，利用信用认证，它敲开了创收的大门。阿里巴巴既依靠了国内外的信用评价机构的优势，又结合了企业网上行为的评价，开始了自己的创收，恰当配合了国家和社会对于信用的提倡，有了创收的渠道，2002 年阿里巴巴提出一个目标，全年赚 1 块钱。到 2003 年的时候，就达到一天有 100 万元的收入了。而现在，这个项目每年给阿里巴巴带来几千万元的不断增加的收入。

3. 外商采购

阿里巴巴掌握了 5000 多家的外商采购企业的名单，可以实实在在地帮助中国企业出口。对每家企业收费 4 万～ 6 万元又给阿里巴巴带来每年几千万元的收入，并带来国内外的知名度。

4. 进军电子商务搜索

电子商务搜索可以将电子商务涉及的产品信息、企业信息，还有物流、支付有关信息都串通起来，可以逐步形成一种电子商务信息的标准，具有很大的市场潜力。

2007 年，阿里巴巴首先推出了自己的关键字竞价搜索，然后收购了雅虎中国，进军电子商务搜索领域。当时，雅虎搜索在中国仅低于百度 3 个百分点，超过 Google 8 个百分点，依靠雅虎在中国的影响力，阿里巴巴致力于创建全球首个有影响力和创收力的专业化搜索。电子商务搜索可以首先推进阿里巴巴的电子商务，并统领全国的电子商务。

从诞生之日起，中国电子商务网站走的是一条并不平坦的路，也经过了很多探索。B2B、B2C 和 C2C 等不同模式的碰撞，一直影响着中国互联网的发展。从坚持 B2C 模式的 8848 的失败，到一系列跨国公司在中国的跑马圈地，再到当当网要进入 C2C 和大量网上支付公司的出现，中国的电子商务迎来了从未有过的热潮。

阿里巴巴借助这些单纯性、连贯性、组合性和有效性非常突出的招数，在电子商务领域树立了一面属于自己的旗帜。

初创企业在设计自己的赢利模式时，要注意分清自发的赢利模式和自觉的赢利模式。自发的赢利模式是指在企业创建初期，其赢利模式具有隐蔽性、模糊性、缺乏灵活性的特点，企业对如何赢利，未来能否持续赢利缺乏清醒的认识，赢利模式不明确也不清晰；而自觉的赢利模式，是企业通过对赢利实践的总结，对赢利模式加以自觉调整和设计而成的，它具有清晰性、针对性、相对稳定性、环境适应性和灵活性的特征。

在市场竞争的初期和企业成长的不成熟阶段，企业的赢利模式多是自发的，但是随着市场竞争的加剧和企业的不断成熟，企业开始重视对市场竞争和自身赢利模式的研究，逐步建立自觉的赢利模式。因此初创企业一定要结合企业自身的实际，建立属于自己的赢利模式。

免费模式：免费只是招摇的红手帕

免费模式是商业模式的表现形式之一。以免费报纸为例，其兴起打破了原有报纸的商业模式。1999年3月，英国首份免费报纸《伦敦都会报》面世，令报界一片哗然。它一上市就颇受读者欢迎，一些较晚到达地铁站的人就拿不到报纸。

随着免费报纸风潮的出现，许多传统报纸的发行量纷纷下降，有的甚至下降了30%多。可见免费报纸的市场冲击力是多么大，市场空间和发展后劲是多么足。

报纸的免费模式彻底颠覆了传统报纸的商业模式。传统报纸的收入主要依靠两方面：发行收入和广告收入。发行量又和报纸质量、报纸销售价格紧密相关。而免费报纸唯一的商业模式就是广告，所以不管是内容还是版面设计，都是要把读者导入到广告诉求上来。

从两种商业模式的比较来看，免费报纸容易突破销售瓶颈，但前提是报纸内容不能太差而且必须有足够的资金支持，否则维持下去也很艰难。免费的商业模式需要在一个成熟的市场才能成长起来，尤其在互联网时代，信息共享成为人们的共同诉求。免费的背后，是商业模式的完善和成熟。腾讯的发展过程就是一个商业模式不断完善和成熟的过程。

腾讯从一只亦步亦趋的小企鹅，现在已经发展成为一个航母级的大平台，目前已稳居国内互联网企业市值的头把交椅。目前QQ在国内外拥有注册用户过亿，且以几何速度每日递增。"QQ之父"马化腾正带领着自己的团队一步步创建起自己的企鹅帝国。

1998年底，马化腾开始创业。腾讯在创立初，和其他刚开始创业的互联网公司一样，面临着资金和技术两大问题。1999年2月，腾讯开发出第一个"中国风味"的ICQ，即腾讯"QQ"，受到用户欢迎，注册人数疯长，很短时间内就增加到几万人。随着用户量的迅速增长，运营QQ所需的投入越来越多，马化腾只有四处去筹钱，借助海外的风险投资，腾讯公司终于在艰难中生存下来，也渐渐建立并完善了属于自己的商业模式。

免费的QQ只是招摇的红手帕，而QQ本身也从广告、移动QQ、QQ会员费等多个领域实现了赢利。天下没有免费的午餐，免费的背后是用户习惯和消费群的确定。随着QQ用户的不断增长，腾讯推出了各种各样的增值服务。

1. 互联网增值服务

互联网增值服务包括了 QQ 会员收费、QQ 秀、QQ 游戏等全线互联网服务。随着 "QQ 幻想" 和 "QQ 华夏" 以及 "地下城与勇士" "QQ 炫舞" 和 "穿越火线" 等游戏的相继推出和完善，网游这个蛋糕给腾讯带来了不少的收益。另外还有拍拍网上的 QQ 币等虚拟商品的销售额也在火暴增长。

2. 网络广告

在门户网站阵营中，QQ.COM 流量第一，已将新浪甩在了脑后；收入第三，全面超越了网易。QQ.COM 的门户流量，已经奠定了威胁新浪等以广告收入为主的门户网站的基础，即将再次成为腾讯家族后发先至的成功典范。

3. 移动及电信增值服务

移动及通信增值服务内容具体包括：移动聊天、移动游戏、移动语音聊天、手机图片铃声下载等。当用户下载或订阅短信、彩信等产品时，通过电信运营商的平台付费，电信运营商收到费用之后再与 SP 分成结算。

以 IM 为核心依托，以 QQ 为平台，借助免费的 QQ 软件和良好的用户体验，QQ 开始以低成本地迅速扩张至互联网中几乎所有领域。2005 年，马化腾大举进军休闲游戏；接着又斥资进入大中型网游；2006 年，马化腾又进入电子商务领域，在拍卖和在线支付上亮出利刃。

如今，马化腾执掌的腾讯公司已经围绕 QQ 创立了中国最大的三家综合门户网站之一、第二大 C2C 网站、最大的网上休闲游戏网站，拥有全球用户数最多、最活跃的互联网社区，其市值在世界互联网产业内仅次于 Google 和 Amazon。

腾讯科技商业模式的特点是以 IM（即时通信）为核心依托，以 QQ 为平台，低成本地扩张至互联网增值服务、移动及通信增值服务和网络广告。这种商业模式对应的原理是平台经济学。免费的 QQ 软件为腾讯带来的最宝贵的资产，是庞大的活跃用户群体，是互联网上的客流。拍拍网、SP、休闲游戏、网络游戏以及之后的一系列产品，是开在闹市的旺铺。有庞大的 QQ 用户做支持，腾讯的扩张之路几乎是撒豆成兵。

世界上有一种路，是一个人走出来的；商界有一种模式，是一个企业创造出来的。马克思为写《资本论》在大英博物馆地毯上踩出的路，就是他一个人走出来的；腾讯科技的 "商业模式" 是创出来的，腾讯的 QQ 之路，是马化腾为首的腾讯人走出来的中国式互联网之路。

展望未来，一般规律是：平台免费，增值收费；产品免费，服务收费。免费只是招摇的红手帕，通过免费的形式，企业可以快速聚拢一部分客户群体，为企业的持续赢利创造机会。

但是免费需要一个成熟的市场才能成长，初创企业在设计商业模式的时候一定要明确哪些环节是利润贡献较大的？哪些环节对公司利润贡献最小，甚至是没有利润贡献的？从而有针对性地设计商业模式，用最优秀的资源去优化最关键的环节，形成企业的相对竞争优势，从而铸造独特的、富有竞争力的商业模式和赢利模式。

标准模式：琢磨规则，创造规则

商业模式中的标准模式就是在企业发展过程中琢磨规则、创造规则的过程。麦当劳为何能成为世界快餐业的路标？其品牌为何能如此深入人心？"标准化，每一个细节都坚持标准化，而且持之以恒的执行，才能保证成功！"麦当劳创始人雷·克洛克如是说。

麦当劳的连锁标准化管理是标准模式的一个楷模。

1955 年诞生的麦当劳连锁快餐机构，至今已发展成为在世界范围内拥有 3 万家分店的跨国公司。麦当劳在餐饮行业建立了属于自己的世界品牌。

麦当劳的成功缘于它的创始人创造了一种适应时代要求的商业模式，并通过制订统一和规范化的标准，使其可以迅速地复制扩张。在经济高速发展的时代，伴随着人们生活节奏的加快，用于吃饭的时间越来越短，特别是个人大量拥有汽车后，途中快速用餐的需求出现了，而在一些机场和高速公路路口设立的麦当劳快餐店满足了人们的需要。

麦当劳的成功还源于它的标准化和规范化运作。麦当劳在全世界有 3 万多家店面，在它的任何一个餐厅，柜台都是 92 厘米高；店铺内的布局也基本一致：壁柜全部离地，装有屋顶空调系统；其厨房用具全部是标准化的，如用来装袋用的 V 形薯条铲，可以大大加快薯条的装袋速度；用来煎肉的贝壳式双面煎炉可以将煎肉时间减少一半；所有薯条采用"芝加哥式"炸法，即先炸 3 分钟，临时再炸 2 分钟，从而令薯条更香更脆；在麦当劳与汉堡包一起卖出的可口可乐，据测在 4℃时味道最甜美，于是全世界麦当劳的可口可乐温度，统一规定保持在 4℃；面包厚度在 17 厘米时，入口味道最美，于是所有的面包做 17 厘米厚；面包中的气孔在 5 厘米时最佳，于是所有面包中的气孔都为 5 厘米。这就是麦当劳的经验。当然，这套标准化体系，是它用了几十年工夫建立起来的。

在麦当劳的早期发展过程中，公司也很重视品牌的构建。麦当劳的品牌内涵中包含了其产品品质、产品市场定位、品牌文化、产品标准化生产及品质保障机制、品牌形象推广、特许经营的市场扩张模式等。麦当劳逐渐形成了具有强烈美国 CI 理论特征的以红黄为基本色调、以 M 为品牌标志的 CI 体系。

吃过麦当劳快餐的人都知道，在任何一个麦当劳店，你所得到的汉堡都是一样的，这就是麦当劳的连锁标准化管理。麦当劳的标准化还体现在整套人力资源管理上，包括如何面试，如何挖掘一个人的潜力，天才是留不住的，员工没有试用期，鼓励员工要永远追求卓越，等等。

麦当劳以其独特的、成功的商业模式获得了世界餐饮第一的地位，吸引了世界的强烈关注，成为人们津津乐道的话题，也促进了麦当劳品牌得以快速传播。

美国企业联合会主席约翰·丹尼曾经说："不仅餐饮企业、零售行业要向麦当劳学标准化，而且所有的企事业单位甚至政府部门，都应该向麦当劳学标准化执行！"标准化的商业模式对企业的发展将会产生重要的意义。

1. 降低成本

标准化的第一作用就是降低成本。标准是企业结合多年的智慧和经验的结晶，代表了企业目前最有效的执行方式，也是最好、最容易、最安全的作业方式或方法。

标准化的执行方式，可以提高企业的生产效率，减少生产过程中的消耗或损耗，减少生产过程中的浪费，间接地降低了生产成本，而产品设计中的标准化推进则能直接地降低企业的生产成本。

2. 便利性和兼容性

大批量生产使商品越来越物美价廉。标准化的生产模式为各行各业都提供了极大的便利性和兼容性。

3. 减少变化

变化是企业管理的大敌，所以，推进标准化就是通过规范企业员工的工作方法，减少结果的变化，在企业内员工的操作是根据作业指导书来进行的。标准化的操作方式，可以保障工作的效率，还能对产品质量提供最有力的保证。

4. 明确责任

标准化的商业模式可以促进企业更简单的确定问题的责任。在推进了标准化的企业里，如果一项不好的操作就会导致一个问题的出现，企业可以通过操作语言重复这项操作来确定问题的责任，是主管制订的作业指导书不好，还是操作员没有完全按照作业指导书进行操作，明确了责任之后，才可能对今后的工作做出改进与对策。

5. 累积技术

如果一个员工在工作实践中找到了某项工作最佳的方法，却没有拿出来与他人共同分享，那这个方法就随着这个员工的离职而流失了，如果推进标准化就可以让这个好的方法留在公司里面，所以就可以累积技术。

当然，并不是每个企业都适应标准化的商业模式。企业设计商业模式的时候，在借鉴优秀商业模式的同时，也要结合企业自身的情况。

创新模式：自主研发才有主导权

商业模式的创新可以改变整个行业格局，让价值数十亿美元的市场重新洗牌。这种创新由来已久，无论是沃尔玛、百思买，还是西南航空和亚马逊，都是商业模式创新造就成功的典范。从 1998 年到 2007 年，成功晋级《财富》500 强的企业有 27 家，其中有 11 家认为他们成功的关键在于商业模式的创新。因此，创新模式也成为众多企业在设计商业模式时必然的考虑。

亚马逊从一家网络书店，发展成为能够与百年工业巨人比肩的世界级公司，答案就在于其建立在技术创新之上对新型商业模式的持续探索。Jeff Bezos 的亚马逊商业模式证明了一项公理："稳扎稳打才能赢。"

首先是挑战实体书店，Bezos 开创了亚马逊，一个出售远超实体书店负荷能力的多种图书的互联网公司。Bezos 买下仓库来承载大量的库存，这样亚马逊就可以提供直达消费者的服务。Bezos 允许读者通过读者心得来评论产品，他还为用户建立了一个可靠的社区。但直到 2000 年以后，亚马逊才看到利润。事实上，在亚马逊公司 B2C 商业模式外壳下，隐藏却是一颗极富创新精神的心，亚马逊也开始了它的多元化创新之路。

1. 订阅式购物

亚马逊网站是"长尾"的最佳实践者，其拥有的商品种类无疑是零售业中最为庞大的。亚马逊网站专门针对一些日用消费品，实施了一项"定购并省钱"的自动订购服务。用户可以选择那些需要经常购买的商品，然后加入这个服务，并设定寄送的间隔时间。亚马逊通过设置了很多的优惠条件，比如提供高达 15% 的折扣、优先进行订单处理和运送、允许用户随时更改或取消订单、保持价格稳定，等等，来增加这项服务的吸引力。

2. 亚马逊 MP3

在 2007 年，亚马逊推出了自己的网上音乐商店"亚马逊 MP3"。在 2008 年 Google 首款 Android 手机 G1 上市前，亚马逊与 Google 达成合作，将其数字音乐商店预装到每一部 G1 手机。经过几年的发展，亚马逊 MP3 在音乐爱好者心目中的影响力与日俱增。

3. 电纸书阅读器

2007 年底，亚马逊公司宣布了一款划时代的产品——Kindle 电纸书阅读器。2009 年初，第二代产品 Kindle2 发布。Kindle2 的宣传重点在于可以让用户在 60 秒之内，开始阅读任何一本书。另外其提供的便捷购书方式和无线图书下载功能，成为吸引用户购买这一产品的重要原因。

4. 视频流媒体

2008 年 9 月份，亚马逊网站背靠庞大的视频内容资源，推出流媒体点播服务亚马逊 VOD，成功进入了流媒体服务领域。目前，Amazon VOD 用户可以选择租或买一部电影直接观看，价格分别是 3.99 美元和 14.99 美元。

5. 互联网广告

经营 B2C 业务的亚马逊能够把广告展示、点击直接转化为销售，而这些销售记录，多年来又为亚马逊积累了大量的用户消费行为数据。

此外，亚马逊已经有了一个成功的非广告商业模式，在营收多元化的前提下，亚马逊在广告定价方面有一定优势。

与在其他业务领域自主探索新型商业模式的实践不同，在 B2C 核心业务上，亚马逊采取了稳健的收购战略，一点一点地巩固既有优势，以最小的风险和最低的成本，压制潜在的竞争对手。2009 年 11 月 1 日，亚马逊公司完成对 Zappos.com 的收购，经营着全球最大的网络鞋店业务。2009 年底，亚马逊开始着手收购全球出现最早、规模最大的法国样品售卖网站 Vente.Privee.com。稳健的收购战略促进了亚马逊的多元扩张之路。

杰夫·贝索斯这位美国的年轻企业家提出的创建大型网上书店的设想帮助拉开了全球网上购物革命的序幕。《时代》杂志总编辑沃尔特·艾萨克森对此的评价是："贝索斯不仅改变了我们做事情的方式，而且还帮助我们为开拓未来铺平了道路。"

今天在美国，人们几乎可以只跟亚马逊一家公司打交道：在亚马逊网站上购买从牛奶麦片到割草机、沙发等所有的日用品；用 Kindle 阅读电子书、报纸、杂志；从亚马逊 MP3 音乐商店下载歌曲，或者通过亚马逊流媒体点播服务观看电影；投资 Amazon 的股票积累创业资金，也可以到 Amazon 在西雅图的总部上班；然后，在亚马逊 Marketplace 上做点小买卖，或是干脆创办自己的网络公司。

主营业务领域稳健的防御战略，外加延伸业务上积极的进攻战略，使亚马逊的商业未来显得异常光明。今天，亚马逊已经形成了一个以 B2C 为核心的庞大的商业模式矩阵。这些商业模式互相支撑，彼此取长补短，为亚马逊在未来的商业竞争中，建构起无法被超越的优势。

亚马逊业务多元化的背后有着清晰的逻辑，在不断追求技术创新的同时更加注重商业模式的创新，以确保新业务能够带来持续稳健的赢利。在充斥着硅谷式小型创业公司成功故事的今天，一只现金奶牛的商业模式创新之旅有着独特的魅力，对其他成熟企业来说也更具参考价值。

混业模式：杂交融合新形式

混业商业模式就是在现有的几种行业商业模式的基础上，结合开发出一种新行业商业模式，如茶餐厅的出现和星巴克的出现，等等。以星巴克的混业商业模式为例：

在一个没有喝咖啡传统的国度，卖咖啡的星巴克却遍地开花。朋友聊天去星巴克、亲友聚会去星巴克、商务谈判去星巴克。星巴克的咖啡一定很好喝吗？一杯拿铁或清卡要几十元合理吗？

答案可能都会是否定的，但星巴克依然成功。它的成功不仅仅在于改变了人们的饮品习惯，重塑了人们的消费观念，更重要的是，它深刻地影响了我们的文化触觉。然而，这一切是如何做到的呢？

星巴克这个很多消费者耳熟能详的咖啡品牌创建于1971年，目前在全球则拥有近13000家连锁店。同微软、谷歌一样，都有广大的消费群体，在全球各地星巴克一周销售4000多万杯咖啡饮料，每月销售差不多两亿杯，按每杯3美元算，仅咖啡销售就是每月6亿美元！该公司在华尔街上市10年来，其股价一直保持两位数的增长，已经成了市值逾百亿美元的大企业，其股票价格在过去10年中增加了2200%，投资回报率之高超过了沃尔玛、通用电气、百事可乐、可口可乐、微软及IBM的股市收益总和。同时，星巴克也是世界上增长最快的品牌之一，品牌形象已经在全球得到认同，是个把小行业做成大产业的典型。

星巴克的成功源于6个方面的原因：

1. 营造独特的星巴克体验

星巴克将咖啡、社交、休闲结合起来，营造让顾客温馨舒适的"第三生活空间"。在当时的市场竞争来看，喝咖啡和社交、休闲好像风马牛不相及，但星巴克就是能做到将这几者有机地结合，创造了一种新的混合商业模式，并且适应了人们渴望交流、渴望解脱的潮流，从而开辟出自己的商业蓝海。

2. 非常准确的定位

星巴克的管理经营理念在于，它不是经营那种卖咖啡给客人的生意，而是在经营一项提供咖啡的人的事业。霍华德·舒尔茨认为，星巴克不是只卖咖啡的，它更是提供工作、生活之外社交聚会服务的地方。这一定位让星巴克一开始就赢在了差异化、创新性的起跑线上。

3. 制造悠闲的人文气氛

通过烘托良好的消费环境，给客人营造一种如影如幻的时尚感觉。从进入星巴克听到第一声热情洋溢、充满善意的欢迎开始，在购买每一杯咖啡的背后都是精细化的作业、人性化的服务观念，它是对顾客至上、人性洞察的执行力的确保。"从本质上讲，我们都只是人。"霍华德·毕哈的这句话可谓一语道破天机。

4. 开办连锁加盟店

星巴克连锁式的扩张方式，得益于星巴克给自己的品牌注入了价值观，并把企业文化变成消费者能够感受到的内容和形式。

星巴克品牌扩张，一直坚持直营路线：由星巴克总部进行直接管理，统一领导，目的是控制品质标准。这样每家店都由总部统筹管理和训练员工，保证每家海外商店都是百分之百的美国星巴克血统。虽然初期投入的资本较大，但是职员的专业素质高，有益于咖啡教育的推广，并建立了同业中的最专业的形象。

5. "金角银边"的选址

从一开始，星巴克就只选择在最繁忙的市区交叉路口开咖啡店，虽然这些地段地皮租金很高，但非常醒目的位置给星巴克最自然的广告效果，醒目特别的招牌广告，既容易集聚人气，又节省了广告费。

6. 纳斯达克的成功上市

在 1992 年上市之前，星巴克只是在美国西海岸有一定的知名度，其他地方的人并不知道有这么一个咖啡馆公司，更不知道它的咖啡如何了得。但是，在准备上市的过程中，美国大大小小媒体都在报道星巴克这个公司、介绍它的咖啡是如何如何好，使得星巴克咖啡一下子变成时尚品。

自上市以来，星巴克的经营一飞冲天，其销售额平均每年增长 20% 以上，利润平均增长率则达到 30%。

经过 10 多年的发展，星巴克已从昔日西雅图一条小小的"美人鱼"发展成为今天遍布全球 40 多个国家和地区，连锁店达到近 1 万家的"绿巨人"。今天，星巴克公司已成为北美地区一流的精制咖啡的零售商、烘烤商及一流品牌的拥有者，它的扩张速度让《财富》《福布斯》等世界顶级商业杂志津津乐道。

随着市场经济的发展和人们多样化的需求，建立在不同行业基础之上的混业商业模式正逐渐成为初创企业设计商业模式的一个重要选择。对于创业者来说，尝试将不同的行业杂交融合，让客户获得更好的价值体验，满足不同的市场需求，也是一个让企业快速成长的好办法。

上位模式：顺藤摸瓜来赚钱

不断上位的商业模式也是常见的商业模式之一，著名的苏泊尔公司在创业初期就采用了这种商业模式。

苏泊尔公司现在是压力锅国家新标准的制定者之一，目前拥有20项核心专利技术，产品获准使用中国方圆标志产品质量认证，部分产品还分别通过美国UL认证，德国GS认证及中国国家强制性产品3G认证。然而早年的苏泊尔公司却是双喜公司的联营企业，借双喜品牌起步，后来自立门户，逐步建立起在压力锅领域的品牌。苏泊尔所采取的就是一种不断上位的商业模式。

苏泊尔的创业者苏增福于1991年创办了玉环压力锅厂，当时只是给沈阳双喜代工的小作坊，1994年时，改称为苏泊尔公司，并创办时尚的苏泊尔品牌。当时，由于压力锅爆炸事故频繁出现，1993年1月1日，压力锅强制性国家新标准正式实施，但直到1994年底，新标准在业内还未见有执行。

苏泊尔在这被称为"行业灾难"的形势里，独具慧眼地看到了商业机会。1995年1月1日，苏泊尔新型安全压力锅问世，新型压力锅有几大创新：质材由纯铝改为合金，使强度提高了50%；开盖、合盖都采用了防堵、防爆工艺装置，改变了过去几十年压力锅零部件散装的一贯做法。伴随着新产品的面市，苏泊尔送给消费者的一个概念就是那句响亮的口号："苏泊尔，安全到家。"

也就是从苏泊尔异军突起的1995年开始，炊具这种耐用品的小市场迅速培育成一个大产业，回过神来的各家压力锅容器制造企业在单一性、同类型的产品上拼杀，打起了价格战。

面对全线降价的风潮，苏泊尔不跟风、不降价，而是潜心在创新上做文章，打造更优更好的压力锅。他们广罗人才，投巨资成立了国内唯一的炊具研究所，在产品创新上下功夫，研发高科技、高附加值、有竞争力的智能化产品。随后，电炊煲、不粘锅、奶锅、焖宝、铁锅等新产品，如雨后春笋般相继问世。苏泊尔的执行新标准引领潮流的结果，就是独享丰厚的利润空间和市场份额。1996年，苏泊尔销售压力锅400多万只，占据了40%的市场份额，结束了双喜20多年行业老大的历史，摘走了压力锅"中国第一品牌"的桂冠。

如今的苏泊尔已拥有近500个品种和规格产品，不仅占据了国内半壁江山，而且走向了国际市场。

苏泊尔的成功之道，就是在给双喜做代工时狠挖生产潜力，深研技术，在压力锅行业出现危机时挺身而出，从后台跑到前台，冒险搏位，最终成为新标准的实施者。在取得成功后，又坚持差异化的发展战略，构筑产品领先的核心竞争力。上市成功后，又用募集的资金迅速进行品牌延伸，构筑多元化的产业链，在厨房家电行业做强做大。

不断上位的商业模式主要体现在，企业初创期，可以通过寻找到一些同类生产企业，给其做配件，或者生产加工。目前的手机市场就是这样。

国内手机市场潜力巨大，一年销售量达2亿～3亿部，移动互联网带来的商机，正吸引越来越多深圳手机代工商从幕后走向前台，从单纯的手机加工厂向全方位的通信产品公司转型。三木通信就是这样一家企业。

三木通信自2005年成立以来，主要从事手机代工以及一些产品的自主设计和研发业务，产品主要销往海外。在过去几年里，该公司在海外市场的销量几乎每年都在上年的基础上翻番。公司除了计划通过与运营商捆绑合作以及自建品牌店等多种方式拓展市场，还将从内容服务上吸引客户。

公司通过多年的代工以及产品设计和研究，已经具备打造自己品牌进军国内市场的能力。三木通信集团旗下的三美琦电子在2010年全球手机跨国采购定制峰会开幕式上展示了针对国内市场最新研发的几款手机，也正式宣告了为创维、康佳、TCL等公司代工达5年之久的三木通信欲以"Miki"品牌摘下多年代工和委托加工的帽子。

事实上，不只是三木通信有此想法，目前越来越多的手机代工厂商都看好内地市场，并试图从以往的手机代工向全方位的通信产品转型。有着多年从事手机代工经验的台湾宏达国际电子股份有限公司（HTC）也高调宣布停止代工业务，并以HTC品牌正式进入中国大陆市场就是其中典型的代表。

不断上位的商业模式，通过顺藤摸瓜的方式，汲取企业发展的技术、经验、客户群，然后独立门户，从后台走向前台，逐渐树立自己的品牌和信誉。借助持续地自我创新和市场拓展力，这种不断上位的商业模式就会渐渐朝向成熟的商业模式迈进。

初创企业在起步初期，面临众多的资金、市场、客户等壁垒，不妨借助不断上位的商业模式，为自己企业的发展汲取力量。

虚拟模式：利用大型企业的资源来发展自己

一个企业，刚开始很小，是棵幼苗，如果完全靠自己，它可能发展得很缓慢，也许还会夭折。如果它找到一棵依附的大树，就会很快长大、挺拔、繁荣，有可能形成花园。"借"是指中小企业应充分利用大型企业的资源来发展自己。大型企业有良好的商誉和响当当的品牌，中小企业可以借之；大型企业有宽广快速的营销网络，中小企业可以借之；大型企业有充裕的资金和先进的管理技术，中小企业也可以借之……只要中小企业具有整合资源的良好能力，一切都能为它所用。美特斯·邦威就是这样一个企业，它在资源有限的条件下，通过借助社会资源获得超常规发展。美特斯·邦威的发展，周成建的成败皆由其"空手道"发家史——在企业资源有限的条件下，通过借助社会资源获得超常规发展。

美特斯·邦威在其发展过程中走过了3座桥，成功演绎了依附成长的赢利模式。

第一座桥叫"借鸡下蛋"。周成建发现，类似产品的成衣，只要贴上著名商标，价格就会翻上几倍。这个刺激让周成建找到了制衣行业的利润中心——高价值服装品牌。周成建在温州午马街角落开了一家小店，起了一个洋味十足的名字——美特斯·邦威。启动资金很少，他让别人为他定牌生产。在广州、上海、苏州等地落实了一些配套厂家，每年为美特斯·邦威定牌生产系列休闲服1600多万套。如果周成建花钱建设这些生产基地，起码要2亿～3亿元。

第二座桥是"借网打鱼"。有了名气之后，周成建就利用社会闲散资金来弥补自己的有限资金，进行"特许经营"，开加盟连锁营销先河。周成建设计了严格的管理体系，可以通过契约方式授权加盟店代理品牌，加盟店使用公司统一商标、标识、商号、服务方式。美特斯·邦威对所有加盟连锁店实行"复制式管理"，规定了形象、价格、宣传、配送、服务"五个统一"，还对加盟店进行指导培训，共享管理资源。短短7年，美特斯·邦威发展专卖店600家，2001年销售总额达到8.7亿元。全系统代理商赢利率为95%，新开店赢利率达100%。在美特斯·邦威营销体系中，只有15%是直营店，其余全部是连锁形式。"借网打渔"为美特斯·邦威节省了1亿多元的市场开发投资，并且使其以最低成本快速扩张。

企业大了就难管，所以美特斯·邦威开始走第三座桥"借刀砍柴"，投资1000多万元从美国IBM引进了ERP系统，分期投巨资完善网络建设，实现了专卖店远程管理。通过这座桥，美特斯·邦威不仅实现了资源与信息共享，并且加快了供应链上的物流速度。在网上，可了解全国 600 多家专卖店的即时进、销、存动态。代理商也可以通过网络信息了解产品库存情况和新品上市的情况。

美特斯·邦威的带领者周成建首先利用了服装厂，然后利用社会资源开连锁店，资源互补，好比蜜蜂传粉，互惠互利，最后引进先进手段进行监控。有了锋利的刀，当然财源广进。

善于搭乘"顺风车"，通过借东风来提升品牌，把前期开拓和最为艰苦的事情让别人去做，而自己依靠个体优势去摘别人的已有成果，较适于中小企业快速、灵活、有弹性的特点。面对新机会可以快速切入，而不必过分考虑新市场的进入是否沿袭了其以往风格，会不会对其他产品产生消极影响。

中小企业可以借助大企业的优势来发展自己。许多大型企业有着产品品牌优势和市场地位优势，它们是市场上光芒四射的"恒星"。而这些企业并不是万能的，它们的发展需要很多的配套工程，如非核心的相关零部件，某些服务等都需外部提供。中小企业在实力比较弱小时可以为大企业服务来争取发展的机会，首先充当大企业的配角，即当围绕大企业这颗"恒星"旋转的"卫星"。

小型企业既然没有希望与行业龙头企业竞争，那就干脆参加进去，成为行业龙头企业生产经营集团中的一员。这里所说的"依附"是指参与大型企业集团的生产经营，作为大型企业生产经营网络上的一个环节，但企业在产权上还是独立的。也就是说，是"依附"而不是"归并"。依附的小型企业是处在大型企业集团的松散层，与大型企业集团只是生产经营上的联系，而不是资本上的联系。小型企业仍然享有较大的经营自主权，并且可以同时依附几家不同的大型企业集团。这样一来，由于大型企业集团的生产经营相对比较稳定，因此，小型企业就有相对比较稳定的生产经营环境，并且能够随着大型企业集团的发展而得到发展。

分析设计商业模式

优秀的商业模式在经济上一定有回报

商业模式是企业的立命之本，对企业非常的重要。任何一个企业和商业项目创立之初，最需要费工夫琢磨和研究的就是商业模式。而一个优秀的商业模式在经济上一定有回报。一个优秀的商业模式要符合5个标准：定位准、市场大、扩展快、壁垒高、风险低。

第一是定位。市场定位的核心是要寻找到一个差异化的市场，为这个市场提供满足客户需要的、有价值、独有的产品，让客户愿意为此付费。确立好的市场定位的关键是细分市场，并寻找到能够利用自身优势来满足该细分市场所需要的产品和服务。

在进行目标定位时，企业需要考虑是否进行了差异化的市场分析？是否设计出了客户所需要的产品或服务？是否能够为目标市场和顾客创造价值？是否确定了独特的市场定位？客户是否愿意为产品或服务付费？这是产品设计的核心所在，也是定位分析之后的最重要成果。

第二是市场分析。并不是任何一个细分市场提供了所需的产品或服务就是一个优秀的市场定位。优秀市场定位的关键在于，大规模、持续增长、保持竞争力。因此在做市场分析的时候，要注意是否能满足目标客户重要的基本需求，目标市场规模是否足够大，是否能保证高速增长，如何保证持续性的增长等问题。

第三是收入扩展研究。收入拓展是决定其商业模式快速增长还是平滑缓慢的最关键环节。公司的收入一般取决于客户数量及平均客户贡献两个因素。获取新客户的方法和难易程度、定价策略、客户持续消费与否都影响到公司的收入扩展，因此要想快速增长，就要设计能快速增加付费客户数量的各种策略，或者是提高平均客户贡献额。

一些实践表明：能够大规模迅速扩展客户群的商业模式收入会持续高增长，要远超客户数量增长缓慢但平均客户收入很高的商业模式。因此新增客户速度是否快，客户能否快速大规模复制，是衡量商业模式能否迅速做大规模最关键的因素。

第四是行业壁垒分析。如果一个行业有很高的行业壁垒，那创业者的想法也只能是黄粱一梦；而如果这个行业人人都可以进入，壁垒很小，创业者也一定要慎重考虑自己进入的优势在哪里。优秀的商业模式一定要和自身独有的优势紧密结合。总之，自己进入时壁垒要低，进入后要能建立起高的壁垒，让竞争者难以进入，这是考虑壁垒因素的重点所在。

第五是考虑风险控制。创业者要评估可能面临的各种风险，如行业监管、行业竞争、潜在替代品、产业链龙头等。当然，评估风险的目的并不是回避所有风险，而是要识别出所有可能的风险，制定相应的应对策略，使得风险能够可控和被管理。几乎所有优秀的商业成功都是冒着很多不确定的高风险取得的。企业要通过有机的规划风险和管理风险来创造商业奇迹。

我们用一个简单的例子来说明优秀的商业模式。

小张打算开一间卖奶茶的小店，首先他进行了产品定位。小张考虑到要提供奶茶这个产品给学校的学生，因为学生需要奶茶这个产品。因此，这些学生就是商业模式当中的目标消费群体，然后他进行了市场分析，考虑到奶茶消费人群为年轻人居多，就把地方选择在了学校的附近。他拿出自己的全部存款，并从朋友那里借了1万元钱作为启动资金。接着，小张通过各种方式将自己的产品推销给学生，建立了自己的分销渠道。当学生中间出现了购买奶茶的行为后，小张与学生之间产生了销售与购买的关系。由于这个市场是稳定、可持续的增长，小张开始扩大生产规模，雇用了员工，对员工进行了合理的分工。小张在开了奶茶店之后，生意非常的火爆，主要原因就在于小张对奶茶的制作有着"独门秘籍"，他的很多奶茶是别的商家所没有的独特口味，而且非常难品味出到底是用了什么原料。于是，小张的奶茶产品就具有了商业模式中的核心竞争力，也就建立起了行业壁垒。

小张是通过出售奶茶来获得赢利的，而出售奶茶这个行为，就构成了商业模式中的赢利模式。所以，优秀的商业模式可以概括为"定位要准，市场要大，扩展要快，壁垒要高，风险要低"。一个优秀的商业模式需要考虑的方面有很多，但是这5条应该是最基本和最重要的。

创业路上总是布满了各式各样的困难，而其中确立合适的商业模式是面临的困难之一。对于创业的人来说，首先要做的就是保本。在保本的基础上获取赢利，这才是目的。在创业的初期，创业者需要考虑的是，使用何种方式去赢利。而这个商业模式不但要考虑到一些创业者最终目的，更多的是要考虑到这个商业模式和别人相比的优势、遇到突发情况的应变力等。

一个优秀的商业模式既不是一蹴而就的，在实践中也不是一成不变的。随着实践中企业发展的过程变化，商业模式要不断地修正、完善。而且一个已经十分完美成熟的商业模式也许会随着产业环境和竞争态势发生了变化而显得不再适应，因此需要进行新的设计和调整。但是优秀的商业模式在经济上是一定会有回报的。

持续赢利的商业模式才能长久

麦当劳餐厅是全球大型的连锁快餐集团，在世界上大约拥有 3 万间分店，主要售卖汉堡包、薯条、炸鸡、汽水。在麦当劳，你看不到它有很多产品，也看不到很多促销活动，但是它打败了全世界的竞争者，依靠的是强大的品牌赢利模式！

当戴尔还在大学读书的时候，IBM 已经是蓝色巨人了，但是现在戴尔电脑连续 11 年领跑全世界，它既没有突出的硬件技术，也没有庞大的研发能力，凭什么不断发展而且持续赢利？依靠的就是独特的全价值管理赢利模式！

也许你认为指甲钳太"小气"了吧，指甲钳是很小，但你想过没有，只要有 1/5 的中国人使用你生产的指甲钳，你的利润会有多大？要是全世界 1/5 的人都用你生产的指甲钳呢？如果这样的利润空间还不算大的话，你不妨再想想，普通档次的指甲钳利润空间的确有限，但是如果是高档产品呢？如果是专业化生产的全套指甲修护工具呢？梁伯强就是紧紧抓住指甲钳这个主业不放，在指甲钳上做精做强，借助"非常小气"的指甲钳，使得圣雅伦成了中国第一、世界第三的指甲钳品牌，梁伯强也成为亿万富翁。

一个企业如何实现可持续赢利？这是伴随着企业经济活动的一个永恒主题。创业者想要在挤满竞争者的荆棘丛中找到一条通幽的捷径，就必须考虑如何维系长期生存与赢利能力的问题。

企业经营者都非常重视赢利。"做大还是做强""得终端者得天下""让执行没有任何借口""拥有一个知名品牌才是核心竞争力"这是很多企业经营者的关心点和挂在嘴巴上的口号；但是在现实的市场上，到处充盈着价格战、促销战、人海战、广告战、模仿战，等等，而企业的经营结局往往是销量增加利润下降、新产品赢利周期越来越短、人员增加费用加大、现金流越绷越紧、亏损面不断加大，不能持续保持赢利的商业模式不可能持久。企业如果不重视持续赢利，衰败甚至死亡只是时间问题！

在商业环境不断变化的今天，如何才能持续赢利？市场和实践证明，商业模式能否持续赢利必须在客户价值和企业价值中获得平衡并且经得起财务模型的考验。

一个可持续赢利的商业模式应该同时包括客户价值和企业价值两个核心内容。其中，客户价值是企业为客户所提供的价值，为客户提供价值是企业存在的基础。一个企业只有为客户创造并提供了价值，企业的生存才有保证，因为企业价值是企业在为客户提供价值的过程中所带来的自身价值。

当然，企业的产业环境、顾客、人才、产品、技术、资源与能力、战略，甚至核心竞争力、领导力、执行力等任何一个因素都影响到企业的持续赢利，但是企业持续赢利的关键是通过为特定顾客创造价值以实现企业价值的一种逻辑方式。因此企业一定要兼顾好客户价值和企业价值。

持续的赢利模式还需要企业的管理，这样才能保持赢利的长久性。一个以追求销量和市场份额的企业，不可能产生全员关心赢利的企业文化，也不可能在日常工作中产生以利润最大化为核心的组织和管理。一个企业仅仅有好的赢利模式还不够，还必须配套基于赢利模式的管理文化与手段。

做到管理赢利模式至少在两个方面实施创新：组织创新和管理创新。组织创新包括：设立赢利总监、赢利经理和赢利专员等职位。管理创新包括：增加利润分析信息系统、赢利知识学习、经常性业务赢利状况分析、个人绩效赢利递增考核系统设计等。总而言之，建立全员赢利文化，创造赢利能力管理手段。

另外，管理赢利模式的关键能力来源于企业对商业活动的独特组织和安排，它可以体现在创新方面如技术研发和工艺创新，也可以体现在经营方式方面如营销、渠道管理、供应链管理等。技术的改变通常会给关键能力带来提升并导致全新商业模式的产生。比如戴尔电脑的直销模式就是通过信息化手段的支持构建了全球供应链管理能力才实现的。其中，供应商库存管理、全球供需平衡、需求管理3个关键模块都是通过流程优化和系统支持，构成了全球供应链管理的脊梁。这样的供应链能力使得戴尔在全球个人电脑这一竞争领域内一直处于领先地位。

每个企业都是一个复杂的个体，其所处的商业环境不同、客户定位不同、产品与服务的选择不同、拥有的资源不同、对资源的安排也不同。所以，如何实现可持续赢利的问题变得不简单。持续经营靠模式将唤醒经营者们对企业的命门——商业模式的重视、认知和思考，帮助更多经营者掌握识别、规划、评价、创新企业商业模式的知识和技能，以便为企业塑造成功的商业模式，将有助于创业者思考并解开企业持续赢利的奥秘。

成功的商业模式都很简单

江南春创立的分众模式很简单。分众传媒通过在电梯门口安装几个显示器，就可以计算浏览量，当安装的显示器足够多的时候，广告平台的价值就凸显出来了，然后就可以寻找企业的广告赞助，实现赢利。这就是分众传媒的基本商业模式。

牛根生创立的蒙牛模式很简单。蒙牛乳业就是依靠农户为它养奶牛，然后通过奶站把奶源收上来，再经过工业加工，依靠一些促销手段和广告轰炸，把产品卖光。这就是蒙牛的基本商业模式。

成功企业的商业模式都很简单，但那是对已经成功的企业者而言，对于刚创业的人而言可能并不简单。

江南春在电梯门口开发广告牌很简单，但困难的是如何找到广告客户。江南春的模式创新源于他敏锐的目光与思维，他说："现在我们身边到处是电视、平面纸质媒体、户外广告、互联网等这些在大众化生产消费时代出现的、面向广泛受众的传播工具。而市场正在从大众消费向分众行销转型，产品和市场被不断细分与定义，越来越多的企业要求对特定的人群传达自己的产品信息、品牌信息，却发现广告必须通过大众传媒来完成，无法有效区分锁定的目标受众，而且造成大量的广告预算流失在非目标人群中。"同时他发现了一个现象：城市写字楼的精英们乘坐电梯时要经过几分钟的无聊时间。根据测算，等候和乘坐电梯的时间加起来是平均每次 3 分 01 秒，这段无聊的时间正好可以收看平时不愿意看的广告！因此他凭借 2500 万元开始了新模式的创业。另外在创办分众传媒之前，江南春曾创办并运营一家叫永怡传播的广告公司，那时这家广告公司的营业额突破 1.5 个亿，永怡传播也被权威媒体评为"中国十大广告公司"。正是因为有了这样一个客户基础，所以在创办分众传媒之初，他才能迅速找到广告投放客户。

对于蒙牛企业依然是这样。如果没有牛根生在原来中国最大乳制品企业伊利服务那么多年，他不可能对乳制品行业有那么深的认识和了解，更不可能在"身无分文"的情况下，依靠个人信誉在乳制品行业玩起空手道。蒙牛创办初期，连生产车间都没有，而是采取"虚拟经营"的方式，用"人才"换来"资源"。

随着创业成为一种趋势，创业的形式也在不断发生着变化，创业形式层出不穷：网络创业、技术创业、加盟创业、代理创业，等等。但无论外在的表现形式是什么，创业的类型大体可分为两种：销售型创业和技术型创业。认真分析自己的创业方式都需要哪些资源匹配，对比自身所拥有的优势，也许你会清楚哪种方式更适合你去创业。事实上，并不是哪种模式更适合创业，而是你所掌握的资源更适合哪种创业形式，这种匹配才是创业成功的根本！成功创业的关键就是找到自己的核心竞争力。

核心竞争力包括两方面的含义，第一就是你能够做，别人不能做。第二就是你这个核心竞争力要变成你策略的门槛，也就是说你的策略会产生不一样的、独特性的价值给你的客户，这样才是真正的核心技术。你的热情是什么？可以废寝忘食地去设计一个网站，或者有一种天生的能力写一篇很好的文章，或者可以做一件交易，或者可以很容易说服别人，等等，这些就是很重要的，别人没有的。所以天生我材必有用，这些都会变成一个非常重要的核心竞争力，是每个人创业的基础，也是创造财富的基础。

对企业而言，若要生存就必须具有一定的核心竞争力，竞争力只存在程度的差别，而不存在有无的问题。核心竞争力是企业的治理、技术、产品、管理、文化的综合优势在市场上的综合反映。企业的资源、知识和技术等只要具有一定优势都可以形成竞争力，如营销竞争能力、研发竞争能力、经营管理的竞争能力、品牌竞争能力等。这些是依托企业核心业务和核心产品而形成的、具有代表性的竞争能力，是一个企业存续和发展的重要基础。而核心竞争力则是核心能力的进一步提升和发展。

企业的竞争力是企业在市场竞争中得以存续和发展所应具备的一般性功能，是企业的比较优势。相对而言，企业核心竞争力必须有资源的独具性，没有独具性就没有区别于他人的优势可言。但现在很多企业这一点都比较欠缺，你开发电子产品，我也跟着上，他开发网络，结果网站铺天盖地，当一个产业整体势败运终时，只能跟着一损俱损。所以，独具性对一个企业的竞争力有着十分重要的作用。但仅有独具性也是不够的，或仅有独具性并不一定能保证企业的竞争优势，还要保持这种独具性的持续优势。如果独具性能够与持续性联系在一起，那么，这种保持持续竞争优势的独具性才是核心竞争力的真谛所在。

当企业有了核心的竞争力，其发展到了一定的程度，商业模式也就愈显得简单。全世界优秀的商业模式都很简单，以最小的投入获取最大的回报。

商业模式越简单越好，要运用傻瓜逻辑，通过最简单的行为营造商业模式，也就是说企业的赢利系统要简单，善于把复杂的事情简单化，就如同手机短信一样，运营商搭建好平台，就有许多人来用，运营商只需等着收钱就行了。

优秀的商业模式要具备自我复制性

管理学大师彼得·德鲁克曾说过："当今企业之间的竞争，不是产品之间的竞争，而是商业模式之间的竞争"。在快速扩张的大潮中，通过兼并和收购等大规模的增长扩展，企业不断地将优秀的商业模式复制到新的企业，成为很多企业做大做强历程中的必经之路。在知识经济成为时代主旋律的今天，沿着一个总结出来的捷径迈向成功，以一套成功的商业模式"打遍天下"的案例更是屡见不鲜。餐饮业的连锁经营就是商业模式复制的典型。

根据 CVSource 统计，截至 2009 年 2 月 19 日，餐饮行业共发生投资案例 25 起，涉及投资金额 3.97 亿美元。事实上，在中式餐饮企业里，只有 3% 到 5% 的卓越企业能够获得资本投资。究竟什么样的餐饮企业才能获得投资人的青睐？投资专家表示，在餐饮行业，商业模式很容易被复制，资本只对具有"持续差异化"的餐饮企业情有独钟，这些企业一个显著的特征是："把成功的赢利模式不断地复制，同时又不被你的竞争者所模仿。"

中国餐饮业呈现 3 个业态。第一种是中式正餐，比如全聚德；第二种是火锅，比如小肥羊；第三种是快餐，比如真功夫、丽华快餐和老娘舅等。但无论是中式正餐、火锅，还是快餐，每一个企业都要经过 3 个阶段——当地经营、连锁经营、产业经营，最后才能进入资本经营，获得资本的青睐。

要获得投资，餐饮企业必须是连锁经营，因为连锁经营的方式易于将这种优秀的商业模式复制开来，而要运营好连锁经营体系就必须培育出优秀的团队。同时，企业市场化运作过程中，要准确定位主流顾客，给主流顾客提供最好的性价比。此外，企业要通过不断地创新延长产品的生命周期。这些做好后，餐饮企业将形成自己的商业模式，一步步按照既定的设置实现区域连锁、跨区域连锁的战略目标，走上做大、做强、做久的道路。

优秀的商业模式在复制的时候，要注意以下几个方面：

1. 一定要有生命力

好的模式才可能打造无数个与"母版公司"一样有竞争力的"复制公司"。戴尔几近完美的直销模式被复制到各个国家，就有力证明了这点。同样，并不是所有的商业模式都能被复制，未成型或缺乏清晰化构成的商业模式即使能够赢利，也不能被成功复制。成熟的商业模式要与它的产品或服务、市场潜力、赢利能力等结合起来考虑。

对规模经济和协同效应的行业来说，通过商业模式复制的方式扩张更直接一些，如家乐福、沃尔玛、国美、苏宁等公司，以规模和统一管理实现了"统购分销"，降低了成本，提高了市场占有率，顺利打造出大销售格局。

2. 必须有一个专业化的管理团队

商业模式的复制过程，是费时费力的专业化和标准化的推广过程，也是知识的拷贝过程，涉及知识管理的多个层面，囊括了知识的收集、梳理、共享、转移等过程，结果体现为系统化、标准化的总体知识再现。专业化的管理团队是使复杂的商业模式迅速从一个公司复制到另外一个公司的有效载体。

3. 必须"本土化"，要落地生根

一个优秀的商业模式能否在新企业落地生根，取决于该模式能否真正本土化。各地生活习惯和消费能力差异较大，企业文化和员工观念也大相径庭。以麦当劳为例，麦当劳公司向顾客提供的核心食品始终只是汉堡包、炸薯条、冰激凌和软饮料等，然后根据不同国家的消费者在饮食习惯、饮食文化等方面存在着的差别稍做变化。正如其培训手册中所说："从一个地方到另一个地方只略微地变动标准菜单。"例如，印度人不吃牛肉汉堡，麦当劳就推出羊肉汉堡；在中国，麦当劳就考虑到消费者的饮食习惯、消费水平等因素，推出了麦乐鸡、麦乐鱼、麦辣鸡腿汉堡、麦香猪柳蛋餐等符合中国消费者饮食习惯的快餐食品。为了降低成本，麦当劳公司还实行了原料生产、采购上的本土化。

一般而言，将商业模式复制到新组建的企业容易些，复制到一些被兼并收购的企业就难些，复制到一些原来具有强势文化的企业更难，所以说，时时培养企业员工接受复制的心态很重要。在实际操作中，可加大对本地员工的培训密度和

力度，重用本土化管理人员，尊重原企业合理或成功的历史形成，在此基础上再推行新的模式，实现专业化和本土化的有机结合。

4.在复制时，必须搭配优秀的职业经理人

经理人是企业中最昂贵的资源，而且也是折旧最快，最需要经常补充的一种资源。一个合格的职业经理人，是实现"诺曼底登陆"的司令员，不但需要丰富的管理经验，熟悉将要被复制的商业模式，更要能够洞察并把握和商业模式相配套的核心价值观。在复制的初期，优秀的职业经理人往往会接管被改造的企业，操刀新企业推行商业模式的整个过程。从表层看，商业模式中流淌的是业务流、信息流、现金流和物流，实际上流动的是一个企业的核心价值观和理念；从表面上看，制度是硬性的规章规定，实际上体现的是企业作为一个"活性整体"的思考和行为方式。因此，制度和流程的适时调整，都要在优秀的职业经理人的核心价值观指导下进行。

当然优秀的商业模式可以概括为：你做的事，容易复制给你的人，换成傻瓜也能继续做。但别人看得懂，不一定学得来，想模仿却难以做到，这才是有核心竞争力的商业模式。企业家对商业模式的理解，也会有两种途径：

一是先知后行。谋定而后动，起步之初就已经有深思熟虑的长远谋划，有明确价值导向和战略目标，定位清晰，要做的是在实践中校正偏差，修正目标。

二是先行后知。先凭本能和直觉干起来，冲杀多年后渐渐沉淀下自己的商业经验和智慧，在摸清行业内在规律的基础上，形成了自己清晰明确的逻辑思路。

无论是先有鸡，还是先有蛋，最终的结果应该是殊途同归，知行合一。有句话很有意思，战略管理保你长远发展，而商业模式保你生存无忧。研究身边这些企业的商业模式，至少让我们知道怎么才能活着，而商业模式也是通向未来的通行证。资本是通过商业模式的想象空间，来为企业的未来投票，谁拥有了现在，谁才是真正拥有了未来。

门槛低的商业模式动作要比别人快

创业者在进入市场前，一定要对市场做出充分有效的调研。对于那些进入门槛低、壁垒少的行业，其进入动作一定要快，通过一系列的策略迅速建立自己在

这一领域的优势，当然其商业模式的动作也要比别人快。

如果你现在问起 PPG 是什么？半数以上的人给你的答案可能不再是那家著名的国际化工企业，而是一家名叫 PPG 的衬衫直销网站——批批吉服饰（上海）有限公司（简称 PPG）。

从默默无闻到成名，PPG 用了一年半的时间，成为国内行业最大的公司之一，地位直逼行业老大雅戈尔。对于服装这个进入门槛低的领域，PPG 的成功无疑与它独特的模式有关。PPG 的核心商业模式是通过将现代电子商务模式与传统零售业进行创新性融合。

PPG 的最引人注目之处是它的轻资产模式。虽然"轻资产运营"在传统产业，尤其是服装产业已经叫响多年，但是 PPG 的"轻"还是让人叹为观止。

PPG 首先整合了上游的成衣加工厂资源和面料商资源，再根据实际情况对布料颜色、质地等方面进行设定。在其采购部门发出生产指令后，原料将在 24 小时内被送到加工厂，每家代工工厂会在 96 小时内批量加工，然后送到 PPG 等待打包发放。通过更加精确地收集来自市场的反馈信息，再动用强大的 IT 系统进行预测和市场分析，这种由丰田汽车发明的方式在业内被称为 Just in time（即时生产）。Just in time 把 PPG 的生产周期从传统制造企业的 90 天节省到 7 天，节省了大量的库存资金的流转资金。

PPG 的"轻"，除了体现在生产链条，还体现在渠道上。PPG 被称为是衬衫行业中的戴尔，在原始材料加工的基础上，将仓储系统、物流、采购和生产都用 IT 系统互联互通，信息在这个闭环的供应链里得以快速流转。不开设任何一家线下的门店，只通过邮购目录和网络直销衬衫，从不生产自己的衬衫，连物流也外包出去。2005 年 PPG 创立至今一直以这种传统产业看来极为危险的方式运营着。然而，这样的危险模式却被风险投资十分青睐。国际风险投资公司 TDF、JAFCOAsia 在 2006 年向 PPG 进行投资后，又在 2007 年 4 月联合国际知名风投 KPCB 对 PPG 进行第二轮投资。两轮注资总额接近 5000 万美元。

和传统销售模式不同的是它所有的销售都是虚拟的，不依赖于任何一家实体门店。产品、目录和呼叫中心，三者构成了 PPG 的全部渠道。而 PPG 模式的好处，最直接的结果就是降低了产品成本并减小了库存压力，在给企业自身减轻负担、形成优势的同时，也把真正的实惠留给了消费者。

服装加工业处于产业链的最低端，进入门槛很低，因此相对而言，进入此行业的企业就比较多。而 PPG 通过直面消费者的品牌沟通成为众多服装生产企业的代言人，其不同于以往的服装品牌商通过渠道的建设来满足顾客群体分布广且零散，每次购买数量少的特点，而是借助高效的信息处理平台来迎合这一购买特征。PPG 凭借这些，在服装领域迅速建立了属于自己的商业模式，并通过品牌与信息平台的构建，PPG 有效地整合了价值链条，建立起自己的核心竞争力。

商业模式应该能在顾客价值与企业获利之间寻求平衡。在各种类型的顾客中区分出企业的价值顾客，为他们服务，挣取相对较高的利润。而对于这种门槛低的领域，商业模式一定要尽快进入比较好。

目前的中国市场环境相对以前有了很大改善，大大小小的风险投资者也热血沸腾地投资于雨后春笋般的项目。如互联网领域的遍地开花，很多连锁旅店急速扩张，快速进入连锁旅店领域。如果这些急速扩张的旅店不能提供标准化且差异化的服务项目，那么这些各式各样的连锁旅店只可能变成一些像携程之类的信息提供商的整合项目，从另一方面可以说是这些旅店其实是价值链环节中的被整合者。如果不能迅速建立自己独立的商业模式，这些企业的赢利模式也不会持久。

同样的，对于视频网站也是这样。在聚集人气的背后，视频网站具有客户黏度和忠诚度。但由于行业的进入门槛较低，同类的网站也越来越多，这类技术产品极强的同质性和被模仿，增加客户的黏度是一件很难的事。客户很容易就放弃浏览这些网站，造成的结果也是这些网站的赢利得不到保证。"我乐网"，曾圈了 2 亿风投的视频网站，关停一个月访问量下降 80% 就是一个很好的证明。因此，对于这些进入门槛低、瓶颈小的领域，一定要迅速建立自己的商业模式，并构建自己的核心竞争力，不断创新的技术和优秀的客户体验，是赢得客户的重要途径。所以，视频网站应树立正确的顾客选取观念，而不是抱着"先一把抓，再慢慢挑"的心态来经营——如此既增加了前期对无价值顾客的资源投入，也给后来的市场预测、战略或是目标的制定制造了假象障碍。

门槛低的商业模式动作要比别人快，企业应树立正确的客户价值观念，其中的关键在于何时收费、如何收费、定价多少的问题，而这 3 点又与顾客选择息息相关。优秀的商业模式一定能够实现客户的价值主张。

另外，优秀的商业模式应该能被人所模仿，只有被模仿，才能说明你的商业模式在一定程度上是有发展潜力的；只有被人模仿，才能与模仿者共同创造更多顾客，扩宽更大市场。当然，被模仿的商业模式最好限于那些合格的竞争者，而不是行业破坏者。对壁垒少、门槛低的领域，创业者一定要尽早进入，然后建立自己的核心优势。

商业模式必须有自己的特色

企业商业模式的设计就是围绕着使企业形成核心竞争能力来展开的。具有独特核心竞争力的商业模式肯定是一个能使客户实现价值、使企业赢利的商业模式，也一定是能使企业走向成功的商业模式。伴随"宅"经济而衍生出的支付宝等第三方信任托付的商业模式就是一个独立的、有特色的商业模式。

随着"宅男宅女"的盛行，"宅经济"也应运而生。"宅经济"主要包括电子商务、在线娱乐、游戏为代表的网上经济以及产业链上其他行业的商业交易。网游与网购就是"宅经济"中两座最大的"金矿"。

爱美的女士往往在网上购买衣服、生活用品、护肤品等，而男士多数在网上购买电子设备、工具书等。从网上买，只需在家里等待送货上门，这样能省下不少钱和精力。如果异地购物，比如在北京买一件从广州发出的衣服，最快两天就可到货。如果是同城购物，快递费只需要5元，低于一般的快递费用。这些便利，使"宅一族"乐此不疲。

"宅"经济的火暴一方面源于社会现实的原因，另一方面也由于网购可以节约时间和成本，在家轻轻一点鼠标，就可以完成消费行为，已逐步取代外出购物人潮拥挤的辛苦。而伴随着"宅"经济而来的，是一种独特的商业模式，支付宝独特的商业模式就从这种"宅"经济，比如网购和玩网络游戏中赢利。

网上消费可以说是为"宅男宅女"量身打造的购物通道，除了网上逛商场，网上菜篮子工程也开展得轰轰烈烈。各种买菜软件和网络业务纷纷出现，消费者可以采用"支付宝"、网上银行、货到付款、会员卡预存费用等多种支付方式进行消费。

"宅经济"是以"支付宝"等第三方信用担保中介作为强势依托。其中最受消费者欢迎的是淘宝网和京东网，而网购图书、音像类产品则被当当网和卓越网所垄断。

"宅"经济还促进了网游的盛行。很多"宅男宅女"业余时间最大的爱好是打网络游戏。网络游戏虽非刚性需求，但其花费占收入比重极低，因此需求收入弹性小。即使在经济不景气时期，娱乐消费反而可能得到促进，人们可能会借投身于虚拟世界和追求即时娱乐，逃避现实生活中的不如意。同时，玩网游费用低廉，几乎人人都负担得起，即使是那些失业的人。

网络游戏业和那些需要巨额资金、周转速度慢的实体行业相比，显示出相当优势。网络游戏是收入最高的大陆互联网细分行业之一。据不完全统计，这些企业获得的资金达到了数亿美元。以售卖 3C 类商品著称的京东商城，2009 年伊始就获得了今日资本、雄牛资本以及亚洲著名投资银行家梁伯韬的私人公司总计2100 万美元的第二笔融资。从 2008 年开始，在线租车公司和游戏开发商欢熊科技得到启明创投的投资。类似盛大、巨人这样的一些公司开始充当类风投的角色，开始提供联合营运平台，来帮助中小网游企业和工作室发展。

有关专家指出，"宅经济"具有低成本、高效率以及参与者年轻化等特点，在一段时间内会成为一种相对独立的商业模式。包括依托于网购的第三方支付，快递配送业务以及相关的网络通信、电脑硬件设备等，都会得到进一步发展。

做商业一定要有套路，有属于自己的独特模式。这种模式不是永恒不变的，只有不断地思考自己客户的真实需求，真实的焦虑，真实的困惑，企业只有不断适应商业语境的演变，才可能不断地更新商业模式，持续地进行商业模式的创新，这样的企业可能会比那些不知道商业模式也不知道商业模式需不需要持续更新的企业，可能会有更多的优势。

好商业模式对于一个企业的成功是必不可少的，而最好的商业模式就是独立的、有特色的，它不需要多少人力，一旦运作起来便能自己产生利润，持续发展。

商业模式不能简单抄袭

戴尔的直销模式看起来很简单，但很少有企业能够复制戴尔的模式，原因在于"直销"的背后，是一整套完整的、极难复制的资源和生产流程。所以商业模式不能简单抄袭别人的形式。在互联网领域，创业企业如何选择自身的发展道路是一个值得讨论的问题。创业公司如果不从国家的实际情况出发，不从客户的具体需求出发，只是全部照搬一些优秀商业模式的外在形式而没有自己的思想，创业是很难成功的。

时下在互联网领域流行着"互联网第二春"的说法，"Web2.0"似乎成为互联网产业的下一桶金。所谓"Web2.0"很大程度上都是抄袭国外的运作模式，如果不与国内的实际情况结合起来，这条道路是行不通的。互联网还是需要创新，需要本地化。短信业务在中国的成功美国人无法理解，网游的成功跟美国不一样，网络音乐的发展路子也跟他们不一样，中国网络门户已经走到独立发展的路上，这些都是美国所没有的模式。成功的企业之所以成功，就在于他们实现了结合中国国情的模式创新。当当网的模式就值得创业企业借鉴。

当当网自 1999 年 11 月开通以来，一直保持着高速度的成长，业务规模每年增长率超过 100%。目前是全球最大的中文网上图书音像商城，面向全世界中文读者提供近 30 万种中文图书和音像商品，每天为成千上万的消费者提供方便、快捷的服务，给网上购物者带来极大的方便和实惠。当当的模式就是亚马逊、家乐福、沃尔玛等商业模式在中国的落地生根。

在当当处于准备期的 1997 年前后，俞渝和丈夫通过分析亚马逊的商业模型与传统贸易手段的根本区别，开始筹备、制作书目信息数据库。后又通过观察亚马逊的做法，触发灵感，其中最受触动的一点是建立多个送货地址，为顾客设计好清单，然后将这些理念灌输给同事，鼓励旗下 140 名员工从亚马逊网站上订购物品，吸取经验，再照顾客需求分类。

从战略层面上讲，当当网真正模仿亚马逊的只有两点：一是它是多品种战略，即让顾客有更多选择；另一个就是它的价格战略，样样打折，用低价让顾客在当当得到实惠。

当然，当当网的老师绝不只有亚马逊一个，作为一个网上的大卖场，他们在经营的过程中还借鉴了家乐福、沃尔玛等这些传统零售业者的商业模式。虽然中国的信息社会化程度、物流运输体系的建设、电子支付的手段和观念等已经有了很大的进展，但是中国的商业环境与亚马逊所处的商业环境有很大的区别。因此，创造性地模仿，成为最终模仿战略中关键也是必需的环节。

模仿的大忌是"照搬"，盲目地模仿只会重蹈覆辙。当当在模仿亚马逊的过程中，根据现实的商业环境进行了 4 点创新：

一是收款模式的创新。中国是现金交易的大国，在网上信用卡支付还不普及的情况下，货到付款，并且最终由递送员将款项给发送公司，再汇至当当的账户上，成为适应现实的良性运转模式。

二是交货速度的创新。在亚马逊，网上购物后通常在 7 个工作日后交货，但是当当经过研究比较发现，亚洲特别是中国消费者的耐心非常有限。于是当当在交货速度上，力求快速。北京的消费者网上购买通常第二天即可送达，而上海、广州、南京等一些较大城市通常在 3 天到 5 天内可以收到。

三是服务的创新。中国消费者没有像美国那样经过一个邮购的商业模式，对他们来说，网上购物就像是"隔山买牛"，让他们最大限度地放心，不仅需要政策、制度的保证，同时也需要多种服务手段的提供。当当摒弃了美国网上购物与顾客沟通模式的单一化，而是用电话、E-mail、QQ、BBS 等多种手段，消除中国消费者网上购物的陌生感，降低尝试风险的门槛。

四是配送环节的创新。中国没有 UPS、FedEx 这样覆盖美国乃至全球的物流企业，当当的做法是航空、铁路、城际快递、当地快递公司齐上，尽管管理和协调的难度增加，但却解决了最短时间内送货上门的问题。

种种的创新让"当当网"迅速在国内占有市场，本土化的"亚马逊模式""家乐福模式""沃尔玛"模式也加速了当当成为全球最大的中文网上图书音像商城的步伐。

一个善于创新的企业，一定拥有自己原创的内容，哪怕只是一个小小的闪光点也都是可以放大的，这是创业最宝贵的基础。而创业者在模仿商业模式的时候，一定要考虑以下 3 个方面：

1. 这种商业模式能否实现客户价值最大化

一个商业模式能否持续赢利，是与该模式能否为客户提供价值有必然联系的。一个不能提供客户价值的商业模式，即使能赢利也是暂时的，不会具有持续性。而一个能为客户提供价值的商业模式，即便暂时不赢利，但终究会走向赢利。基于此，成功的商业模式，都是将为客户提供最大价值作为设计的基本原则。

2. 这个商业模式是否能够持续赢利

企业能否赢利是判断商业模式外在最为明显的标准。一个无法实现赢利的商业模式，绝对是不成功的。当然，大多数情况下，商业模式开始之初并不能实现赢利，但创业者必须要找到说服自己能够赢利的理由。

3. 结合自己的实际情况建立的商业模式，是否具有自我保护功能

在竞争激烈的商场，越是不容易复制的商业模式才越能够实现持续赢利。因此，成功的商业模式一定具有自我保护功能。例如在商业模式设计中，在分销渠

道设计时，采取签订排他性分销协议，其他诸如品牌、核心技术等都是自我保护的一种体现。

当然，在企业发展过程中，能够保证企业商业模式不易被模仿的有力武器之一就是技术门槛。好的商业模式需要企业有能力配置各类资源，必须通过一定的技术保证其实现，如果不掌握相关的核心技术就无法保证商业模式不被其他企业模仿。空中网、百度都是因为掌握了相关的核心技术才有能力在激烈的市场竞争中取得商业模式创新的成功。

创业者最容易犯的错误，就是在商业做法上盲目模仿大公司。一个被描述得再漂亮再完美的模式，被很多流行词汇堆砌起来的理念，如果只是从美国简单拷贝过来，在中国运营的时候会遇到很多本地化挑战，而这个模式又不是创业者的原创，创业者缺乏深入的了解，怎么可能把它运作成功呢？

齐白石说过一句话，"学我者生，似我者死"。对商业模式的抄袭表面上来看最省劲，但简单抄袭肯定不行，真正学到精髓的才可能生存。

不要轻易改变商业模式

公司的商业模式一旦确立下来，不要轻易地改变。商业模式的创新并不是意味着可以随意改变，商业模式受很多因素的影响，对于那些赢利的项目，也是整合多方面的优势而建立起来的。

一旦商业模式改变，带来的不只是产品或服务的改变，还有可能影响到公司整体的运营情况。《赢在中国》上的赵先生就因为在事业的高峰期，轻易改变了自己的商业模式，结果导致创业的失败。

赵先生是一名清华大学的硕士，在他刚毕业不久，就创办了一家家教公司，公司的管理者都是北大、清华尚在就读或是刚毕业的研究生。借助北大、清华两所名校资源，赵先生的公司刚一起步就迅速占据了北京家教市场绝大部分份额，在 2001 年，其营业额超过 600 万元，利润在 100 万元左右。在这一阶段，公司的赢利模式很简单，公司聘请一些清华、北大的高考状元或是优等生，到学生的家里帮学生辅导，按小时收钱。赵先生和他的公司就和客户之间建立起了合作关系。

然而，在 2002 年 7 月 15 日，赵先生面对 10 余名记者宣布了一个新的培训项目，5 万元保你上重点大学，10 万元保你上清华北大，否则将全额赔付，并支付

20%的利息。他们采取的做法是，将一些优秀的刚刚退休的外籍教师移植到北京来，再从北大清华聘请高考状元，组建高考状元顾问团。据公司预测，这个项目当年即可实现赢利。公司计划招收200名学生，包括复读生和马上要升入高三的学生，对他们进行全日制全封闭的培训。为了降低风险，他们对报名的学生进行一个包括学习成绩和心理健康等方面的测试，达到他们要求的方可接受，他们的基本要求是学习成绩在学校为中等水平，公司预计赔付率在5%左右。

这个项目在社会上引起很大反响，有100名学生家长和公司签订了合同。一年后的8月27日，是考生家长签约合同有关赔付的最后日子，没有达到目的的学生和家长共有40余位，向公司要求退款。结果，赵先生发现自己需要赔付400余万元，他寄予希望的项目出现了问题，公司的现金流出现了问题，很快公司的财务陷入了困境，雪上加霜的是，公司的几位创始人发生利益纷争，管理层发生集体哗变。数十名愤怒的学生家长挤到公司门口，他们将工作人员团团围住，有家长表示，要打110报警电话，也有家长认为自己被骗，要将公司告上法庭。赵先生的这个项目宣告失败。

赵先生从赢利到创业失败的过程，当然是在很多因素的共同作用下引发的，商业模式的改变就是一个重要原因。公司在第一阶段的时候，通过家教服务，教师到学生家里辅导，按小时收费，他们之间不存在任何的承诺。但是在公司发展的第二阶段，公司改变了商业模式，成了一个助考服务，外加担保，把本来的合作关系变成了竞争关系，随着结果不符合预期，造成了400余万元的赔款，现金流断裂等一系列问题，这个项目也宣告了失败。

创业者不要轻易地改变自己的赢利项目，或者说当赢利项目已经建立起了稳步发展的模式，已经成熟化，企业也可以再扩展别的领域，获得更大程度的发展。

创业路上总是布满了各式各样的困难，而其中最大的困难就是确立合适的商业模式。

在切入市场之前，虽然说对市场的熟悉对创业有多么重要，一个好的创意有多么的重要，但是归根结底，创业是一件非常具有风险的事，千万不可随意行事，对于可以赢利的项目更是如此。举例来说，你现在的职业是做互联网的，公司已经风生水起，有声有色了，但是你突然想切入另一个不熟悉的领域，仅仅因为这个领域在目前的市场上比较火热。这个时候，你的公司和整个创业团队就需要特别的慎重。项目的变化带来的可不只是公司的赢利，也有可能带来公司的破产。

项目固然重要，但是还是要配合于优秀的商业模式，因为我们再伟大的创意也是以赢利作为目的的，引用 MBA 中的话，所谓商业模式就是："建立一个企业，并从中获取赢利的一整套办法。"不过就初涉创业的朋友来说，几乎只有很少的商业模式可以让你一直使用。在公司的起步阶段，创业者很难把握到底什么样的商业模式组合可以让自己赚到钱。有很多时候创业者需要不断地调整自己的商业模式才能达到赢利的目的，就好像 Intel 公司一样，以前是做存储芯片的，直到 20 世纪 80 年代日本企业的大举入侵，才逼得 Intel 公司转向做了 CPU。

对于创业的人来说，首先要做的就是保本，在保本的基础上获取赢利。在创业的初期，创业者需要考虑的是，使用什么方式、项目去实现赢利。而一旦确定了赢利的项目，并实现了赢利，公司也建立了一套稳定成熟的商业模式，一定不要轻易地改变。

第五篇
商业计划书：把公司在纸上开起来

商业计划书诸要素

制定商业计划书的理由

商业计划书（Business Plan），是公司、企业或项目单位为了达到招商融资和其他发展目标之目的，在经过前期对项目科学地调研、分析、搜集与整理有关资料的基础上，根据一定的格式和内容的具体要求而编辑整理的一个向读者全面展示公司和项目目前状况、未来发展潜力的书面材料。

对于创业者来说，制定商业计划书有多方面的原因：

1. 商业计划书体现了创业者的创业指南和行动大纲

创业并不是只凭热情的冲动，而是一种理性的行为。因此，在创业前，做一个较为完善的计划是非常有意义的。不论是创办一家互联网公司，还是创办一家服装店，良好的创业计划都是企业成功的重要一步。

一项比较完善的创业计划，可以成为创业者的创业指南或行动大纲。

商业计划书的制定与创业本身一样，是一个复杂的系统工程，它既是寻找投资的必备材料，也是企业对自身的现状及未来发展战略全面思索和重新定位的过程。商业计划书应能反映创业者对项目的认识及取得成功的把握，它应突出创业者的核心竞争力；最低限度反映创业者如何创造自己的竞争优势，如何在市场中脱颖而出，如何争取较大的市场份额，如何发展和扩张，种种"如何"是构成商业计划书的说服力。若只有远景目标、期望而忽略"如何"，则商业计划书便成为"宣传口号"而已。

商业计划书的制定本质上是企业对自身经营情况和能力的综合总结和展望，是企业全方位战略定位和战术执行能力的体现。它可以更好地帮助你分析目标客户，规划市场范畴，形成定价策略，并对竞争性的环境做出界定，在其中开展业务以求成功。商业计划书的制定保证了这些方方面面的考虑能够协调一致。

许多美国人习惯在创办企业之前，花上几个月，甚至一两年时间写出厚厚的几百页的商业计划书，把创办企业的每一个环节都搞得一清二楚。当正式成立企业时，商业计划书就会成为他们行动的指南，他们会完全按照商业计划书里所写的步骤行动。商业计划书也会变成事业执行书，如果在行动中想到什么新的主意，遇到什么新的情况，马上会被补充到商业计划书中去。

2. 商业计划书是让风险投资家心动的理由

在商品经济的社会，资金是企业正常发展的关键命脉。对于正在寻求资金的企业来说，商业计划书是创业融资的"敲门砖"和"通行证"，良好的商业计划书是让风险投资家心动的理由。作为企业进行融资的必备文件，其作用就如同预上市公司的招股说明书，是一份对项目进行陈述和剖析，便于投资商对投资对象进行全面了解和初步考察的文本文件。

策划一份优秀的商业计划书，是敲开投资者大门非常关键的一步，因为投资者每天都会接收数量可观的商业计划书，其中只有约 1/10 的项目会令投资者略感兴趣。有统计表明：在经过常规程序的评估后，100 个商业创意中只有 3 个左右被认为有商业投资价值，条件合适时可能付诸商业投资行为；而这 3% 的商业投资项目、企业在创办后前 3 年内有 80% 多会失败、倒闭、破产或因经营不善而转手。

一份成功的商业计划书涵盖了投资人对于融资项目所需了解的绝大部分信息，但一般离不开以下题目：创业的理念、市场、客户、比较优势、管理团队、财务预测、风险因素，等等。对市场的分析应以数据为基础，由大入小，从宏观到微观，深刻地描述项目在市场中将争取的定位。对比较优势，应在非常清楚本身强弱情况及竞争对手的战略而作分析，至于管理团队，应从各人的背景及经验分析其对公司中不同岗位的作用。

财务预测是最关键的，应将绝大部分的假设及其所引致的财务影响彻底地描述及分析。当然，假设是不确定的，但有理有据的假设加上严谨的逻辑思维及系统的演示方法，将大大地增强可信性。虽知道绝大部分人都有倾向成功的心态，只要道理明白，不浮夸，自然会让人相信的。风险因素最能显示创业者是否真的明白自己的生意，风险因素多不等于该生意不该做，关键是如何控制或回避风险，能将控制或回避风险的手段交代清楚，是代表成功的重要一步。历史的统计数据告诉我们，任何商业创意在付诸实践之前都应经过严格的评审程序，制作商业计划书就是完成这一评审过程。

3. 商业计划书具有无法衡量的价值

一位教授在讲到商业计划书时，曾这样问过他的学生："商业计划书有多大的价值？"他的学生回答道："几千美元到上万美元。"教授摇摇头说："不对，差远了。商业计划书的价值在于对决策的影响，就这点来说，商业计划书的价值是无法衡量的。"商业计划是为了预测企业的成长率并做好未来的行动规划，如果一个企业在决策之前不做一个非常周密的计划，那样的决策是缺乏根据的。

好的商业计划书是企业家和希望成为创业者的好帮手，好的商业计划书可以为客户创造价值、为投资商提供回报、为企业运行的发展策略提供指导，有了好的商业计划书还可以帮助创业者真正了解自己的企业，把主要精力集中到有关企业发展的关键环节。商业计划书的作用已经毋庸置疑，优秀的商业计划书是创业者达到成功顶点的必备条件，因此，学习制作优秀的商业计划书已经成为越来越多企业的"必修课程"。

商业计划书的第一部分：计划摘要

一份具有综合性并且经过精心策划的商业计划是使创业者和公司经理人走向成功的不可或缺的条件。不同行业的商业计划书形式有所不同，但是，从总的结构方面来看，所有的商业计划书都应该包括计划摘要、主体和附录3个部分。其中，商业计划书的第一部分就是计划摘要。

摘要是对整个计划书最高度的概括。计划摘要用最精练的语言，浓缩了商业计划书的精华，以最有吸引力和冲击力的方式突出重点，主要是用来激起投资者的兴趣，以求一目了然，以便投资者能在 3 ~ 5 分钟时间内评审计划并作出初步判断。计划摘要是引路人，把投资者引入文章的主体。摘要部分包括：

（1）简单介绍公司情况：主要介绍公司的一些基本情况，以及注册情况、历史情况、发展策略、财务情况、产品或服务的基本情况等。

（2）宗旨和目标：简要介绍公司市场目标和财务目标。

（3）目前股权结构：简要说明公司的股权集中度和股权构成。

（4）已投入的资金及用途：介绍一下公司主要资本的运用情况。

（5）主要产品或服务介绍：描述公司的产品或服务的特殊性及目标客户。

（6）市场概况和营销策略：简述公司面向的主要市场和营销的主要策略。

（7）业务部门及业绩：对公司主要部门结构进行大致描述。

（8）核心经营团队：描述主要的团队成员。

（9）优势说明：阐明公司的优势所在。

（10）增资需求：说明公司为实现目标需要的资金数额。

（11）融资方案：介绍公司要采取筹措资金的方式。

（12）财务分析：确定这部分是真实的反映了公司现在的财务状况，包括现金情况和赢利状况。主要介绍企业财务管理的基本情况。现在正在运行的企业需要提供过去3年的财务报表、现金流量表、损益平衡表等，还要介绍申请资金的用途，投资者如何收回投资，什么时间收回投资，大约有多少回报率等情况。

摘要是整个商业计划书的"凤头"，是对整个计划书的最高度的概括。好的摘要能够回答"这是什么产品""由谁来制造""为什么人们会买"等问题。摘要还要回答"你要卖什么，卖给谁"等问题。因此摘要的重点是讲清楚产品的主要特点、市场情况、销售队伍情况、广告运用、销售技巧等。摘要还要说明产品的成本、成本构成、产品构成部分的可靠性和稳定性，以及产品的实际售价等问题。

摘要部分，是整个商业计划书的精华所在，也是打动投资人的关键环节，绝不可粗心马虎，简单糊弄。许多投资人就是在看了商业计划书概要部分之后才决定是否要看全文的。从某种程度上说，投资者是否中意你的项目，主要取决于摘要部分，可以说没有好的摘要，就没有投资。

在摘要部分，创业者需要向投资者重点传达以下信息：

（1）你的基本经营思想是正确的，是合乎逻辑的。

（2）你的经营计划是有科学根据的和充分准备的。

（3）你有能力管理好这个企业，你有一个坚强的领导班子和执行队伍。

（4）你清楚地知道进入市场的最佳时机，并且预料到什么时候适当地退出市场。

（5）你有符合实际的财务计划。

（6）投资者肯定能得到回报。

如果你能简洁清楚地把这些内容阐述明白，投资者一定会有兴趣读完你的商业计划书，高兴地把钱投入你的项目。

商业计划书的第二部分：主体

商业计划书的第二部分即主体部分，是整个商业计划书的核心。在主体部分，创业者向投资者总体概述了企业的各方面情况，展示他们要知道的所有内容。主体部分的功能是最终说服投资者，使他们充分相信创业者的项目是一个值得投资的好项目，以及创业者和其带领的团队是有能力让他们的投资产生最佳的投资回报。主体部分的内容要翔实，在有限的篇幅之内充分展示创业者要说的全部内容，让投资者知道他想知道的全部东西。主体部分按照顺序一般包括以下几个方面：

1. 公司介绍

主要介绍公司的一些基本情况，如公司的名称、地址、联系方式、宗旨等，以及公司的发展策略、财务情况、产品或服务的基本情况、管理团队、各部门职能等。

2. 项目产品或服务介绍

主要介绍项目的基本情况、企业主要设施和设备、生产工艺基本情况、生产力和生产率的基本情况，以及质量控制、库存管理、售后服务、研究和发展等内容。

3. 行业分析

主要介绍产品或服务的市场情况，包括目标市场、在市场竞争中的位置、竞争对手的情况、目标客户购买力、未来市场的发展趋势等。具体可以从市场结构与划分、目标市场的设定、产品消费群体、产品所处市场发展阶段、市场趋势预测和市场机会、行业政策这几个方面阐释。

4. 项目竞争分析

主要介绍企业所归属的产业领域的基本情况，如行业结构分析、竞争者市场份额、主要竞争对手情况、潜在竞争对手情况和市场变化分析、公司产品竞争优势等以及企业在整个产业或行业中的地位，企业的竞争对手的相关情况等。

5. 项目市场营销计划

主要介绍企业的发展目标、市场营销策略、发展计划、实施步骤、销售结构、整体营销战略的制定以及风险因素的分析等。具体可以从营销方式、销售政策的制定、销售渠道、主要业务关系状况、销售队伍情况及销售福利分配政策、促销和市场渗透、产品价格、市场开发规划和销售目标等方面介绍。

6. 企业的管理介绍

主要介绍公司的管理理念、管理结构、管理方式、主要管理人员的基本情况等。

7. 项目投资说明

主要介绍企业在投资过程中相关说明，包括资金的需求、使用以及投资的形式，如资金需求说明、资金使用计划及进度、投资形式、资本结构、回报、偿还计划、资本原负债结构说明、投资抵押、投资担保、吸纳投资后股权结构、股权成本、投资者介入公司管理之程度说明等。

8. 项目投资报酬与退出

主要告诉投资者如何收回投资，什么时间收回投资，大约有多少回报率等情况。如股票上市、股权转让、股权回购、股利。

9. 项目风险分析

主要介绍本项目将来会遇到的各种风险，如资源风险、市场不确定性风险、生产不确定性风险、成本控制风险、研发风险、竞争风险、政策风险、财政风险、管理风险、破产风险等，以及应对这些风险的具体措施。

10. 经营预测分析

增资后 5 年内公司销售数量、销售额、毛利率、成长率、投资报酬率预估及计算依据。

11. 项目财务分析

主要对未来 5 年的营业收入和成本进行估算，计算制作销售估算表、成本估算表、损益表、现金流量表、计算盈亏平衡点、投资回收期、投资回报率等。

一份成熟的商业计划书不但能够描述出创业公司的成长历史，展现出未来的成长方向和愿景，还将量化出潜在赢利能力。这都需要创业者对自己公司有一个通盘的了解，对所有存在的问题都有所思考，对可能存在的隐患做好预案，并能够提出行之有效的工作计划。商业计划书的第二部分就是展示企业各个方面情况的一个平台。创业者对自己的企业越了解，也就能以最快的速度，抓住投资者的眼球，有效融资。

商业计划书的第三部分：附录

附录经常作为商业计划书的补充说明部分。由于篇幅的限制，有些内容不宜在主题部分过多的描述，附录的功能就是提供更多的、更详细的补充空间，完成主题部分中言犹未尽的内容或需要提供参考资料的内容，供投资者阅读时参考。每份商业计划书在附录中都有大量的财务预测，作为执行计划和财务计划中有关财务的总结。附录的内容主要有：

1. 附件

（1）营业执照影印本。

（2）董事会名单及简历。

（3）主要经营团队名单及简历。

（4）专业术语说明。

（5）专利证书、生产许可证、鉴定证书等。

（6）注册商标。

（7）企业形象设计、宣传资料（标志设计、说明书、出版物、包装说明等）。

（8）简报及报道。

（9）场地租用证明。

（10）工艺流程图。

（11）产品市场成长预测图。

2. 附表

（1）主要产品目录。

（2）主要客户名单。

（3）主要供货商及经销商名单。

（4）主要设备清单。

（5）主场调查表。

（6）预估分析表。

（7）各种财务报表及财务预估表。

一般来讲，商业计划书的内容格式都有一定之规，大同小异，但几个重点方面还是要多加斟酌：

（1）产品独特之处，特别是该项目的进入壁垒。

（2）赢利模式，即客户为何必须购买你的产品，增长潜力有多大。

（3）市场分析，一定要给投资者清晰的目标顾客概念，潜力分析要有理有据。

（4）公司战略与产品竞争策略，这也是投资者关心的焦点问题。

（5）近期和中期资金使用计划。

（6）营销模式的有效性。

谁来写商业计划书最合适

商业计划书是创业融资的敲门砖，是企业成长的必备文件，那么谁来撰写商业计划书最合适呢？

虽然目前市场上存在一些较为成熟的商业计划书撰写公司，企业也会考虑聘请一些外部的专业人士来准备商业计划，这样管理团队就可以利用这段时间来融资和创建企业。但是仍建议，商业计划还是由创业者自己和团队一起制定最合适！

寻找商业计划书撰写公司或者聘请外部专业人士并不是个好主意，这有两方面的原因：

第一，在制定并撰写商业计划的过程中，可以检验不同战略和战术所产生的效果以及创建企业对人员和财务的要求，不然事情一旦发生，就悔之晚矣。比如，一个创业者在准备期其商业计划中发现，他的生物医学产品的主要市场在疗养院，而不是在医院的急救室里，但他和他的医生合伙人以前一直认为是医院的急救室，这项发现改变了整个市场营销行动的重心。如果他把准备商业计划的任务交给外部人去做，他就不会有这个发现，或者至少他不可能对新战略也如此充满信心和责任感。

第二，创业者整理、撰写商业计划书的过程，也是把该项目推销给企业和企业家自己的过程，对企业整体发展过程再确定的过程。作为连创业者自己都不相信的商业计划，是不可能推销给别人的，更不用说精明过人的国内、国际投资者。反过来，即使一个实际上很好的项目，如果没有通过商业计划书这一众多投资者认可的文字方式充分展示出来，其结果很可能仍是把项目留给了企业家自己。

企业在制定商业计划书的过程中，最好让所有管理团队成员参与到商业计划书的准备，然后由企业家自己来写，由专业人士审阅。商业计划书是创业人表达能力和企业思路清晰度的体现，亲自撰写商业计划书可以帮助企业家理清思路，把创业的激情融入计划书中，使计划书读起来更有感染力。特别是对于那些想法不太成熟的公司和个人，如果创业者自己都无法写好一份商业计划书，那么其创业的模式还是需要再商榷的。况且写商业计划书并不复杂，复杂的是如何把自己的思路和做法写在纸上。

创业者在撰写商业计划书时，首先可以找几份商业计划书做参考。单纯地看两本关于怎样写商业计划书的指南并没有多大帮助，比较有效的方法是找来几份行业和商业模式相近的较好的商业计划书作为参考，然后按照提纲来写。创业者要打有准备的仗，在制定商业计划书时，可以提前对投资公司进行了解。投资公司一般对一个新的项目，会在 3 分钟内做出决定是否再给 10 分钟或更多时间，所以无论创业者的项目自认为有多好，都要有优质的商业计划书，有清晰的商业和赢利模式，有完整的营销策略和计划，有一个能实现计划的战斗力很强的团队。

其次，创业者可以与融资顾问合作。如果创业者在融资方面确实有困难，那么可以请融资顾问帮忙，但必须与融资顾问紧密合作，因为他人不一定对你的想法和产品技术有深刻的了解。不管是你自己写还是请别人来写，商业计划书初稿出来以后，最好请有经验的人员审阅一遍。

再次，商业计划书要针对不同的目标读者而设定。对于投资人来说，可能一份几页纸的项目简介或执行摘要就够了，但如果创业者想吸引投资公司的资金，那么一份精心准备的商业计划书是非常必需的。当投资者对你的项目产生浓厚兴趣，并渴望研究你的商业计划书时，你的融资已进入关键时刻，你必须准备好一份足以令投资人激动的商业计划书。要使投资者相信，你的项目是非常出色、不可多得的，这样他们就会很愿意投资或加盟你的企业。

最后，在商业计划书写完之后，创业者最好再对计划书检查一遍，看一下该计划书是否能准确回答投资者的疑问，争取投资者对本企业的信心。通常，可以从以下几个方面对计划书加以检查：

（1）你的商业计划书能否打消投资者对产品、服务的疑虑。如果需要，你可以准备一件产品模型。

（2）你的商业计划书是否显示出你已进行过完整的市场分析，要让投资者坚信你在计划书中阐明的产品需求量是确实的。

（3）你的商业计划书是否容易被投资者所领会。商业计划书应该备有索引和目录，以便投资者可以较容易地查阅各个章节。此外，还应保证目录中的信息流是有逻辑的和现实的。

（4）你的商业计划书是否显示了你有能力偿还借款。要保证给预期的投资者提供一份完整的比率分析。

（5）你的商业计划书中是否有计划摘要并放在了最前面，计划摘要相当于公司商业计划书的封面，投资者首先会看它。为了保持投资者的兴趣，计划摘要应写的引人入胜。

（6）你的商业计划书是否显示出你具有管理公司的经验。如果你自己缺乏能力管理公司，那么一定要明确地说明，你已经雇了一位经营大师来管理你的公司。

（7）你的商业计划书是否在文法上全部正确。如果你不能保证，那么最好请人帮你检查一下，计划书的拼写错误和排印错误能很快就使企业家的机会丧失。

商业计划书中的各个方面都会对融资的成功与否有影响。因此，如果你对你的商业计划书缺乏成功的信心，那么最好去查阅一下计划书编写指南或向专门的顾问请教。

对初创企业来说，商业计划书的作用尤为重要，一个酝酿中的项目，往往很模糊，通过制定商业计划书，把正反理由都罗列出来，然后再逐条推敲，创业者这样就能对这一项目有更清晰的认识。可以这样说，商业计划书首先是把计划中要创立的企业推销给创业者自己。

让团队成员参与商业计划的准备

现在企业在发展的过程中，都非常重视团队成员的作用。企业文化的核心是"以人为本"。建设优秀的企业文化，就是要用先进的观念管理企业，使员工的心往一处想，劲往一处使。再先进的技术，如果没有掌握在训练有素而又对工作充满热情的员工手上，也难以发挥作用。而商业计划书的准备就需要所有管理团队的成员参与。

企业创始之初，靠的是创业者的眼光以及抓住机遇的能力。这一阶段，往往是企业高速发展时期，团队成员基于对未来的美好期待，都能够充分发挥自己的主动性，并不乏创造性。因此，让所有管理团队成员参与商业计划书的制作，以充分发挥每个人的作用，也便于及时针对不同方面的问题进行协商解决。

要注意以下4点：

1. 鼓励团队成员提出问题

创业初期，企业肯定存在不少的问题，而在制作商业计划书的时候，这些问题也会层出不穷。如果发现问题、提出问题的成员得不到管理者的重视，团队成员将会选择沉默，或者报喜不报忧，以此会影响整个创业团队的气场，任凭问题发展和蔓延，给企业造成损失。试想，一潭死水的团队，何来的主动性和创造性？所以管理者应该鼓励团队成员发现问题，提出问题，从而营造一种良好的氛围，这是提高团队成员主动思维、创造性思维的先决条件。

2. 征询管理团队的意见

提出问题之后，管理者即使非常清楚问题的所在以及解决方案，也不要马上发表意见或者提出解决途径。正确的做法是征询管理团队意见。通过征询意见的方式，管理者可以听取不同的意见，同时，也进一步强化了这种开放的氛围，激励员工的主动思维和创造性思维。另外，征求团队成员意见的时候，不仅可以让成员在思考的过程中逐步变得成熟，而且在后期的执行中，由于管理者采取了团队成员的意见，成员在执行时将更有积极性。更重要的是，有时候成员的意见有可能真的更具可行性。

3. 通过授权的方式，让团队成员协助解决问题

当管理者和团队成员确定了解决问题的途径后，应当授权给当事人。授权本身传递了一种信任、信心以及期待的信号。当团队成员得到授权后，满怀信心、昂首阔步地走出你的办公室时，你相信，他会给你满意的答案。

授权应该有一个限度，超出限度的需要向上级汇报，这样在执行的过程中，不至于事事请示，同时也避免了有可能失控的局面。

4. 关注管理团队的执行力、凝聚力

在制定商业计划书的过程中，解决问题的能力也体现出了团队成员的执行力、凝聚力，同时展现了每个人所具有的优势和劣势。

制定商业计划书的过程也是磨炼团队凝聚力和企业文化的过程。优秀的企业管理者创造了优秀的企业文化，而优秀的企业文化更需要有所有团队成员的积极参与、自觉贯彻，否则，建设优秀企业文化就无从谈起。因为，团队成员是企业文化建设的主体，在他们之中蕴藏着极为丰富的企业文化建设的素材，是提炼总结优秀企业文化的源泉。如果让团队成员感觉到自己的工作能力、水平、业绩受

到承认、重视，那么团队成员就会自觉为企业着想，就会真正形成凝聚力、向心力，就会形成一个攻不破的堡垒。

世界上最大的商业零售企业沃尔玛公司的创始人沃尔顿为公司制定了3条座右铭："顾客是上帝"，"尊重每一个员工"，"每天追求卓越"，并成为沃尔玛企业文化的精髓。尊重个人是沃尔玛的企业文化，每个沃尔玛员工的工牌上都印着一句话"我们的员工与众不同"，这不仅是一句口号，更是沃尔玛成功的原因。它的含义是每个员工都很重要，无论他在什么岗位都能表现出众。沃尔玛推行的是开放式管理，任何员工都有权走进管理人员的办公室发表意见，且员工的意见始终都能受到高度的重视。

因此，必须充分发挥团队成员的积极性和创造力，使企业的目标、信念等深深扎根于每个员工的心中，变成他们的共同信仰，这样就会使他们产生强烈的使命感、荣誉感和责任感，从而自觉地把自身利益、工作职责和企业的整体利益联结在一起，尽心尽力地做好本职工作，如此坚持下去，优秀的企业文化必将脱颖而出。事实证明，企业形成了优秀的企业文化，也就为企业打造了一支高素质的管理团队，而这支用优秀企业文化武装起来的管理团队才是企业真正的核心竞争力。

执行摘要怎么写

商业计划书的执行摘要是风险投资者阅读商业计划书时首先要看到的内容。如果说商业计划书是敲开风险投资公司大门的敲门砖，是通向融资的铺路石的话，计划书的摘要可以被看作是点燃风险投资者对你的投资意向的火种，是吸引风险投资者进一步阅读你的商业计划书全文的灯塔，它浓缩商业计划书之精华，反映商业计划书之全貌，是全部计划书的核心之所在。

执行摘要包括对公司内部的基本情况、公司的能力以及局限性、公司的竞争对手、营销和财务战略、公司的管理队伍、项目实施后大致的投资回报前景等情况的简明而生动的概括。

具体来讲，执行摘要至少应该包括以下9个关键点：

1. 项目独特性

首先概括公司的投资亮点，你应该用最抓人眼球的话解释为什么你的项目、公司的创意是最棒的。通常，可以直接、简练说你解决某个重大问题的方案或产品。句子应该直接明确，而不是抽象或者概念化。在第一段创业者应提到一些使人印象深刻的名字比如公司的知名顾问、已经合作过的大公司、有名的投资公司等。

2. 存在和要解决的问题

创业者需要清楚地描述当前的或者是将会出现的某个重大问题。通过解决问题来提高利润、降低成本，加快速度、扩张市场范围、消除低效率、提高效益，等等。

3. 对问题的解决方案

用简要的话来介绍公司的产品或服务，以及它解决了用户的什么问题。企业给客户提供什么产品或服务来解决这个问题，软件、硬件、服务还是综合的，用通俗的语言具体描述公司的产品或服务。

4. 面临的机会

通过描述公司行业、行业细分、巨大的市场规模、成长性和驱动因素，以及美好前景，来展现自己的市场机会。创业者最好是能在一个环境良好并能有一定增长的市场中占有较大的份额，而不是在一个超大的成熟市场中占有过小的份额。

5. 企业的竞争优势

无论如何，你都有竞争对手，至少，你是在跟你的目标客户当前使用的产品或服务提供商在竞争，更常见的是你正面对一些直接竞争者。你自己必须明白你的真实的竞争优势是什么，然后用正面的、积极的词语来描述公司的目标和竞争优势。

6. 企业的商业模式

用一两句话来清晰地描述公司的商业模式——怎么挣钱？你需要明确公司在产业链、价值链上的位置，合作伙伴是谁，他们为什么要跟你的公司合作，如果已经有收入了，有多少，如果没有，什么时候会有等等。

7. 展示创业团队

通过展示创业者和核心管理团队的背景及"辉煌成就"，让投资者明白你的团队为什么有独特的资质获得成功。不要只是简单地把每个团队成员的简历攒在一起，而是应该解释每个团队成员的背景为何有利于公司发展，以及如何互补。

8. 预测财务回报

创业者给投资者最基本的承诺就是你将会给他们很多的回报。达到这个目标唯一的方式就是创业者要达到一定程度的财务成功，超过投资者的期望。用一个表格来展示公司的历史财务状况和未来的财务预测。如果是初创公司历史财务部分可以省略，但 3 ~ 5 年的财务预测，要能满足投资者的投资回报预期才行。

另外，最好能匹配上收入的驱动因素，比如客户增长等，但财务预测如果太过离谱，让投资者不相信的话，所有的工作就前功尽弃了。

9. 给费需求数额

这里应该说明公司发展达到下一个主要里程碑所需要的最小资金量，如果投资者愿意出更多，你也可以要更多；如果你期望以后能进行下一轮融资，就应写清楚，并且写清楚期望的下一轮融资数目。

执行摘要在设计的时候，还要注意以下几个方面的内容：

1. 摘要部分一定要放在最后完成

执行摘要融合了商业计划书的精华，在动笔写摘要之前，创业者要先完成整个商业计划书的主体部分，然后在反复阅读主体部分的基础上，提炼出整个计划书的精华，再开始动笔撰写摘要部分。

2. 撰写一定要精练，文笔生动

风格要开门见山，夺人眼目，可以立即抓住重点。创业者要针对实际情况仔细思考每一点，哪些是最重要的，哪些是需要强调的，哪些是无关痛痒的，哪些是不需要写细节的。如果针对特殊情况要强调某一点时，也可以多写一点。总之，每一点用几个简单、清晰、明确的句子就可以，执行摘要一般是 2 页，最多 3 页。记住，投资者是没有时间去琢磨你的文章的。

3. 执行摘要要有针对性

在撰写摘要时，创业者要明确摘要的目标读者。不同的投资者有不同的兴趣和不同的背景，他们看商业计划书的侧重点不同。由于一项投资通常要由几个人或几个部门共同做决定，所以在撰写摘要之前先要对投资者进行一番调查研究，突出投资者最感兴趣的方面，对不同的投资者，要突出不同的方面。

4. 撰写完成之后，请周围的人检查过目，提出意见

重点了解他们的反馈，看他们能否马上被你的计划书所打动。如果不能，则需要重新考虑如何撰写，直到可以马上打动你身边的人为止。另外一定要自己先检查有无错别字等，切忌在文章中出现语法错误。自己检查完之后，再请别人检查，直到确切无误为止。若用英文撰写商业计划书，完成之后，可以用专业的软件检查一遍拼写和语法。记住，如果在文章中出现文字错误，你又怎么能证明你是一个作风严谨的企业家呢？千万不可因细小的失误而失去重要的机会。

一份执行摘要如果经过精心准备、仔细审阅并且定期进行更新，即可成为极度具有价值的管理工具。不断发展的公司面临许多日常决策，而执行摘要恰好能成为决策的指南。

推荐信怎么写

创业者在寻求风险投资家融资的时候，找人推荐是创业者联络风险投资家的一个很好途径。一个有权威的推荐可以吸引风险投资家的注意，如果再能搭配一份出色的推荐信，创业者就可以得到一个与风险投资家会面的机会。

推荐信的作用一般来说有 3 个：一是从第三者角度对申请者自述信及项目等的确认和重新解释；二是对申请者的陈述进行补充；三是以同行的身份向风险投资者提供自己的看法。由此可见，推荐信的作用是不可忽视的，好的推荐信可以帮助创业者得到风险投资家的投资。

对于推荐人的邮件，风险投资家一般会有兴趣看完推荐信的内容。推荐信中最重要的内容是，对被推荐者的优点介绍及评价，这是推荐信的核心，主要包括被推荐者的项目、市场情况、团队等方面。如果顺利的话，风险投资家还会查看附在邮件后面的商业计划书执行摘要，执行摘要可以决定风险投资家是否愿意给创业者一个面谈的机会。如果推荐人名声不错或者推荐信很诱人，很多风险投资家也会直接给创业者面谈的机会。

创业者的推荐信可以通过推荐人发给风险投资家，也可以自己写邮件发给风险投资家，还可以当面交给风险投资家，比如，在某次的俱乐部活动或论坛中，找机会跟风险投资家聊上几句。更有甚者，你还可以将浓缩简介写在名片的背后，直接跟风险投资家交换。

一般，发送电子邮件是最常用的方式。创业者可以给推荐人发送一封简单的邮件，以便推荐人看完之后，非常乐意地转发给风险投资家。

下面是杜撰的一封浓缩简介的范例，创业者张先生成立了 ABC 公司，想向某知名公司 ××× 融资，寻求李开复的推荐。示例如下：

主题：推荐 ABC 公司给 ×××

开复，你好！

谢谢你能够答应把我们推荐给 ×××。附件是我们 ABC 公司商业计划的执行摘要。（提醒对方注意查收附件）

简单来说，ABC 可以帮助用户通过互联网免费获得海量的优质电子版的图书、杂志内容，用户可以自由下载和使用这些内容。（产品是什么？解决什么问题）就像使用 Google 和百度一样简单方便。（形象说明产品的易用性）网址是：http：//www.abc.com。（让风险投资家方便试用）

创立两年来，我们已经与国内 90% 以上的出版社及杂志社建立了长期内容合作关系，获得了 1000 多家集团客户，个人注册用户超过 500 万，网站页面访问量每天 5000 万，并且每月以 10% 的速度在增长。（发展速度、市场地位、客户认可度）之前公司除了我个人投资 500 万元之外，还接受了阿里巴巴老板马云的 100 万美元的天使投资。（投资人认可）而且 ABC 在保护知识产权的基础上，突破了传统出版模式的传播、成本、用户互动、商业模式等方面的瓶颈，是出版行业的一次重大革新及发展趋势。（巨大的市场机会）

在做 ABC 之前，我做过 ××× 公司（被微软以 1 亿美元收购）和 YYY 公司（被雅虎以 2.5 亿美元收购）。（团队背景）

我一直很欣赏 ××× 的投资理念和成就。（找该风险投资家的原因）我们准备从下周开始跟风险投资家洽谈融资的事情，我希望能有机会给 ××× 展示一下我们在 ABC 所取得的成绩。（推进风险投资家尽快行动，并造成竞争气氛）

祝好！

张 ××

zxx@abc.com

158×××××××××（方便风险投资家直接联络）

相信每个风险投资家都是非常认真地对待每一个有潜力的项目的。但是通常，风险投资家每天都会接收到很多推荐的邮件和执行摘要，因此，他们通常只会花费几分钟的时间评估一个项目。有些创业者为了得到风险投资家的注意，就会采用一些"聪明"的技巧，希望能够提高自己的"曝光率"。比如，有些创业者在邮件中会提到公司还在跟其他哪些风险投资家沟通，或者贴上媒体对公司的报道，有些还会给风险投资家寄"完整版"的商业计划书、产品样品、创业者写的书等。

这样做有两方面的目的：一是希望风险投资家能够看看附件的"执行摘要"；二是让风险投资家对公司产生兴趣，并希望对公司有更多的了解。对于第一条，也许有些技巧管用，但最管用的还是创业者将邮件发给那些有针对性的、有声誉的风险投资家，只有适合你的风险投资家才能保证会看你的执行摘要。对于第二条目的，就需要有一份看起来专业的、完善的执行摘要了。

然而，上面的一些技巧有时不但帮不上忙，还会产生反作用。寄一个产品样品有时会有用，因为可以帮助风险投资家更好地了解你的产品；而寄一份打印出来的"完整版"商业计划书、创业者自己写的书之类的，好像对风险投资家的决策就没什么影响了，甚至破坏创业者在风险投资家心目中的印象。

跟风险投资家说你同时还在跟其他某些风险投资家谈也是有一定风险的，也许会让风险投资家觉得你很诚恳，但一旦风险投资家跟你提到的其他风险投资家联络一下，而恰好那些风险投资家并不看好你的公司或者已经放弃了，那这家风险投资家估计也不会在乎你，毕竟你的公司是被别人挑剩下的、淘汰的。引用最新的新闻报道是有用的，这表示公司有一定的影响力，风险投资家也可以通过报告对你的公司有更多了解。

其实，对于一个有市场潜力的项目来说，创业者自己找风险投资家和有人引荐的效果差别并不大。至多是熟人介绍的商业计划书，风险投资家可能会找时间快点儿阅读而已，但对于是否会投资这个项目的决定，引荐人也许起不到多大作用。

创业者在寻找风险投资家的时候，可以在网上搜索一下，几分钟内就可以找到全世界所有风险投资家的名单。建议创业者不要将商业计划书用群发的形式发给所有人。在发送邮件之前，要做点功课，通过合适的渠道，把它发给合适的风险投资家。否则，只会有去无回。

归根到底，找风险投资家融资就是在私募市场上兜售自己公司的股份，就像卖任何一件产品一样，要找对自己的可能买主，做精准营销。不过做好思想准备，出售创业公司股份和卖脑白金不一样，只有很小一个圈子里的很少一部分人会对你的项目有兴趣，你千万别梦想风险投资家会争先恐后追逐你的项目。

商业计划书的主要构成

公司介绍

在向投资者介绍营销策略、新产品、新技术、新服务、新想法之前，你必须先向投资者详细介绍基本情况，如公司的名称、注册地点、经营场所、公司的法律形式、企业的法人代表、注册资本等。有些内容需要下功夫写好的，如企业的目的、发展目标、市场营销、经营管理等。在对公司情况介绍的时候，创业者要客观中肯，不回避失误。中肯的分析往往更能赢得信任，从而使人容易认同企业的商业计划书。

介绍公司可从以下几个方面入手：

1. 公司的基本情况

首先创业者要将公司的名称、地址、电话号码，联系人等资料清楚无误地展示给投资者。注意，一定要给投资者一个可以联系到的联系方式。商业计划书要包括公司的法律名称、商标或品牌名称、公司商业用的名称、子公司名称等内容。千万不要缩写公司的名字。商业计划书还必须表明企业的法律形式，是责任有限公司还是合伙人公司，或是个人独资公司等。同时注明公司是在哪里注册的，法人代表是谁等。

2. 产品或服务介绍

在进行公司介绍时，投资人最关心的问题之一就是产品或服务。这部分可以单独成为一个段落，也可以与企业描述部门合并。如果你的产品或服务技术性很高或者很有独特性，最好把这部分内容单独成为一部分，在此可以稍做提及，保证完整性。因此你需要非常详细地描述清楚你的企业和企业提供的产品或服务。

在此介绍的时候，要着重提出产品或服务的独特地方，不需要面面俱到。

3. 项目的独特性

创业者在向投资者介绍完公司的基本情况后，可向投资者展示公司不同的优

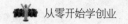

势，即公司独特的方面如项目、产品、管理方式、商业模式等，并解释独特的原因，让风险投资者满意、放心。

4. 公司的发展阶段

许多投资者都希望知道企业目前发展到什么程度，经历了哪些主要的发展阶段，你已经取得了哪些进步和成绩。在商业计划书中首先要写公司成立的时间，然后写企业的主要发展阶段和企业的近期目标。企业的主要发展阶段包括企业创立的情况、企业早期的发展情况、企业的稳定发展期的情况如新开发的产品、提供新服务，企业扩张期的情况如企业合并、企业改产、企业重组等，还应说明企业距离预定目标还有多远。

5. 公司的管理队伍

"投资是一项经营人才的业务"，越来越多的事实证明商业竞争的实质就是人才的竞争，谁能让人才留驻并善用他们，谁就能在商业竞争中获胜。创业者不仅要向投资者介绍你管理队伍的概况，而且要介绍他们是如何形成一个整体团队进行工作的。

该部分主要介绍公司的管理情况，领导者及其他对公司业务有关键影响的人。通常，小公司不超过3个关键人物，风险投资者对关键人物十分关心。你应该从最高层起依次介绍，主要包括董事和高级职员、关键雇员，管理者之职业道德和薪金等方面。注意，关键人物不等于有成就者。另外，可介绍一些外部支持：公司目前已与下列外部顾问机构发展了业务关系：会计师事务所、律师事务所、顾问或咨询公司。

6. 公司的业务情况

这里，创业者要力求用最简练的一段话描述公司的业务情况。更重要的是，要用最简短的一句话使风险投资者可以概略认识你的公司。如果你的公司已是计算机网络成员，则对公司的描述应与计算机中的描述一致，这样，风险投资者可以依据你的行业分类目录概略认识你的公司，如果你的文字不够简明扼要，则对方可能要求你做解释，以确认你的公司所属行业。

7. 公司的财务状况

在公司介绍部分需要简单介绍你的企业的财务状况。如：从企业创立到目前为止资金的来源状况，主要财务人员和各自的财务责任。你的项目需要多少钱，怎么利用这些钱。此部分需要简单介绍，具体的企业财务状况要在后边的财务部分详细描述。

8. 公司未来的发展规划

风险投资者会寻求有关公司未来某一时期的信息，他们可能提出涉及未来关键阶段的问题，例如："你如何完成计划书规定的关键指标？"在这部分创业者应该作一定的说明。

9. 公司的风险控制

需要评估你的业务的主要风险包括管理问题、市场状况、技术状态和财政状况。这些风险包括以下方面：有限的操作经验，有限的技术力量，员工熟练程度，资源数量，有限的管理经验，市场的某些不确定因素，生产上的某些不确定因素，来自竞争对手的威胁，防止假冒伪劣商品问题，对关键管理方式的独立性问题，等等。

另外，创业者还可以向投资者阐述企业的专利、许可证或版权等情况。如果企业有很多的专利、许可证或版权，也没有必要把它们全部列出一一介绍，只需要写出数量和种类就可以了。有时候为了更有说服力，也可以从中挑选出几个最有代表性的作简单说明。

产品或服务

风险企业的产品、技术或服务能否以及在多大程度上解决现实生活中的问题，或者风险企业的产品或服务能否帮助顾客节约开支，增加收入，成为投资人在评估项目时的重要参考之一，因此，产品介绍是商业计划书中必不可少的一项内容。此部分主要是对公司现有产品和服务的性能、技术特点、典型客户、赢利能力等的陈述，以及未来产品研发计划的介绍。

在产品或服务介绍部分，投资者希望了解有关客户需求的功能与产品细节。

任何一个投资者都希望从计划书里了解产品的细节和其能满足的客户需求的功能，对于此他们希望能知道：

（1）产品是什么。创业者在介绍产品概念、特征时，最好提供产品的图片或者模型，使产品能真实地展现在投资者面前。

（2）介绍产品的性能及特性，即产品能满足客户怎样的需求，能怎样帮助客户解决现实中的问题。

（3）产品的市场前景预测即产品的目标细分市场在哪里。创业者需要清晰解释产品的市场定位，产品是如何走入细分市场的，或者说创业者采取了什么样的服务手段使产品拥有美好的市场前景。

（4）产品的市场竞争力。创业者要说明本公司提供何种独一无二的具有附加价值特性的产品给顾客，这些特点是怎样转化为公司的竞争优势的，本公司的产品与竞争者的产品有何不同，产品的独特性在哪里，产品在市场上是否享受优先或保护性的地位等问题。

（5）产品的品牌和专利即公司是否已经对产品进行了专利申请，产品有专利、商业秘密或另外的私有特征吗？创业者要稍做说明。

（6）产品的研究和开发过程。创业者还需要向投资者阐述本公司产品的研发过程，以及后续开发等，是否已经形成产业链，是否有产品延伸或有开发相关产品或服务的潜能，以及发展新产品的计划和成本分析等。

以上6个方面是产品或服务介绍的主要内容，在产品或服务部分，投资者最关心的是：

（1）客户希望企业的产品能解决什么问题，顾客能从企业的产品中获得什么好处？

（2）企业的产品与竞争对手的产品相比有哪些优缺点，顾客为什么会选择本企业的产品？

（3）为什么企业的产品定价可以使企业产生足够的利润，为什么用户会大批量地购买企业的产品？

（4）企业为自己的产品采取了何种保护措施，企业拥有哪些专利、许可证，或与已申请专利的厂家达成了哪些协议？

（5）企业采用何种方式去改进产品的质量、性能，企业对发展新产品有哪些计划，等等。

在撰写产品或服务部分最常遇到的问题就是，由于在大多数情况下，商业计划书的执笔者就是创业者本身，他们大多是技术出身，对于自有产品和技术有着一种自然而然的自豪和亲近，所以经常陷入"情不自禁"和"滔滔不绝"的情绪之中，对于产品技术的介绍过于专业和生僻，占用了过多的篇幅。因此企业家要注意，在对产品或服务作出详细的说明时，要准确，也要通俗易懂，使不是该领域专业人员的投资者也能明白。

创业者一般对自己的产品和服务都比较熟悉，在撰写的时候也相对容易。虽然夸赞自己的产品是推销所必需的，但应该注意，企业所做的每一项承诺都要努力去兑现。要牢记，企业家和投资家所建立的是一种长期合作的伙伴关系。空口许诺，只能得意于一时。如果企业不能兑现承诺，不能偿还债务，企业的信誉必然要受到极大的损害，因而是真正的企业家所不屑为的。

而另一方面，投资人本质上是极为看重收益和回报的商人，而且他们多是经济或金融背景，对于技术方面的专业介绍也不是特别在行。他们更加认同市场对于公司产品的反映。所以，建议在产品和服务部分只需讲清楚公司的产品体系，向投资人展示公司产品线的完整和可持续发展，而将更多的笔墨放在产品的赢利能力、典型客户、同类产品比较等内容的介绍上。

产业环境分析

研究和分析一个产业，首先要看影响产业的发展因素，即对产业环境进行分析。对自己所属的行业进行分析是企业经营的前提条件，因此投资者在评估项目的时候，也往往把创业者的项目放在产业环境的大背景下进行考虑。在产业分析中，应该正确评价所选产业的基本特点、竞争状况以及未来的发展趋势等内容。这里，风险投资者会千方百计分析、认识你的行业。而创业者制定竞争战略的本质，在于把企业与其所处的环境联系起来，这种环境的关键方面是参与竞争的某个或某些产业。因此，企业最关心的是其所在产业的竞争状态。产业环境的分析主要包括两个方面，一是产业中竞争的性质和该产业中所具有的潜在利润；二是该产业内部企业之间在经营上的差异以及这些差异与它们的战略地位的关系。

应该注意的是，你所介绍的本行业一定时期内的销售额，不能包括未来你产品占领的领域的销售额。例如：若一个公司只制造微型电脑，则不能说已占领了全部电脑市场。微型电脑市场只是整个电脑市场的一部分，对应的行业只是微电脑市场，而不是全部电脑市场。

关于产业环境分析的典型问题有以下几点：

（1）该产业发展程度如何，现在的发展动态如何，与现有企业之间的竞争状况如何。

现有企业间的竞争是指产业内各个企业之间的竞争关系和程度，不同产业竞争的激烈程度是不同的。如果一个产业内主要竞争对手基本上势均力敌，无论产业内企业数目的多少，产业内部的竞争必然激烈，在这种情况下，某个企业要想成为产业的领先企业或保持原有的高收益水平，就要付出较高的代价；反之，如果产业只有少数几个大的竞争者，形成半垄断状态，企业间的竞争便趋于缓和，企业的获利能力就会增大。

（2）创新和技术进步在该产业扮演着怎样的角色？创新和技术进步是保持企业竞争优势的重要环节，企业应该正确评估创业和技术进步在该产业中扮演的角色，以便及时了解行业动态，提高企业的核心竞争力。

（3）该产业的总销售额有多少，总收入为多少，发展趋势怎样，了解该产业的发展趋势，对企业的发展提供行动指南。

（4）价格趋向如何？企业应该关注在产业中，供买双方讨价还价的能力。供方是指企业从事生产经营活动所需要的各种资源、配件等的供应单位。它们往往通过提高价格或降低质量及服务的手段，向产业链的下游企业施加压力，以此来榨取尽可能多的产业利润。

作为买方（顾客、用户）必然希望所购产业的产品物美价廉，服务周到，且从产业现有企业之间的竞争中获利。因此，它们总是为压低价格，要求提高产品质量和服务水平而同该产业内的企业讨价还价，使得产业内的企业相互竞争残杀，导致产业利润下降。因此，在向市场提供产品或服务的时候，一定要洞悉价格走势，因为价格直接影响到企业的赢利水平。

（5）经济发展对该产业的影响程度如何？政府是如何影响该产业的？经济领域范围很广，你从事的领域可能属于其中的一个领域或几个领域。由于企业可能归属于几个不同的经济领域，因此企业的发展受到不同经济领域变化的影响。在商业计划书中很难面面俱到地详细分析你所从属的所有的领域，但是你至少应该知道你所从属的主要的经济领域的过去发展情况和未来的发展趋势。

（6）是什么因素影响着它的发展？很多因素都会影响行业发展，从而关联到企业发展以外，还有很多自然或人为的因素影响企业的发展。在商业计划书里，创业者还要说明影响行业发展的主要因素，并阐明创业者如何应对这些变化。

（7）竞争的本质是什么？对于那些潜在进入者的威胁将采取什么样的战略？所谓潜在进入者是指产业外随时可能进入某行业成为竞争者的企业。由于潜在进入者的加入会带来新的生产能力和物质资源，并要求取得一定的市场份额，因此对本产业的现有企业构成威胁，这种威胁称为进入威胁。进入威胁的大小主要取决于进入壁垒的高低以及现有企业的反应程度。

（8）进入该产业的障碍是什么？你将如何克服，该产业回报率有多少？每一个行业都面临着壁垒和门槛问题，创业者在刚进入这一领域的时候，如何面对这些壁垒门槛，也是投资者很关注的问题之一。投资者还对投资回报率非常关心，创业者在阐述的时候可以把该行业的回报率向投资者说清楚。

（9）与同行其他产品相比较，你的产品新颖处何在？你的核心竞争力在哪里？你的销售范围有多广，是地方、地区、全国，还是全世界？这些都可以在行业分析力向投资者阐述明白。

企业的发展离不开行业市场的变幻，但是无论怎么变化，终究逃脱不了行业的发展周期这一规律。企业在重视微观环境分析即自身分析的同时，也要重视宏观环境以及中观行业环境分析，这样才能做到一举兼得，才不会导致企业犯常规的错误，乃至战略失误。具体要注意以下两点：

（1）创业者应该对新企业所处的环境及如何帮助实现或阻碍某些特定计划，有非常清楚的认识。

（2）创业者应该知道环境将会不可避免地发生变化，并能描述这些变化将如何影响企业。更进一步，计划书还应对环境变得不利时管理人员采取的或能够采取的措施详加说明。

不同的企业可以根据实际状况和不同阶段行业发展特点制定不同的战略目标，以清楚地看到自己的位置，乃至所处行业的位置。

目标市场

虽然企业应该尽量把目标市场范围定的宽一点，把所有将来会使用你的产品或服务的潜在顾客都包括在内，但是，人们常常把自己的市场定义的尽可能的大，这样往往给人的感觉是，仿佛有一个很大的市场需要你去开发，也容易引导出一种错误的投资决定。因此在定义目标市场时，特别需要定义你的市场区隔。一定要有一个清晰明确，有意义的市场区隔，负责目标市场将毫无用处。正确地定义目标市场，是商业计划书中重要的一部分。

1.确定目标市场

目标市场是企业的"经营之箭"，而市场细分是对企业的定位。你应该细分你的各个目标市场，并且讨论你到底想从那里取得多少销售总量、收入、市场份额和利润。了解目标市场可以更科学地制定市场销售策略以及开发新产品或服务，还可以预测未来的销售和利润情况。在撰写目标市场部分时主要集中在对市场的描述、市场变化趋势和销售策略几个方面。投资者最关心的是你的产品或服务一定要有足够大的市场，你是否清晰地了解你的机会和限制。投资者要求企业确保产品或服务有足够的市场，企业要充分了解自己的市场机会和局限性，必须向投资者证明自己有清晰明确、伸手可及的目标市场。

2.分析市场情况

欲获得风险投资的企业对市场的预测应建立在严密、科学的市场调查基础上。企业所面对的市场，本来就难以捉摸，意欲获得风险投资的企业更加变幻不定。因此企业需要尽量扩大收集信息的范围，进行有效的市场分析。市场是否存在对这种产品的需求？需求程度是否可以给企业带来所期望的利益？市场规模有多大？需求发展的未来趋向及其状态如何？影响需求都有哪些因素？市场中主要的竞争者有哪些，是否存在有利于企业产品的市场空白点？本企业预计的市场占有率是多少？本企业进入市场会引起竞争者怎样的反应，这些反应对企业会有什么影响？等等。

企业可以从以下一些因素中，分析本企业市场规模和未来变化：

（1）你的企业现在的产品销售量和市场份额如何？销售量与市场份额随时间而波动吗？

（2）你的目标市场的结构现在是什么样，它正在经历哪些变化？

（3）你的目标市场的增长率是多少？

（4）你的顾客对产品的使用正在发生哪些变化？

（5）什么因素影响顾客的购买力和敏感性？这些因素有什么变化趋势？

（6）社会价值正在经历哪些变化，它们对产品或服务有什么影响？

（7）什么因素影响顾客的需要？这些因素有什么变化趋势？

（8）顾客怎么改变使用产品或服务的习惯？

（9）行业趋势表明什么新的技术已经开发出来以及新的、正在改变的客户需求是什么？

（10）你的公司和你的产品如何适应此行业？

（11）你的产品如何渗透进此行业？

（12）竞争者关于行销、经营、管理、财务、产品、价格、促销、通道和生产方面的优势和弱点是什么？

有了数据，就可以对这些调查数据进行有效分析。市场分析能帮助对预测结果进行可行性判断，并能衡量预测目标市场是否脱离现实或高或低。

3. 了解客户情况

因为风险投资的成功最终依靠客户，所以知道客户是谁极其重要。经营者要时时提醒自己他们需要依靠客户的满意度和忠诚度。因此创业者要详细了解自己客户的情况，具体可从以下几个方面入手：

（1）谁是产品主要的购买者？他们拥有什么样的个人背景特征？

（2）这些购买者为什么购买产品，是为了寻求用途还是别的什么原因如方便、省时和省钱等？

（3）顾客具有品牌忠诚度吗？

（4）他们的购买频率如何？

（5）客户是怎样决定购买的？

（6）产品适合客户偏好吗？

（7）产品是价格重要还是性能重要？

（8）产品有不同的客户群（区域）存在吗？区域之间的不同在哪里？区域之间的相似性在哪里？

（9）销售是复杂且时间长的，还是相对简单且直线型的？

（10）产品的成本较大还是较小？

客户资料可能包含实际的或潜在的客户列表。另外，如果有客户购买产品，此商业方案应该解释为什么此购买行为会发生。

4. 了解竞争对手的情况

值得注意的是，商业计划书应详尽地向投资人分析竞争对手的状况。风险投资者希望了解：谁是竞争者？其实力如何？有何优势，以及你自身有哪些优势？当考虑竞争者因素时，经营者应该记住两点。第一，他们绝不能假定竞争者不是威胁。第二，经营者需要确保他们对竞争者的分析和评估是综合的，同时也是真实的。仔细的经营者会收集很多竞争对手的资料。

创业者应充分掌握自己的潜在竞争者的优势和劣势，对主要竞争者的销售、收入、市场份额、目标顾客群、分销渠道和别的相关特征等作出合理估计。尽量压缩这些细节，以使风险投资者能够坚持读下去。

5. 合理预测市场状况

当企业要开发一种新产品或向新的市场扩展时。首先要进行市场预测，如果预测的结果并不乐观，或者预测的可信度让人怀疑，那么投资者就要承担更大的风险，这对多数风险投资家来说都是不可接受的。

市场预测主要包括几个方面：市场是否存在对这种产品的需求？顾客的需求程度是否可以给企业带来所期望的利益？新的市场规模有多大，需求的未来发展趋向及其状态如何？本企业预计的市场占有率估摸是多少？市场中主要的竞争者有哪些？是否存在有利于本企业产品的市场空当？本企业进入市场会引起竞争者怎样的反应？这些反应对企业会有什么影响？等等。

在商业计划书中，市场预测应包括以下内容：市场现状综述、竞争厂商概览、目标顾客和目标市场、本企业产品的市场地位、市场情况和特征等。

了解目标市场可以更科学地制定市场销售策略以及开发新产品或服务，还可以便于撰写商业计划书。只有对目标市场作出清晰的分析和预测，才能保证在激烈的商场竞争中长盛不衰，反之则必将在激烈的市场竞争中被淘汰出局。

企业对市场的预测应严密，在科学的市场调查的基础上，应尽量扩大收集信息的范围，采用科学的预测手段和方法。创业者应牢记，市场预测不是凭空想象出来，对市场的错误认识是企业经营失败的最主要原因之一。因此，在撰写商业计划书和准备创业时，一定要对市场有一个清晰的认识。

营销策略

不能找到客户就不能生存是企业经营的最基本原则。拥有了优质的产品和良好的市场机遇，还需要一个切实可行的营销战略和实施计划来配合，营销战略应该讨论市场调研的结果和产品或服务的价值提议。其中对市场的敏锐洞察和深入了解是决定产品能否进入市场获得成功的最重要的因素。商业计划书中这一部分内容的主要目的是使投资者确信这一市场是可以开发和渗透的。

在商业计划书中，营销策略是描述企业行销的计划以及销售战略，应包括市场机构和营销渠道的选择、营销队伍和管理、促销计划和广告策略、价格决策，这样才能保证最后的成功。

1. 选择市场机构和营销渠道

行销渠道和市场机构对许多刚起步的公司而言是成功的关键。通过既定的中间商来销售产品通常会比直销更实际，尽管中间商拿走了部分的利润，但是量的增长通常弥补了利润的损失。而在合适的区域设定市场机构对于货品供应、运输、物流调控以及市场需求量有重大的影响。在利用市场机构或其他渠道进行营销时，一定要调查清楚：

（1）产品通常怎样卖出去？

（2）用户通常怎样寻找和购买相似产品？

（3）中间商的任务与职责是什么以及他们如何得到补偿？

（4）是什么需求刺激中间商推销新产品的？

（5）为了使行销通道有效供应的责任是什么？

而对于市场机构的设立则需要考虑更多"人"的因素，市场机构面临的直接客户区域范围是多大？该市场机构的人员该如何配置？该市场机构针对的是哪类的目标客户？该市场机构所选用的主要营销渠道？市场机构设立的数目、地理位置？这些市场机构设立的因素对于企业产品、服务影响也是不容忽视的。

2. 制定市场计划和销售策略

好的市场计划就是要能够接近顾客，激发顾客的购买欲望，最终把顾客的购买欲望变成购买现实。一旦定义你的目标市场之后，就要估计其规模和发展趋势，分析竞争对手的情况，探查市场和制定销售策略。投资者认为在进行市场渗透时应该把一个大市场进行区隔，有目的地制定市场销售策略。在设计市场策略时最好聘请市场顾问、广告代理人、公共关系顾问等方面的专家一同参与设计，他们可以根据专业方面的背景帮助你突出重点，提高效率。

在介绍市场计划时，你应该突出市场和销售并重的原则，清楚地阐述以下内容：

（1）如何让顾客知道你的产品或服务。

（2）产品或服务的价格优势。

（3）产品或服务的地点优势。

3. 管理营销队伍

营销队伍的管理就是在不断培养、提高营销人员素质的过程中，优化营销队伍结构，激励、引导营销人员，以较少的投入获得较大的推销业绩，积极认真地为企业收集有利于企业长远发展的市场信息，为营销决策提供依据。优秀的销售经理是有理想、有抱负、有能力、经验丰富、独立工作能力强的行业精英。身为管理者，如果不了解他们，与他们的理念、价值观分歧较大，就可能根本搞不清楚自己需要怎样的销售人才，或者招聘不到需要的销售人才，或者即使招聘到合适的销售人才，也因为没有用武之地，发挥不出作用而最终挂印封金，悄然离去。因此创业者一定要善于管理营销队伍。

如何管理好营销队伍成为摆在所有企业总经理面前的一把双刃剑。它既是总经理职业生涯中的一次历练，又事关企业的生命线。而管理营销队伍需要管理者明白营销队伍的规模是多大？如何监控管理营销队伍？业绩的指标如何设定？如何激励营销队伍等问题。

4. 设计促销计划和广告策略

促销就是营销者向消费者传递有关本企业及产品的各种信息，说服或吸引消费者购买其产品，以达到扩大销售量的目的。促销实质上是一种沟通活动，即营销者（信息提供者或发送者）发出作为刺激消费的各种信息，把信息传递到一个或更多的目标对象（即信息接收者，如听众、观众、读者、消费者或用户等），以影响其态度和行为。促销计划是配合营销策略，由直接销售人员面对终端客户执行的有助于产品或服务销售的活动计划。促销计划需要注意的要点包括：

（1）渠道要多样化、均匀化，以保证有购买冲动的消费者方便购买。

（2）能制造"新闻"宣传效应。

（3）利用广告。广告是十分有效的传播工具。但广告非常昂贵，判断其有效性也是非常困难的。在设计广告方案时，企业得考虑下列问题：广告对你成功的重要性有多大？广告的成本是多少？广告的信息是什么？应该强调什么用途？如何评价你的广告有效性？广告将占营销百分比的多少？你的促销手段是什么？你的广告花费比竞争者的如何？你的产品服务政策是什么？为配合产品或服务的销售，广告是目前企业进行最多的推广活动，广告的投放与设计更会对产品的销售、企业形象的建立具有重大的影响，而广告策略更是如同骨架一样支撑着广告内容。

（4）价格决策。在一个不断扩大的市场，"以合理的价格卖优质产品"不是可采取的路线。在使投资者确信想法可行之后，经营者不应该告诉投资者产品的定价应该在竞争者之下。如果产品和商业方案所说的一样好，那么投资者就可能认为这是不良销售人员的信号，而只好采取定价策略。讨论价格，应该包括定价目标、政策和毛利。应该考虑下列问题：

定价战略是什么？价格（成本、投资回报、竞争、市场灵敏度）是怎么决定的？什么是各种品牌的利润率？广告成本和其他行销支出之后的定价是多少？你的价格与竞争者相比怎样？市场对任何差异反应灵敏吗？如果价格高，你能成功吗？如果价格低，是竞争力导致价格下降吗？顾客需求、竞争需求和成本考虑定是影响定价决策的主要方面。

（5）建立固定的老客户。对消耗性产品，坚定固定的长期顾客十分重要。有了固定的长期顾客，第一可以建立一个固定的销售基础，保证他们能不断从你的企业购买产品或服务。企业对建立这种关系都非常重视，并且在不断创新巩固现有的客户群和扩大新的客户群。

企业在销售点频繁的促销活动，能迅速拉近消费者与产品的距离。现场促销往往气氛更热烈，带给人一种激动人心的感觉，消费者可以较快认识产品，此一手段与立体化的媒体遥相呼应，对产品促销十分有力。而在需要解决大量产品库存时，促销计划又能帮助产生一种销售浪潮增加库存流通量。

风险投资者将集中精力分析研究你的市场行销战略，他希望了解你的产品从生产现场最终转到用户手中的全部过程。所以创业者在商业计划书里，要详细分析产品的营销策略。

人力资源管理

企业管理的好坏以及团队执行的强弱，直接决定了企业经营风险的大小。高效的管理团队和良好的组织结构则是管理好企业的重要保证，因此风险投资家会特别注重对管理队伍的评估。一个好的策划和项目要想成功，必须有一个强有力的管理队伍去执行，队伍中的执行力应该集管理、技术、市场、财务等各方面的精英。

很多潜在投资者把管理团队视为一份商业计划书获得成功的最关键因素。风险投资者会仔细考察所投资企业的管理者队伍，这一管理队伍必须在技术发展、营销、销售、生产和财务等方面具备一定的经验和才能。

因此在撰写商业计划书时，创业者就要在人力资源管理方面下功夫。认真评价企业内部的人事情况，分析优缺点，对企业主要领导人员更要突出描述他们的情况，向投资者显示企业内部有良好的组织结构。企业的运作机制可以充分发挥每个员工的积极性，特别是可以充分发挥领导班子成员集体的管理优势。

在准备有关企业管理部分的内容时，应该把重点集中在两个方面：

1. 介绍企业管理的主要领导人员的情况

你必须对公司的管理团队的主要情况作全面介绍，包括公司的主要股东及他们的股权结构，董事和其他一些高级职员，关键的雇员以及公司管理人员的职权分配和薪金情况。有时候介绍他们的详细经历和个人背景也是十分必要的。

企业最重要的人物就是企业的创始人，对于刚刚成立的公司更是如此。在公司刚刚创立时，创始人亲自担任最高的领导，亲自负责日常的事务。投资者非常重视企业主要领导人的经历和能力，因此在商业计划书里要对企业董事会成员及业务经营的关键人物进行介绍。对管理层关键人物的介绍既不能夸张，也不要过于谦虚，要实事求是地对其以往业绩做出描述。

（1）董事与经理：最好列出所有董事会成员、高层经理人员及关键雇员名单，包括其姓名、职位及年龄。

（2）关键雇员：要求列出3名关键雇员并以简历形式对其简要介绍。在介绍的时候，乐意将他们成功的经历、业绩、对企业的帮助向投资者解释清楚。

（3）管理层的忠诚度：企业家必须向风险投资人证明自己及其管理队伍的凝聚力和忠诚度。

（4）薪酬：这部分内容需要描述企业如何建立一套有效的奖励机制，通过报酬，福利或其他方式激励员工奋发向上。在介绍企业的报酬和奖励机制时，要充分体现按劳取酬的原则，向投资者显示企业的报酬和激励机制是一整套合理、公平的机制。在撰写这部分内容时，要选择重点简练介绍。

（5）股票期权：要求以表格形式列出所有目前尚未兑付的股票期权。对每一位享有股票期权的企业成员，均应列出其全部的期权数量、平均执行价格、已经兑付的期权数量和尚未兑付的期权数量，对那些到目前尚未兑付的期权，还应说明理由。

（6）主要股东：投资商一般要了解董事会股东的组成和各自的投资比例情况。商业计划书可以通过表格列出董事会成员和他们在企业的投资情况，以及他们的专业背景。

（7）利益冲突：在管理层描述中再次提到利益冲突这个问题主要是为了使

关联交易得到充分的披露。企业家应该对发生在管理层成员与本企业之间的交易进行说明，如某一个董事可能为企业提供服务，反过来也可能从事企业获得部分股票或股票期权或其他形式的报酬。

（8）顾问委员会：有许多专业人士如律师、财务顾问、管理顾问、市场销售顾问、设计顾问、产业专家等为企业的发展提供许多有价值的服务。这些人具有专业知识，对企业的发展发挥着重要的作用。商业计划书中应该对这些对企业有特殊价值的人员作一个简短的描述，重点介绍他们对企业的作用。企业可以设立顾问委员会利用这些人的知识和技能，顾问委员会可以起到相当于董事会的作用。

2. 说明企业的管理结构和管理风格

企业的组织结构和管理风格决定企业的每日工作环境和企业的未来。需要从风险投资公司寻找资金的企业有必要对自己的组织结构和管理结构，如机构设置、人员设置、员工职责等方面进行重新审查，检查企业是否达到最佳运转状态。

在讨论管理结构和管理风格时，撰写者应该侧重于如何管理企业，如何做决定，权力如何使用等。同时还要介绍如何创造良好的企业文化，想让员工对企业有什么样的感觉，当企业制定目标或政策时员工有什么反应等。

（1）管理结构：在商业计划书中需要用一定的笔墨介绍企业如何发挥人力资源的优势。在检查组织机构时，企业的领导人通常按照正式的组织结构关系决定如何管理员工，如何确定每个人的工作职能。在检查机构时需要考虑以下一些问题：责任应该如何划分？经理有哪些职责和权限，哪些经理应该负责哪些员工？产品或服务是通过生产线还是团队作业完成，每个员工是负责一部分工作，还是一组员工负责许多工作等。

（2）管理风格：企业的管理风格应该加强企业文化。在评价企业的管理风格时，创业者应该考虑以下几个方面：管理风格是否适应本企业的文化？主要员工的个人特点如何补充管理风格或与管理风格形成反差？在员工中间如何建立团队精神等。在评价企业的管理风格时，应该反映出企业的员工和顾客对企业的看法。

当然，企业的管理人员应该是互补型的，而且必须具有团队精神，这是投资者非常看重的。因此，一个企业必须要具备负责产品设计与开发、市场营销、生产作业管理、企业理财等方面的专门人才，也需要拥有统筹管理、综合协调、战略规划的管理人才。

生产运营管理

良好的企业经营是企业取得成功的关键，良好的企业经营使企业可以在激烈的市场竞争中常胜不败，可以克服企业发展中经常遇到的问题。商业计划书的这部分，重点是描述企业的日常经营情况。突出描写企业如何用理论与实践相结合的原则经营。这部分内容在商业计划书中要非常具体而实际。包括如何进行设备管理、库存管理，如何进行设备更新等内容。

企业经营部分的描述应该有以下内容：

1. 设备本身的情况

从组建公司开始，购买或租赁办公室、厂房、仓库，招聘员工，购买设备、采购原材料到生产产品，这些生产相关的决策都要在总资本相同情况下以生产利润最大化为目标；技术投入和研发投入，基于生产产品档次的整体决策，和市场销售策略息息相关。在商业计划书里，只需要检查那些企业生产最重要的设备，给予描述即可，重点放在那些对你的企业最有利的方面。

（1）地点：关于企业的地点，要介绍与生产和销售有关的任何地点，包括企业的总部所在地、零售店的地点、分支机构所在地、销售中心等，还需要介绍任何可移动的设施。同时还要介绍相关地点面积的大小，包括各种场地的面积。在选择地点之前应该先进行一番市场调查，选定一个最适合于你的目标市场的地点。

（2）设施改造和维护：在商业计划书中还要描述有关设施改造的情况，现有设施在将来是否需要改造或更新。如需要改造或更新，还要写明由谁来支付这些费用、支付的方式等。费用方面要包括气、水、电等的价格，以及是否随季节或生产量的高低而变化等情况。对那些采用节能设备的企业要特别突出自己企业使用节能设备的情况，强调自己企业的优越性。

（3）租赁：介绍租赁时要描述租期的时间和方式，以及付款方式。

2. 生产部分

无论是什么行业，每个企业都有生产过程。在介绍有关生产这部分内容时，重点介绍企业如何组织和开发生产力。生产管理包括购买设备、原材料采购、购买技术、研发技术、产品包装、产品生产各个方面。生产设备是经营的重要环节，设备属性包括价格、面积、产能、人员、生产产品等。生产设备决定每个季度最大生产能力，经营者可以根据自己的经营计划购买多条设备，购买什么样的生产设备与厂房、仓库、员工等信息相关。在购买技术和研发技术方面投入多少，以及选择什么样的产品包装决定产品品质，产品品质在与渠道合作以及招投标时作为一个影响参数。

生产部分主要应该包括以下一些内容：

（1）设备和办公用品。在商业计划书中还要列出企业的主要设备和设施，包括生产设备、交通工具、厂房设施、商店设施、办公用品等，还要写明是否租赁，是否分期付款等。描述设备和设施的状况，是否可以继续使用，或需要技术改造，或需要维修，如果需要更新，需要写上预定时间。

（2）劳动力。如企业需要什么样的员工？需要多少？企业如何使用这些员工？上级主管的命令如何传达到员工？命令转达途径如何？是否雇用临时劳动力？

（3）生产率。生产率是衡量企业为了生产某一产品或服务需要的时间和人数的指标。税率与企业的利润直接相关。如果你可以在短时间生产多的产品或服务，则你花在工资、机器设备和厂房设施上的每一元钱可以创造出更多的利润。在商业计划书中要介绍你们采用什么办法增加效率而又不降低产品和服务的质量。

（4）质量控制。企业采用质量控制就是要确保每一项产品或服务都保持在相同的标准。包括定期常规检查整个生产过程，对产品随机取样进行抽查，对员工进行质量管理方面的培训和奖励项目，进行顾客意见调查等。

（5）生产能力。生产能力反映的是就企业目前设施、设备和员工的情况而言可以生产多少产品或服务的能力。如果你有多余的生产能力，说明利用现在的设施、设备和员工，你有能力生产出多于现在销售量的产品或服务。多余的生产能力表示对现在的设施、设备和员工的一种浪费，说明你花了多余的钱购置设备和雇佣员工，但是这部分多余的能力并不生产任何产品或服务。

在商业计划书中需要提到企业能不能找到什么办法利用或减少这些多余的生产能力。如果接近或达到最大生产能力，则需要阐述你们准备如何扩大生产能力，保证企业的持续发展。

3. 库存控制

建立一套库存控制系统，增加从销售到生产，再到采购等环节之间的信息流动。这种信息流动可以减少主观猜测成分，可以知道每日的销售情况，通过信息流动使库存保持在合理的水平。由于计算机技术的广泛应用，许多企业已经或正在实施零库存计划。

4. 供应和销售

几乎每个企业都存在供销情况。企业依靠的供应商和企业自身的销售方法是决定企业是否可以健康发展的基本条件。企业应该尽量与他们搞好关系，建立一种战略伙伴的关系，让他们觉得你们是在商场中可以双赢的伙伴关系，而不仅仅是单纯的买卖关系。几方之间应该共同研究解决付款方式，改进交流，减轻彼此的压力。

5. 研究和开发

一个企业必须不断创新才能发展。企业要持续树立站在创新顶峰的经营思想，无论以什么样的形式，企业应该永远把研究和开发放在企业经营的重要位置上。企业应该不断检查计划，了解市场变化，特别应该注意那些可以影响你的产品、服务和价格的各种因素的变化。企业的主要领导人一定要重视研究和开发，并且要有主要领导人亲自负责新产品的研究和开发。

商业计划书中的生产运营中还要回答以下问题：

（1）生产制造水平是如何决定和调整的？

（2）生产制造安排是否最有效地使用了产能？

（3）库存水平是如何控制的？

（4）库存运输的总成本是多少？

（5）任何预期的供应有问题吗？

（6）什么是安全的库存政策？

（7）什么时候扩大生产制造计划？

（8）为了增加有效性和产品质量，应该采取什么行动？

企业运营过程很复杂，经营的过程就是决策的过程，也是资本分配和调度的过程。资本的分配以市场为目标，以最大资本回报率为原则，技术、产品、信用、人力是运营的必备要素。企业管理人员不仅具有执行能力，更重要的是做出决策的能力。各个细小的决策影响大决策的成功与失败。

做一份引人注目的商业计划

重视计划书的包装

投资人对企业和其领导者的第一印象就是商业计划书的包装了。由于风险投资家一年差不多要看超过 1000 份的商业计划书，所以创业者可能花了很长时间完成的商业计划书，投资人和借款人可能只会花不到 5 分钟，就决定是否批准你的申请。如果你不能在这关键的 5 分钟之内给他们留下积极的印象，你的申请就会被驳回。只有通过了最初的粗略审查，你的商业计划书才可能入围，被仔细研究。

投资者在看商业计划书时，往往在寻找公司的领导人对自己的财产能够认真对待的迹象，同样也在找寻他们重视这次投资活动的征兆。也就是说，形式与内容同等重要。投资者懂得完美的形式将反映优质的内容，反之亦然。

商业计划书一般都有相对固定的格式，它几乎包括反映投资者所有感兴趣的内容，从企业成长经历、管理团队、产品服务、市场、营销、股权结构、组织人事、财务、运营到融资方案，等等。但是国内一些企业只是写 2 ~ 3 页简短的可行性报告，或集中在技术工艺可行性而忽视市场与商业操作，这样是不能吸引外国投资者"眼球"的。只有内容翔实、数据丰富、体系完整、装订精致的商业计划书才能吸引国外的投资者，让他们看懂你的项目商业运作计划。

史密斯商学院丁曼创业中心主任埃皮森提醒创业者，从整体而言，做商业计划书时要注意以下几个方面：

（1）商业计划书一定要撰写得简明扼要，创业者最好在 10 分钟内向风险投资家完整地表达与企业相关的内容。

（2）商业计划书不要过于强调技术。风险投资家不是技术专家，技术只是创业的一方面，风险投资家更关心的是你怎样将你的技术卖出去，也就是企业的商业模式。

（3）商业计划书要体现团队和人的价值。团队的素质高低往往是影响创业行为能否成功的关键，因而也成为风险投资家最重视的要素之一，计划书仅仅意味着开始。

（4）创业行为是一个磨砺心智的过程。创业者一定不要过于急切，在被风险投资家挑选的同时，创业者也要慎重选择风险投资人，做一个有耐心的创业者。

（5）在风险投资家中，已经建立的企业优于只有计划书的企业，已经成长的企业又优于非常小的企业，太小的企业风险投资家一般不感兴趣，除非你的计划特别诱人，有巨大的市场潜力。

成千上万的商业计划书也在风险投资家手中竞争，而具体到商业计划书的包装而言，包装恰恰是将风险投资家引向计划书的第一步。如果你撰写了一份完美的计划书，但由于质量不好，外观欠佳，就会给投资者留下不愉快的印象，甚至会被置之一旁。商业计划书要注意包装，包装有两个层次。第一，从章节、段落的区分上要层次清晰，主次分明，让读者能一下子抓住文章的重点，并且有一个清楚的头绪；第二，从外表上要装订整齐，制作精美，让人赏心悦目，爱不释手。具体表现为：

1. 封面和扉页

一个好的封面会使阅读者产生最初的好感，形成良好的第一印象，因此封面的设计要有审美观和艺术性，具有与众不同的独特性。如果可能，计划书封面的色彩应醒目，封面纸应坚挺，这样必然会引人注意。

在封面上，应该印有公司的名称、地址、电话和计划书发行的年、月、日等。对公司有兴趣的投资者非常希望能够方便地与公司联系，以索取更多的信息，或表达自己对公司本身或计划书某些方面的兴趣，有联系方式的话，方便风险投资家的回访。

在书前的封面部分，应该有一页精心设计的扉页。在这一页里，封面上的信息会重复出现，"印数"印在页上角或页下角，用来记录复印在外的副本的数量（通常不超过 20 本）。它不仅能帮助创业者了解计划书的发行量，而且还可以造成一种心理上的优势。毕竟没有一个投资者愿意这么想：未来的投资活动实际上早已过时。

在扉页之后，紧接着的两页应用于简明扼要地介绍下列内容：公司的现状；所提供的产品或服务；对消费者的福利；财务预测；3～7 年之后的投资目标；所需融资的数量；如何使投资者受益。

2. 打印稿

商业计划书必须打印成正规的计划书文本，创业者不要把计划书的手稿直接送交风险投资者。打印稿要文本工整、字迹清楚、漂亮，每页预留边缘，以便读者批注，纸张质量要好，不可有油污和破损，且每页要有清楚的标记。

有时，为了醒目也可选用彩色纸张，但不宜给对方留下刺激性的视觉印象，因此，选择色彩要慎重，最好在页头，页尾或背面采用，不宜整页均为彩色。

3. 文字风格

通常风险投资者会快速处理你的商业计划书，因此易读简洁是对文字的基本要求，以便投资者在最短的时间内获得最大的信息量。

计划书原件和复制品的文字均应采用深色且醒目的颜色，除非必要，否则不宜采用手写体等不常用的文字风格。

4. 图表和图形

在计划书中，如果必要的话，可增加一些图表或图形来直接说明。一般来说，应该采用高品质的图表和图形。但是需要注意，条形图不及表格的效率高，此外，也可采用部分产品图片和说明书，但只能作为计划书的附件，且必须保证附件的质量。

5. 剪报

剪报不是计划书必不可少的内容。如果有高水准的关于公司的报纸文章，可能会引起风险投资者的兴趣。但是必须保证剪报的质量，剪报要少而精。

6. 装订

目前，有多种装订计划书的方式。如果计划书不是很长，则可将全部计划书装订成一册，否则，应分册装订。从技术上说，分册装订有3种形式，一是环式装订，二是专业性装订，三是文件夹装订。在风险投资者看来，首先喜欢专业性装订，其次是文件夹装订，不喜欢环式装订，主要是因为其不便存档。事实上，只要装订效果理想，采用何种装订形式是无关紧要的。

专业性装订指采用专用装备进行的装订，主要包括用机械手把纸推齐、压牢、切纸、装订、封装等若干环节。如果手头没有这种专用工具，也可购买某些简易工具，只要利用恰到好处，也可收到理想效果。

潜在投资者还希望计划书达到以下要求：看上去精致，但不要过于奢华；厚度适中，既清晰又简洁地提前介绍公司业务的各个方面；不会出现拙劣的语法、打印和拼写错误。因此商业计划书制定出来，一定要请专业人士审阅，确认无误后，再交给风险投资家。

商业计划书的最佳篇幅

写作商业计划书的目的是获取风险投资者的投资，因此，在开始写作商业计划书时，应该避免一些与主题无关的内容，要开门见山地直接切入主题。

要知道，风险投资者没有很多时间阅读一些对他来说是没有意义的东西，这一点对于很多初步创业的人来说是应当格外注意的。同时为了保证风险投资者能尽快阅读完你的商业计划书，商业计划书也有篇幅上的考量。

商业计划书的最佳篇幅是多少？这里并没有一个明确的页数，但是有一些可以遵循的规则：

（1）将计划书的篇幅（不包括附录）控制在 15～30 页之内，对于大部分企业来说，20 页左右就已经足够长了。如果你所描述的企业和产品非常复杂，计划书也不要超过 30 页（不包括附录）。英文的商业计划书一般以 30～50 页为宜，写得太短，难以把内容说清楚；写得太长，投资者会失去耐心。但是特殊情况可以例外，如果这份计划书是为某个非常热衷于阅读计划书并且经验丰富的读者准备的，或者仅为公司内部使用，你可以把计划书写到 40 页或者更长。

（2）如果你打算开设一家小型、简单的企业，计划书最好不要超过 15 页，但是不到 10 页的计划书会显得有些单薄。

（3）整篇计划书要长度适宜，一定要做到长短适中。附录的长度不要超过计划书的篇幅。尽管附录是用来展示相关信息的好方法，但是篇幅太长会显得很累赘。

很多风险投资者建议，商业计划书中需要确定战略，列出团队、核心优势、具体指标，列出具体步骤，包括日期、任务及责任，项目的基本数据（如销售和销售成本、费用、资金和现金流量），等等。在能涵盖所有重要的信息的同时，商业计划书越短越好。形式上也要高度注意，它是一份商业计划，并不是随笔或者散文，必须保证计划书拥有绝对的实际用途。

另外，在保证最佳篇幅的情况下，商业计划书所使用的信息务必要准备。信息的准确性，是收集信息材料的基础。在搜集过程中要注意材料中的时间、地点、人名、数字和引文等特别容易出现问题的"关键点"，对这些地方要认真加以核实，以免出错，干扰公司的正常信息评估分析。

在信息的收集中，最容易出现问题的是数字，因为将数字从最初的信息源收集起来，为了使其具有最大的可用性，中间要经过一系列分类、汇总，这个过程中常常会出现这样或那样的问题，以至于最后得到的是不准确的数字信息，这也是一种很常见的情形。所以对数字信息一定特别注意要交叉检验。如果你在商业计划书中信息出现错误，哪怕是一个小小的错误，只要让计划书的读者发现，即使这只是个失误而非故意误导，都会导致你的信誉降低。因此，必须确保你提供的所有信息都是正确的。

一份优秀的商业计划书需要许多专业的知识和大量数据的收集和分析。目前，由于统计数据方法、技术的不完善，而要在短期内迅速收集适用的信息也需要大量的投资，故创业者靠自身的力量去完成这一项工作并不是一件轻松的事。

目前，一些专业的市场研究机构出售的数据成本很高，而且这些数据基本上只为市场服务，对大量的与投资评估有关的资料如原料供应商、分销商资料都非常缺乏。即使有能力将信息收集完整，要对大量的信息进行有效的评估分析，也需要许多专业人员一起工作。所以，很多具有一定经济实力的企业都很难做得好，更别说是初创企业。所以说撰写商业计划书的过程，其实是一个艰苦的过程，但这同时也是一个以冷静的方式审视项目和企业的机会。如果创业者获得的信息不准确或不够准确的，进一步将这些市场信息进行分析的时候，都很难得到准确的结果，也很难发挥有效的作用。为了获得准确的信息，关键的步骤是进行准确的市场调研。

不仅你所采用的信息必须是正确的，而且这些信息的来源也应该是可靠的、有依据的。准备计划书的同时，应将信息的来源记录下来。你可以在计划书中注明数据的来源，即使不在文中列出数据的详细来源，你仍需要在读者或潜在投资者问及时，能够迅速告诉他们信息的出处。因此，创业者在制作或审阅商业计划书时，请多加注意其中的数据来源和可靠性，必要时可请专业机构进行第三方评估。

充分的市场调研是做好计划书的前提

一份高含金量的商业计划书，是敲开投资者大门非常关键的一步，而充分的市场调研是含金量高的商业计划书的基础，商业计划书的其他分析基本都是以市场调研为依据的。

创业者在对市场数据信息进行确凿的分析后，得出正确、有效、详细的资料，并对一线资料进行深层次的加工、撰写、策划，去伪存真，去粗取精，才基本称得上是一份切合实际的商业计划书，这样的东西才能经得起内行、精明、老练的投资或融资方推敲和咀嚼，迎合他们的"口味"。在编制商业计划时，如果不做市场调研，市场分析不实际或不够深入，那么整个商业计划都是缺乏说服力的，整本商业计划书就好像是一个空中楼阁，不可靠、不可信。

要知道，当一个创意或者新的投资项目从你的大脑中萌发时，它并不是存在于真空中的。要把你的创意或者投资项目付诸实施，并不是说干就干的想当然的事情。所以为了确保你的商业计划书能够引起风险投资者足够的注意力，你在写作商业计划书以前，应该进行充分有效的市场调研，确保后期撰写的计划书高屋建瓴，有理有据、切实可靠。

市场调研需要符合以下几方面的要求：

1. 越充分越真实的市场调研，效果越好

想法变成现实，需要建立在市场调研的基础之上。在写作商业计划书以前，创业者必须事先进行充分周密的准备工作，进行大量有效的市场调研，做到有备而作。越充分的市场调研，越能够经得起精明融资者的推敲，最终也才有可能博得他们的青睐。

在确保获取充分的市场调研一手数据后，创业者就可以进行下一轮的操作程序。市场调研主要围绕以下内容进行：

（1）投资项目中的产品或服务处于什么样的生意范畴？是研发性质、生产性质、分销性质还是服务性质？该领域目前的情况如何？

（2）产品或服务的市场前景如何？目标客户群在哪里？这些目标群体为什么购买该产品？

（3）你的竞争对手的情况如何？与竞争对手相比，自己有什么样的优势？

2. 选用真实有效的市场调研数据

撰写商业计划书，目的就是为了获得风险投资家的投资。真实有效的调研数据便于投资者分析数据背后的本质结论。因为投资者每天都要接收数量可观的商业计划书，其中只有约 1/10 会令他们略感兴趣，感兴趣就意味着你的计划书比较切实，表现有理有据、切合市场，不真切的数据和建构在潦草、浮夸基础上的失实的市场调研数据任何时候都逃避不了他们老练的眼光，一眼就能看穿其中华而不实的信息。

因此，在开始写作商业计划书时，应该避免虚构一些未经市场调研获取的潦草数据。这一点对于很多初次创业的人来说，在写作商业计划书时是应当格外注意的。

3. 基于市场调研，组建创业团队

越来越多的事实表明，在创业的过程中，仅仅依靠创业者的个人之力是很难做到尽善尽美的，创业往往需要一个战斗力很强的智囊团。因此，在写作商业计划书的过程中，创业者还需要组建一个智囊团队，通过市场调研分析，以弥补个人的不足。

4. 根据市场调研状况，检验管理团队的素质与能力

管理团队的情况是风险投资者关注的一个重要方面。通过市场调研，可以充分检验团队成员整体的素质、能力、凝聚力等。因此，在商业计划中，创业者要向风险投资家翔实地介绍管理团队的风貌。风险投资家主要的关注点有如下几个方面：

（1）创业者是否是一个领袖式的人物？是否具备创业成功者应有的素质？

（2）这个创业团队的信念是否坚定？目标是否一致？是否具有强大的凝聚力？

（3）这个创业团队的市场战斗力如何？是否非常熟悉市场和善于开发潜在市场？

另外，创业团队还可以寻求有丰富经验的律师、会计师、专业咨询家等的帮助，他们的建议有时能让你的商业计划书看上去更加完善。

5. 根据市场调研结果，评估商业计划

每个风险投资者都会针对商业计划书提出一些问题，以此作为是否向该企业投资的评判标准。因此，创业者在撰写商业计划书的过程中，应该站在风险投资者的角度对自己的商业计划进行一番评估，按照市场调研的结果，来确定投资者会问到的关键问题是否在自己的商业计划书中有明确的答案，答案是否经过精心的市场调研并得到确凿数据支持。

风险投资家在评估的时候一般都会查看：

（1）产品或服务的市场占有率有多大？

（2）企业如何争取到潜在的客户？对市场的潜在开拓能力如何？

（3）企业的管理团队和其他投资人士以及他们在各自领域中的角色定位及权力权限？

（4）调研得出的投资风险、贷款担保等分别是什么？

（5）权威人士对这个商业计划持何种意见？

（6）投资该回报率达到何种程度（确切数据支撑）？

（7）项目的安全退出机制如何？承受的失败底数是多少？

充分的市场调研在整个商业计划书的作用是根据战略规划，分析投资项目的外部宏观环境、行业竞争结构、市场结构、竞争态势等，进而做好市场细分和市场定位。真实有效的市场调研，能够增加商业计划书的含金量和可行性、真实性，因为建构在市场调研和分析基础上的东西才是任何人尤其是投资者想要的投资、融资依据，所以它可以很容易引发投资者的投资欲望。

所以说，策划撰写出建构在市场调研基础之上的商业计划书是融资成功的真经！当然，市场处于一个不断变化的、动态的环境，因此在制定商业计划书的时候，也要注意市场环境的变化，对商业计划书进行客观、动态的调整。

认真评估你的商业计划

一份好的商业计划是所有投资人共同追求的目标。潜在投资者在决定对拟建项目进行投资之前，必须对商业计划书进行全面、系统、科学、严谨的审查评估。因此，商业计划书的内容与格式是否能够顺利通过评估，是获得投资的关键所在。

商业计划要经得起评估。评估的关键是要判断拟建项目及其依托的企业是否处于适当的发展阶段、是否存在良好的市场机会、是否拥有满意的强大的管理团队以及能否制定和实施一套稳健的商业计划。因此创业者在完成商业计划书的时候，一定要认真评估商业计划的可行性、有效性。

1. 评估商业计划书的格式和大体框架

一般要求包括 3 个方面：

（1）编写格式是否规范，是否包含足够信息。

（2）是否对项目可能面临的各种风险因素及项目的可行性进行全面系统深入的研究。

（3）数据的真实性和分析的逻辑性。要评估商业计划书中采用的数据是否真实可靠，市场分析预测结果是否令人信服，财务分析的方法是否恰当，结论是否可信，各种逻辑推理是否合理。

2. 评估项目所属的发展阶段

通过对项目所属阶段的评估，可以判断投资时机是否恰当。对于风险投资而言，种子期（研发阶段）、成长期（中试阶段）为最佳投资期；对于产业投资而言，推广期（小批量生产）、成熟期（进入市场）应为最佳投资期。

3. 评估产品或服务

评估产品或服务能为客户创造何种服务和市场价值，产品或服务是否有市场吸引力，消费者是否接受，评估客户的需求和产品的定位情况等。

4. 评估项目所属行业和市场机会

评估所属行业的产品利润、销售量；评估行业竞争对手情况；评估公司对目标市场的界定；评估市场机会以及与竞争对手的比较情况，占市场份额、竞争优势和竞争劣势等；预测市场规模；确定公司是否清晰界定目标市场和要满足的客户需要？目标客户群有多大？目标市场的增长速度有多快？评估市场销售有无行业管制，进入该行业的技术壁垒、贸易壁垒、政策限制等因素，企业产品进入市场的难度等。

5. 评估管理团队

重点评估董事长、总经理、首席执行官以及技术开发、市场营销、财务管理等关键职位是否已有胜任人选，确定下管理团队的最终组建方案。

评估在关键职位负责人的技能和经验，分析其担任过的高级管理职位或其他成功业绩。如负责运营的副总裁应有在相关领域一流企业的工作经历，具备丰富的经营管理经验，有制订营销计划、设定目标客户及客户关系管理等经验；财务总监应具备银行金融、财务控制等工作经验；负责业务发展的副总裁应有相关领域的重要关系网及业务拓展的成功经验；首席技术官应对项目核心技术有深刻了解，掌握技术诀窍等。评估企业管理团队是否具备营销、金融、技术和战略等方面的管理能力，评估管理团队的凝聚力。一旦有关键人员离职，用何种方式来弥补公司的损失。

6. 评估业务模型

确定企业的经营模式、企业目标，并重点评估业务模型的选择情况、所确定的经营模式及企业赢利目标；分析业务模型的潜在回报是否有吸引力；评估项目的收入来源以及影响成功的关键因素；对拟建项目的财务计划进行详细评估，包括投资总额及其构成、项目建设期及投资进度计划、收入及成本费用预测的依据、盈亏平衡和利润等情况。

7. 评估技术及研发阶段

评估所采用技术的成熟程度，是否经过中试阶段，与同类技术相比较所具有的领先地位，评估拟建项目的主要创新点，分析向消费者提供比市场上现有产品功能更强的产品或服务的途径和方式。评估所需资源的可获得性，能否控制非己所有的资源。

8. 评估财务状况

投资需要创业者提供一个详细的、有效的财务计划，详细列举项目的投资总额和每个单个项目需要投入的费用。因此需要评估该项目的市场投资规模、投资回报率是多少，评估投资人所承担的风险能否与所获得的回报相匹配，股权结构安排是否合理，投资人的退出机制及撤资方式是否可行。

9. 评估商业计划执行的可信度

一个可以执行的计划方案要求商业计划书的相关部分结构清晰、目标明确、计划合理、数据翔实，并能确保该计划书能够作为未来企业推进拟建项目的行动指南，并予以贯彻实施。

经过慎重的商业计划书评估，企业可以发现自己的优势、劣势、面对的机会和威胁，从而不断地完善商业计划，为成功融资打下基础。

投资者希望看到什么

哪种商业资本具有点石成金的神奇力量？谁是创造创业英雄的幕后推手？答案一定是投资者。

创业企业因为具有高风险性，一般很难通过银行贷款等方式获得资金，"高风险、高收益"的风险投资正好符合这些企业的融资特点。而投资者向创业者提问的最核心的问题就是，你所创建的这个公司，是不是一个高收益的公司？投资者希望看到的就是高收益和低风险。

投资者在投资的时候，一般会遇到 3 种企业类型：

第一种是在合适的时机，一个优秀的团队在一个好的行业从事一个好项目。

投资者非常喜欢这类企业，创业者也容易融资成功，最后大家一起分享胜利果实。比如 IDG 投资的百度、如家、携程、腾讯等。投资者在投资这些企业的过程中，基本上不用怎么帮忙，但是最后取得了巨大的成功。这是投资者都希望看到的，"把钱给别人，等着收获就可以了"，不过这样的案例也许只能占投资者投资案例的 20%。

第二种是那些有发展潜力的高成长企业，但是存在一些缺陷，比如管理团队或战略不清晰等。

这样的企业很多，投资者面对的主要是这一类的企业。投资者除了投入资本以外，还需要参与到该企业的日常运作中，和企业一起努力，以实现目标的最大化。

以投资者投资过的金融界来说，一开始它就是几个很小的公司拼在一起。投资者和创业者共同努力，一起往前推进，帮他融资、帮他找人，帮他不断地扩充团队，最后成为一个纳斯达克上市公司。这种案例在整个成功的案例里面，有50% ~ 60%。

第三种就是那些很有可能投资失败的企业。

很多创业者把融资成功当成创业成功，拿到投资者的钱就算达到人生目标，从此以后就不思进取了。最后的结果是投资者赔了钱，但是对这些创业者来讲，更多的是丢掉了他们的信誉，丢掉了他们未来成功的机会，这样的案例也很多。

以上的 3 种企业是投资者在投资时遇到的。对 IDG 来说，公司在投资时，存在以下投资特点和喜好：第一，大多投资集中在项目初期，股东结构简单的公司，大多投资资金量比较小；第二，喜欢投资创新领先项目；第三，IDG 一开始投资介入的时候，不会去考虑赢利模式；第四，中期介入项目投资较喜欢占大头。

投资者在考虑投资哪种企业时，一般都要参考创业者的商业计划书以及创业者的演讲内容。而这个时候，投资者特别希望创业者拿出真实有效的信息，因为投资者只有得到正确的信息，才能给这些企业提供增值服务。但是很多企业因为害怕融不到资本，对自己的企业盲目夸大，对这样的公司投资往往以投资失败告终。

在西方国家，投资者每投资 10 个项目，只有 3 个是成功的，而 7 个是失败的。正是因为这样，在风险投资界才会奉行"不要将鸡蛋放在一个篮子里"的分散组合投资原则。"在高风险中寻找高收益"，可以说，投资者具有先天的"高风险性"。

那么，伴随着"高风险性"，投资者就希望在投资前的项目筛选上最大限度地进行规避或者尽可能地减少风险。规避或减少风险往往与整个经济形势的发展息息相关。投资者向来是追求高收益的。虽说在西方国家,投资者每投资10个项目,只有3个是成功的,但仅仅这3个成功带来的收益却依然是比较高的,因为通常一个企业的上市便会带来10倍以上的收益,而如果按此计算3个企业成功那就是30倍以上的收益。

但即便如此,对于风投机构来说也尽可能最大限度地规避可能存在的风险,然而实际上一些原始的风险是无法人为规避的,比如一个行业中只有几家发展成熟的龙头企业相对会比较稳定,而对于一些新兴企业而言,其在成长期是毫无规则可言的,而只有当其占有一定的市场份额、发展稳定后才可能会得以很好的发展。因此,企业在经营过程中通常会面临着较大的风险,对于风投来说必须要有自身非常完善的风险控制措施,包括财务、法律、产业政策等各个方面,只有对被投资企业最大限度地充分了解,才能更好地进行风险规避。但也必须承认,由于风投本身就具有高风险性,因此风险不可能完全被回避掉,投资者必须要在最短的时间里,以最低的成本,最快的速度进行交易。

而对于创业者来说,首先要能够真正100%地信任自己的想法或者项目,要先打动自己才能打动投资者。

实际上,投资者希望看到一个热情执着的创业者。结合那些成功的互联网企业,最终成功的并不是说当时它的队伍最强,融资最多。而是它能坚持信念,坚持原来认准的方向,在艰苦的环境下,愿意跟投资者一起,度过艰难的日子。投资者非常强调增值作用,在现在和将来的日子,喜欢跟那些有好机会的企业一起合作来追求成功的结果。因此创业者应该拥有创业的激情,不畏惧失败的执着精神,还需要乐观的积极态度,这三样是成功的创业者不可或缺的3个要素。

好的项目也是投资者希望看到的。特别是处于创业初期的企业,在资金有限、资源有限、精力有限的情况下,找准一个方向,结合自己的优势,在这个方向走深、走远,才有可能做出一家成功的企业。事实上,各行各业都暗藏着很优秀的企业,这就需要用敏锐的嗅觉挖掘。

第六篇
融资有道：获得投资人的青睐

融资的主要途径

风险投资

对创业者来说，能否快速、高效地筹集资金，是创业企业站稳脚跟的关键。对于创业者来说，取得融资的渠道很多，如风险投资、民间资本、银行贷款、融资租赁等，这些都是不错的创业融资渠道。而风险投资，对创业者可以起到"维生素 C"的作用。

风险投资是一种股本投资，风险投资家以参股的形式进入创业企业；这是一种长期投资，一般要与创业企业相伴 5 ~ 7 年；这是高风险高回报的投资，它很可能血本无归，而一旦成功则大把大把地收钱，这是在实现增值目的后一般要退出的投资。

风险资本最大的特性是对高风险的承担能力很强，与此相应，它对高回报的要求也非同寻常。很多有融资经验的创业者会说："风险资本对创业企业的帮助相比其他的资本来说是最高效的，但是想让风险投资人掏出钱来也是很难的。"在这种情况下，创业者的任何想法和打算，都会被风险投资家反复考虑和权衡。

3G 门户网的创始人邓裕强和张向东是北京大学信息管理系的同班同学。两个人在大学的时候就是很好的朋友，大二的时候还曾一起倒卖过羽绒服。大学毕业后的邓裕强回到广州，在东莞当地的一家移动和电信部门任职，并创办了一家 SP 公司。

到 2003 年，邓裕强的那家 SP 每月有着 10 多万元的收入，但是他感觉越来越做不下去，空间越来越小。他开始考虑去做网络游戏，但最后发现自己并没有优势。在对无线增值业务领域的现状和未来发展做出判断后，邓裕强在 9 月成立了一家新公司，张向东也在这个时候加入。公司的名字就叫"久邦数码科技有限公司"。

那时候几乎没有人看好他们的生意，大家共同的结论就是"烧包"。在媒体待过的张向东想到了风险投资，他动用在媒体工作时认识的一些朋友开始寻找风险投资公司，但是所有的投资商几乎都不愿意听他们的介绍，和风投公司谈了十几次无果后，他们渐渐失望了。仅凭着一份热爱，他们勉强将"3G门户网站"维持下去。

因为是自己的网站，也没想着赚钱，两个人随心所欲的发展网站。他们的"3G门户网站"，免费向用户提供新闻阅读、图片下载、铃声下载、手机游戏下载、手机电子图书下载……他们还在网站上为用户建了庞大的虚拟社区，用户可以在这个模拟世界里聊天交友，请客吃饭，甚至结婚生子。

不循常规的营销带来了意想不到的结果，有一天，两个人突然发现他们的"3G门户网站"同时在线的人数超过了10000人。就在两个人沉迷于自娱自乐，不再想着怎么赚钱，怎么融资，能撑一天是一天，撑不下去再说的时候，风险投资商却不请自来。先是一个两个，然后越来越多，最后IDG（即美国国际数据集团）出面了。

IDG是国内目前最活跃，同时也是经验最丰富，对项目最为挑剔的风险投资商之一。IDG在详细考察了他们的项目之后，立即给邓裕强打电话，商定融资计划。随后，IDG与久邦签订了投资协议，这是IDG对广州久邦的第一笔投资，金额折合人民币是1000多万元，而且IDG表示随时愿意增加投资，金额可以由邓裕强他们定。

好的项目、优秀的商业模式再配合良好的创业团队，风投公司自然会投来关注的目光。对创业者来说，寻找风投是一件艰难的事，一般创业者有两条途径可以争取风险投资的支持：一是直接向风险投资商递交商业计划书，二是通过融资顾问获得风险资本的资助。像王先生就选择了后者。他并没有直接去找风险投资者，而是找了一个融资顾问。

王先生在融资成立自己的公司前，对创业已经有了一些了解。在上大学期间，他利用自己的课余时间奔走市场，了解当时的技术动向和创业情况，也与一些风险投资商打过交道，因此，当他创业的时候，首先就想到向风险投资公司融资。

对于一项创业计划来说，时间的紧迫性可想而知。王先生考虑到公司刚成立，各方面的事情很多，在技术成熟的情况下，王先生决定和融资公司合作，让融资公司帮助自己融资。融资公司很快对王先生的公司进行了具体的服务，对其管理机制、赢利模式、财务计划等进行了可操作性鉴定，然后提出一些修改建议，并提供相关的一些服务，帮助王先生积极联系投资方，顺利地融到资本。

对于初创企业来说，从种子期到成长期直至上市，是一个复杂又漫长的过程，融资顾问会给创业者搭桥引线，使得创业者与风险投资人达成初步的意向。接下来，三方会就融资进行细节的谈判。另外融资公司提供的全面解决方案，可以帮助创业者从种种困难与瓶颈中解放出来，为创业企业与风险投资双方构建了一个有效沟通的平台，对于不知融资过程的创业者来说有全程帮助作用。

对于某些正在寻找风险投资的创业者来说，寻找投资天使也是一个不错的融资渠道。天使投资是自由投资者或非正式风险投资机构，对处于构思状态的原创项目或小型初创企业进行的一次性的前期投资。天使投资人通常是创业企业家的朋友、亲戚或商业伙伴，由于他们对该企业家的能力和创意深信不疑，因而愿意在业务远未开展之前就向该企业家投入大笔资金，一笔典型的天使投资往往只是区区几十万美元，是风险资本家随后可能投入资金的零头。

牛根生在伊利期间因为订制包装制品时与谢秋旭成为好友，当牛根生自立门户之时，谢秋旭作为一个印刷商人，慷慨地掏出现金注入初创期的蒙牛，并将其中大部分的股权以"谢氏信托"的方式"无偿"赠予蒙牛的管理层、雇员及其他受益人，而不参与蒙牛的任何管理和发展安排。最终谢秋旭也收获不菲，380万元的投入如今已变成10亿元。

下围棋的人都讲势，投资、融资亦讲"势"。顺势而为，可以事半功倍，逆势而作，很可能徒劳无功。现在，风险投资的"势"就是这样：投入长性而不投可能性。因此，如果创业者在寻找风投失败的情况下，而又认为自己的项目是一个好项目，不妨先将项目做起来。如果公司真的发展状况和市场前景良好，风险投资自然会来找你。行动胜于言语，这样融资成功的可能性会更大一些。

民间借贷

创业者多是一切从零开始，甚至看不清楚以后的发展前景。在前途不明朗的情况下，处于早期创业阶段的公司很难从银行及其他金融机构得到资金，这时，就只能靠创业者自身通过各种方式来寻找投资了。

　　由于创业者与家人、朋友等彼此了解，关系亲近，因此，从家人或朋友处筹得的资金就成为优先选择的方式，而且这种方式显得较为容易。许多创业者在起步阶段，都依靠的是亲戚、朋友或熟人的财力。这些资金可以采取借款和产权资本的形式。不仅是个人之间，企业之间也会有资金充裕者将钱借给短缺者进行周转，收取一定的利息，这种资金融通方式，即民间借贷。

　　一位从事快餐行业的黄先生，从刚开始创业至今，十几年来从没向银行贷过款，做生意全靠自有资金和向朋友临时借，或者企业之间相互拆借。在他看来，民间借贷一般他写张私人借据即可，利率由双方自行协商，期限很灵活。如果向银行贷款的话，还需要审查财务报表，还要按时结算本利息。对于经营快餐行业的他来说，多道审批下来，实在很浪费时间和精力。而且由于黄先生的快餐店规模并不大，一般的金融机构无法满足中小企业短期、灵活、便捷的资金需求，后者只好"望贷兴叹"，转而寻求民间资金的支持。

　　向亲戚朋友借一些钱作为初始资金投入，是许多创业者的起点。目前国内的绝大多数民营企业，包括那些已经做大的企业，很多都是靠民间借贷发展起来的。当企业发展到一定规模后，创业者才利用扩股等其他形式筹集资金。

　　创业者从家人、朋友处获得的资金最好是以借贷的方式，这样创业者才能拥有更多股份，有利于创建和完善公司的经营决策。从这个方面考虑，创业者最好不要接受家人或朋友以权益资金入股的形式。当家人或朋友的资金是以权益资金形式注入，家人或朋友就是公司的股东，如果他们既不懂公司的经营管理，又要干预公司的日常经营行动，就会对公司的发展带来不利影响。

　　生活中常常出现这样一些情况：在公司初创时期，有些创业者与家人或朋友的关系并没有清晰明确下来，以致在后来的发展过程中双方关系闹得很僵，影响到公司的生产经营。

　　小王在某美容店做了3年的学徒工，她的技术得到顾客的一致好评。为此，她决定自己开一个美容店。由于开店的资金严重短缺，小王四处借钱却无果。就在这时，她的一个亲戚看到这个行业有发展前景，决定为小王提供大部分资金，其条件是以入股的形式投资。

　　小王正为资金一筹莫展，一口答应了下来。美容店开业了，由于店址选择适宜，加上小王的技术水平高，服务态度好，生意还真不错。刚开始，只是小王一个人在忙，她的亲戚由于不懂技术，只是偶尔到店里看看。

后来，小王一个人实在忙不过来，就又请了两个帮手。小王对两个员工也非常好，员工更是把小王当成唯一的老板。这时，小王的亲戚就不满意了，自己出资最多，才是最大的老板，而员工好像完全漠视了自己的身份。于是，这个亲戚开始经常出入美容店，对小王和两个员工指手画脚来显示自己的权威。员工不满意这样的"瞎指挥"，常常向小王抱怨，而小王自己也很无奈。后来，员工陆续离开。

由于人员的流动性大，店内的顾客也开始流失，美容店的生意日渐惨淡，只得关了门。

上述案例中的小王就是因为在筹备资金时没有考虑到投资人是亲戚关系，而对方投资数额又多，不懂技术却经常干预经营管理，而造成员工、顾客流失的恶性循环。为避免出现这种状况，双方应在投入资金时就明确彼此的关系，以书面的形式达成协议明确双方的权利与义务。

为避免一些潜在问题的出现，创业者应当全面考虑投资所带来的正面和负面影响及风险性。创业者严格按照公司管理规范创业公司，以公事公办的态度将家人和朋友的借款或投资与投资者贷款或投资同等对待。

另外，任何贷款都要明确规定利率以及本金和利息的偿还计划、对权益投资者未来的红利必须按时发放，就能减少或降低融资带来的负面影响及风险。对于借贷形式的资金投入，还要在协议中明确规定利率及本利偿还计划。

尽管求助于亲人和朋友融通的资金有限，但仍不失为创业之初非常重要的融资渠道。但是又因为资金需求的增大和借贷范围的扩大，使钱和这种融资方式一道变得不安全。于是，人们借入钱创业和借出钱令财富增值的梦想，连同亲戚朋友熟人彼此的信赖、信用关系，一同经受煎熬、经受考验。

民间借贷的基础是信用。关于如何建立信任，曾国藩对家人有一个很好的交代，可以供我们学习。

曾国藩总是叮嘱他的家人在不需要借钱的时候向人借钱，每年都要借几次，然后按时还上。家人都很吃惊，说我们家里又不缺钱，而且以大人在朝中受器重的程度来看，一时半会儿也不可能家道中落，为什么要去向人借钱呢？曾国藩说正是因为如此，我才让你们要不时地去向人家借点钱，因为你们这样想，人家也是这样想，到时候我们家里要是万一出了点事，接济不上，需要借钱，人家都不会相信我们的话，自然也就借不到钱，如果我们在不需要借钱的时候就不时地向人家借钱，就会给别人留下一个印象，原来曾家也是经常要借钱的，这样的话，我们的面子虽然损失了一点，但是真正到了我们需要借钱的时候，人家就不会因为怀疑我们家不需要借钱，而不将钱借给我们，这是第一点。第二点，如果我们不时地向人家借点钱，然后又总是按约定及时将钱还给人家，这样就会在别人心目中形成一种我们曾家人有信用的印象，这样，人家才肯放心地把钱借给我们。

曾国藩为子孙后代深谋远虑，值得所有创业者学习，记住那句老话："天晴不晒，下雨哪里会有收？"

银行贷款

银行贷款被誉为创业融资的"蓄水池"，由于银行财力雄厚，而且大多具有政府背景，因此在创业者中有很好的"群众基础"。

相对于其他融资方式，向银行贷款是一种比较正式的融资方式。但事实上，创业者要想获得银行贷款的确不容易，但也不是完全不可能。综观大部分创业失败的原因，无论失败的根源在哪里，最后都会体现在"差钱"上，资金链断裂又筹措不到钱。因此对于创业者来说，无论你是创业初期需要融资，还是在创业中期扩大生产需要银行的资金援助，与银行搞好关系都是非常重要的。而且，创业者要想顺利得到银行的贷款，还必须对银行借贷的形势和流程有所了解。

北京市的王女士从2000年下岗后一直给别人打工，收入低不说，还要整天看老板脸色行事，后来她产生了自己创业的想法。结合北京市外来人口不断增多和房价日益上涨的形势，单身公寓一度受到北漂族的青睐。在经过一番市场调查和综合衡量之后，她决定开家单身公寓。她准备先在劳务市场附近租赁5套旧房，进行改造和装修，然后分别租给单身打工人员或外地求学者。按照初步预算，装修以及购置简单家具的开支为6万元；房主要求一次预交1年房租，3套房子需预付2万元，这样总体的创业启动资金是8万元。王女士家里并没有很多的积蓄，所以这8万元钱像大山一样挡在面前。她犹豫了很久，甚至一度想放弃，但单身公寓的良好市场前景又确实让她动心。

犹豫之际，她向一位在银行专门从事信贷工作的朋友求教，这位朋友向她推荐了银行刚刚推出的一项叫作创业贷款的新业务。在朋友的指点下，她以自住的房作抵押，到银行办理了创业贷款。依靠这笔创业贷款，王女士的单身公寓很快开了张，并且生意非常红火，扣除贷款利息等开支，每月的房租净收益在 2000元左右。

创业热情与资金"瓶颈"是共存的，不过从王女士依靠银行贷款成功创业的例子可以看出，如今银行的贷款种类越来越多，贷款要求也不断放松，如果根据自己的情况科学选择适合自己的贷款品种，个人创业将会变得更加轻松。

对于创业者来说，银行提供的贷款主要有以下类型：

1. 创业贷款

创业贷款是指具有一定生产经营能力或已经从事生产经营活动的个人，因创业或再创业提出资金需求申请，经银行认可有效担保后而发放的一种专项贷款。

符合条件的借款人，根据个人的资源状况和偿还能力，最高可获得单笔 50万元的贷款支持；对创业达到一定规模的，还可给予更高额度的贷款申请。创业贷款的期限一般为 1 年，最长不超过 3 年；为了支持下岗职工创业，创业贷款的利率可以按照人民银行规定的同档次利率下浮 20%，许多地区推出的下岗失业人员创业贷款还可以享受 60% 的政府贴息。

2. 抵押贷款

目前银行对外办理的许多个人贷款，只要抵押手续符合要求，只要借款人不违法，银行不问贷款用途。

对于需要创业的人来说，可以灵活地将个人消费贷款用于创业。抵押贷款金额一般不超过抵押物评估价的 70%，贷款最高限额为 30 万元。如果创业需要购置沿街商业房，可以以拟购房子作抵押，向银行申请商用房贷款，贷款金额一般不超过拟购商业用房评估价值的 60%，贷款期限最长不超过 10年。适合于创业者的有：不动产抵押贷款、动产抵押贷款、无形资产抵押贷款等。

创业者可以土地、房屋等不动产做抵押，还可以用股票、国债、企业债券等获银行承认的有价证券，以及金银珠宝首饰等动产做抵押，向银行获取贷款。

3. 质押贷款

近年来，银行为了营销贷款、提高效益，在考虑贷款风险的同时，对贷款质押物的要求不断放宽。

除了存单可以质押外，以国库券、保险公司保单等凭证也可以轻松得到个人贷款。存单质押贷款可以贷存单金额的 80%；国债质押贷款可贷国债面额的90%；保险公司推出的保单质押贷款的金额不超过保险单当时现金价值的 80%。存单、国债质押贷款的期限最长不超过质押品到期日，银行办理的个人保单质押贷款期限最长不能超过质押保单的缴费期限。

从质押范围上看，范围是比较广的，像存款单、国库券、提货单、商标权、工业产权等都可以作质押。创业者只要能找到属于自己的东西，以这些权利为质押物，就可以申请获取银行的贷款。

4. 保证贷款

如果你没有存单、国债，也没有保单，但你的配偶或父母有一份较好的工作，有稳定的收入，这也是绝好的信贷资源。

当前银行对高收入阶层情有独钟，律师、医生、公务员、事业单位员工以及金融行业人员均被列为信用贷款的优待对象，这些行业的从业人员只需找一至两个同事担保就可以在工行、建行等金融机构获得 10 万元左右的保证贷款，在准备好各种材料的情况下，当天即能获得批准，从而较快地获取创业资金。

中小企业要想获得银行贷款，首先要学会建立良好的银企关系，讲究信誉。其次还要写好投资项目可行性研究报告，突出项目特点。另外，要选择好贷款时期，尽量取得中小企业担保机构的支持。

总之，创业公司应重视银行贷款融资的多种方式，不断加强和银行的合作关系，给公司提供一个更大的融资想象空间，这也是考验创业公司融资创新能力的一个大舞台。

融资租赁

融资租赁，又称设备租赁，或现代租赁，是指实质上转移与资产所有权有关的全部或绝大部分风险和报酬的租赁。资产的所有权最终可以转移，也可以不转移。

融资租赁适合资源类、公共设施类、制造加工类企业，如遇到资金困难，可将工厂设施卖给金融租赁公司，后者通过返租给企业获得收益，而银行则贷款给金融租赁公司提供购买资金。制造企业可通过该项资金偿还债务或投资，盘活资金链条。

从国际租赁业的情况来看，绝大多数租赁公司都是以中小企业为服务对象的。由于中小企业一般不能提供银行满意的财务报表，只有通过其他途径来实现融资，金融租赁公司就提供了这样的平台，通过融物实现融资。

南京孚嘉印刷有限公司原是一家年销售额不足700万元的小型印刷企业，由于没有资金和设备，生产能力不足，订单大量积压。江苏金融租赁有限公司先后4次向其提供融资租赁服务，购买印刷设备，使南京孚嘉印刷有限公司一跃成为南京印刷市场上的后起之秀。

江苏金融租赁有限公司的主要服务对象就是中小企业，包括一些刚刚创立的微型企业。南京恒顺达船务有限公司是一家主要从事国内沿海及长江中下游散、杂货以及油品运输，承接煤炭、钢材、建材、粮食、矿砂、成品油等运输服务的综合性航运公司。刚开始，恒顺达只有三四条运输船只，业务量极小，且难以与大企业竞争。一筹莫展之下，恒顺达找到了江苏金融租赁有限公司。通过与租赁公司的合作，目前公司的自有运输能力已经达到20多万吨，包括其管理的其他业务，总运力已有30多万吨，资产规模从1亿元增加到如今的十几亿元。

江苏金融租赁有限公司主要从3个方面破解中小企业融资瓶颈。首先是科学筛选融资项目。根据选择标的物的价值稳定情况，结合客户的现金流状况和股权结构，租赁公司可以综合判断其治理状况和资本实力。

其次是开拓多种营销方式。江苏租赁十分注重与厂商、代理商和供货商的紧密合作，及时掌握小企业的资金需求情况，帮助中小企业解决设备售后服务中遇到的问题，提高客户对其的信任感。

再次是优化租赁业务流程。江苏金融租赁有限公司根据客户的具体情况，量身定制个性化的租赁方案，对一些成长性好、信誉度高的客户还提供一些优惠方案。

金融租赁还要求对风险有很强的掌控能力。金融租赁公司主要从事的项目都是3年及以上的中长期融资，融资时间长，通常风险比银行要大。江苏金融租赁有限公司在和企业合作的时候，一般都会对企业有一个全面的了解，对承租人自身经营状况和企业的信誉状况等进行深入的调查和了解，以便于将风险控制在最低。

由于租赁物件的所有权只是出租人为了控制承租人偿还租金的风险而采取的一种形式所有权，在合同结束时最终有可能转移给承租人，因此租赁物件的购买由承租人选择，维修保养也由承租人负责，出租人只提供金融服务。

在租金计算原则方面，出租人以租赁物件的购买价格为基础，按承租人占用出租人资金的时间为计算依据，根据双方商定的利率计算租金。它实质是依附于传统租赁上的金融交易，是一种特殊的金融工具。

创业者在进行融资租赁时，其主要的流程如下：

（1）企业向××中心提出融资租赁申请，填写项目申请表。

（2）××中心根据企业提供的资料对其资信、资产及负债状况、经营状况、偿债能力、项目可行性等方面进行调查。

（3）××中心调查认为具备可行性的，其项目资料报送金融租赁公司审查。

（4）金融租赁公司要求项目提供抵押、质押或履约担保的，企业应提供抵押或质押物清单、权属证明或有处分权的同意抵押、质押的证明，并与担保方就履约保函的出具达成合作协议。

（5）经金融租赁公司初步审查未通过的项目，企业应根据金融租赁公司要求及时补充相关资料。补充资料后仍不能满足金融租赁公司要求的，该项目撤销，项目资料退回企业。

（6）融资租赁项目经金融租赁公司审批通过的，相关各方应签订合同。

（7）办理抵押、质押登记、冻结、止付等手续。

（8）承租方在交付保证金、服务费、保函费及设备发票后，金融租赁公司开始投放资金。

（9）××中心监管项目运行情况，督促承租方按期支付租金。

（10）租期结束时，承租方以低价回购。

金融租赁不仅可以使企业获得资本融资，节省资本性投入，无须额外的抵押和担保品，而且可以降低企业的现金流量的压力，并可用作长期贷款的一个替代品，已经成为成熟资本市场国家与银行和上市融资并重的一种非常通用的融资工具，成为大量企业实现融资的一个重要和有效的手段，并在一定程度上降低了中小企业融资的难度。

同时，金融租赁和其他债权、股权以及信托等金融工具的结合，产生了大量的金融创新。目前全球近 1/3 的投资是通过金融租赁方式完成的，是发达国家设备流通的主要资金渠道之一。

但是由于我国金融租赁业还处于初期阶段，市场活跃程度不高，业绩不大，加上租赁企业资金严重不足，根本不能满足这些庞大的需求，目前我国金融租赁市场严重供不应求。因此，创业者在寻找金融租赁的时候，也要根据租赁公司的实际情况，尽量挑选那些实力强、资信度高的租赁公司，且租赁形式越灵活越好。

股权融资

企业一刻都离不开资金，资金之于企业有如血液之于人体。企业没有资金，将无法经营，组建公司的首要任务就是筹集资金。公司成立后，如因扩大经营规模等需要，也要筹集资金。因此融资不再是上市公司或大型企业的专利。对于中小企业来说，选择一种较为现实和便捷的方式进行融资是其成长壮大的必由之路。

股权融资属于直接融资的一种。长期以来，人们都认为股权融资是大企业的事，与中小投资者、小本创业者不相干，其实情况并非如此。股权融资是指企业的股东愿意让出部分企业所有权，通过企业增资的方式引进新的股东的融资方式。股权融资所获得的资金，企业无须还本付息，但新股东将与老股东同样分享企业的赢利与增长。这种融资方式对于创业者来说，也是一种较为现实和便捷的融资方式。

方兴未艾的股权融资，能在短时间内得到越来越多的认可，成功案例不断出现。对于创业者来说，来自股权融资的资本不仅仅意味着获取资金，同时，新股东的进入也意味着新合作伙伴的进入。但是在进行股权融资时，创业者需要注意的是对企业控制权的把握。

因为忙于融入资金，就没有过多地考虑企业的控制权，结果自己创办的公司拱手让人。中国企业网创始人张冀光就是一个例子。

1998 年，张冀光创办中国企业网，1999 年 9 月被当时的中国数码收购了 80% 的股份。融资后，张冀光担任总经理，对方另派一人担任董事长。2003 年 8 月，中国企业网更名为中企动力科技股份有限公司，进入上市辅导期。而 2004 年春节以后，一直与该董事长保持良好合作关系的张冀光发现双方的矛盾越来越大。

对方所派董事长"要求公司发展更快、赢利能力更强，但我们认为企业的发展速度已经比较快了"。2004年3月29日，该董事长签发了一纸董事会决议，宣布罢免董事、总经理张冀光的职务。事情发生后，张冀光认为该董事长要自己离开的方式是不合法的，称当天并没有召开任何会议并且某董事签名系伪造，该董事会决议也是伪造的，并为此与之"对簿公堂"。结果，张冀光后来还是不得不离开了自己一手创办的中国企业网。

张冀光在总结自己的经验教训后表示，自己如果再次融资，"一定要制定科学的、符合法律的文件，把合作伙伴、小股东的利益都固定下来，公司中的每张纸都是珍贵的"。

因此，初创企业尽可能不要丧失对企业的控股权。在融资时一定要把握住企业的控股权，而且在开始时最好是绝对控股，而不是相对控股。做不到这一点，则宁可放弃这次融资，或者以一个较好的价钱将现有企业全部转让，自己重敲锣鼓另开张，再找一个事业做。这是一个原则性的问题。

创业者也可以选择分段融资的方式，将股权逐步摊薄。这样做有两方面的益处。首先是融资数额较少，比较容易融资成功。其次，可以保证创业者对公司绝对的控股权，而且在每一次融资的过程中，都可以实现一次股权的溢价和升值。但是，这对创业者的企业和项目要求很高，必须是优质的企业和项目才能为创业者争取到发言权。

股权融资的另一个结果就是投资者以股东的身份加入公司，因此创业者还要妥善处理好和投资者的关系，尽可能选择好合作伙伴。投资者和创业者的根本目的不同，以及对企业的理解程度不同，导致在看问题时，角度和出发点容易产生根本的不同，容易引起和激化矛盾。因此选择一个好的合作伙伴对创业者是至关重要的，可以起到如虎添翼的作用。创业者在决定采用股权融资的时候，建议最好选择对本行业有一定的了解，或者与本企业同处于上下游产业链中可以降低交易成本的战略投资者。

任何一种股权融资方式的成功运用，都首先要求企业具备清晰的股权结构、完善的管理制度和优秀的管理团队等各项管理能力。所以企业自身管理能力的提高将是各项融资准备工作的首要任务。

一个企业一旦决定要进行股权融资，创业者也可以尽早让一些专业的中介机构参与进来，帮助创业者包装项目和企业。除要进行一些必要的尽职调查外，还要根据本企业的实际情况，设计相应的财务结构及股权结构，同时在股权的选择上如是选择普通股还是优先权均要仔细推敲，创业者切忌采取拍脑袋的方式来代替科学决策。而且融资是一个复杂的过程，这个过程涵盖企业运营的方方面面，为了避免走弯路，减少不必要的法律风险，创业者要借助专业的中介机构。

在进行股权融资时，为了达到各方都满意的股权投资协议，就需要根据投资性质确定不同的运作方式。另外还要发掘对手财务信息中的隐藏债务，设计出符合双方利益的担保机制，设计科学的法人治理结构等等，都需要有专业机构的意见。如果企业想通过股份制改造进而上市，更是一项纷繁浩大的系统工程，需要企业提前一到两年时间（甚至更长）做各项准备工作，而这些具体操作都需要专业人士指导，那么券商、律师事务所、会计师事务所、评估事务所的提早介入就显得异常重要。

自从创业板诞生以来，造富速度大大加快，股权融资也随之风生水起。有关专家认为，相比过去，中小企业股权融资正在被社会接受、认可，一方面得益于相关政策的支持，另一方面，创业板开放后，财富效应也引起了不少创投企业的重视。

随着我国投资市场日趋火暴，一些极具市场潜力的优质中小企业也成了投资方四处争抢的"香饽饽"。以股权融资为代表的融资模式，将为中小企业的创业者融资助一臂之力。

创业投资基金

创业投资基金是指由一群具有科技或财务专业知识和经验的人士操作，并且专门投资在具有发展潜力以及快速成长公司的基金。

创业投资是以支持新创事业，并为未上市企业提供股权资本的投资活动，但并不以经营产品为目的。它主要是一种以私募方式募集资金，以公司等组织形式设立，投资于未上市的新兴中小型企业（尤其是新兴高科技企业）的一种承担高风险、谋求高回报的资本形态。在我国，通常所说的"产业投资基金"即属于创业基金。

创业基金支持的对象，即有资格申请创业基金的个人或法人，应具备符合相关条件：申请人或企业法定代表人为在校大学生（含硕士、博士），且在校期间无不良在校记录；主要从事高新技术产品的研制、开发、生产和服务业务；有较强的市场开拓能力和较高的经营管理水平，并有持续创新的意识。

创业基金支持的项目要符合国家产业政策，技术含量较高，创新性较强的科技项目产品；有较大的市场容量和较强的市场竞争力，有较好的潜在经济效益和社会效益；项目应具备一定的成熟性，以研发阶段项目为主。

兰州大成自动化工程有限公司自运行一年来，主要进行产品开发，几乎没有收入，虽然技术的开发有了很大的进展，但资金的短缺越来越突出。当时正值科技型中小企业技术创新基金启动，企业得知后非常振奋，选择具有国际先进水平的"铁路车站全电子智能化控制系列模块的研究开发与转化"项目申报创新基金。为此，他们进一步加快了研发的速度，于 1999 年 12 月通过了铁道部的技术审查，取得了阶段性的成果。正因为企业有良好的技术基础，于 2000 年得到了创新基金 100 万元的资助，它不仅起到了雪中送炭的作用，而且起到了引导资金的作用。同年，该项目又得到了甘肃省科技厅 50 万元的重大成果转化基金，教育部"高等学校骨干教师资助计划"12 万元的基础研究经费。2001 年，针对青藏铁路建设的技术需求，该项目被列入甘肃省重点攻关计划，支持科技 3 项费用 30 万元。

创业者要想顺利获取创业投资基金，必须对创业基金支持的方式及申请程序有一个清晰的了解。申请创业投资基金的具体事项要求如下：

1. 申请条件

根据创业者的实际情况，申请创业基金的基本为首次创业。为了便于管理及增强创业者的创业责任感，投资公司拟采取资本金（股本金）投入并对其财务进行监管的方式支持创业者的创业行动。

资本金投入以投资公司自有资金投入为主，数额一般不超过企业注册资本或申请人准备投入的 50% 且投入一般不超过 3 万元。同时投资公司还会从公司注册手续的办理、企业税务的代理、经营中的管理培训及相关政策的把握等各个方面给予申请人新设的企业以支持。

创业基金对同一个创业者只支持一个项目。申请人应根据申请支持的项目所处的阶段和个人的具体情况，明确选择一种相应的支持方式。

2. 申请时间

创业基金不设开始及截止时间，有创业梦想的创业者随时可以提出申报。

3. 申请程序

符合创业基金申请条件的项目，申请人可按下列程序提出申请：

（1）到投资公司网站下载创业基金申请材料汇总，并认真阅读有关文件。

（2）按统一要求准备申请材料（申请书、可行性报告以及附件等）。

（3）将准备好的申报材料邮寄或 E-MAIL 到投资公司。

创业者提供的材料必须真实可靠，如发现弄虚作假，投资公司将不再受理该创业者的申请。

4. 申请材料

申请创业基金支持的大学生，应提交以下材料：

（1）创业基金项目申请书，申请人按填写说明规定录入相关内容，并打印出完整的创业基金项目申请书。

（2）大学生创业基金项目可行性研究报告，必须按通用项目报告的要求及格式进行编制。该报告可以由申请人自行编制，也可以委托有关中介机构编制，报告中所涉及的有关数据须与创业基金项目申请书一致。

（3）申请材料附件，申请材料主要附件包括：申请人身份证或法人营业执照（复印件）。已经经营一定时间的企业，需提交经会计师事务所（或审计师事务所）审计的企业上两年度的会计报表（复印件）和相应的审计报告（复印件），以及本年度最近一个月的企业会计报表（复印件）；会计报表包括资产负债表、损益表、现金流量表以及报表附注等。经过审计的财务报表应加盖审计单位印章。当年注册的新办企业，须报送企业注册时的验资报告（复印件）和本年度最近一个月的企业会计报表（复印件）。

另外，还要准备可以说明项目情况的证明文件（如技术报告、查新报告、鉴定证书、检测报告、用户使用报告等的复印件）；能说明项目知识产权归属及授权使用的证明文件（如专利证书，产权使用授权书，产权使用认可书、技术合同等的复印件）；与项目和企业有关的其他参考材料（如奖励证明、用户订单等的复印件及产品照片）。

5. 申请受理

（1）资格审查：投资公司负责受理创业基金项目的申请。投资公司对申请人提交的申请材料进行受理审查。对审查不合格的项目，投资公司一般自收到申请之日起两个月内，向申请人电话告之。

受理审查合格的项目，投资公司将组织有关专家和机构对其进行立项审查。立项审查未通过的项目，投资公司一般自对该项目进行受理审查之日起 4 个月内，电话通知。

（2）立项及监理：通过立项审查并报创业基金支持的项目，投资公司将于立项之日起 20 日内以申请人可以获知的方式通知申请人，并与其签订创业基金项目合同。

投资公司对创业基金项目的实施过程进行监督管理。创业基金支持的额度不超过申请人自有投入的 50%。申请人入驻后自主经营，投资公司对其公司财务状况定期核查。如发现有违反法律规定及转移公司资产的情况则投资公司可以采取法律手段处理。

近年来，我国的科技型中小企业的发展势头迅猛，已经成为国家经济发展新的重要增长点。政府也越来越关注科技型中小企业的发展。同样，这些处于创业初期的企业在融资方面所面临的迫切要求和融资困难的矛盾，也成为政府致力解决的重要问题。

有鉴于此，结合我国科技型中小企业发展的特点和资本市场的现状，科技部、财政部联合建立并启动了政府支持为主的科技型中小企业技术创新基金，以帮助中小企业解决融资困境。创新基金已经越来越多地成为科技型中小企业创业者融资可口的"营养餐"。

开动脑筋，寻找融资新途径

每一个创业者都知道，创业必须要有足够的资金，没有足够的资金是无法创业的。可是，当你拿出全部积蓄还不够，向亲友借钱亲友却没有多余的钱，向银行贷款又没有抵押物品的时候，你怎么办呢？办法总比困难多，天无绝人之路，只要开动脑筋，善于学习，广开思路，你就能够找到许多巧妙而非常有效的融资方法，从而实现自己创业的梦想。

下面的一些巧妙的方法或许会让你顺利达到融资的目的。

方法一：用良好的信用说服别人

良好的信用和经营信誉是创业者的无价之宝，凭着它，可以有效地说服别人

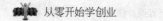

为你的创业提供各种方便条件。

位于某市内商业闹区的一家开业近两年的某理发店，由于其高超的理发技艺和良好的客户服务，吸引了一大批稳定的客户。每天店内生意不断，理发师傅难得休息，加上理发店老板经营有方，每月收入颇丰，利润可观。

平时的熟客一般都享受着打折、优惠等活动，因此理发店老板良好的信誉成为顾客不断登门的重要原因。但由于经营场地的限制和理发店资金的短缺，理发店始终无法扩大经营。该店老板苦思开分店的启动资金时，灵机一动，不如推出10次卡和20次卡，一次性预收客户10次理发的钱，对购买10次卡的客户给予8折优惠；一次性预收客户20次的钱，给予7折优惠。

对于客户来讲，如果不购理发卡，一次剪发要40元，如果购买10次卡，平均每次只要32元，可省下80元；如果购买20次卡，平均每次理发只要28元，可省下240元。

该店通过这种优惠让利活动，吸引了许多新、老客户购买理发卡，为店里共收到预付款达7万元，解决了开办分店的资金缺口，同时稳定了一批固定的客源。凭借着良好的信用，该理发店先后又开办了几家理发分店。

方法二：争取免费创业场所

创业离不开理想的场所，而创业之初的很大一笔投资就是用来支付房租的。因此，只要你能转换一下脑筋，想办法获得一处免费的创业场所，那就相当于得到了一笔可观的创业资金。

刚从农大园艺系毕业的小林想开一家花店，但是店面房租是小林面对的第一个难题。小林刚毕业，基本上是白手起家，怎样才能获得第一笔启动资金呢？小林陷入僵局。

一个偶然的机会，小林看到当地的报纸上刊登着一条招商广告，广告上承诺第一批进场设摊者均可享受免收半年租金的优惠。这真是天大的喜讯！小林毫不犹豫地申请了一个摊位，开始办起了花店。由于小林是园艺系的学生，他的不少同学也在花卉生产单位工作，所以货源充足，质量上乘，自然生意很红火。

方法三：加盟大公司的连锁经营

俗话说，背靠大树好乘凉。有许多创业者在刚开始起步的时候，为了扩大市场份额，纷纷选择连锁经营的方式来扩充自己。而一些大的公司，为了有效而快速地扩大连锁经营的覆盖面，也常常推出一些优惠措施如免收加盟费、赠送设备、帮忙选址等，广泛吸收个体业主加盟经营。对于缺乏资金的创业者来说，虽然不是直接的资金扶持，但是这些优惠措施无疑等于给创业者一笔难得的资金。

郑伟下岗之后闲着没事，一直想在附近的市场上开一个小店赚钱养家。经过一段时间的观察，他发现自己家附近有一家快餐店生意非常红火，便打算开快餐店。但是，要开一家自做自卖的快餐店不仅投资大，还要顾及采购、加工、销售等方方面面，况且自己又不懂快餐的制作技术。于是他通过朋友的介绍，和那家快餐店联系，以加盟的方式开办了一家的连锁店。因为加盟连锁经营，实行的是货物配给制度，郑伟为此不仅省下了 7 万多元设备费用，又省下了数千元的成本周转资金，公司考虑到他是下岗人员，还免去了他近万元的加盟费用。实际上，郑伟等于获得了 8 万多元的资金扶持，他自己只花了 1 万多元就开起了一家别人要投资近 10 万元才开起来的快餐店。

方法四：接手亏损企业变现

在经营活动中，经常会出现一些亏损企业，这些亏损企业创业者可以接手过来，然后作为抵押物向银行贷款变现而获得创业资金。当然，这种融资方法风险比较大，获得创业资金的代价是要承担一大笔债务。但是，创业本来就是风险和机遇并存的，如果你有足够的胆识和能力，那么，这种融资的办法将能帮助你在更短的时间内更快地走向成功。

田静做了几年的外贸服装批发生意，积累了一定的业务渠道，便打算自己办一家服装厂。她仔细算了算，办个中等规模的服装厂需要近百万元的设备和周转资金，外加一处不小于 200 平方米的厂房。田静通过朋友在近郊物色了一家负债累累、濒临倒闭的板箱厂，以"零转让"的形式接手了这家工厂，也就是以资债相抵的办法，将工厂所有的动产不动产以及工厂的债务全部一齐转让给田静。

厂房的问题解决了，但是近百万元的资金从哪里来呢？田静考虑到银行贷款，负责信贷的人要她提供担保，可是上哪儿去找担保人呢？正在田静焦急万分时，她的一位朋友一语提醒了她：板箱厂的资产就是抵押物。就这样，田静解决了资金和厂房的问题。

对于创业者来说，善用自我积累，进行滚动发展也是一个不错的方式，虽然发展速度可能会相对慢一些，但是没有包袱，做事可以更加从容，保持一种良好心态。创业者还可以通过参加各种创业比赛，媒体炒作，吸引投资方注意力，从而获得融资；通过第三方牵线搭桥获得项目融资或创业融资，如2003年，通过《科学投资》牵线搭桥获得项目融资的读者就有十几位。

小企业融资难是一个世界性的问题。中小企业的资金问题在我国表现得更为复杂，不同类型的中小企业融资特点不同，当然对融资渠道和条件的要求也不同。创业融资的方法多种多样，创业者需要灵活性，做任何事情都不能拘泥于一个定式。

获取风险资本

寻找适合自己的投资者

在创业期的企业都希望找到一个合适的投资者，可并不是每个企业都能如愿以偿。有的企业能拿到投资者上千万美元的投资，有的只能望"钱"兴叹了。寻找到一个适合的投资者，对于创业者来说，最重要的是要看他是不是一个优秀的投资者，适合不适合做你的投资者，这应该是创业者最关心的问题。

对于创业者来说，好的投资者可以给企业带来很多的价值。无论是本土的投资者还是国际上的投资者，他们对创业项目、团队的衡量标准应该都是一致的。

一般意义上来讲，优秀的投资者可以帮助创业者完善企业的商业模式，使其赢利模式更加的清晰、可持续。当然还可以帮助完善创业团队。有些创业者在刚开始创业的时候，存在团队成员的分工不明以及团队整体的凝聚力不强等问题，投资者可以帮助创业者优化团队建设。而且投资者还可以通过其人脉关系，为创业者团队扩充优秀人员。如天使投资人邓锋在正式投资"红孩子"后，北极光为"红孩子"聘请了一位沃尔玛卸任的全球副总裁担任独立董事。

优秀的投资者还会促进创业者发展和拓展业务。投资者可以起到敲门砖的作用，由于投资者见多识广，人脉资源非常丰富，创业者在发展过程中，如果觉得和一些大的公司合作会对企业的价值有很大的提升的话，就可以借助投资者的敲门砖，获得和该企业高层对话的机会。

优秀的投资者体现价值的另一方面在于，他可以带来一些具有品牌效应的东西，如红杉资本、IDG 投资者等，由于这些投资者机构有自己的品牌优势，并为大多数企业所认同，所以创业者在获得这些投资机构的融资时，也同时享有了这些品牌所带来的价值。

从总体上来说，优秀的投资者可以给创业者带来的帮助在于商业模式、团队建设、业务拓展、品牌提升 4 个方面。创业者在确定好优秀投资者的同时，也要明确这个投资者适合不适合做你的投资者。

对于创业企业来说，了解风险投资公司的投资趋向很重要。"现在各种投资机构很多，不同的机构有不同的风格和能力。你一个10万元的项目不可能去找做1000万元的投资人，反过来，你1000万元的项目找到只能投几十万的投资人也是没用的"，倪正东说，利用各种专门的研究资料是了解风险投资公司投资趋向的一个有效办法。另外就是参加些投资论坛会议，在论坛上企业创业者可以直接与风险投资人面对面的沟通。

利用第三方的"外脑"对于创业企业来说也相当重要。企业家的专长毕竟是做企业，而不是擅长于资本运作。创业者找一家创业投资服务公司来打理比自己做要省时省力，更能够找到适合企业的投资者。这种服务公司有自己的专业优势，他们做长期的研究，时时地关注最新动态，更为有利的是有很多投资人的资源。

通常，投资者加入创业企业后，能够从多个方面如资本运作、战略把握、改善管理、拓展业务、平衡关系等对公司施加影响，但并非所有的创业企业牵手风投资本都能成功。

当风投和创业者的蜜月期过后，矛盾重重乃至撕破脸也不在少数。造成问题的原因主要有：一是变革的压力。风投资本介入，最终目的是通过企业的成长实现资本的增值，因此企业变革是其中必不可少的一步棋。管理团队的调整、架构的重组，都会给创业者造成冲击。二是目标冲突。无论如何，风投公司和创业企业的目标不可能完全一致，有些时候甚至会比较激化，比如一方看重长远利益，另一方看重短期利益，等等。

因此，在选择合适的风投的时候，创业者一定要考虑是否能够承受投资者的压力。投资者的工作是给出资人创造回报，要实现这个目标，他们就要去发掘能成为羚羊的企业。所以，对于一些有出色技术和稳定团队的公司，不要轻易接受投资者的钱。假如公司只需要很少的资金就可以起步、成长，或者由于产品的特性、面临的竞争、商业模式的限制、市场容量的限制，被并购是一个更可行的出路的话，那么远离投资者，找周围的朋友筹一点钱是更好的选择。

公司的未来通常是维系在创始人团队身上的，投资者一旦投资，一定要给创始人带上3付"手铐"和1个"紧箍"：

（1）业绩对赌：达不到既定经营目标，股权要被投资者稀释。

（2）股份锁定：通常投资者会要求创始人把股份锁定，需要3~4年，才能逐步兑现（Vesting），如果创始人提前离开公司，尚未兑现的股份就被公司收回了。

（3）竞业竞争：如果创始人跟投资者合不来，执意要走人，股份也不要了，但是竞业禁止协议也不允许创始人去做类似的、竞争性的业务。

（4）董事会席位及保护性条款：投资者对公司经营上的监督和决策。

带上"手铐"和"紧箍"的创始人，只有华山一条路了。所以，找投资者融资是一件"请神困难，送神更难"的事，创业者在决定找投资者之前，要先了解投资者的需求，还要对着镜子审视一下自己，掂量掂量公司能不能做到万里挑一，满足投资者的胃口。

另外，对于投资者投资后，对公司和创业者的控制是否能够承受。绝大多数公司，从商业模式、发展阶段、行业、团队等方面就先天决定了它们是无法满足投资者的回报要求的，也有一些创业者是不愿意接受投资者的控制模式的，这些企业就不应该浪费时间和精力找投资者。但这绝对不代表这些企业不好，或者不能挣钱，是他们应该寻找其他资金渠道，比如政府资助、朋友、天使投资人、做战略投资的企业、银行等其他渠道。

向投资者融资多少最合适

"投资商能给我融多少钱？"这个问题可能是所有创业者在找投资者融资前最为关注的问题。事实上，投资者通常反问创业者："你想要多少钱？"可是他们的回答却往往不令对方满意。有的创业者情急之下不是说"不知道"，就是口不择言随便说出一个数字。

创业公司融资，等于是在向投资人兜售亏钱公司的股票，这是一件非常狼狈和尴尬的事情，别以为你找一份投资者名单挨家挨户忽悠就可能引起热销现象。因为投资者们投资创业公司，并不是向创业公司表示人道主义的关怀，如果投资者砸了大把大把的银子，绝对不愿见到一堆烂尾楼的惨状。

通常来说，在创业企业的发展过程中，存在很多的风险和不确定性。于是，投资者在决定投资前，对创业公司的情况了解犹如剥洋葱一样，其目的就是要把创业者乔装打扮的美丽外表一层层剥去，让本质暴露无遗。

对于投资者来说，在什么情况下投资，他们所面临的风险和期望的回报是对应的。因此，公司所处的不同阶段，投资者的报价也不一样。如果公司没有发展到下一个重要里程碑，公司的风险水平就没有太大变化，投资者给公司的估值也不会有太大提高。

而对于创业者来说,向投资者融资一次,要花费大量的时间、精力和资金。另外,融资的时机不是什么时候都有的,一旦能够抓住一次融资机会,企业还是要把估值尽量抬高些。因为几乎所有的创业者都会对前景非常乐观,直接的后果就是对困难认识不足,对资金需求认识不足,通常的预算会比实际小很多。

即便你的预算差不多,但还要给下一轮融资预留时间,目前投资者融资的一般周期是 6 个月左右,最快也要 3 个月,不要在下一轮融资过程中公司的资金链就断了。所以,通常你需要把上面计算出来的融资额度乘以 1.5 ~ 2,这才是你要的答案。

创业者可以减少本轮融资的额度,在公司达到里程碑并且估值大幅提高后再进行后续融资,这样可以少稀释自己的股份。但是如果刻意降低这个融资数额,导致公司达不到里程碑,下一轮融资会有很大的问题。所以,创业者要尽可能找到合适的里程碑。

向投资者融资的一般流程

投资者融资即创业融资,尤其是指投资于那些初创型企业、风险很大的创业公司。很多创业公司之所以融资失败,不是因为这些公司没有吸引力,而是创业者不了解投资者,不知道投资者是怎样运作、怎样判断项目等。他们甚至不了解向投资者融资的流程。

一般来说,创业公司向投资者融资的流程包括以下几个步骤:

1. 确定目标投资者

投资者并不是什么行业都投,或者只要好项目就投。每一个投资者都有它们自己的投资领域,比如互联网、媒体、新能源、生物工程、现代服务业……

确定目标投资者的目的是挑选出那些可能会投资你的投资者。因此,你可以通过网络,搜索出过去两年内在国内有过投资项目的投资者清单。从投资者清单中,挑出有计划在你所从事的行业进行投资的投资者。依次访问这些投资者的网站,或者收集相关的介绍材料,你可以看到每家投资者对哪些行业有投资兴趣,把那些不打算投资你正在从事的行业的投资者从你的清单中删除,他们跟你没什么关系,从而找出有能力投资你的投资者。

2. 准备融资文件

一份翔实的"商业计划书"是创业者为向投资者融资必备的文件，当然融资文件不是一次性的，通常随着融资的进程，你需要准备不同的文件。初次面谈之前：一两页篇幅的"执行摘要"，用来吸引投资者的目光，引发他们的兴趣。

当然还要准备 PPT 演示文件，法律文件（公司章程、销售合同）等文件，另外，你应按照次序及时提交投资者所需要的文件，这样也能给投资者留下好印象。其中"执行摘要"和融资演示文件是最重要的两个文件，他们决定投资者跟你是"一面之缘"还是"深入交往"。

3. 与投资者联系

跟投资者联系的关键在于 3 个方面：与谁联系，怎么联系，什么时候联系。

投资者公司的合伙人各自找项目、看项目、评估项目，但真正要投资的话，需要投资者公司内部集体决定。所以，创业者要想获得投资者的投资，就得先说服投资者公司里的某个恰当的合伙人，由他来负责推进你的项目，并说服其他合伙人。如果你是一家与通信相关的公司，你需要说服那个负责通信行业的合伙人。

找到相应的投资者联系人（合伙人或投资经理）之后，跟他们联系的最好方法是找人推荐。看看你的朋友圈，有没有可以做推荐的人，如果你找了融资顾问帮你的话，这项工作就简单多了。

确定了有意向的投资者后，联系要尽可能在一个较短的周期内集中 2 ~ 3 个批次完成。集中联系的好处是，投资者的投资意向书也会集中到来，这样你就可以比较哪家的条款好，哪家的报价高，也可以在投资者之中形成竞争。

4. 给投资者作融资演示

对于任何投资者，决定他们对项目判断的是两样东西：对公司管理团队的信任度和公司能成功的客观证据。投资者越信任你，并且公司运营良好的信息获得越多，你就很有可能从投资者桌上的一大堆项目中脱颖而出。

投资者比创业者更擅长从演示中找出问题。决定你跟投资者第一次亲密接触的结果不在于你的演示有多好，而在于你给投资者演示了什么内容。如何通过演示向投资者展示你是一个值得信赖的人，你的公司将会走向成功。投资者并不是目光短浅、不愿意承担风险，他们只不过是投资给他们能看到的最好的项目而已。

因此，要知道演示内容是否能成功，那你首先要知道投资者想通过你的演示了解什么。当然，无非就是规模巨大的市场及行业、完美的产品、独特有效的商业模式、诱人的财务状况及预测、梦幻的团队，等等。演示内容：PPT 的结构、PPT 的页数、每页的主题、每页的内容量、演示者的演式方式、演示文件的重点内容等。如果你不太熟练的话，最好抓紧时间练习。

5. 后续会谈及尽职调查

一旦创业者给投资者做了一个成功的融资演示，博得了投资者的兴趣，后面就是更多的会谈和投资者对你公司的尽职调查。尽职调查工作通常由投资者的一个合伙人及投资经理来实施，详细的尽职调查就会请第三方的会计师和律师介入。

在尽职调查期间，你跟投资者的接触会非常频繁，也许每周 2 ～ 3 次，会跟投资者公司不同的人谈公司方方面面的事。但目的只有一个，就是验证投资者对你的判断。

投资者在对你做调查的时候，你也最好能抽时间调查投资者的情况。最好的方式就是跟这家投资者投资过的公司的 CEO 谈谈，把很多你关心的问题搞清楚之后，你也可以决定是不是接受这家投资者。

6. 合伙人演示及出具 Term Sheet

给投资者的全体合伙人作的融资演示，决定你能否拿到投资者的 Term Sheet。合伙制的投资者，内部决策通常要一致通过，一票否决。只要有一个合伙人对你的项目有异议，无论其他合伙人怎么看，这个项目投资者通常是不会做的。

因此，在尽职调查时，你要让那个负责你的项目的合伙人认可，并有信心，他才会积极推进你给全体合伙人做演示。为了促成投资，他在某种程度上甚至跟你是一伙的。另外，投资者内部的其他合伙人对你所从事的行业不一定熟悉，他们不会轻易提出异议，除非从你的演示中，真的发现了什么重大问题。如果合伙人演示成功了，投资者会给你一份 Term Sheet。这证明你初战告捷，离胜利不远了。

7.Term Sheet 谈判

Term Sheet 的谈判对创业者来说是比较困难的，主要是缺少这方面的经验。比如,公司价值、投资者要求的各种优先权利、Term Sheet 谈判机制、公司治理方面的要求等。这些东西创业者可能是第一次遇到，而投资者整天琢磨这些内容，你怎么能跟投资者公平谈判。

解决的方法只有一个，就是同时拿到不同投资者的几份 Term Sheet，这样你就知道什么条款好，什么条款不好，哪家估值合适，哪家估值太低。一旦你有了选择的余地，谈判的天平就向你倾斜了。

8. 法律文件

创业者终于跟投资者把 Term Sheet 签了，但投资者还要作详细的尽职调查，通常是财务和法律两部分。投资者通常有一套所谓"标准的"投资文件，但基本上都是从投资者的利益角度出发，创业者要自己与投资者谈判 Term Sheet，落实具体条款的用途和目的，然后由律师将你的真实意思转换成法律文件。

如果你手上能够拿到好几家投资者的 Term Sheet 会让事情更为简单，相互对比一下，你就能够在谈判桌上有更多的底气。如果在项目足够好的前提下，同时又有其他投资者的竞争，这个时候，沉不住气的投资者会主动松口，而且很多苛刻的条款会被放松。

9. 资金到账

虽然此时你已经完成了融资程序，资金现在到了公司账户，但可能是分期到账，所以你在兴奋之余，还要切记不能乱花钱。按照你给投资者的资金使用计划，在未来一年左右的时间内按照需求使用，逐步实现公司设定的里程碑，兑现给投资者的承诺，这样投资者的后续资金才会及时到账。

总之，创业者要做好思想准备，融资是很艰苦的过程，向投资者融资最快也要 3 个月，慢的要 1 年以上，通常 6 个月是比较常见的。因此，对于创业者来说：至少要留好 6 个月的现金余量，不要融资过程刚进行一半，公司就没钱了。投资者知道你现金流有问题的话，会拼命压低价格的。

在投资者公司里，你应该跟谁谈

从事投资者的人通常有不同的头衔，主要包括分析师、投资经理、投资总监和合伙人，这些都是每家投资者公司的固定成员。除此之外，投资者公司还有短暂任职的入驻企业家（EIR），以及创业合伙人或者运营合伙人等。

对于创业公司来说，找投资者融资的过程也是一个销售的过程，潜在客户是推销员的上帝，找对人并与之进行高效的沟通，生意很可能就成交了。同样，找投资者融资首先要明白应该找谁谈，跟谁沟通才能取得良好的效果。

找对人才能做对事，在这里，先为创业者介绍一些在找投资者融资过程中经常会接触到的一些人：

1. 有权力的人

有权力的人通常是公司的决策者。在投资者公司里，有权力的人当然就是合伙人，当然有些公司的投资总监也有权力。如果你希望能被有效引荐给其最高层人员，寻找其中之一的合伙人就是最为明智的选择。

在每家公司，无论是投资者公司还是其他公司，有些人是要做项目的，他们汇集各种信息，并且压上自己的声誉。有些人推动项目进展，有些人需要很多人同意了才敢做出决定。

投资者合伙人也是这样的，但是任何一个有权力的人，你都必须认真对待。你必须了解每一个有权力的人的兴趣、问题、关注点，他们有权做出你想要的决定。每个有权力的人都可以投一票。

2. 有影响力的人

与有影响力的人谈，其实就是所谓的"走高层路线"，这一招固然巧妙。但在实际操作中，创业者往往并不是在一开始就能接触到高层。

如果你跟"非合伙人"的投资者们建立了良好的关系，那你可能从他们那里得到一些关于项目如何才能得到合伙人批准的线索。比如说，他们可以帮你找出哪个合伙人可能会对你的企业所在领域最感兴趣，你也可以从他们那里得到如何把控审批流程的建议。很重要的一点是，让他们帮你安排与合伙人面谈。

也许创业者是通过做律师的同学或者朋友推荐给投资者的合伙人，但是投资者合伙人可能会让一个资历较浅的人先来审核你的项目。不要小看这一点，因为投资者合伙人总是需要信得过的人来帮忙评估你的公司，解脱自己。

因此，当你和分析师、投资经理、投资总监或者入驻创业者交流时，你要明白他们很多人是有"影响力"的。不要以为某个人头衔高就有影响力，某个人头衔低就没有影响力，每个分析师或投资经理对不同的合伙人都会有不同程度的影响力。

3. 有权力又有影响力的人

那些既有权力又有影响力的人才是会克服困难做成事情的人。显然这类人也是创业者最想接触的人，他们不仅有一票的投票权，还有技巧和意愿去促成决议，有时候他们甚至会拍案而起说："我们必须做这个项目，原因如下……"

很少有投资决议是"不经思考"一致通过的。创业公司要想获取风险投资者的信任，首先想办法接触那些既有权力又有影响力的人，只要得到这类人的支持，融资概率将得到很大的提高。因为他们的权威性与影响力在投资者公司里占有较多的比重，也是创业者可以巧妙借力的关键点。因此，在任何融资过程中，创业者的目标就是寻找有影响力和权力的人。

4. 既无影响力又无权力的人

当然，你最应该注意的就是花太多时间在那种既无影响力又无权力的人，也被称为"双无人员"。这类人容易接触到，并让你感觉良好，但也会花费你较多时间。"双无人员"会跟你说你的产品一级棒，你的竞争对手非常垃圾。

所以很多人自然而然地被这些"双无人员"吸引过去了，花很多时间在这些"双无人员"身上，但他们不仅不能做出决定，而且根本没有影响力。

那么，创业者怎么才能避免与"双无人员"接触既浪费了时间，又无法得到帮助的情况发生呢？最关键就是要学会辨别"双无人员"。比如，当你请求他们帮你安排下一步该怎么走时，他们要么是没法办到，要么就是找各种借口来拖延你。

当然，"双无人员"还有另外一种形式，就是"无新资金＋无新投资"。他们也不停地跟创业者见面，但从不进行任何投资（因为他们没钱投）。对这类人，只要做点调研就很容易将其挑出来，如看看他们近3年来投资了多少项目。一句话，在企业销售过程中，对付"双无人员"的唯一方法就是直接去找这家公司里有影响力或者有权力的人，在小企业融资中，也是如此，或者换一家投资者谈谈。

创业者一定要找到合适的对象，把自己的项目阐释清楚，才能成功引资。否则的话，你所做的工作其收益就会微乎其微。

怎样面对投资者公司的入驻创业者

入驻创业者，简称 EIR，有时也称为创业合伙人，他们以前是成功的创业者、经理人、CEO（首席执行官）、CTO（首席技术官），现在以顾问的身份在投资者公司内参与项目的评估，并在找到合适的机会后就加入被投资企业中，成为重要的管理团队成员（通常是 CEO）。

当创业公司准备向投资者融资的时候，创业者可能要跟投资者的入驻创业者（EIR）谈谈。EIR 看项目的动机与纯粹的投资者有些不同，因此，在你寻找投资者之前，了解 EIR 的角色，并做好相应的准备工作是对你很有帮助的。创业者必须要接受这种交流，但同时也要做好充分准备。

EIR 常常为投资者的尽职调查出具专家意见。他们往往出身于某个行业，并且专注于这个领域。他们对于你正在从事的行业有一定的真实了解，或者对于你未来的战略方向有所了解。EIR 会在这些方面帮助投资者理解你的商业模式。因此，EIR 可能会问很多尖锐的问题。

EIR 能够帮助投资者寻找新项目。寻求投资者资金的创业者要让这个 EIR 对你的公司极度感兴趣，并想加入，其目的就是让他积极地去游说投资者合伙人。

明白了 EIR 的角色，并认识到 EIR 与投资者的目标有一些差异，就能够帮助你更好地展示公司。创业融资不是一件容易的事，但是让投资者公司的 EIR 跟你站在一边，可能会在融资过程中帮到你。

在与投资者的 EIR 见面之前做好准备是很关键的，创业者跟 EIR 的沟通进展越顺利，获得投资者投资的机会就越大。下面是在与 EIR 会面前要准备的内容：

1. 研究 EIR 的背景

通过了解他们的简历和背景，可以初步判断一下他们将怎么看你的公司。他们可能对你公司的某些方面有丰富的知识，也许有一些对你有用的关系。另外，看看 EIR 不清楚的地方，你是否了解，因为他们可能在这些地方对你的商业计划提出质疑。

2. 考虑 EIR 的角色

EIR 的主要目标可能是寻找一个合适的企业运营。假设你的公司刚好对上他的口味，你希望他能在公司担任什么角色？准备好围绕这个角色功能问一些问题（在讨论的适当时机）。你可能会得到一些有用的建议，他们也会"卖弄"他们的经验。

3. 寻找跟 EIR 共同的关系人

通过一些人际关系网站，看看你跟 EIR 有没有共同的联系人，如果有共同的联系人，你可以说说："我们过去都跟某某一起工作过，他说过你一些了不起的事。"这会让会谈进展很顺利。如果这个 EIR 相信你们的共同联系人，并且他也说你很棒，那这招就管用了。

需要注意的是，你要确信这个共同的联系人会对你有正面评价！因为对于准备投资的团队，投资者通常会寻求非正式的验证或看法。这些正面和高度可靠的推荐会对融资有很大帮助。

4. 提前确定 EIR 会谈的要点

如果 EIR 是跟投资者一起跟你进行初次见面，那么很可能只不过是另外一个投资者的角色。如果是与投资者初次见面后的再次面谈，那可能是投资者需要 EIR 来落实一些特定问题。这可能是技术尽职调查、了解市场营销计划、讨论市场需求……提前了解将要谈些什么会帮助你做好充分准备。

5. 要让 EIR 感受到被尊重

在与 EIR 面谈时，对于你无法回答的重要问题，要用笔记下。尽量获得一个后续的会面来讨论这些问题，或者最好能让 EIR 一起参与帮你完善商业计划。你要向 EIR 证实你很认真地看待他们提出的问题，并且愿意借鉴他们的经验来得到答案。

6. 表现与 EIR 处事的意愿

如果你能让 EIR 兴奋得想要加入你的公司，那获得融资的机会就大大增加。而兴奋的来源很大一部分是他愿意跟你一起工作。因此，创业者要表现出可以跟 EIR 一同工作的姿态。

7. 准备好讨论"我想做你公司的 CEO"这个话题

如果 EIR 愿意讨论这个话题，那这是个好现象——你很可能会获得投资。但是，你需要准备好自己的对策。你喜欢这个家伙吗？你是迫切需要融资，才愿意给 EIR 一个重要职位吗？如果不是，那么你需要拥有既让 EIR 感兴趣，又不丧失对投资者的吸引力的东西，也许一个董事会席位或者某个高级副总裁职位也管用。

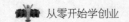

如果你愿意让 EIR 加入，那你需要准备讨论以下问题：什么时候加入，什么职位，薪酬安排，获得多少股份等。在你们讨论这些问题之前，你应该运用自己的网络，了解一下这个 EIR，并确信这个 EIR 是你愿意与之共事的人。

8. 职位移交

如果上述问题的回答是肯定的，那么准备职位移交。你需要向投资者展示确实能够跟 EIR 合作，并且允许他们以公司 CEO 的身份做决定。这时，你很可能需要 EIR 正式向投资者进行融资演示，而你坐在旁边，让他们给投资者讲故事。

此刻，你要做的是在演示过程中扮演自己的角色，让 EIR 处理其他的。可能事先你要跟 EIR 认真策划，什么时候该你讲，什么时候由他们回答问题。

9. 获得 EIR 推荐

EIR 可能在某个行业钻得很深，利用 EIR 的角色并通过 EIR 推荐给也是一个很高明的途径。EIR 可能与一些对你公司有帮助的人有很好的关系，他们可能是你未来的顾问、团队成员或者可以给你介绍潜在客户。因此你需要尽量获得他们的一些推荐。

10. 向 EIR 寻求帮助

如果你知道销售计划不太好，或者产品的研发时间表还没有确定，而 EIR 花很多时间询问的话，那么向他们求助。让 EIR 知道，你需要他们的建议，以便能将这些做得更好。让他们告诉你，他们以前的公司是怎么做的。你可能会学到一些东西，并且你可能会给 EIR 留下容易合作的印象。

尽管 EIR 通常不是投资者的最终决策人，大部分投资者是由合伙人或投资委员会作出最后的投资决定，而不是 EIR。但是花时间跟 EIR 交流有助于你之前或之后跟投资者合伙人的融资讨论。所以，EIR 可以成为融资时非常有力的同盟者，让 EIR 跟你的公司站在一边会大大提高融资成功的机会。

坦然面对投资者的拒绝

拒绝是人生的一部分，在事业、爱情、友谊中遇到拒绝是最经常的事，可以说拒绝是人生的一种常态，是生活中的一个重要组成部分。人们都是在拒绝中获

314

得勇气，在勇气中克服困难，在克服困难中走向成功的。

同样，在获得风险资本时，创业者难免会遭遇投资者的拒绝。投资者还有一种解释：Very Conservative，就是非常保守的意思。一方面，投资者希望能够看到尽量多的融资项目，项目越多，投资高质量项目的机会才越大。另一方面，一个投资者的能力决定一年只能做 1 ~ 2 个项目。这就意味着投资者最终平均只能投资其中不到 1% 的项目，剩下的 99% 最终会被拒绝。

所以，对大部分创业者来说，向投资者融资通常是一件很容易遭到拒绝的事情。创业者不要以为投资者比较仁慈，不忍心直接拒绝你，对于大多数投资者而言，真正的原因是收到太多类似的邮件或电话了。根据经验，好项目都是自己找的、顾问或朋友推荐过来的，没有什么好项目是发个邮件、打个电话获得投资的，所以很少看。

投资者界有个说法："将尽量少的时间用在大量的项目上，将大量的时间用在少量的项目上。"对投资者来说，只会投资给他们了解的团队和他们能理解的公司，他们是基于自己的判断进行投资，他们可能会放弃好项目，但投资的项目一定是他们感到有把握的。另外，投资者的竞争也很激烈，即使花了大量时间，好项目也不一定能够抓得住。

创业者往往只关注自己的项目，都会认为自己的项目是个宝，而不了解投资者正在看的其他项目。投资者公司的所有投资经理、合伙人都在看项目，他们手上通常有一个长长的、按优先级排序的项目清单，他们在看新项目的时候，都会问自己一个问题："这个项目有可能排到我们清单的前 5 名吗？"如果不是，通常会马上放弃。

投资者通常有一套自己的快速筛选项目的方法。通常投资者首先要看项目是不是他感兴趣的领域，如果是，再看看团队的背景如何，有没有将公司做大的潜质，如果回答还是肯定，他才愿意花时间继续了解，甚至约创业者面谈。对于大部分投资者来说，寻找合适创业者的过程本来就是选择过程。

这就导致即便是好项目，也可能排不上号，那也就不能在上面花时间。投资人不可能也不必投资所有遇到的好项目。当然没有获得投资的项目不一定就不是好项目，只能说他们暂时不属于某些投资者。

投资者不会直接拒绝，而用些委婉的拖延之词，因为他们不想被创业者彻底排除在外，他们还保留一个随时跟你合作的机会。对于投资者来说，直接说"不"

将会把自己彻底排除在一个潜在项目的大门之外。尽管世界各国的文化背景不同，但几乎是整个投资者行业的标准做法。

绝大多数创业者很执着，他们并不认为投资者的拒绝是结果，而当作机会。因为这是创业者必备的素质，如果他们每次听到拒绝都退缩，那么企业能成功吗？所以，如果投资者告诉他"市场容量不够大"，那么他可能会给投资者准备一个详细的材料阐述市场容量。况且，有些投资者关注某个特定领域，对于创业者的这个行业或商业模式也不太了解，知道不多，没法给出具体的意见。这时候，投资者更可能会持保守态度。

而创业者要的是明确意见，而不是含糊的托词。投资者要么明确拒绝并说明原因，不给创业者任何不确定性；要么告诉创业者目前不感兴趣，但是如果在哪些方面有进步的话，可以考虑。这不仅节省了创业者的时间，还能给创业者指出努力的方向。

对创业者而言，不要因为被一些投资者拒绝了，就急着改变自己的战略，也不要浪费时间说服对你的项目不感兴趣的投资者，以及纠缠于态度模棱两可的投资者，你需要的是在每次拒绝以后，能够迅速理清楚当前的形势，和自己是否需要调整改变，然后继续花时间寻找合适的投资者才是正事。

跟投资者沟通时，应该注意的问题

创业者在与投资人沟通时要把心态弄清楚，依靠新颖的创意和出色的能力准备去创造一份事业。而投资是拿钱去赚钱的事情。他拿这个钱存进去，目标是赚更多的钱回来。因此，投资者通常会订一些协议，做各式各样的限制，保护他们的条款。

只要这个事情合理，不会影响到公司的组织结构，创业者就要调整心态并愉快地接受。如果创业者的心态没摆正，将会影响接下来的沟通效果。要想达到高效的沟通，创业者必须表现出诚恳的态度，如果对方提出问题，尽可能告诉他解决办法。回避问题是不可取的，更不能忽悠对方。

如果在董事会上面提出一个问题，你没有解决的办法，那么会议就将可能变成一个为你解决问题的讨论会，势必会影响投资人对创业公司的决策。因此，创业者要做好充足的准备，比如，事先要考虑到将要被问到的问题，并给出几套相应的解决问题的方法，这样做的目的就是不让投资人的精力分散到一些无关紧要的问题上。

有的创业者害怕自身存在的问题被暴露，尽早披露麻烦的问题但这并不是说你在融资时应该全盘托出。创业者完全可以技巧性的给予答复，尤其是创业者面对投资者提出的 3 个问题时绝对要小心：

1. 你的账上还有多少现金，这些现金可以维持多长时间

对这种问题，一定不能这样回答："我们两个月后就会用完所有钱，企业陷入困境了。"如果你说即将破产或者告诉投资人你什么时候会破产，这样不会给你带来好的结果。

不管实际上公司的现金状况多么糟糕，一定要按照这样的思路回答："我们现在资金充足，投资人对我们很支持。"或者"我们每个月的消耗很低，可以自给自足。"

当然，创业者应该清楚地介绍公司的财务情况、每个月的开支，但是告诉投资者公司现金能够支撑的具体时间是不明智的，这样，你就丧失了谈判的砝码，即使投资者压低报价你也只好接受了。

2. 你同时还在跟哪些投资人谈

这个问题经常会被投资者问到，创业者往往会过于自信地说："是的，某某公司跟我们开过两次会，某个投资者公司快要给 Term Sheet 了。"这样的回答并不会让投资者感到紧张的，除非是他没有自己独立的判断能力，或者特别看好这个项目。

3. 详细的股权结构和上轮融资的估值

这两个问题可能会告诉投资者两点：他会让哪些投资人从这个项目中赚钱，以及会让这些投资人赚到多少，而这些可能不利于你的最大利益。管理团队的股权比例很重要，但是要含蓄一点，不要披露太多不需要披露的东西。

创业者要牢记的一点是：这个信息对投资者评估是否投资有没有用，对投资者确定价格有没有用？如果答案是否定的，同时这个信息可以作为其他人的谈判筹码的话，你就没有义务回答。

因此，你要把自己的底牌盖好，保持信息的不对称。创业者在这么做的时候，注意不要让投资者感觉你是在装腔作势，而要保持自信："我们正在有选择地跟一些投资人谈，目前也取得了不错的进展。"

　　如果创业者认为某些信息很有价值，很重要，要有选择地披露。比如，投资者应该可以在不了解你的股权结构的情况下，给你一个投资框架。但是，在知道详细股权结构之前，他是不会给你一份详细的 Term Sheet 的，并不是什么时候都应该 100% 地把信息告诉投资者。

创业者融资的注意事项

做一个周全的融资计划

公司的初创阶段，往往都需要一笔不小的创办经费和资本，这笔资本越充分越好，以便于创业者创业时游刃有余，也可以避免在创办早期因各种不可预测的缘故造成周转不够，落得中途而废。因此，这就需要创业者制定一个周全的资金筹集计划，为日后的发展作准备。

创业者在融资之前，一定要做好融资计划。融资计划的制作是一个复杂的过程，千万不要在融资前草草地拟作一个。

小赵大学毕业之后，针对学校地处中原，学生爱吃面的习惯，想创办一家面馆。经调研发现，用新鲜的菠菜、南瓜、番茄、白菜、胡萝卜等蔬菜汁，和着面粉做成的五颜六色"蔬菜面"深受食客喜爱，于是决定加盟一家蔬菜面店。

由于刚毕业，资金成为小赵面临的首要瓶颈，但被创业的兴奋刺激着的小赵，大概估算了一下未来小店发展的状况，就开始热火朝天地大干起来。先联系加盟店，然后想店名、选址，忙着去工商局登记……忙活了一阵子之后，小赵发现加盟费、设备、店面，等等，都需要资金，而自己的资金却寥寥无几。小赵失落了，他不知道自己该怎么做？

其实，资金是制约创业的重要一环。任何创业者在创业之前，都应该有一个周全的融资计划。一个周全的资金融资计划，应该包含以下几个方面的内容：

1.计算投资回收期

投资回收期就是使累计的经济效益等于最初的投资费用所需的时间，可分为静态投资期和动态投资期。投资回收期的计算方法是将初始投资成本除以因投资产生的预计年均节省数或由此增加的年收入。

2. 计算现值和终值

现值就是开始的资金，终值就是最终的资金。

3. 计算融资成本

企业因获取和使用资金而付出的代价或费用就是企业的计算融资成本，它包括融资费用和资金使用费用两部分。企业融资总成本＝企业融资费用＋资金使用费用

4. 融资渠道

融资渠道主要有：国家财政资金、专业银行信贷资金、非银行金融机构资金、其他企业单位资金、企业留存收益、民间资金、境外资金。

5. 融资方式

融资方式主要有：吸收直接投资、发行股票、利用留存收益、向银行借款、利用商业信用、发行公司债券和融资租赁。

6. 融资数量

（1）融资数量预测依据：法律依据、规模依据、其他因数。
（2）融资数量预测方法：因素分析法、销售百分比法、线性回归分析法。

7. 融资可行性分析

（1）融资合理性：合理确定资金需要量，努力提高融资效果。
（2）融资及时性：适时取得所融资金，保证资金投放需要。
（3）融资节约性：认真选择融资来源，力求降低融资成本。
（4）融资比例性：合理安排资本结构，保持适当偿债能力。
（5）融资合法性：遵守国家有关法规，维护各方合法权益。
（6）融资效益性：周密研究投资方向，大力提高融资效果。
（7）融资风险性：企业的融资风险是指企业财务风险，即由于借入资金进行，负债经营所产生的风险，其影响因素有经营风险的存在、借入资金利息率水平、负债与资本比率。

总之，创业要精打细算，这是再明了不过的事。而制定详尽的融资计划对于创业者而言，不仅可以节省许多不必要的开支，还可以减少创业之初遇到的各种麻烦。若创业者制订融资计划时将以上各方面的内容考虑在内，会是一个很好的

开端。

另外，在做筹集计划时，创业者需要着重关注以下事项：

1. 选择风险较低的融资方式

不同的融资方式风险大小往往不同，有的融资采取可变利率计算，当市场利率上升时，创业者就需要支付更多的利息。利用外资方式融资，汇率的波动也可能使创业者偿付更多的资金；或者是出资人发生违约，不按合同出资或者提前抽回资金，都会给创业者造成重大的损失。

商业融资，必须选择那些风险较小的方式，努力降低融资的风险。如目前利率较高，而预测不远的将来利率将要下落，这时融资，应要求按照浮动利率计息；如果情况相反，则应按固定利率计息；再比如利用外资，应避免以硬货币来偿还本息，而应该争取以软货币偿付，避免由于汇率上升、软币贬值而带来的损失。同时，在融资过程中，创业者还应选择那些信誉良好、实力较大的出资人，以减少违约现象的发生。

2. 增强融资渠道的可转换性

由于各种融资方式的风险大小不同，因此在筹集资金时，创业者应注意各种融资方式之间的转换，即从这一种方式转换为另一种方式的能力，以避免或减轻风险。通常情况下，短期融资方式的转换能力强，由于期限短，如果风险太大，可以及时采用其他方式融资。而长期融资方式变换较为困难，长期融资中，如果合同中规定可以通过一定手续进行转换，如利用外资的币种转换，则风险也相对小些。除此之外，创业者融资应广开渠道，不能过分地依赖一个或几个资金渠道，进行多元化和分散化融资，亦可增强转换能力，降低风险，提高创业成功的概率。

融资计划的周全与否，往往可以看出创业者思维的缜密、工作的周全与否等，投资者只会把钱交给他放心的人手中，所以计划的周全是相当重要的。

创业融资的省钱之道

许多人在创业初期往往求"资"若渴，为了筹集创业启动资金，根本不考虑融资成本和自己实际的资金需求情况。但是，如今市场竞争使经营利润率越来越低，除了非法经营以外很难取得超常暴利。因此，广大创业者在融资时一定要考虑成本，掌握创业融资省钱的窍门。

刘念原来在一家服装公司做行政人员，后来在亲友的鼓励下他想创业。有了亲友的鼎力相助，他便辞去了工作，自己注册了一家电脑公司。在亲戚的帮助下，他顺利从当地信用社取得了50万元贷款。

信用社的服务非常完善，可就是贷款利率比法定贷款利率上浮了很多，另外还要从贷款中扣除两笔莫名其妙的"咨询费"和"理财顾问费"，这样，他实际贷款的年利率非常高。当时，刘念没有过多考虑贷款成本，可由于电脑业竞争激烈，他只能微利经营，到年底一算账，偿还贷款本息后正好不挣不赔，用他的话说，等于白白给信用社打了一年工。

下面介绍一些创业融资的小窍门：

1. 巧选银行，贷款也要货比三家

按照金融监管部门的规定，各家银行发放商业贷款时可以在一定范围内上浮或下浮贷款利率。其实到银行贷款和去市场买东西一样，挑挑拣拣，货比三家才能选到物美价廉的商品。相对来说，国有商业银行的贷款利率要低一些，但手续要求比较严格，如果你的贷款手续完备，为了节省融资成本，可以采用个人"询价招标"的方式，对各银行的贷款利率以及其他额外收费情况进行比较，从中选择一家成本低的银行办理抵押、质押或担保贷款。

2. 合理挪用，住房贷款也能创业

如果你有购房意向并且手中有一笔足够的购房款，这时你可以将这笔购房款"挪用"于创业，然后向银行申请办理住房按揭贷款。住房贷款是商业贷款中利率最低的品种，办理住房贷款曲线用于创业成本更低。如果创业者已经购买有住房，也可以用现房做抵押办理普通商业贷款，这种贷款不限用途，可以当作创业启动资金。

3. 精打细算，合理选择贷款期限

银行贷款一般分为短期贷款和中长期贷款，贷款期限越长利率越高，如果创业者资金使用需求的时间不是太长，应尽量选择短期贷款，比如原打算办理两年期贷款可以一年一贷，这样可以节省利息支出。另外，创业融资也要关注利率的走势情况，如果利率趋势走高，应抢在加息之前办理贷款；如果利率走势趋降，在资金需求不急的情况下则应暂缓办理贷款，等降息后再适时办理。

4. 亲情借款，成本最低的创业"贷款"

创业初期最需要的是低成本资金支持，如果比较亲近的亲朋好友在银行存有定期存款或国债，这时你可以和他们协商借款，按照存款利率支付利息，并可以适当上浮，让你非常方便快捷地筹集到创业资金，亲朋好友也可以得到比银行略高的利息，可以说两全其美。不过，这需要借款人有良好的信誉，必要时可以找担保人或用房产证、股票、金银饰品等做抵押，以解除亲朋好友的后顾之忧。

5. 提前还贷，提高资金使用效率

创业过程中，如果因效益提高、货款回笼以及淡季经营、压缩投入等原因致使经营资金出现闲置，这时可以向贷款银行提出变更贷款方式和年限的申请，直至部分或全部提前偿还贷款。贷款变更或偿还后，银行会根据贷款时间和贷款金额据实收取利息，从而降低贷款人的利息负担，提高资金使用效率。

6. 用好政策，享受银行和政府的低息待遇

创业贷款是近年来银行推出的一项新业务，凡是具有一定生产经营能力或已经从事生产经营活动的个人，因创业或再创业需要，均可以向开办此项业务的银行申请专项创业贷款。

创业者在融资的时候，不妨仔细考量各种融资途径，综合利用多种政策，尽量减少不必要的资金浪费，从而为创业积累更多可利用的资金。

融资的五大要求和四大方针

融资是创业者活动的起点，是一项重要而复杂的工作。许多创业者并不是一步登天步入辉煌的，而是走过艰难而曲折的创业融资过程，在这一过程中积累了经营管理经验，才进入企业经营与发展的佳境的。这一过程，就如同要产生氢弹爆炸的核聚变反应，首先是普通炸弹的一级爆炸产生的压力，使核裂变原料达到临界体积，发生核裂变链式反应，从而超出了普通炸弹爆炸当量的1亿倍。

联想公司在创办之初，柳传志等创业者们先是卖了一个月的电子手表和旱冰鞋，赚了些钱，但他们觉得不对劲，公司的优势在于自己是科技专家，所以

要靠自身比较优势——技术能力，才是正道。于是又开始给人讲课、装修机器，来积累原始资金。当有了一些本钱之后，公司就开始开发科技产品，由倪光南做总工程师，研制出了计算机汉卡。正是这个汉卡，使公司由一个做贸易的小公司上了台阶，变成了拥有自主高科技产品的高科技企业。为了更快积累资本，加速公司发展，他们又开始做国外计算机等厂商的代理，并以此为基础，1990年组装生产出自己的微机。在此过程中，联想创业者们形成了"贸工技"的经营理念。

创业者融资要研究影响融资的各种要素，讲求综合经济效益，并按照一定的要求进行。

1. 融资必须有效、及时

融资的目的是保证创业伊始所必需的资金。无论通过什么渠道、采取什么方式来筹集资金，创业者都应预先确定合理的资金需求量，并制定融资计划，使资金的筹集量与需求量达到平衡。这样，既能避免因为资金筹集不足而影响创业工作的正常进行，又可以防止资金筹集过多而降低资金的利用率。同时，创业者融资应根据资金的投放时间来合理安排，使资金的筹集和使用在时间上互相衔接，避免超前融资造成使用前的闲置和浪费，或滞后融资而坐失良机。

2. 融资要讲效益

融资是为了满足公司创建以及经营初期资金运作的需要。创业者只有明确了这一点，安排了资金的用途以后，才能根据需要选择适当的融资渠道、融资方式以及融资数量，避免漫无目的的融资。

3. 选择融资方式，降低资金成本

资金成本是资金使用者支付给资金所有者的报酬及有关的筹措费用，是对企业融资效益的一种预先扣除。不同渠道和方式的融资其难易程度和资金成本是不一样的。创业者在融资时要综合考虑各种融资渠道和方式，研究各种资金来源的构成情况，选择最优的融资方式，以降低资金成本，使资金的使用效率最大化。

4. 适度负债经营

公司的资本结构一般由自有资本和借入资本构成。自有资本是指公司依法筹

集并长期拥有、自由调配使用的资金，包括资本金、资本公积金、盈余公积金和留存利润等；借入资本是指创业者依法筹集并依约使用、按期偿还的资金，通常指短期负债和长期负债。自有资本的多少反映了公司的资金实力。

但大多数创业者不会以自有资本作为唯一的资金来源，而是通过借债来筹集部分资金，即负债经营。负债经营在投资利润率高于借入资金的利息率的情况下，可以使公司的自有资本获得杠杆利益，负债比例越大，企业可获得的利益也越大，但同时，财务风险也越大。因此，创业者在筹集资金时，要科学合理地确定借入资本与自有资本的比例，优化自身的资本结构，适度地负债经营。这样既利用了负债经营的财务杠杆作用高自有资本的收益率，又降低了自身的财务风险，偿债能力也得到了保障。

5. 规划融资方案，认真执行融资合同

在融资过程中，首先必须进行融资成本和投资效益可行性的研究，拟定融资方案。对融资时间应选择有利的时机，既要与用资时间相衔接，又要看资金市场的供应能力。在具体操作时，融资者与出资者应按照法定手续认真签订合同、协议或制定章程，明确各方的责任和权利。此后，必须按照融资章程、融资方案和合同规定执行，恰当支付投资者报酬，按期偿还借款，这也是维护自身信誉的必要保障。

在公司创业者筹集启动资金时，必须遵循一定的财务管理方针和规律。就目前而言，所融资金的来源及其途径多种多样，融资方式也机动灵活，从而为保障融资的低成本、低风险提供了良好的条件。但是，由于市场竞争的激烈和融资环境以及融资条件的差异性，又给

融资带来了诸多困难。因此，创业者在融资时必须坚持一定的方针，具体有以下4项：

1. 准确预测需用资金数量及其形态方针

公司资金有短期资金与长期资金、流动资金与固定资金、自有资金与借入资金，以及其他更多的形态。不同形态的资金往往满足不同的创业和经营需要。融资需要和财务目标决定着融资数量。相关人员应周密地分析创业初期的各个环节，采取科学、合理的方法准确预测资金需要数量，确定相应的资金形态。这是融资的首要方针。

2. 追求最佳成本收益比方针

创业者不论从何种渠道以何种方式筹集资金，都要付出一定的代价，也就是要支付与其相关的各种筹集费用，如支付股息、利息等使用费用。即使动用自有资金，也是以损失存入银行的利息为代价的。资金成本是指为筹集和使用资金所支付的各种费用之和，也是公司创建初期的最低收益率。只有收益率大于资金成本，融资活动才能具体实施。资金成本与收益的比较，在若干融资渠道和各种融资方式条件下，应以综合平均资金成本为依据。简言之，创业者筹集资金必须要准确地计算、分析资金成本。这是提高融资效率的基础。

3. 风险最小化方针

融资过程中的风险是公司融资不可避免的一个财务问题。实际上，创业过程中的任何一项财务活动都客观地面临着一个风险与收益的权衡问题。资金可以从多种渠道利用多种方式来筹集，不同来源的资金，其使用时间的长短、附加条款的限制和资金成本的大小都不相同。这就要求创业者在筹集资金时，不仅需要从数量上满足创建和经营的需要，还要考虑到各种融资方式所带来的财务风险的大小和资金成本的高低，做出权衡，从而选择最佳融资方式。

4. 争取最有利条件方针

筹集资金要做到时间及时、地域合理、渠道多样、方式机动。这是由于同等数额的资金，在不同时期和环境状况下，其时间价值和风险价值大不相同。

所以，创业者要把握融资时机，以较少费用筹集到足额资金。因此，必须研究融资渠道及其地域，战术灵活，及时调剂，相互补充，把融资与创建、开拓市场相结合，实现最佳经济效益。具体地说，融资要采用尽可能多的融资方式，尽可能低的资金成本，尽可能长的偿还期限，尽可能减小风险。

融资演示的 14 条技巧

在向投资者融资演示的时候，创业者还需要成为 PPT 专家和 Excel 专家。这些虽然不能保证有投资者会答应给你资金，但是作为掌握演示商业计划书的小技巧还是有必要的，至少可以让融资演示过程更流畅。

给投资者演示你的公司原本就是一件压力很大的事情，掌握这些技巧性的细

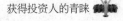

节可以帮助创业者把细微的事情做好。在演示的过程中，创业者才能更加坦然专注地介绍公司业务和推销团队了。

1.了解投资者的喜好

每家投资者都有自己的风格。因此，在融资演示之前，你应该了解每家投资者的喜好，尽量多地收集内部信息。他们真正关注创业者的什么特质，他们喜欢什么形式的演示，他们是否关注当前财务状况还有长远发展目标等。如果你无法事先找到这些背景信息，那么在演示的过程中，要注意观察一些信号，并及时做出调整。

2.提高 PPT 的效率

PPT 只不过是你的辅助工具，关键是怎样尽量有效使用它。对于新手来说，一定要做一个有视觉冲击力的 PPT，用简短凝练的语句表达出创业者的所思所想。

投资者跟所有普通人一样也喜欢好看一点的 PPT，加上一些让人眼前一亮的东西会让 PPT 看起来更专业和认真。一张图片抵得上千言万语，通过运用图片和寻找能够表达你意思的图片，会更认真地考虑 PPT 中你要表达的意思，并且如何表达。

3.保持平常心

形形色色的投资者有很多，每家对你的反馈都会不同。投资者也是普通人，没什么特别的，他们中有些人很不错，有些人也很一般，有些人很友好，而有些人很讨厌。

即便你什么都没准备，也不要担心什么，并不是要每个人都喜欢你，也不是要每个人都理解你。创业者在作融资演示的时候，不要感情用事，不要为那些不理解、不喜欢、不相信你的想法的投资者而苦恼，你越觉得从容和放松，演示成功的可能性也就越大。

4.关掉电脑屏幕保护程序

在创业者做演示的时候，通常投资者会针对一个问题和创业者讨论很长时间。在讨论的时候，CEO 用来投影的电脑不要休息。有些 CEO 在屏幕保护出现的时候会表现出惊慌失措的样子，如果这种事情会让你分心，那么在你开始演示之前，最好关掉屏幕保护程序。

5. 提前到投资者的办公室

一个好的投资者，他每天的时间都是安排得满满的，他只不过是给你预留了一段时间来听你演示商业计划。跟你会谈之后，投资者可能马上要跟另外一个创业者见面，或者跟某家被投资的公司打电话。

因此，你要提前到投资者的办公室，因为你可能会遇到一些烦人的技术问题，比如，电脑和投影仪的连接、网络连接等。你只有很少的时间向投资者演示你的公司前景，不要把时间浪费在鼓捣电脑、投影仪接线这些乱七八糟的事情上。提前到的话，你就有充足的时间做准备，并做个预演，最好能有时间把你的创意再重新过一遍。

6. 与投资者见面，衣着不必太正式

如果创业者在进入会议室的时候，看到管理团队穿西装打领带，我们通常会觉得很痛苦。当你给早期投资人做演示的时候，不要穿得那么正式，穿衬衣、外套会比西装领带更好。当然，在其他地方创业者跟投资者会面的时候，也许不适合这条技巧。

如果你不知道穿什么好，你可以咨询一下投资者的行政助手。因为大部分投资者都可能会有一个行政助手帮助他安排会议，你可以问问他，以避免在会议室里出现尴尬。

7. 详细介绍创业团队

大部分投资者投资的是创意，但这些创意还没有转化成真正的业务。所以，创始人和管理团队就是你的业务。对于创业企业来说，团队介绍是其中最重要的内容之一。

8. 备份一份演示文件

投资者有投影仪，创业者需要把你的 PPT 在屏幕上展现出来。通常将你的笔记本电脑连接到投影仪是一件很容易的事情，但是，有时候不是这样。当投影仪万一出现故障，无法识别笔记本电脑时，你最好还是带一个保存有演示文件的 U 盘。

虽然这种问题出现的概率很低，但后果很严重。你只有一次机会展示自己，谁愿意为了一个投影仪的问题把自己搞得很狼狈，U 盘是解决技术问题的一个不错的保障。

9. 调好财务模型格式，以便打印

当决定把财务模式发送给投资者前，创业者要调整财务模型为方便打印的格式。通常，模型会由一名助理直接在 E-mail 中打开并打印，并在投资者走进会议室跟你见面之前，把它递交到投资者的手上。

10. 做好演示的准备工作

当你需要做一个产品演示的时候，如果需要用 WebEx 视频会议系统，应该提前用邮件把演示 PPT 发过来，并保证直拨电话也可用 WebEx 和其他类似的视频会议系统。你只有很有限的时间去打动投资者。提前给投资者发一份演示 PPT 不仅可以让投资者在跟你见面之前有所准备，你也可以避免浪费时间。

11. 不要给投资者展示投资回报率

给投资者作退出分析、计算出他们投资你的公司之后能够获得巨大回报，这是你能犯的最大而且是最低级的错误之一。投资者不需要你告诉他投资之后能够赚多少钱，计算退出回报是投资者的一项工作内容。

你试图告诉投资者他们确切能够获得多少回报是没有必要的。你应该详细解释公司是如何从零成长到一个较高收入水平的，而把退出模型留给投资者自己做吧。

12. 不要急着要钱

人们常说，谈钱伤感情。投资者也是这样，一开口就要多少多少钱是没有用的。当你做演示的时候，需要向投资者展示你创业的激情，你需要给他们实实在在的想法和做法才能让他们兴奋：你卖什么东西，怎么卖，收入模式是怎样的。一旦投资者能够理解你，并通过他自己的判断，把你的激情、想法和做法这三者牢牢地联系在一起，那你离拿到钱就更近了一步。

13. 不盲目自信

大胆和乐观是值得肯定的，同时你也可以向投资者展示你对自己的创意的信心，并且你也可以给投资者灌输一些你认为真实、有用的信息。但是你需要提供背后的假设条件来支持你的说法。

14. 提供产品或服务演示模型

如果你的公司还没设立或者商业计划书还不会写，你的产品演示不会让你获

得投资的。但是你要给潜在投资人展示你的产品可以使用，让他们想象一下你的产品如何解决用户面临的某些问题。

例如，关注 IT 的投资者喜欢新产品和新服务的演示，当然，前提是你的产品是可以拿出来演示的。很显然这对于很多创业企业来说，是行不通的，如果你能够把你的"存储硬件设备"的样品让投资者传看，这会让你的融资演示更能给投资者留下印象。

总之，向投资者融资是很困难的一件事，需要做大量的准备，还要结合技巧与经验，而创业者很少具备这些。你需要很好的演讲技巧、无穷的热情和一份完美的并且内容充实的推销计划。当然，这还需要一点运气。

小本创业者融资的注意事项

在创业企业融资的过程中，为了保证融资的成功率更高，小本企业创业者应当注意以下一些方面的问题：

1. 只有创意还不行，还要有竞争优势

单有好的创意还不够，你还需要有独特的"竞争优势"，这个优势保证即使整个世界都知道你有这样一个创意你也一定会赢。也许除了有好的创意或者某种竞争优势还不够，公司人人能建，但你会经营吗？如果你能用不多的几句话说明上面这些问题，并提起投资商的兴趣，那么接着你就可以告诉他你计划需要多少资金，希望达到什么目标。

2. 不要空泛地描述市场规模

有些小本创业者一个常见的错误是对于市场规模的描述太过空泛，或者没有依据地说自己将占有百分之好几十的市场份额，这样并不能让人家相信你的企业可以做到很大规模。

3. 先吸引投资者的注意力

也许你会在公共场合偶然遇到一位投资者，也许投资者根本不想看长长的商业计划书，你只有几十秒钟的时间吸引投资者的注意力。当他的兴趣被你激发起来，问起你公司的经营队伍、技术、市场份额、竞争对手、金融情况等问题时，你已经准备好了简洁的答案。

4. 与投资者讲价钱

投资者对创业企业的报价往往类似于升价拍卖，如果投资者真的很看好这家企业，他会提高对企业的作价，到双方达成一致意见为止。另一方面，创业企业在融资时的报价行为类似于降价拍卖，刚开始时自视甚高，期望不切实际的高价，随着时间的推移，企业资金越来越吃紧，投资意向一直确定不下来，锐气逐渐磨钝，结果最后接受现实的价格。

5. 强调竞争对手

有些小本创业者为了强调企业的独特性和独占优势，故意不提著名的竞争对手，或者强调竞争对手很少或者很弱。事实上，有成功的竞争对手存在正说明产品的市场潜力，而且对于创业投资公司来说，有强势同行正好是将来被收购套现的潜在机会。

6. 合理预测

预测的一个常见错误是先估算整个市场容量，然后说自己的企业将获得多少份额，据此算出期望的销售额。另一个值得怀疑的方法是先预计每年销售额的增长幅度，据此算出今后若干年的销售额。

过于乐观的估计会令人感到可笑。例如有人这样估计营业额：我发明了一种新鞋垫，假设全国人民每人每年买两双，那么市场容量有 26 亿双，我们只要获得这个市场的一半就不得了了。

比较实在可信的方法是计划投入多少资源，调查面向的市场有多少潜在客户，有哪些竞争产品，然后根据潜在客户成为真正用户的可能性和单位资源投入量所能够产生的销售额，最后算出企业的销售预测。

7. 关于先入优势

需要注意的是，先入者并不能保证长久的优势，如果你强调先入优势，你必须能够讲清楚为什么先入是一种优势，是不是先入者能够有效地阻碍新进入者，或者用户并不轻易更换供应商。

8. 注重市场而不是技术水平

许多新兴企业，尤其是高科技企业的企业家都是工程师或科学家出身。由于其专业背景和工作经历，他们对技术的高、精、尖十分感兴趣，但是投资人关注的是你的技术或产品的赢利能力，你的产品必须是市场所需要的。

技术的先进性当然是重要的，但只有你能向投资者说明你的技术有极大的市场或极大的市场潜力时他才会投资。很多很有创意的产品没能获得推广是因为发明人没有充分考察客户真正需要什么，没有选准目标市场或者做好市场推广。投资者是商人，他们向你投资不是因为你的产品很先进，而是因为你的企业能赚钱。

第七篇
日常经营：完善的管理策略

企业的产品策略

保证质量是首要战略目标

当今的世界，发展浪潮波涛汹涌，创业意识势不可当，一个企业要在竞争中乘风破浪，立于不败之地，靠的是什么呢？靠的就是优良的产品质量。

任何企业，若想在星罗棋布的同行中立足，若不讲求质量，注重信誉，那么后果不堪设想。千里之堤，溃于蚁穴，试想如果厂里质量把关不严格，那么就会生产出不合格的产品，投入到市场中，损害了消费者的利益，从而企业的形象将会一落千丈，产品滞销在所难免。海尔的发展是靠质量起家的，从原来一个资不抵债的小厂到现在一个国际化的大公司。

在海尔的企业文化展示厅里，有一把锤子十分醒目，让看过的人忘不了。每一位刚刚进入海尔的新员工，都会聆听老员工讲20多年前张瑞敏砸冰箱的故事。

1985年，张瑞敏刚到海尔不久，当时叫青岛电冰箱总厂。一天，厂里接到用户的来信，反映他们的冰箱存在质量问题。张瑞敏马上派人把冰箱库房里的400多台冰箱全部检查了一遍，结果发现有76台冰箱都存在缺陷。

张瑞敏把全体职工叫到一起，问大伙怎么处置这些有缺陷的产品。多数员工表示，这些问题不大，并不影响使用，冰箱就便宜点儿处理给员工算了。当时一台冰箱的价格800多元，相当于一名职工两年的收入。

张瑞敏说："我要是允许把这76台冰箱卖了，就等于允许你们明天再生产760台这样的冰箱。"他立即宣布，把这些冰箱全部砸掉，谁生产的谁来砸，并抡起大锤亲手砸了第一锤！很多职工流下了眼泪。然后，张瑞敏告诉大家——有缺陷的产品就是废品。3年以后，海尔人捧回了我国冰箱行业的第一个国家质量金奖。

砸冰箱的时候，张瑞敏还是一个30多岁的新厂长，他敢于把如此多数量的冰箱砸成废铁，如果没有一种改革的勇气，没有一种置之死地而后生的魄力，在当时的情况下，谈何容易。但这一锤砸出了员工的质量意识，砸出了"有缺陷的产品就是废品"的质量理念，砸出了客户心中的一个世界品牌——海尔。

在谈到海尔的发展历程时，张瑞敏说，海尔的真正创业史开始于1984年，当时的海尔是一个800多名员工、资不抵债的街道小工厂。他刚到企业的时候，还发不出工资，需要借钱来发工资，过了差不多有半年的时间，企业慢慢好转，开始生产一些电器产品。

当时的市场很好，有人形容"用纸糊个冰箱都能卖出去"。而且当时还规定了一等品、二等品、三等品、等外品，甚至还有内部处理品。换句话说，当时有政策，所有的产品都有出路。因此，对质量就无所谓了，反正生产出来都能卖出去。所以，大家都没有什么责任意识，对产品质量无所谓，所以树立质量意识势在必行。

之所以当年为什么非要砸这一锤，张瑞敏讲了一个故事：

20世纪80年代初期，张瑞敏赴德国寻求技术合作。在西德的工厂考察的时候，德国人精湛的产品生产工艺，给了他极大的刺激。他反问自己："我们中国人并不比德国人笨，难道我们就不能做得和他们一样好吗？"

后来，张瑞敏想在德国超市买一些用品，却发现货架上没有一种中国制造的商品。适逢当地一个盛大的节日，陪同他的那个德国人手指腾空而起的焰火告诉我："这焰火是从你们国家进口的。"张瑞敏再次受到刺激，他暗暗在心里发誓，一定要建立中国的品牌，中国人必须有中国自己的国际名牌。

张瑞敏抡起大锤这一砸，让海尔的质量开始出现大的飞跃。"敬业报国，追求卓越"成为海尔精神，并列在首位。

1991年，海尔第一次向"师父"德国出口冰箱。当时，德国海关和商品检验局都不信任中国产品，8000台海尔冰箱硬是进不了德国。没办法，海尔请检验官把德国市场上所有品牌的冰箱和海尔冰箱都揭去商标，放在一起检验。检验结果表明，海尔冰箱获得的"＋"号最多，甚至比海尔的老师利勃海尔还多几个"＋"号。这下，德国人服气了，纷纷订货。不久，又碰上德国检测机构对市场上的冰箱进行质量检测，海尔5个项目共拿了8个加号，排在第一位。事实证明，"中国造"完全可以和"德国造""日本造""美国造"一比高下。

目前海尔产品遍及世界100多个国家和地区，其中，大部分产品在欧美地区销售。"把每一件简单的事做好就是不简单，把每一件平凡的事做好就是不平凡。"这是张瑞敏的名言。

他是一个众人皆知的成功者，也是一个精益求精的执行者。当初他痛下决心让员工将不合格的冰箱砸烂，以这一壮举赢得质量，赢得信誉，赢得了市场，更赢得了效益。

创业者对质量负责就是对顾客负责；对顾客负责就是对企业负责。这里面的道理很容易理解：只有赢得顾客，企业才有发展的空间。如果企业不能把好质量关，就必将遭到顾客的抛弃。

质量是企业生存的奠基石，质量是企业发展的"金钥匙"，换句话说质量就是企业的生命。质量所受到的高度重视使得质量管理现已成为一种运动，并涉及对如何经营的全面再思考。全面质量管理是一种思想，其透露的核心信念是，要想获得长期的财务成就，那么质量提高是必不可少的。

质量是维护顾客忠诚的最好保证

华硕总经理徐世明认为，全世界没有一个质量差、光靠价格便宜的产品能够长久地存活下来。通用电气总裁杰克·韦尔奇更是鲜明地指出，"质量是维护客户满意和忠诚的最好保证，是企业对付竞争的有力武器。"质量对营销的影响力是无法预计的。

相信看过电视剧《大宅门》的读者都会知道北京同仁堂，这是一个难得的百年老店，也是中国医药界的一块"金字招牌"。

同仁堂创建于清康熙八年，自1723年开始供奉御药，历经八代皇帝188年。在近300年的风雨历程中，历代同仁堂人始终恪守"炮制虽繁必不敢省人工，品味虽贵必不敢减物力"的古训，树立"修合无人见，存心有天知"的自律意识，造就了制药过程中兢兢业业、精益求精的严细精神，其产品以"配方独特、选料上乘、工艺精湛、疗效显著"而享誉海内外。

1702年，创始人乐显扬的三子乐凤鸣在同仁堂药室的基础上开设了同仁堂药店。开业之初，同仁堂就十分重视药品质量，并且以严格的管理作为保证。乐凤鸣不惜五易寒暑之功，苦钻医术，刻意精求丸散膏丹及各类型配方，分门汇集成书。在该书的序言中，他提出"遵肘后，辨地产，炮制虽繁，必不敢省人工；品味虽贵，必不敢减物力"，为同仁堂制作药品建立起严格的选方、用药、配比及工艺规范，代代相传，培育了同仁堂良好的商誉。

300多年来，同仁堂为了保证药品质量，坚持严把选料关。起初，北京同仁堂为了供奉御药，也为了取信于顾客，建立了严格选料用药的制作传统，保持了良好的药效和信誉。新中国成立后，同仁堂除严格按照国家明确规定的上乘质量用药标准外，对特殊药材还采用特殊办法以保证其上乘的品质。例如，制作乌鸡白凤丸的纯种乌鸡由北京市药材公司在无污染的北京郊区专门饲养，饲料、饮水都严格把关，一旦发现乌鸡的羽毛、骨肉稍有变种即予以淘汰。这种精心喂养的纯种乌鸡质地纯正、气味醇鲜，其所含多种氨基酸的质量始终如一，保证了乌鸡白凤丸的质量标准。

　　中成药是同仁堂的主要产品，为保证质量，除处方独特、选料上乘之外，严格精湛的工艺规程是十分必要的。如果炮制不依工艺规程，不能体现减毒或增效作用，或者由于人为的多种不良因素影响质量，不但会影响药效，甚至会危害患者的健康和生命安全。同仁堂生产的中成药，从购进原料到包装出厂都有上百道工序，加工每种药物的每道工序都有严格的工艺要求，投料的数量必须精确，各种珍贵细料药物的投料误差控制在微克以下。例如犀角、天然牛黄、珍珠等要研为最细粉，除灭菌外，要符合规定的罗孔数，保证粉剂的细度，此外还要颜色均匀、无花线、无花斑、无杂质。

　　从最初的同仁堂药室、同仁堂药店到现在的北京同仁堂集团，其所有制形式、企业性质、管理方式也都发生了根本性的变化，但同仁堂经历数代而不衰，在海内外信誉卓著，树起了一块金字招牌，真可谓药业史上的一个奇迹。

　　美国盖洛普商业调查公司曾做过一项民意测验，题目是："你愿意为质量额外支付多少钱？"其结果甚至使那些委托进行调查的人都感到吃惊："大多数用户表示只要产品质量满意，就愿意多花钱。"

　　美国营销专家瑞查得和赛斯也在研究中发现，顾客的满意与忠诚已经成为决定企业利润的主要因素，有的企业在市场份额扩张的同时利润反而萎缩，而有着高忠诚度的企业往往获得了大量利润。据调查，多次光顾的顾客比新顾客可以多为企业带来20%～85%的利润。因此，顾客的满意与忠诚已经成为决定企业利润的主要因素。特别是在我国现在的市场环境下，市场份额和利润的相关度已经大大降低，甚至有不少企业在市场份额扩张的同时利润反而萎缩，顾客的忠诚度更是成了影响企业利润高低的决定性因素。

　　较高的质量直接带来了顾客的忠诚度，同时也支撑了较高的价格和较低的成本，并能减少顾客的流失和吸引到更多的新顾客。如果说20世纪是生产率的世纪，那么21世纪就是质量的世纪，质量是和平占领市场最有效的武器。所以，创业者一定要保证自己产品的高质量，以高质量的产品赢得消费者的青睐。

产品让一部分人满意就够了

凡事都不要苛求得到所有人的掌声。对于刚刚起步的创业者来说，不管你的工作做得多好，产品有多么棒，也不可能得到所有人的认同。如果创业者非要顾及所有消费者的感受，期望得到所有人的认同，创业者将会感觉无所适从。一件事情只要尽力去做了，并且让你最在乎的一部分人满意了，这就够了。

有一位画家想画一幅人见人爱的画。画完之后，将画拿到市场上去展出，他在画旁边放了一支笔，并附上说明：每一位观赏者，如果认为此画有欠佳之笔，均可在画中作记号标出。

晚上，画家取回了画，发现整个画面都涂满了记号，没有一笔一画不被指责。画家十分不快，对这次尝试深感失望。

画家决定换一种方法去试试。他又摹了同样的一幅画拿到市场上去展出。这次，他要求观赏者将最为欣赏的妙笔都做上记号。当画家再取回画时，他发现画面又涂满了记号，一切曾被指责的笔画，都被换上了赞美的标记。"哦！"画家不无感慨地说道，"我现在发现了一个奥妙，那就是：不管干什么，只要使一部分人满意就够了。"

美国普利策奖获得者赫伯特·贝亚德·斯沃普曾一针见血地指出："我无法给你成功的公式，但能给你失败的公式，它就是试图让每一个人都满意。"但是创业者在刚开始的时候，往往容易犯这样的错误，他们希望自己的产品得到消费者的认可，甚至为了满足不同消费者的要求，而反复完善和改变自己的产品。

在第二次世界大战之前，帕卡德曾是美国头号轿车品牌，其地位甚于卡迪拉克，是车主身份的一种象征，也是各国总统的首选车型，罗斯福总统当时最钟爱的就是这款车型。

它同劳斯莱斯一样傲慢，拒绝采用小汽车制造商们每年换一款车型的方针，并始终坚持自己的高品位路线。但是到了 20 世纪 30 年代，为了满足不同用户的需求，帕卡德公司推出了一款价格较低的"帕卡德快马"型轿车，这款轿车成了帕卡德公司最成功的汽车，销路出乎意料的好。可惜，正是这一举措，到头来毁了这家公司。因为它摧毁了帕卡德的高端名牌地位，从而毁了公司，最终被其他公司收购。

让人人满意是一个很多人都看不到的陷阱。但事实却是不以人的意志为转移的残酷，一种产品若想让所有人都喜欢，最终只会落得个无人问津的下场。

很多企业在走到不可避免的结局之前，通常都会演三幕戏：第一幕是大成功、大突破、销售量极高。第二幕的高潮是为了贪婪和对无往不胜的向往，满足各类顾客的需求。第三幕才是大结局。

大众汽车的发展过程就经历了这样一个过程。起初大众公司把汽车定位在微型车上，"往小里想"的广告就毫不含糊地说明了它的定位，它的甲壳虫汽车在市场上有着非常稳固的地位。大众车给人的感觉就是不说废话、讲究实际和实用。随着品牌的建立和客户的不同需求，大众提出了"不同的大众，服务不同的民众"的经营理念，把自己的可靠性和高质量的品牌定位延伸到了生产个头更大、价格更高的汽车上。比如它的"冲刺者"的促销广告就是"大众自豪地进入了豪华轿车领域""冲刺者，优雅的大众""豪华的内部装潢，齐全的设施"。冲刺者冲击了大众原有用户的生活方式，于是开始有用户抱怨说："我信赖大众，大众却不信赖自己。"

伴随着大众推出的不同车型，大众车的销量却并没有理想的那么好。大众自从设计了 5 种车型之后，从最初的头号进口品牌落到了第四，而超越它的本田却因为"简单到底"的坚定定位，正在上演第一幕的胜利狂欢。

对于创业者来说，寻找新领域的开拓是企业发展的必经之路，很多企业家也不想让自己的产品被固定在某个位置上，因为他们认为这样会限制其销售的方式或机会。他们最想做的就是无所不能，让人人满意。

但是这是不可能的。每个产品的特质决定了它与别人完全不同的客户群，强行转型是十分危险的一件事情。唯一能调和的方法就是，开发一项新概念或者一个拥有新地位的新产品，并且给它取一个与之相称的名字。他们延伸的不是产品，而是产品背后的概念。

当然，"只要使一部分人满意就够了"，并不是要创业者对不同的意见不加理会，而是在坚持自己的原则的同时，对不同的意见加以分析和判断，吸收那些能够更好地表达自己的观点的意见，并对不妥的地方加以修改。只有这样，才能得到更多的人的认同。也只有在坚持自己的原则的前提下，兼收并蓄地做出的决定才更具有科学性和合理性。

以踏踏实实的心态做产品

"踏实"一词，有两种解义。其一是指工作和学习态度认真、细致、切实，如工作很踏实；其二是说心态的安稳、平和、放心，如心里很踏实。对产品质量工作而言，"踏实"的两种解义既有因果关系之巧，又有异曲同工之妙。即只有用踏实的工作作风和态度，才能得到消费者心中对产品质量的放心踏实。创业者在做产品的时候，一定要保持踏踏实实的心态，把产品做好，让消费者放心。

李嘉诚在资本市场很多次近乎完美的减持套现，让人感觉他是一个资本高手，但是李嘉诚在多个场合声称，自己是做实业的。在2007年，面对全民皆股的热情，李嘉诚在接受香港媒体采访时不无感慨地说："我们要问香港凭什么跟别人竞争，是否光靠炒股票等投机行为？这是绝对不对的，我们要实实在在去做事。"

如果把投资比喻成一场豪赌，那么实业就是勤劳朴实的小青年。创业的路上充满了心酸，唯有踏实和认真、稳扎稳打，走好每一步，才能为创业的成功打下基础。而踏实的心态，伴随而来的也是产品的高质量和消费者的信赖。

劳斯莱斯是一个全球知名的汽车品牌，更代表了一种汽车文化。在汽车市场竞争激烈的今天，劳斯莱斯面临诸多强大的对手，如通用、福特和宝马等。但是劳斯莱斯一直保持着领先的汽车文化和品牌文化。

1904年劳斯莱斯汽车正式问世，它的制造者是英国的一位名叫亨利·劳斯的男子。当时，有很多人都说，劳斯是个技术狂，这一点也不假。因为，他在制作每一部车时，都如同是在创作一件美术品，用非常认真和踏实的态度对待。即使是小到一颗螺丝，他一般也不采用全自动化生产的方式，而是亲自精雕细刻。对于车身底盘、引擎，他还可以根据订货人的爱好，选择制造方式。

这种踏实的态度和精益求精的结果是，每一部劳斯莱斯汽车都具有坚固、耐用、无故障，几乎听不到噪音，觉不出晃动的特点。无论哪一型号的劳斯莱斯，以每小时 100 千米的速度行驶时，放在水箱上的银币可以长时间不被颤动下来。当你坐在车子里时，你听不到马达声，只听到车内钟表上的分针、秒针的轻微移动声。因此，这种车被公认为是世界上最优良的汽车，拥有它的人都会感到一种自豪和荣耀。

在英国皇家汽车俱乐部监督下的苏格兰汽车性能评审会上，经过伦敦到格拉斯哥之间 1.5 万英里的路程测试以后，劳斯莱斯以领先 3 天的时间获胜。经过评审，它的零件损耗费仅为 3.70 英镑，轮胎磨损及汽油的消耗平均 1 英里大约 4 便士。劳斯莱斯的名声早在一战之前就响彻世界各国。第一次世界大战后，劳斯莱斯更是获得了"世界第一"的光荣称号。

即使是今天，为了能在竞争中脱颖而出，劳斯莱斯仍然坚持自己踏实认真的态度和精益求精的品质。劳斯莱斯培训员工不是以制造冷冰冰的机器的观点进行工作，而是以人类高尚的道德情操和艺术家的热情去雕琢劳斯莱斯轿车的每一个零件，每一道工序制作出来的东西都是有血有肉的艺术极品。所以，劳斯莱斯公司出售的不仅是品牌汽车，而且代表更高的艺术品位。

劳斯莱斯的品牌标志——"飞翔的女神"也很独特，它集中体现了劳斯莱斯个性化的品牌文化意蕴：她是一位优雅的飞翔女神，她代表人类的崇高理想，她代表人类生活的快乐之魂，她代表高贵与财富，她将道路旅行视为卓尔不凡的享受。因此，她降临在劳斯莱斯车的车首上，整个世界都能听到她振翅的动听声音。劳斯莱斯历经百年不变的"飞翔的女神"和汽车徽标的文化品位，完整地体现了劳斯莱斯公司和劳斯莱斯轿车的独特品牌文化内涵和精髓，因此更吸引人，更具有激情，更能打动人心。

劳斯莱斯就是踏踏实实的心态和精益求精的品质，致力于制造高品质的汽车和品牌文化。至今，人们只要看见那"飞翔的女神"，就会马上联想到雍容华贵的车中极品——劳斯莱斯轿车的形象。同样，当人们驾驶劳斯莱斯轿车行驶在道路上时，更相信这飞翔的女天使一定会增加他们的荣誉感，给他们带来好运道、好福气。劳斯莱斯已经不仅仅是代步工具了，对渴望成功的有志之士，劳斯莱斯轿车更能激发他们追求理想的动力。

创业者要想获得成功，不是干过多少事，而是干成多少事，尤其是在产品上，一定要保障质量和服务。只有极端出色，企业才具有竞争力，才能在市场大潮中获得胜利。踏踏实实的心态和精益求精的产品追求成就企业核心竞争力。

而在现实生活中，创业者对工作作风的不踏实也绝不能等闲视之。应当大张旗鼓地在团队中努力宣传和发扬实事求是、求实、务实的精神，提倡脚踏实地、干实事、求实效的作风，树立眼见为实，从实际出发的方法。如果创业者团队真正能够围绕着"实"字做足、做够了文章，产品的质量自然也就有了保障。

低成本战略不能牺牲产品的品质

如今，创业很热。不管是刚毕业的大学生，还是正在为别人打工的企业员工，都在摩拳擦掌地想自己试一试，大干一番。

可如果仔细询问他们这个创业到底该怎么开始，有何方向时，大多的回答都是"还不清楚""还不知道"。创业就需要资金，刚毕业的手头没有多少资金，工作一段时间的更是不敢轻易拿自己的血汗钱去打水漂，那些需要大投资的项目当然也只能是望洋兴叹，望梅止渴了，还得转战适合自己实际情况的项目。

因此，很多创业者将低成本优势作为其企业在市场上竞争乃至制胜的关键武器。这里需要提醒企业创业者注意的是，低成本创业不等于低品质。创业者必须不断提升自己企业的核心技能和竞争力，这样才能应对市场竞争环境的不断变化。

1962 年，山姆·沃尔顿创建了第一家沃尔玛商店。作为一家商业零售企业，沃尔玛能与微软、通用电器、辉瑞制药等巨型公司相匹敌，实在让人惊叹。而沃尔玛之所以取得成功，关键就在于商品"物美价廉"，对顾客的服务优质上乘。

沃尔玛的低成本体现在方方面面。沃尔玛在压低进货价格和降低经营成本方面下功夫，直接从生产厂家进货，想尽一切办法把价格压低到极限成交，始终保持自己的商品售价比其他商店便宜。与此同时，沃尔玛也把货物的运费和保管费用降到最低。

同时在高效的商品进、销、存管理下，公司迅速掌握了商品进、销、存情况和市场需求趋势，既不积压存货，销售又不断货，资金周转加速，降低了资金成本和仓储成本。沃尔玛为全世界的消费者提供了最为便宜的产品，但是这种低价策略并没有牺牲任何产品和服务，正是这种低成本、高品质的竞争战略，才使得沃尔玛在激烈的市场竞争中持续取胜。

尽管成本与品质向来被认为是密切关联的，但是，成功的企业创业者总是能够最大化地将二者之间的关联区分开来：低成本并不以牺牲品质为代价，高品质不是高成本的借口和理由。

低成本不等于低品质，金钱堆砌出来的也不一定就是高品质，在富丽堂皇的背后也许只是金玉其外败絮其中，项目的本质到底是什么才最重要。对于企业创业者而言，提升企业产品的竞争优势只有一条路可走：在提升产品品质的同时降低产品成本，从而降低产品价格。只有这样，才能保证企业在市场上永远处于主动和领先的地位。

越来越多的企业在实行低成本战略的同时，开展了全面质量管理，并将其作为达到顾客满意的重要途径之一。全面质量管理就是指围绕着整个组织的、从供应商到顾客对质量的重视。它所强调的是在全公司范围内进行全面化的质量管理活动，持续追求顾客所重视的在产品与服务的各方面的卓越品质的承诺。

美国凯特皮勒公司的目标就是生产出最好的、全世界最高效的拖拉机。一位《商业周刊》的分析家深表赞同地说："凯特皮勒公司上下员工都把'质量至上'当作教义来奉行。"《财富》杂志的一篇文章简明扼要地指出："该公司营运的原则，就像童子军法则一样，主要有质量过硬，可靠耐用，以及经销商之间诚恳的内部关系。"当人们在两位高级农艺师面前谈及有关凯特皮勒公司的事情时，他俩眼中都会出现尊敬的神情。

凯特皮勒公司的前任董事长威廉·瑙曼描述了该公司从成立至今始终坚持的一项基本政策，即"不论内外，凡是凯特皮勒制造出的产品或零件，都必须保证相同的质量和性能"。这样，不论在哪儿，顾客都不必担心换不到该公司的零件。

瑙曼同时指出，凯特皮勒公司这种对产品的质量、可靠性和标准化的决策已经成为公司发展过程中一股强大的动力。"一个厂家生产出的机器应是另一厂家生产出的同类机器的替代产品，并且有些部分应是全世界通用的。"

低成本创业，是把钱花在该花的地方，在项目的本质上下功夫，严格控制产品的品质，而不是在外表上下功夫迷惑人。换句话说，创业者一方面可以最大程度的规避市场风险，充分整合起各种有利于自身的社会资源，以求得自身最大的生存机会；另一方面通过对产品和服务的精耕细作在某些局部区域市场建立自身的宣传网络和资源优势，为以后的市场拓展提供样板示范效应，并进而延伸品牌带来的影响，实现成功赢利。

也就是说，只要你方向明确，方法清晰、模式清楚，那就可以实现低成本创业，而不是像无头苍蝇一样，把钱都花在了没有用的地方，当然不会看见品质，更不会看见成功。

低成本并不是低品质，这要看项目本身的品质，创业者睁大眼睛，找好合作伙伴，实现低成本高品质创业便不是梦。

产品的包装不是可有可无

常言说得好："红花虽好，还要绿叶扶持。"产品的质量和包装，犹如红花和绿叶。产品的质量当然是居于支配地位的，人们不是为了买包装去选购产品的。但是产品包装也绝不可忽视，好的包装不仅能保护产品，美化产品，而且还能为产品价格加分，提高身价，激起消费者的购买欲望。

曾经有这样的一个案例：

国内某啤酒企业向美国出口小瓶啤酒。该啤酒原料和工艺是一流的，酒色清亮，泡沫细密纯净，喝到嘴里更是醇和可口，跟外国啤酒相比，一点也不逊色。但是令人奇怪的是，这种啤酒运到美国以后，一点也不受市场的欢迎，严重滞销。

公司的领导者很着急，就高薪聘请了一家市场调查公司进行市场调研分析。分析结果显示，问题出了在啤酒的包装上。美国人崇尚个性，喜欢自由，而这家公司在瓶身上印的广告语却是"人人都爱喝的啤酒"——正因为人人都爱喝，所以个性的美国人都不愿意选择。同时，酒瓶的质量很差，颜色暗淡，看上去很不上档次。

公司领导者根据调查公司的建议，将广告语换成"喝不喝，随你"，期望这句个性十足的广告语引起啤酒爱好者的关注；与此同时，他们采用具有 5 种色彩、颜色鲜亮的瓶子。3 个月之后，该公司向美国的出口量已经由每月 10 万箱增长到 60 万箱。显然，包装的变化，使其获得了成功。

但是，随着对包装重要性的认识，有的企业用包装来掩盖产品质量的低劣。比如一包包装精美的茶叶，茶叶本身的价格不贵，但包装盒很贵，甚至超过茶叶的成本。企业管理者要避免两种极端：一是"烂稻草裹珍珠"，一是"绣花枕头一包草"，把握好质量和包装的辩证关系。好的产品一定是内外兼修的产品，在注重产品品质的基础上，突出包装个性，给顾客以美的视觉感受，从而引起顾客消费欲望，最终达到销量增加的目的。

再以我们购买数码产品为例。如今大卖场中，数码产品总是一大时尚看点。现在的人们在购买数码产品时，对产品外观非常重视，要求也很高。一款数码产品，如果拥有了亮丽的外表，自然会吸引许多消费者前来购买。于是，从触摸屏幕到光学防抖、从"金属"音质到生活防水功能，各厂商使出浑身解数，在数码产品的外观、功能上下足了功夫。一些经典的款式设计，甚至成了各商家竞相模仿的对象。

如果把产品比做一个人的话，包装是人的外表，品质就是人的内心。外表好看而内心卑劣的人，自然不是优秀的人；同样，品行端正而外表邋遢的人，自然也会遭到轻视。

企业管理者要善于在内在品质与外在包装之间找到最为完美的结合点，不仅使优秀的产品品质在包装上展现出来，也让优秀的包装下有着过硬的品质在支撑。只有坚持注重产品的内外兼修，产品才能被市场长久认可和欢迎。

企业的广告宣传

让观众记得住

广告是为了某种特定的需要，通过一定形式的媒体，公开而广泛地向公众传递信息的宣传手段。广告宣传会对创业者产品和服务的推广起到非常重要的作用。

广告在日常生活中常常可以见到。打开电视机，铺天盖地的电视广告；翻开报纸，迎面而来的是平面广告；走在大街上，充斥视野的是各种立体广告……广告已经和我们的日常生活形影不离。广告之所以有这么大的威力，主要是它能把消息、资料传递给可能购买的顾客，激起人们购买的欲望。

史玉柱曾说过一句比较经典的话："中央电视台的很多广告，漂亮得让人记不住，我做广告的一个原则就是要让观众记得住。"

"今年过节不收礼，收礼只收脑白金！""孝敬爸妈，脑白金！"在如今高密度的信息轰炸时代，很多人讨厌这个广告却对其印象深刻。并且脑白金广告刚问世就"得罪"了广告界，更引来无数叫骂。人们骂脑白金的广告恶俗，连年把它评为"十差广告之首"，即使如此，这个产品依然是保健品市场上的常青树，畅销多年仍不能遏止其销售额的增长。2007年上半年，脑白金的销售额比2006年同期又增长了160%！

"不管观众喜不喜欢这个广告，广告首先要做到的是要给人留下印象。广告要让人记住，能记住好的广告最好，但是如果没有这个能力，也要让观众记住坏的广告。观众看电视时虽然很讨厌这个广告，但买的时候却不见得，消费者站在柜台前面对着那么多的保健品，他们的选择基本上是下意识的，就是那些他们印象深刻的。"史玉柱如是说。

脑白金的广告中以两个电脑制作的卡通人物为主角，这样，一方面节省了聘请明星的高额费用，另一方面，使自己的广告形象新颖独特，让人印象深刻。

事实上，我们往往记住了一个广告很漂亮，但常常忽略了这个广告是卖什么的，脑白金广告虽庸俗，却深入人心。沉浸在艺术美感中扬扬自得的广告艺术家们，他们是否忽略了基本的商业法则呢？

1999 年农夫山泉的广告开始出现在各类电视台，而且来势汹涌，随之市场也出现了越来越热烈的反应，再通过跟进的一系列营销大手笔，农夫山泉一举成为中国饮用水行业的后起之秀，到 2000 年便顺理成章地进入了三甲之列，实现了强势崛起。历来中国的饮用水市场上就是竞争激烈、强手如云，农夫山泉能有如此卓越表现，堪称中国商业史上的经典。而这个经典的成就首先启动于"农夫山泉有点甜"这个经典中的经典。

农夫山泉仅仅用了"有点甜"3 个字，3 个再平常、简单不过的字，而真正的点更只是一个"甜"字，这个字十分的感性，那是描述一种味觉，每个人接触这个字都会有直接的感觉，这个感觉无疑具有极大的强化记忆的功效，而记住了"有点甜"就很难忘记"农夫山泉"，而记住了"农夫山泉"就很难对农夫山泉的产品不动心。农夫山泉就是以简单取胜，简单，使自己能够轻松地表述；简单，也使消费者能够轻松地记忆。

在农夫山泉的案例中，我们可以发现一种能让消费者快速、深刻记住企业对产品诉求的好方法：记忆点创造法。它的核心内容是：创造能让消费者记忆深刻的点，有了这个点才有了你的产品在消费者心中的位置。

同样的还有英特尔，其微处理器最初只是被冠以 x86，并没有自己的品牌，为了突出自己的品牌，从 586 后，电脑的运行速度就以奔腾多少来界定了。据说英特尔公司为了推出自己的奔腾品牌，曾给各大电脑公司 5% 的返利，就是为了在他们的产品和包装上贴上"Intel Inside"的字样。其广告词"给电脑一颗奔腾的芯"一语双关，既突出了品牌又贴切地体现了奔腾微处理器功能和澎湃的驱动力。

消费者对哪个广告印象深刻，他才能记住哪个产品，印象深刻是好广告的一个衡量指标。现在电视的广告可说是数不胜数，而且大多的电视广告给观众的印象不是很好，其中有很多的广告收视率都很低，造成这种现象的原因据调查有以下 3 大原因：

其一，现在的电视广告太多，人们都无兴趣去看。

其二，现在所播的电视广告创意不够新颖，让人看了印象不够深刻。

其三，这些广告都没有抓住消费者的消费心理，没有抓住消费者对产品的兴趣。

所以，创业者在采用广告宣传自己的产品或服务时，要高度重视这几个方面的原因，特别是企业广告的形式和内容。

好的广告要让观众记得住，在广告方面，创业者要做的就是如何用有创意的广告吸引观众的注意，借助创意的广告，让消费者看了就能够深刻记住产品。

真正的广告要与公众沟通

广告通俗来讲是解决"说什么，怎么说，对谁说"的问题。无论是传播工具也好，广而告之也罢，都是"为了设定的目标，把信息、思想和情感在个人或群体间的传递，并达成共同协议的过程"，这种过程叫作沟通。在某种意义上，广告就是一种沟通，一种策略性的沟通。

20世纪80年代，耐克产品开始从田径场和体育馆进入寻常百姓家（特别是十几岁的少年）。于是耐克公司必须在不失去正规体育市场传统的情况下，尽力扩大耐克广告的吸引力，为此耐克必须像Levi's品牌（牛仔服的创业者品牌）一样，成为青年文化的组成部分和身份象征。

耐克公司在两个完全不同的市场作战，它面对的难题是在适应流行意识和宣传体育成就上如何获得平衡与一致，耐克公司开始重新思考其广告策略了。

突破始于1986年的一则耐克充气鞋垫的广告，在广告片中采用一个崭新的创意：由代表和象征嬉皮士的著名甲壳虫乐队演奏的著名歌曲《革命》，在反叛图新的节奏、旋律中，一群穿戴耐克产品的美国人正如痴如醉地进行健身锻炼……

这则广告准确地迎合了刚刚出现的健身运动的变革之风和时代新潮，给人以耳目一新的感觉。耐克公司原先一直采用杂志作为主要广告媒体，但自此以后，电视广告成为耐克的主要"发言人"，这一举措使得耐克广告更能适应其产品市场的新发展。

耐克公司的广告变法是相当成功的，公司市场份额迅速增长，一举超过锐步公司成为运动鞋市场的新霸主。

耐克公司拓展市场的首要突破口是青少年市场，这一市场上的消费者有一些共同的特征，热爱运动，崇敬英雄人物，追星意识强，希望受人重视，思维活跃，想象力丰富并充满梦想。

针对青少年消费者的这一特征，耐克公司拿起"明星攻势"的法宝，相继与一些大名鼎鼎、受人喜爱的体育明星签约，如乔丹、巴克利、阿加西、坎通纳，等等，他们成了耐克广告片中光彩照人的沟通"主角"。

不少人仍记得电视广告片的画面上，几乎没有出现耐克产品的"身影"，没有像其他广告那样宣扬产品，陈述"卖点"，而只是用受人注目的飞人乔丹和兔子本尼上演了一场游戏或者说是一段故事。此外，20世纪90年代耐克公司还专门设计推广了一种电脑游戏，让参与者可以在游戏中与球王乔丹一起打篮球。

耐克掌握了十几岁少年厌恶说教、独立性强的特点，充分发挥和迎合他们的想象力与自我意识，从"乔丹"意识到热爱运动的"我"，从"穿着耐克鞋的乔丹"联想到"穿耐克鞋的我"……在一连串的消费者自我想象对比中，耐克公司与其目标市场的沟通，就自然而然地形成，耐克品牌形象在潜移默化中深植在顾客的心里。

广告最主要的目的就是沟通，我们称耐克广告是真正的广告，就是因为它是真正的沟通。毫无疑问，耐克公司针对青少年市场的一系列广告达到了目的，受到青少年的认同，而正是他们才是这一市场争夺战中最有权威的裁判员。

耐克公司在青少年市场上的成功广告还不足以反映其广告的沟通真谛，许多人认为耐克广告沟通术就是"明星攻势"加上与众不同的广告画面、情节。但事实并非如此，起决定作用的不是沟通的形式而是内容，是在广告中与消费者进行心与心的对话，耐克广告的沟通也因此获得能让消费者产生强烈共鸣的优良效果。

耐克公司在针对体育爱好消费者群体时，其沟通内容着意于向视听大众传递这样的信息：耐克和你一样是体育世界的"行家"，我们都知道体育界所发生的一切，所以耐克公司在广告片中向你展示的是一个真实客观的体育世界。耐克与消费者之间的良好沟通，一次又一次地加强了与消费者产生的共鸣，以致最终耐克公司和其品牌成为顾客们忠实的"伙伴"和"知己"。

耐克公司在女性市场上的广告更是匠心独运、魅力无穷。当耐克公司在男性市场上牢牢站稳脚跟后，转而集中火力进攻女性市场。广告创意方案的策划者

Janet 和 Charlotte 两位女士采用自我审视的方法了解女性的内心世界，以女人与女人的"对话"作为主要沟通手段，广告登载在妇女喜爱的生活时尚杂志上。

广告文字似乎不像是一个体育用品商的销售诉求，而更像一则呼之欲出的女性内心告白，但广告体现出耐克广告的真实特征：沟通，而非刺激。如同其他耐克广告一样，这则广告获得巨大成功，从此耐克女性市场的销售增长率快于其男性市场。20世纪80年代后期，女性市场上耐克逊色于锐步的状况发生了根本改变。研究表明，在这个市场上耐克品牌的提高率及美誉度已超过锐步。

耐克公司在短短的二三十年时间里，由一家简陋的小鞋业公司成为行业霸主，由鲜为人知到今天名满天下（在美国的知名度几乎为100%），耐克行销传播居功至伟，在某种意义上，是耐克传播创造了耐克神话。

耐克公司成功神话的真谛在于它刻意于广告沟通效果，使耐克品牌深入人心。它的广告策略与大多数美国公司完全不同，那就是致力于沟通，而不是销售诉求。这一独特的策略和做法，使耐克公司在市场拓展中不断成功，迅速成长。

广告与客户的沟通就是企业把产品的信息或企业的信息等融入广告里，通过广而告之的形式向客户传递信息，使客户对企业本身、企业产品、企业品牌等了解并理解，最终选择该企业的产品或服务的过程。广告其实就是企业与客户沟通的形象大使，广告的好坏优劣直接影响到企业与客户沟通的效果。

巧做软文宣传

所谓软文，其实是一种具有伪装性的软性广告。正是因为软文具有灵活多变的伪装性，常以新闻、测评、资讯等形式出现在读者面前，才能让人在不知不觉中受到文章引导，进而帮助商家提升知名度、美誉度，甚至直接促成交易达成。

软文广告，是相对于硬性广告而言的广告形式，由企业的市场策划人员或广告公司的文案人员来负责撰写的"文字广告"。与硬性广告的直白相比，软文广告追求的是一种"随风潜入夜，润物细无声"的传播效果。

广义的软文是指企业通过策划，在报纸、杂志或网络等宣传载体上刊登的，可以提升企业品牌形象和知名度，或可以促进企业销售的一种宣传性、阐释性的文章，包括特定的新闻报道、深度文章、付费短文广告、案例分析等。

史玉柱把软文炒作的要点，总结成了妙趣横生的80字诀：

软硬勿相碰，版面读者多，价格四五折扣（扣是商业上常说的"扣率"，是一种市场销售价为基准价的计算方式，类似于"折扣"的意思），标题要醒目，篇篇有插图，党报应为主，宣字要不得，字形应统一，周围无广告，不能加黑框，形状不规则，热线不要加，启事要巧妙，结尾加报花，执行不走样，效果顶呱呱。

例如在介绍脑白金的时候，史玉柱就用了许多带有夸张的说法，将新概念融入权威杂志中，甚至将脑白金搬到了国外，在报纸上出现了脑白金这样的新闻性软文报道：

"人脑占人体的重量不足 3%，却消耗人体 40% 的养分，其消耗的能量可使 60 瓦电灯泡连续不断地发光。大脑是人体的司令部，大脑最中央的脑白金体是司令部里的总司令，它分泌的物质为脑白金。通过分泌脑白金的多少主宰着人体的衰老程度。随着年龄的增长，分泌量日益下降，于是衰老加深。30 岁时脑白金的分泌量快速下降，人体开始老化；45 岁时分泌量以更快的速度下降，于是更年期来临；60 ~ 70 岁时脑白金体已被钙化成了脑沙，于是就老态龙钟了。美国三大畅销书之一的科学专著《脑白金的奇迹》根据实验证明：成年人每天补充脑白金，可使妇女拥有年轻时的外表，皮肤细嫩而且有光泽，消除皱纹和色斑；可使老人充满活力，反映免疫力强弱的 T 细胞数量达到 18 岁时的水平；使肠道的微生态达到年轻时的平衡状态，从而增加每天摄入的营养，减少侵入人体的毒素。

"美国《新闻周刊》断言，'饮用脑白金，可享受婴儿般的睡眠'。于是这让许多人产生了误解，以为脑白金主要用于帮助睡眠。其实脑白金不能直接帮助睡眠，夜晚饮用脑白金，约半小时后，人体各系统就进入维修状态，修复白天损坏的细胞，将白天加深一步的衰老'拉'回来。这个过程必须在睡眠状态下进行，于是中枢神经接到人体各系统要求睡眠的'呼吁'，从而进入深睡眠。

"脑白金可能是人类保健史上最神奇的东西，它见效最快，饮用 1 ~ 2 天，均会感到睡得沉、精神好、肠胃舒畅。但又必须长期服用，补充几十年还要每天补充。"

以上这篇文章，是经过史玉柱精心策划的，在读者眼里，这些文章的权威性、真实性不容置疑，又没有直接的商品宣传，脑白金的悬念和神秘色彩被制造出来了，人们禁不住要问：脑白金究竟是什么？消费者的猜测和彼此之间的交流使"脑白金"的概念在大街小巷迅速流传起来，人们对脑白金形成了一种企盼心理，都想一探究竟，弄清真相。

脑白金的软文广告在南京刊登时，没钱在大报上刊登，就先登在一家小报上，结果南京的某大报竟然将脑白金的软文全部转载。脑白金软文的质量，由此可见一斑。正是史玉柱这种登峰造极的新闻手法，让消费者在毫无戒备的情况下，接受了脑白金的"高科技""革命性产品"等概念。当这些软文广告实施一段时间，多数消费者已经在心理上认同脑白金之后，史玉柱就通过电视、广播等多种硬性广告渠道展开宣传。

史玉柱非常重视软文广告，他对软文广告的投放都有严格的要求：选择当地两三种主要报纸作为软文的刊登对象，每种媒体每周刊登 1 ~ 3 次，每篇文章占用的版面，对开报纸为 1/4 版，四开报纸为 1/2 版，要求在两周内把新闻性软文全部炒作一遍。

另外，在软文的刊登方法上，他也做出十分细致的规定。例如，要求软文周围不能有其他公司的新闻稿，最好刊登在阅读率高的健康、体育、国际新闻、社会新闻版，一定不能刊登在广告版，最好这个版全是正文，没有广告。软文标题不能改，要大而醒目，文中的字体、字号与报纸正文要一致，不能登"食宣"字样，不加黑框，必须配上如"专题报道""环球知识""热点透视""焦点透视""焦点新闻"等类似的报花，每篇软文都要配上相应的插图，而且每篇软文都要单独刊登，不能与其他文章混合在一起刊登。

每炒作完一轮之后，史玉柱还要以报社名义刊登一则敬告读者的启事："近段时间，自本报刊登脑白金的科学知识以来，收到大量读者来电，咨询有关脑白金方面的知识，为了能更直接、更全面地回答消费者所提的问题，特增设一部热线……希望以后读者咨询脑白金知识拨打此热线。谢谢！"而这部热线，自然是脑白金内部的电话。

相比直接的硬广告而言，软文具有更有效的宣传效果，这也是为什么众多企业纷纷把对硬广告的投入转移到软文广告中来的原因。

软文宣传的目的是用较少的投入，吸引潜在消费者的眼球，增强产品的销售力，提高产品的美誉度，在软文的潜移默化下，达到产品的策略性战术目的，引导消费群的购买。

坚持轰炸策略

广告轰炸策略是在相对短期内创造知名度以及达到销售目标的一种常用策略。它的基本特征包括：大量的资本投入和媒体投放。通过不断重复信息"轰炸"消费者的认知与心理，达到销售目的；地毯式轰炸广告是以产品销售为导向的，虽然也有企业在执行此类广告策略时，声称要建立强势品牌，而事实上他们仍是以即时、直接的销售为广告目的和效果评估依据的，并且对产品与品牌的发展缺乏预见。

1985 年，海南琼山矿泉水厂的产品最先通过国家级鉴定。这在当时，算是一项拳头产品了。但由于过去迷信"好酒不怕巷子深"，宣传不够，即使在海南也知者寥寥。

海南包装公司总经理柯兰亭，原来是海口罐头厂椰树牌椰子汁包装的设计者，他亲自为该矿泉水设计了别具一格的红椰牌包装。

然后在海南、广东、福建等地的报纸、电视上大做广告，光广东珠江电视台每晚出现的频率就两三次。公司还通过街头横幅、车辆宣传等方式，进行全方位"轰炸"。一时间红椰红透半边天，产品供不应求。

仅半年时间，琼山矿泉水厂大大尝到了销售额成倍增长的甜头，而此时海南包装总公司尝到的不仅仅是甜头，而且是"鸟枪换炮"般的更新。

随着红椰在沿海尤其是海南市场上越来越响，不少企业都找包装公司，要求使用"红椰"牌商标。在保证质量的前提下，以海南省包装总公司作为龙头，以琼山矿泉饮料公司、保亭酒厂、海口新海乳品联合公司等 8 家企业为龙体，组成了规模不小的红椰集团，集团的产品不单有矿泉水，还有乳品、酒、冰淇淋，等等。

铺天盖地的强制累积一定能俘获顾客的心智，没人知道的产品没有人要，打广告销售额才会增长。

广告是企业发展必不可少的养料，并要保持高密度态势。宗庆后在创办娃哈哈的时候，认为不能只靠嘴巴吆喝，而要充分借用现代传媒工具进行推广。除了直接投放广告外，宗庆后还尝试不同形式的品牌营销策略。比如在娃哈哈果奶上市时，凭报纸可以免费领取一瓶果奶；另外在宣传娃哈哈纯净水的时候，宗庆后还为代言人景岗山在十多个城市举行歌迷见面会，凡购买娃哈哈纯净水可获得景岗山签名歌带；之后，宗庆后连续两年独家协办春节联欢晚会等。如此高密度的宣传态势，让娃哈哈迅速在客户中流行起来，很快得到大家的青睐。

"碧生源常润茶，清宿便、润肠道、排肠毒，让你的肠子洗洗澡吧。"这是碧生源耳熟能详的广告词，在北京的公交车上，公交电视一遍一遍地重复播放着该广告，该广告末尾还用略带俏皮的口吻说："不要太瘦哦。"处于肥胖煎熬中的人，经过广告如此"轰炸"，对该产品不得不投放一些注意力。

"北京澳特舒尔保健品开发有限公司"——碧生源集团的前身，以及目前的运营实体。虽然饱受处罚与质疑，但该公司仍然坐上了中国保健茶的头把交椅，且走上了到开曼群岛注册、在香港联合股票交易所上市之路。

在大量的广告投放下，从2007年起，北京澳特舒尔2007年的销售收入为16465.11万元，利润总额达4815.48万元，改变了创业多年一直亏损的状态。而2008年度的年检资料显示，澳特舒尔的销售额为34331.60万元，利润总额达到12957.95万元，2009年销售收入为56178.47万元，利润总额也上升到21550.16万元。

这种高密度广告不仅促进肠清茶的知名度和销量快速提升，也能有效打击竞争对手、抬高进入门槛。在这种充满霸气的广告攻势下，配合经销商健全的销售渠道，强势的优惠进行促销，也就不难怪出现终端断货的现象了。

一种刚上市的新产品，一个刚开张的新企业，知名度低，企业需要造势以提高知名度，以势为其打开销路；一种名牌产品，一个实力雄厚的知名企业，虽然已有了一股势，但是还需要继续造势，这样才能巩固市场、提高形象。因此造势与不造势就大不一样。不造势，消费者视而不见；造了势，就可能给消费者引起冲击心理的强大轰动效应。

我们常说三流企业做事，二流企业做市，一流企业做势。的确，营销的本质就是"营势""谋势"。造势水平的高低将直接决定一个企业能否脱颖而出，创业成功。企业要想成功营销，最聪明的选择就是在市场中顺势而为、审时度势，坚持轰炸策略，让企业的名称深深印在消费者的脑子里。

巧用名人效应

善于运用名人效应这种公关宣传策略常会起到意想不到的效果。"山不在高，有仙则名"，如许多地方仅因历史上的名人曾经到过或是名人题诗作画及隐居修炼的地方，当地人就树碑立庙，此地便游客如云，门庭若市。

商品也是如此，当某种产品受到名人的赞誉和使用时，就会名声大振，而受到公众青睐。因此，在商品促销中，精明的商家总是千方百计将商品与名人联系起来，扩大商品的知名度，提高商品购买率。

1984 年美国总统里根圆满结束了对中国的访问后，临别时要举行答谢宴会，在中国以往这类规格的国宴都是在人民大会堂宴会厅举行。刚开业不久的长城饭店获得这一信息后便决定争取里根总统在长城饭店举行答谢宴会，以扩大饭店的知名度。于是，该饭店不断向美国驻华大使馆官员发出邀请，经过不断努力，终于争取到了里根总统在长城饭店举办答谢宴会的机会。而在举办宴会的当天，来自世界各地的 500 多名记者到长城饭店采访这一重要新闻，随着关于里根总统在长城饭店举行答谢宴会的报道的刊发，长城饭店在全世界名声大振。

借名人或明星效应为自己的产品造势，往往能让你的企业更快地成长，也能让你在经商上更快地获得成功。

俗话说"名人讲话声最大"，名人拥有很高的社会知名度，在公众心目中享有较高的声誉，具有广泛的号召力。因此，利用他们做广告，容易引起受众的注意，很快提高产品知名度，甚至由于"爱屋及乌"的心理效应，还能将公众对名人的好感过渡到产品和企业，提高美誉度。

名人营销包括请名人做形象大使、名誉顾问或产品代言人等。此外，利用一些名人的题字、书画、创意、聚会来进行广告宣传也属于名人营销的范畴。

2001 年，TCL 为了打造"国产手机第一品牌"的国际化形象，斥巨资 1000 万元聘请"韩国第一美女"金喜善，并力邀国际级导演张艺谋担任广告片的拍摄。

在金喜善出演的 TCL 手机品牌形象的广告中没有一句台词，金喜善只是利用自己的肢体语言和表情表达出她对 TCL 手机的喜爱和信赖。这部广告片在中央电视台的黄金时段进行了投放，取得了很好的传播效果，TCL 手机"中国手机新形象"的传播语传遍全国。

金喜善美丽、高贵、大方，符合产品本身的特质，同时她的国际化背景和对中国年轻时尚群体的巨大感召力也是 TCL 品牌可以搭便车的重要因素。应该说，TCL 手机品牌搭上金喜善的策略是正确而有效的。借助名人是创业者惯用的手段，以此来营造出强大的声势，成就自己。寻求合适的广告形象代言人，利用他们的知名度、美誉度及其形体、演艺和生活中的特点充分展示广告产品的诉求点能够取得消费者趋同心理的消费效果。

广告要以情动人

广告在以理服人的同时，更要以情动人。人人都有七情六欲，都有丰富的感情，包括亲情、爱情、友情，等等，企业要想让产品容易为顾客所理解、所喜爱、所接受，最好的形式是通过广告来传递感情，令大众产生心灵上的共鸣。

一天傍晚，一对老夫妇正在饭厅里静静地用餐，忽然电话铃响了，老妇人去另一个房间接电话，老先生在外边停下吃饭，侧耳倾听。一会儿，老妇人从房间里出来，默默无言地坐下。

老先生问："谁的电话？"老妇人回答："女儿打来的。"又问："有什么事？"回答："没有。"老先生惊奇地问："没事几千里地打来电话？"老妇呜咽道："她说她爱我们。"一阵沉默，两位老人泪水盈眶。这时旁白不失时机插入："贝尔电话，随时传递你的爱。"

这是一则美国贝尔电话公司十分成功的广告，它以脉脉温情打动了天下父母或即将成为父母、儿女的或曾为儿女的心。

贝尔电话广告的成功在于广告商在制定广告时考虑到了目标消费者的特定心态，从儿女与父母的感情入手，描绘、展现了一幅孝心浓浓、爱意浓浓的温馨和美丽动人的亲情画面，让我们时时体味那爱的簇拥，充分唤起了人们对家庭亲情的留恋、回忆、追求、憧憬。电话有线，亲情无限，贝尔电话连接着千家万户，沟通亲人们的心灵，缩短了亲人们的感情距离。

所以，一则以情动人的广告，要选择恰当的角度，将感情的定位把握好，以有效的手段强化、渲染产品所特有的情感色彩，以打动消费者的心。

创意源于生活，要做出好创意首先要研究目标消费者的心理，尤其是情感需求，然后将产品或品牌跟情感联系起来。好的创意没有限制，可以是生活中一个平凡的故事，也可以是天马行空想象出来的外太空的故事，但是广告中表达的情感一定要符合目标消费者的情感需求，广告中表现的人生态度也一定要符合目标消费者的心态和追求，这样才能引起目标消费者的兴趣。

在把握消费者情感定位的时候，我们应该注意以下几条：

1. 一定要有真情实感，避免虚情假意

情感广告依靠的是以情动人，如果广告中没有真情实感，只有冠冕堂皇的空话或者虚情假意，那么这样的广告不做也罢。

2. 把握感情的限度，避免广告中出现不道德的内容

中国传统的情感都是比较含蓄和内敛的，表达爱情的时候或许只是一个充满爱意的眼神或者是一个拥抱，远远没有西方人那样奔放。所以在学习西方创意的时候一定要把握好一个度的问题。

3. 避免文化的冲突

在做广告创意的时候，一定要先彻底了解当地的风俗人情，不要做出一个被消费者唾弃的广告，不仅损害广告主的利益，也伤害了消费者的情感。

广告要抓住真正具备消费能力的人

我们生活在一个广告爆炸的时代，电视、报纸、杂志、网络、公交车站牌、公交车上、墙上……总之，抬头低头看到的都是广告，我们的生活被广告包围。然而，在这个信息泛滥的世界里，绝大部分人的大脑已经是一块满得滴水的海绵，吸纳了太多的东西。

更令人失望的是，真正有消费能力的人，基本上没有太多的时间去看电视，看报纸杂志也是走马观花，上网更是没有时间细看。上网的大部分是高中生，看电视的大都是爸爸妈妈、儿子女儿，老婆可能也有时间看，但在外面天天忙的老公是没有时间看的。在这个时候，只有抓住真正具备消费能力的广告才能成功。

广告不在于多，关键在于你有没有抓住有消费能力的人群。中国移动的"动感地带"广告就是一个典型的成功的例子。

"我的地盘，我做主"，如此个性飞扬的品牌宣传词由一向稳健的中国移动喊出来颇让年轻一族神往。中国移动当年为了打开大学生市场，推出了一种新的套餐业务——动感地带，这个业务从一开始就瞄准了80后，为了以最快的速度打开学生市场，中国移动看重了被80后广受欢迎的明星周杰伦代言。

借助周杰伦对年轻人的超强号召力以及其所代表的年轻、时尚、个性、活力的形象，"动感地带"的品牌形象在用户心目中也逐渐清晰和明确起来，短短两

年就轻松拥有用户数量数千万。

当然在广告宣传之外，细分的资费和服务设定也是"动感地带"迅速打开市场的关键。为了迎合大学生发短信的习惯，"动感地带"在推出之初就将重点放在了短信业务的推广上。短信优惠套餐，以及网内低廉的话费，使得"动感地带"一出现就很快获得了年轻人的追捧。此后，为迎合年轻人爱玩的心态，"动感地带"又提供了大量新的数据业务，如游戏、聊天、天气预报等，更具吸引力。

同时，"动感地带"在这个阶段还大量举办短信征文比赛、动漫展、街舞比赛、电影推广等年轻人的流行文化活动，试图将自身的品牌形象直接和流行文化画上等号。而这种直接和年轻人生活接轨的方法显然是非常有效的，移动品牌的忠诚度也在"动感地带"用户中迅速提升，这无疑为将来"动感地带"用户向移动"全球通"高端品牌转换埋下了伏笔。

中国移动在"动感地带"上的成功，无疑是国内电信运营商在从垄断经营到面向市场竞争这一历史变革中积极转化思路的一次成功演绎。"动感地带"的最大成就在于敏锐地发现并培养了一个新生市场——喜爱数据业务但是整体消费偏低的时尚、年轻用户。"动感地带"牢牢抓住了年轻人的个性特点和消费取向，成功也就理所当然。

广告要抓住有消费能力的人，不管消费能力大小，只要满足了用户的需求，企业的品牌和信誉自然就拥有了。对于创业者，也是如此。初创企业在做广告宣传的时候，也要结合目标客户的消费能力，如果没有抓住有消费能力的客户群，做再多的广告也没用。

创业者本人就是最佳品牌广告

一位行为学家曾经做过这样一项实验，首先让实验者西装革履，一副绅士模样，出现在人来人往的大马路上。他一会儿向行人问路，一会儿向别人询问时间，过路人大多都对他彬彬有礼，客气地告诉他路线或时间。然后，实验者又打扮成无业游民的小混混模样，可是接近他的人多半是流浪汉或者是地痞之流，要么找他借烟，要么要求他入伙去抢劫或者偷窃。他再次向行人问路时，好多行人对他避之不及。

有位擦鞋匠曾说，光看过路人穿什么样的鞋子就知道他是属于哪个阶层的人。穿着有品位的人与穿着邋遢的人得到的"注目礼"肯定是不一样的。

个人形象是一种无声的语言，很多人就是从你的形象中判断和推测你的品味、地位、修养和财富，然后再选择对待你的方式。如果在别人看创业者的第一眼时，创业者就被否定了，那接下来，创业者就很难再有翻身的机会了。第一印象的重要性也就可见一斑了。虽然很多人都知道第一印象会发生误导，但大多数人都很难做到不以貌取人。因此，创业者本人，其实就是企业最佳的品牌广告。

改革开放时期，一大批农民企业家迅速崛起，陈志贵就是其中的一个。他以东北当地特产的优质大豆为原料，就地取材，创办了一家豆粉饼加工厂。由于陈志贵本人胸怀宽广、目光长远，再加上经营有方，业务很快就做大起来，不仅将客户发展到了全国，甚至还发展到了东南亚地区。

一天，陈志贵收到了一张来自香港的大订单。他立刻亲自带领工人连夜加班，终于在规定的时间内完工，将货物发往了香港。然而几天之后，陈志贵却接到退货通知，原因在于香港公司说货物"有质量问题"。陈志贵十分纳闷，自己的产品一向以质量过硬而赢得卓越信誉，况且，这批产品由自己亲自监工生产，怎么会出现质量问题呢？一定是其他环节出现了问题！陈志贵立即飞往香港去看个究竟。

当西装革履、风度翩翩的陈志贵出现在香港公司的总经理面前时，对方竟然惊讶地张大了嘴巴。

在之后两天的相处中，陈志贵不卑不亢、侃侃而谈，充分展现了一个现代企业家应有的气质和风度，最终不仅"质量问题"烟消云散，还和那位总经理成了好朋友，成为长期的商业伙伴。但是"质量问题"始终是陈志贵心中的一个疑团，因为他和对方谈的多是企业管理和人生修养方面的问题，他们根本没有再提什么质量问题。多年以后，陈志贵才向那位总经理询问"质量问题"，才得知真正原因。

原来，这批货是香港公司的一个部门经理向陈志贵订的货，但在向总经理汇报后，总经理得知这批货是由农民家庭加工生产时，脑海里凭空臆想出了一个土得掉渣的农民形象。他顾虑重重，对那批货看也不看，就做了退货的决定。但当形象良好、个性十足的陈志贵突然出现在他面前时，他才知道自己犯了个多么可笑的错误。

创业者本人就是产品的最佳品牌代言人，很多创业者租宝马、奔驰去进行谈判的重要原因。试想，如果创业者骑个自行车去谈判的话，会是什么样的结果？因此个人的形象是非常重要的。

创业者个人的兴衰成败也可以说是初创企业的兴衰成败，每一个成功企业的背后都会有一个成功的企业家。比如很多人可能在《赢在中国》栏目播出之前并不知道俞敏洪是谁……但是当他们在节目中亮相并以精彩的点评征服了观众，赢得了一大批的粉丝的同时，很多人也同时知道了俞敏洪的新东方，相当于为他们的产品做了一个可信赖的广告，加强了消费者对品牌的认同和好感。

事实上，利用创业者本人进行营销的方式在国外早已经非常流行，比如微软的比尔·盖茨、肯德基的哈兰·山德士等企业领导人都有专业的形象设计和服务机构为他们做企业家形象营销。通过精心的设计和策划，在不同的场合，以不同的角色，适时地推出自己，使自己成为人们瞩目的焦点，使自己的品牌形象和企业形象得到传播。

而我国的企业家如王石、冯仑、柳传志等人也被网上评为"最懂得自我营销的十大中国企业家"，他们通过代言、拍广告、登山、航海、图书出版、博客、演讲、做嘉宾等方式成为明星企业家，对自己的企业品牌起到了最大化的宣传作用。

随着中国经济的发展，消费敏感度和媒体信息敏感度也越来越高，仅仅是把产品卖出去已经不够了，要卖得好，卖到别人心里，还要在别人的心里扎下根，开了花，结了果，再落地生根，不断地维护和滋养才算是真正的成功！因此，作为创业者，一定要高度重视自己的品牌价值，向公众传递信息和企业价值，有效地抓住公众注意力的有效手段。当消费者站在柜台前决定购买哪一个品牌的产品时，也许会因为突然想到某位创业者参加一次公益活动或公众亮相等热点事件而唤起他的注意力，并最终产生购买的冲动。

挖掘广告蕴涵的内在精神

创业者在利用广告宣传自己的产品时，一方面起到广而告之的目的，让观众知道自己的产品，另一方面，通过广告的舆论宣传，将企业的价值和精神传达给消费者，让消费者产生购买的欲望和冲动。

2008 年春节期间，恒源祥播出了一则非常雷人的广告，听完之后，很多观众都有种撞墙砸电视的崩溃冲动。这则名为"十二生肖"的广告制作其实很简单，也可以算是该品牌"羊羊羊"系列的延伸。

在长达 1 分钟的时间内，由北京奥运会会徽和恒源祥商标组成的画面一直静止不动，广告语则由原来的"恒源祥，羊羊羊"，变成了由童声念出的："恒源祥，北京奥运会赞助商，鼠鼠鼠；

恒源祥，北京奥运会赞助商，牛牛牛；

恒源祥，北京奥运会赞助商，虎虎虎；

恒源祥，北京奥运会赞助商，兔兔兔；

恒源祥，北京奥运会赞助商，龙龙龙；

恒源祥，北京奥运会赞助商，蛇蛇蛇；

恒源祥，北京奥运会赞助商，马马马；

恒源祥，北京奥运会赞助商，羊羊羊；

恒源祥，北京奥运会赞助商，猴猴猴；

恒源祥，北京奥运会赞助商，鸡鸡鸡；

恒源祥，北京奥运会赞助商，狗狗狗；

恒源祥，北京奥运会赞助商，猪猪猪。"

有些读者在看完这串文字之后，还以为自家的电视机坏了。很多网友认为这则新版的广告就是简单而机械的重复，而且时间长达 1 分钟，令人无法忍受。但是恒源祥却认为，他们这是在尽力压缩成本，创造令人记住的传播效果。重复持续，宁愿被骂，也不会被忘记，这是恒源祥多年来的营销方针。

品牌专家李光斗认为，虽然反反复复的几句广告语冲破了人们心理的底线，但恒源祥这则广告做法很聪明，并没有违规。观众却认为："广告的主要目的不仅仅是让消费者记住，而是让消费者看到广告后，就能产生购买产品的欲望！"

一名新浪网友说："如果不考虑消费者的感受还想建立品牌形象，太可笑了。"甚至有网友还扬言要抵制恒源祥的所有产品，这是恒源祥始料未及的。

其实，做企业是一个艰难的过程。不管企业有钱没钱，做广告的分寸都很难拿捏。如果广告没有好的创意，很难被人记住，花钱做广告就等于打水漂。而如果广告太有"创意"，消费者不能接受，亦是广告的失败。

应该说，恒源祥作为一个老字号企业能赞助奥运会很不容易。但是如果打广告只是打产品或者企业的知名度，而不考虑受众的心理感受，将原本一个名牌产品沦为低俗化的炒作，只会破坏品牌的美誉度和顾客的忠诚度。

这说明恒源祥还没有了解广告的本质，打广告的目的不仅仅是打产品的知名度，更重要的是要打出产品的精神。

在整个宝洁的广告战略里，越往化妆品靠近，越需要感觉；越往洗发水方向靠近，越需要功能跟价钱的配合。比如宝洁的海飞丝、潘婷、飘柔等产品广告都做得非常的好。海飞丝的去屑功能早已经深入人心，于是它又开始强调感觉，它的代言人几乎是一年换一次，从来不给海飞丝的洗发水用上固定的代言人。为什么？因为怕一个代言人做了几年之后，大家会给这个产品定义一个固定的形象，这是最不好的局面。

另外，宝洁多品牌的发展策略，虽营运成本高、风险大，但灵活，也利于市场细分。宝洁公司没有成为任何一种产品和商标，而根据市场细分洗发、护肤、口腔等几大类，各以品牌为中心运作。在中国市场上，香皂用的是"舒肤佳"、牙膏用的是"佳洁仕"，洗发精就有"飘柔""潘婷""海飞丝""力士"等多种品牌。洗衣粉有"汰渍""洗好""欧喜朵""波特""世纪"等品牌。要问世界上哪个公司的牌子最多，恐怕非宝洁公司莫属。多品牌的频频出击，使公司在顾客心目中树立起实力雄厚的形象。

随着我国生活水平和文化水平的不断提升，人们的审美和品味也必然会上升到某种高度。如果广告不能进入人的心灵，与人的灵魂发生美妙的触碰，而是一些噪音，那它必然是一则非常失败的广告。高层次的广告打的是产品的精神。

广告的9种途径：

1. 黄页广告

如果你不在当地的黄页上进行广告宣传，就错过了难得的资源。

2. 电视广告

不论你想吸引哪个消费群体，都能在电视网络上找到许多机会。

3. 车体广告

在车体外部或车厢内登载广告。

4. 广播广告

通过电波进行广告宣传的关键是选择合适的时间段，加上适当的重复播放。

5. 户外广告

想增加消费群体的基数吗？使用广告牌宣传是增加销量的关键。

6. 网络广告

你还没有上网吗？立刻行动吧！越来越多的人都在使用网络。

7. 报刊、期刊、资讯广告

这种最古老的广告形式还没有过时，仍然有许多人关注，合适的话不妨一试。你提供市场上空缺的产品或服务吗？期刊、杂志可能是个不错的选择。

8. 直接邮寄广告

这种广告形式无处不在，如果不加以利用绝对是个失误。

9. 优惠券

没有人能抵挡优惠券的诱惑！好好利用这种诱人的广告形式。

企业的品牌经营

选用易听易记的品牌名字

市场上各类品牌竞争纷纭，如何使自己的品牌在竞争之中脱颖而出呢？一个不同凡响、创意独到的品牌名称经常能带来十分突出的效果，而一个用字生涩、名不副实的品牌名字往往会招致消费者反感，给企业形象带来不良影响。

古人说"名不正则言不顺"。一个好的名字不光是便于称呼，且还能通过其音、形、义来昭示事物的不同内涵。就以人的名字为例，在通常情况下，见人时必然会联想到名，换言之，看到名如其人似的，感觉是出双入对且息息相关。因此，好名字的重要性是不言而喻的。

品牌的名称也同样会对创业成功与否产生较大的影响，尤其是因其音、形、义给消费者的第一印象更显得重要，优美的名称很容易带给人良好的印象。

一个好的企业及其品牌命名通常音韵和谐、字义文雅、取词恰当，光听其名就能使人产生亲切、祥和的感受。例如"美食轩"这个名字。作为一家经营餐饮的店铺，往往会由于其名称的精致、文雅而令消费者产生一个良好的印象。

品牌名只有易读易记才能高效地发挥它的识别功能和传播功能，因此这就要求企业在为品牌命名时做到：简洁、新颖、响亮、独特、气魄等。

1. 简洁

名字单纯、简洁明快，字数不能太多，要易于传播。如当年 IBM 在品牌运作很长时间消费者也记不住它是谁，后来发现是因为名字问题。它原来使用的名称是 International Business Machines（国际商用机器公司），这样的名称不但难记忆，而且不易读写，在传播上存在很大的障碍。后来把国际商用机器公司缩简为"IBM"3 个字母，这样简洁易记好传播，终于造就了其高科技领域的"蓝色巨人"的领导者形象。

2. 新颖

品牌名要有新鲜感，要与时俱进，有时尚感，创造新概念。如中国移动给自己推出针对青年人一款通信产品命名为"动感地带"，就比较新颖、时尚，所以也赢得了年轻人的欢迎。还有一些餐馆名也是比较有新鲜感和时代感的，如"麻辣诱惑"等。

3. 响亮

指品牌名称要朗朗上口，发音响亮，避免出现难发音或音韵不好的字，如娃哈哈、上好佳等。健伍（KENWOOD）音响原名为特丽欧（TRIO），改名的原因是 TRIO 音感的节奏性不强，前面"特丽（TR）"的发音还不错，到"O"时，读起来便头重脚轻，将先前的气势削弱了好多。改为 KENWOOD 后，效果就非常好。因为 KEN 与英文中的 CAN（能够）有谐音之妙，而且朗朗上口，读音响亮。WOOD（茂盛森林）又有短促音的和谐感，节奏感非常强，二者组合起来，确实是一个非常响亮的名字。

4. 独特

品牌名要彰显出独特的个性，并与其他品牌名有明显的区分或表达独特的品牌内涵。日本索尼公司（SONY），原名为"东京通信工业公司"，本想取原来名称的 3 个字的第一个拼音字母组成的 TTK 作名称。但产品将来要打入美国，而美国的这类名称多如牛毛，如 ABC、NBC、RCA、AT & T 等。公司经理盛田昭夫想，为了企业的发展，产品的名称一定要风格独特、醒目、简洁，并能用罗马字母拼写。再有，这个名称无论在哪个国家，都必须保持相同的发音。SONY 这个品牌带有浓郁的日本特色又不失国际特色，一下子就将公司的形象打响了。

5. 气魄

这是指品牌名要有气魄，起点高、具备冲击力及浓厚的感情色彩，给人以震撼感。如珠海的海蓉贸易公司为了使其生产的服装打入国际市场、参与世界竞争，公司决定改名。通过对几个方案的比较，最后决定用"卓夫"为产品和公司的名称。"卓夫"是英语"CHIEF"的音译，英文含义为首领、最高级的；中文含义为"卓越的大丈夫"。中英文合二为一，演绎出一种高雅、俊逸，不同凡响的风格。还如设计者所言："作为产品，它是高级、高档、质量的象征；作为企业，它是卓越、领先、超众的代表。"

企业要对品牌准确而有力的定位，以及由定位而塑造的鲜明的品牌个性，能够传达给消费者"产品为什么好"以及"产品与竞争对手的不同点"的主要购买

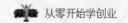

理由。并且这种理由必须直观，易为消费群所理解和接受。打造一个鲜明突出的品牌名称，是塑造强势品牌、树立企业形象的基础。

消费者是品牌唯一的老师

品牌不仅仅是一个名称，一个商标，而是一个含有深刻内涵的内容集合，它含有丰富的内容和含义。只有使消费者形成高度的认同感的品牌才是成功的品牌。但怎么才能抓住消费者？为这个问题绞尽脑汁的企业家数不胜数，但恐怕极少有人能像史玉柱那样，每做一行都先把自己置于消费者的地位来考虑每个细节：消费者究竟需要什么？

史玉柱说："营销是没有专家的，唯一的专家是消费者。你要搞好的策划方案，你就要去了解消费者。"无论什么样的品牌，以及什么样的品牌内涵，只有获得消费者的认可才具有市场价值。可以说，品牌的唯一老师就是消费者。

1. 品牌应该深入人心

在市场竞争中产生的、具有杰出表现、得到顾客忠诚与认可的、能产生持久的巨大效应的品牌才能深入人心，立于不败之地。

1886 年，和美国的自由女神像一样，由潘博顿调制成的可口可乐已经成为美国的象征，可口可乐公司非常清楚地认识到了这一点。有位可口可乐的官员曾说过："如果公司在天灾中损失了所有的产品和资产，公司将易如反掌地筹集到足够的资金来重建工厂。相反，如果所有的消费者突然丧失记忆，忘记和可口可乐有关的一切东西，那么公司就要停业。"可见，品牌内涵如果能够深深植根于消费者心目中，那么它毫无疑问地增加了商品的含金量。

比如提到迪士尼，人们会想到欢乐、刺激；提到海尔，消费者心目中的形象是人性化、具有亲和力；提到兰蔻的品牌，人们会感觉到奢华、高贵；力士一直坚持用国际影星作形象代言人，其"美丽承诺"达 80 年之久；万宝路香烟纵使再狂野再奔放，也还是坚持一贯的乡村牛仔形象；可口可乐用过的上百条口号，都是围绕"美味的、欢乐的"的品牌内涵不变。产品的品牌内涵是品牌形象之源，是品牌精神的孕育之地，是保持品牌活力的原动力。

品牌不仅仅是一个名称，一个商标，而是一个含有深刻内涵的内容集合，它含有丰富的内容和含义。当一个品牌的内涵，或者说核心理念被人们接受和认同的时候，品牌也就真正深入人心了。

2. 品牌要得到消费者的认同

森马品牌之所以能够享誉国内外，也是因为它的内涵得到了消费者的喜爱。森马的寓意是："森立天地，马至千里"，"森"代表众多，取"众木成林立于天地"之意，其延伸意义是"十年树木，百年树人"，给员工提供良好的成长环境和发展空间，使之长成栋梁之材。"马"则代表着"热情奔放，勇于进取"。其标准色为草绿色，表示和谐环境，崇尚自然，追求快乐和希望。

"森马"与"什么"谐音，它的广告语是："穿什么就是什么！"谐音为"穿森马就是森马"——森马服饰将伴随你的一身，也伴随你的一生。这更像是一句充满80后、90后气质的口头禅，有一点无厘头，外加一点自由不羁，折射出崇尚个性、追赶时尚的新一代人的心态。穿什么就是什么，就是与众不同穿出个性，穿森马就是森马，就是新新人类真我本性。

对于服饰，森马没有先入为主的束缚，拒绝跟风，只有强烈的自我表现意识，它主张在穿着和搭配上以百变的形象示人，在潮流中凸显个人风格。更重要的是，他们认为缺乏个性的装扮，即使有再好的时尚品位，也都平淡如白水。这些都使消费者感到自己与森马同在，森马带给自己的是卓越的品质、温暖的服务；穿森马服饰，会使自己更显时尚活力，更具价值享受。

3. 品牌与消费者的互动

品牌与消费者之间是一个互动过程：企业通过宣传手段，使消费者了解品牌内涵；消费者通过自己的理解，从而建立对品牌的形象感知，在消费者的心里，他认为是什么就是什么。从实质来说，消费者的品牌消费就是一种文化消费。文化消费就是文化生活，它是指人们为了满足精神生活的需要，采取不同的方式消耗劳务和文化的过程。通过赋予品牌附加的、心理的、社会的或更高层次的需求内涵，从而使这种内涵满足消费者高层次的需求，品牌就具有了更高的价值。

那么，品牌是什么呢？是顾客的印象和感觉，当然消费者最有发言权了。

你的品牌好不好，不是你的广告好不好，你广告做得再响，经不起使用者的一试，消费者用了好，嗯，果然不错，反之，顾客会说：宣传得那么好，其实是"金玉其外，败絮其中"，你的宣传会带来反作用。你的品牌好不好，还是消费者说了算。

这就要求这个产品一切要为顾客、为消费者着想，越周到、越方便顾客越好。

所以产品的设计人员一定要从顾客的角度去思考，不要只从自己的角度或只从美观的角度，而忘了实用的价值。

有些知名企业，为了使自己的产品上市畅销，就让消费者指导设计人员按照他们自己的需求进行设计，产品出来后，又先让消费者试用，再提改进意见，直到消费者很满意为止。你说，这样的设计过程，消费者能不满意吗？称消费者为老师一点也不为过。

同时，品牌会带来无形的价值，或品质、或品味、或服务、或特殊性能，品牌总会让你觉得物超所值，所以现在消费者的购买也越来越个性化，不但是使用的价值，而是一个享受的价值了。所以，企业要创一个品牌，并成为一个知名品牌、老品牌，就越来越难了，你一定真正地做到客户第一，敢于承诺，并能勇于兑现对消费者的承诺。

口碑的杀伤力最大

任何一个国际品牌，美誉度远比知名度重要。典型的如苹果，它很少在中国大陆做广告，但是其品牌美誉度吸引了大量忠实用户，即便没有宣传，单靠口碑效益和病毒式传播，就能快速建立知名度。如果评估优先级，美誉度远在知名度之上。另外一个反面的例子是 NEC 手机，虽然它在中国消费者中知名度颇高，但是由于美誉度差强人意，最终溃退中国，黯然收场。

史玉柱在点评创业中国时曾说："树立口碑是个比较好的方式手段。因为消费者最迷信的人是他所认识的人，口碑的杀伤力最大，成本也最低。"

1. 优良服务的口碑

企业要通过优良的服务来赢取消费者的口碑，不但要让使用过产品的顾客在消费人群中产生口碑效应，还要尽可能长期缔造顾客的忠诚度。我们不但要为顾客提供最周到的全程式服务来赢得消费者的认可，还要用增值服务、差异化服务、创新式服务等特别服务成为消费者向他人炫耀的资本。

要赢得顾客的好口碑以及顾客长期的忠诚度，就必须踏踏实实、真正为顾客着想，提供无微不至的、高质量的服务以获得消费者的认可。市场经济属买方的市场，消费者不是白痴，任何投机取巧或欺瞒的行为都会丧失掉顾客的信任，从而导致品牌的坍塌。

迪士尼乐园在全世界都有着良好的口碑，而且视口碑如生命，这种好口碑是在迪士尼完善周到的服务中体现出来的，比如迪士尼的员工就是偌大的乐园的活地图，顾客要是迷路，他可以毫不犹豫地为你指路。迪士尼的员工还要培训怎么抱婴儿、怎么换尿片、如何对客人微笑、如何倒酒、如何上菜等。迪士尼忠实自然地体现内心感受的服务让客人满意乃至感动。只要游客需要的，迪士尼的员工都能从容应对，使游客有上帝般的享受。因为迪士尼知道一个人不会经常性地去迪士尼，但怎么能让游客介绍自己的亲朋去迪士尼，怎么能让孩子长大后，再和自己的朋友或爱人去光顾，是迪士尼服务策略的根本，这种良好的口碑效应为迪士尼带来了广泛的集客效果。

2. 增值服务的口碑

增值服务的一种概念是为消费者提供高质量、一劳永逸的服务，让消费者在使用过程中永远无后顾之忧，获得消费者更高的满意度；另一种概念是在常规服务的基础上增加部分服务，消费者在获得更多的服务后会觉得购买该产品物超所值，从而形成对品牌的忠诚度。高满意度即可获得良好的口碑效应。

北京蓝岛大厦除了为消费者开展友情服务使其得到尽量满意外，还为消费者提供众多的增值业务。如遇到下雨天气，总服务台为那些来蓝岛购物而未带雨具的顾客准备了雨披，没有借据，没有押金，服务台的同志客气地说一声"你下次顺路把雨披带回来就可以了"。尽管雨披的回收率不足30%，但他们仍然坚持这一方便顾客的措施。顾客在便捷、周到的服务中感受到了蓝岛的一片真情。从此，凡在蓝岛得到过真情服务的顾客，平均每人至少向10人以上进行过口碑传播，而自己对蓝岛的忠诚度也几乎是永恒的。

人得到实惠以后，总有一种向他人炫耀的意愿。同样，消费者花同样多的钱，却能获得更多、质量更高的服务，这也算是一种实惠。在传统的服务项目上，如果再提供给消费者以增值服务，消费者在心理上会产生更高的满意度。

特别是对于中小企业或弱势品牌，在资金有限的情况下，要特别注重服务质量和服务内容，尽可能为消费者提供更多的增值服务。但增值服务不是无限的，现实生活中，消费者是贪婪的，提供尽可能多的增值服务是相对竞争对手的服务而言的。在服务项目和质量同质化后，要遵循需求的层次，从消费者最适宜的需求出发，提供最需要的服务。

3.诚实服务的口碑

某些零售大卖场之所以"大起"又"大落",原因就是他们在欺骗消费者,有些方面连顾客应有的基本权利都被侵占了。他们隐瞒事实的真相吸引了大量的人流(如虚假广告),运用了巧妙的手段使顾客消费(如返券打折)。当人们主动挤进人流钻进商家的"圈套"时,方知上当;当人们拿着大把用钞票换来的返券而又用不出去时,才知自己再一次"受骗"。于是,教训式的口碑开始在消费人群中蔓延,辉煌一时的大卖场在屈指可数的几个月就关起了大门。

与此相反,纽约梅瑞公司充分为顾客着想,也创造了一个良好口碑的奇迹。在梅瑞公司的购物大厅,设有一个很大的咨询台。这个咨询台的主要职能是为来公司没购到想要货物的顾客服务的。如果哪位顾客到梅瑞公司没有买到自己想要买的商品,咨询台的服务员就会指引你去另一家有这种商品的商店去购买。梅瑞公司的做法本不足道,但却是看得见、摸得着的"细节",被人们津津乐道,对它的记忆也极为深刻。不仅赢得竞争对手的信任和敬佩,而且使顾客对梅瑞公司产生了亲近感,每当购物时总是往梅瑞公司跑,慕名而来的顾客也不断增多,梅瑞公司因此而生意兴隆。

只有让顾客满意到想要跟周围人分享的品牌才是好的品牌。顾客对某一品牌的满意经验将导致对这一品牌购买的常规化。对于这样的购买,消费者几乎不用作任何的品牌评估。只要产生需求,就会直接做出购买决定。因此,提高品牌质量让顾客能够口口相传,是一种确保客户满意和提高客户忠诚度的方式,也是一种通过减少信息搜寻和品牌评估活动,大大简化客户消费决策的方式。

品牌要占领顾客心智

在日常工作生活中,我们往往会有这样的体验,听到木匠,就会想到鲁班;听到仁政,就会想到孔子;听到汉堡包,就会想起麦当劳;听到无绳电话,就会想起步步高;每次去超市,随手从货架上取下一堆东西塞进购物车里,结账时发现,从日用品到食品,没有叫不出名字的,维达的纸、威露士的洗手液、沙宣的洗发水、伊利的酸奶和路雪的冰激凌,就连鸡蛋还是德清源的。为什么会产生这种反应呢?事实上,在耳濡目染下,我们已经被这些品牌的概念占据了心智资源。

在从前,品牌建设并不复杂,像永久自行车、熊猫电视机、郁美净擦脸油等,这些品牌在其品类中占据优势地位并不困难，它们通过创建一个识别体系就能抓住消费者的眼球，从而产生共鸣。而今天，在市场营销方面，很多的创业者都会有这样一种看法：市场营销以占领市场，扩大市场份额为宗旨，而企业的品牌就意味着市场占有率。在逐步迈入品牌战的今天，无数的案例证明了一点，并不是市场份额越大，企业经营越好。

目前的企业竞争已经摆脱了盲目追求市场份额的时代，而更加注重对顾客心智资源的占有。世界顶级奢侈品店铺非常少，因为它们关注的不是市场份额，而是顾客的忠诚度。

因此，对顾客心智资源的占有也成了企业经营的起点、方向和终极目标。在竞争白热化的今天，创业者要明确，企业竞争的本质是占领顾客有限的心智资源，因为这决定了企业所有的投入与资源配置的方向。因此，创业者一定要弄清楚，你的企业所在的领域中顾客的心智资源是如何分布的，它有什么特点，如何去抢占客户的心智资源等等。

在消费品行业，公司的持续竞争优势基本上不是建立在产品上（尽管产品也很重要），而是建立在产品外的消费者价值基础上的。

全世界很少有公司能够做到像宝洁一样，通过理解和把握消费者价值，将食品、纸品、药品、洗涤用品、肥皂、护肤、护发产品以及化妆品等300个品牌，如此成功地畅销于150个国家及地区。

对此，宝洁资深公共事务副总经理夏乐特·奥图（Charlotte Otto）说得好："我们将品牌行销给将近50亿的消费者，所有品牌都是一对一地建立顾客关系。顾客关系是我们最有力的竞争优势来源，因为我们的品牌对待顾客是一视同仁的，而且是一对一对他们的需求'精耕细作'建立起来的。"

一旦竞争优势是在"一对一的对消费者需求的'精耕细作'建立起来的"，那么，放弃难选择了——每家企业只能在价值链上某一个环节集中精力，才能形成自己独特的能力，才能做到极致。例如，洗发水，海飞丝占领的心智资源是"去头屑"。这么多年来，海飞丝所有的广告无论怎样变化，但万变不离其宗，这个宗就在3个字上：去头屑。不光广告如此，它的任何一项经营活动都是为了强化这一点，所以消费者想买去头屑的洗发水时会首先想到它。而且，当你占据一个定位之后，消费者还会附加其他的利益在你头上，这就是光环效应。一个代表着去头屑最好的洗发水，同时也意味着质量好、名牌、时尚等其他附加价值。

飘柔占领的是"柔顺头发"的心智资源，虽然当你去买飘柔时未必会思考它是"柔顺头发"才购买，也不一定会因为它是洗发水的领导品牌才购买。但飘柔正是因为抢占了洗发水市场的最大特性即"柔顺头发"而成为领导者的。

潘婷则代表了"营养头发"；沙宣代表了"专业"。这4块心智资源，导致了宝洁在中国一度占据近七成的份额，主导了洗发水市场。这就是宝洁模式的最大秘密。

顾客的心智资源是企业最重要的资源。股神巴菲特说，他投资的秘诀在于要区别企业的3种价值：

（1）这个企业有没有市场价值，市值评估是多少。

（2）这个企业有没有账面价值，有没有净利润、净资产。

（3）这个企业有没有内在价值。

当被询问到内在价值指的是哪方面的时候，巴菲特笑而不答。据悉，所谓内在价值就是顾客心中的价值，不是占有市场份额而是占有顾客的心智资源。

顾客心中不存在企业，只存在品牌，企业无法将整个组织装进人们头脑，只能将代表着企业产品或服务的符号装入顾客头脑，这些符号就是品牌。可以毫不夸张地说，一个品牌能够改变人们对世界的看法，它能改变消费者对产品的感知、选择以及优先程度。一个强健的信号可以有效地传达品牌形象，它是人们看待及体验品牌的决定因素。

每一个企业，无论实际的产品经营做得多么好，如果不能在顾客心智中建立起品牌，所有的投入就只是成本，而无法转化为绩效。

因此，一个企业若想打造一个成功的品牌，就一定要想办法占据顾客心智的某种资源，因为只有顾客才可以创造企业。创业者一定要清晰地了解顾客体验的哪些方面，能够强有力地影响消费者对品牌的感知，加强这些方面的宣传，让品牌深深地印在消费者的脑海中。

顾客的心智资源关系着创业的成败。如果失去了顾客群，失去了顾客的心智资源，创业团队无论多优秀，对公司的投入有多大，都不能挽救一个企业的消亡。

准确的定位是品牌的切入点

一个准确的定位可以改变一个人的一生，同样，也可以改变一个企业的兴衰。因此，准确的定位是创业者创建品牌的入口。

著名营销专家里斯和特劳斯提出：定位要从一个产品开始。那产品可能是一种商品、一项服务、一个机构，甚至是一个人。而初创企业，面临的一个重要问题就是，公司的产品或服务定位在哪里，也就是说，创业者要在预期客户的头脑里给产品定位。

世界营销大师科特勒给产品定位下了一个定义，即产品定位是消费者根据产品的重要属性定义产品的方法，或者说是相对于其他竞争产品而言，产品在消费者心目中占有的位置。

科特勒认为消费者一般会选择最能够给自己带来价值的产品和服务，企业应根据自己产品或服务的关键利益进行定位。而准确的定位也会给创业者带来意想不到的收获。

美国西南航空公司就定位在短程，不为顾客提供不必要的服务、廉价的航空公司。

在西南航空公司，所有的飞机上都没有头等舱，只有三人座。西南航空公司的航班上不提供预订座位，旅客拿到排序的登机卡，先来先得，每30个人一起登机。

虽然西南航空公司的飞机旅行不那么舒适，但仍有很多旅客热衷于它，这要归功于西南航空公司在把旅客按时送到目的地这方面胜过其他航空公司。其飞机的飞行时间只有一小时，单程平均费用也只花费顾客76美元，而且能够准时到达。在1992年，因其最佳的准时服务、最佳的行李托运和最佳的顾客服务，西南航空公司获得美国交通部首届三角皇冠奖，并且又连续5年获此殊荣。

然而，除了以上这些方面外，西南航空公司的稳固地位主要还是因为它准确的定位："不舒适……但廉价而有趣。"西南航空公司是高效低成本经营的典型。事实上，由于价格低廉，西南航空公司进入了一个新的市场：它吸引了本来要开车或者坐公共汽车的旅客，从而实际上增加了航空的总运输量。

当然，不提供不必要的服务和低价位并不意味着单调乏味。为了使气氛活跃起来，西南航空公司还引入了另一定位要素，即将大量好玩的、健康的娱乐项目带到飞机里。西南航空公司的雇员会把自己装扮成爱尔兰守护神节的精灵和复活节的兔子，空姐会用演唱的方式告诉顾客飞机的安全事项，飞机上还可以用乡村音乐、布鲁斯和说唱音乐，让旅客互相做自我介绍，然后再拥抱、亲吻并向对方求婚。他们用这些方法给旅客带来惊喜和娱乐，就连公司首席执行官凯莱赫也曾经化妆成猫王和顾客打招呼。

这个稳固定位的结果是，西南航空公司成为美国第四大航空公司。

西南航空公司作为后来者，并没有同其他公司展开全面竞争，凭借着其低成本的定位和高质量的服务，使顾客得到了更多的实惠，也得到了广大消费者的认同。

企业在刚创立之初，也要找到自己最佳的市场定位，并牢牢地抓住自己的客户群体，尽快树立自己的品牌和服务优势。

品牌竞争的内涵是服务的竞争

企业要想有效地搞好产品的市场营销，树立品牌形象，保持品牌的竞争优势，就必须在重视品牌质量的同时，遵循"服务至上"的经营宗旨，提高品牌服务的水平。

在《商业周刊》公布的全球品牌100强中，IBM以511.88亿美元的品牌价值排名第三。IBM能够创造出全球知名的强势品牌，与它的优质品牌服务是分不开的。

IBM前总裁老沃森曾主持过一次部门会议，会议的主要目的是探讨消费者的问题。会议室的桌上摆着十来摞包括生产制造问题、技术问题等各种问题的报告资料，经理们进行着热烈的讨论。当讨论告一段落时，沃森走到会议室的前方，将桌子上的资料全部推到了地上，只见摆在桌上的报告飞得满屋都是。

他说："这些问题实在没有什么好分类的，也没有什么好讨论的，问题只有一个，就在于我们对顾客的关心程度根本不够。"然后，他转身离开了会场，剩下几十位不知所措的创业者。从那以后，IBM专门挑选优秀的营销人员担任各部门的经理助理。这些助理只负责一项工作，就是在24小时内解决任何消费者的抱怨或疑难。

IBM不是专业的搬家公司，但每当一个客户搬迁时，它的服务人员总是竭尽全力地帮忙。麦道自动化公司决定把其设在圣路易斯的总部搬进一座7层楼的学校时，IBM为了重新安装麦道公司的电脑系统，24名服务人员分成3组，一天24小时连续作战，用了1700多个小时，完成了这项复杂的系统安装工作。

而为了把阿可公司（即大西洋理奇菲尔德）的石油和天然气分部的数据处理中心从达拉斯迁到普拉诺，IBM提前一年多的时间制订了搬迁计划。它利用电脑系统对搬迁进行管理、控制和规划，把搬迁过程细分为4000项工作，详细到每分钟做什么，每辆汽车的日程安排和运什么东西以及运到后怎么办等。

为了使阿可公司及其 1500 个计算机用户在搬迁期内能最大限度地使用该电脑系统，IBM 将搬迁工作安排在节假日进行，尽一切可能避免打扰系统的正常使用。在整个电脑系统搬迁期间，有 55 个以上的机构仍能继续使用该数据中心，从而将搬迁对阿可公司的不利影响降到了最低。

IBM 公司还在美国各地设立技术中心，为品牌服务提供技术支持。该中心举办讨论会、产品演示和开设商用系统规划课程。IBM 专家培训消费者，使他们获得公司内部的各种资料，从而最大限度地使用设备。有些中心把重点放在满足零售商的需要上，另一些中心则注重办公系统。在这里消费者只需要花很短的时间就可以学会如何实现办公室信息交流自动化。

IBM 可以保证设备始终运转，消费者完全可以放心。IBM 享有"世界上最讲求以服务为中心的公司"这一声誉，但这一声誉不是来自一次成功的广告宣传，也不是来自一次成功的公关活动，而是来自 IBM 一直坚持不懈的服务理念和脚踏实地的行动。

一位 IBM 公司的女服务代表驾车前往顿普给一位消费者送一个小零件，消费者需要它来恢复一个失灵的数据中心的存储功能。然而，倾盆大雨使河水暴涨，通往顿普的 16 座桥中仅有 2 座可以通行，而且交通堵塞，使原来 25 分钟的飞驰变成了漫长的爬行。

为了不耽误消费者的工作，这位女代表决定使用旱冰鞋，于是她抛下汽车，穿上旱冰鞋，一路滑行到消费者处，使消费者及时恢复了机器的存储功能。

一次，费城信赖保险公司大楼的机房突然起火，IBM 的服务人员发现所有的导线被烧化，20 个键盘，10 个驱动器，5 个通信系统和 18 个主要输入设备都受到不同程度的损害。而第二天就是感恩节了，可是 IBM 还是立即调来服务小组，进行 24 小时不间断的抢修。3 天后，信赖保险公司又恢复了正常营业。

21 世纪创建品牌的基本准则是使消费者满意。进入 21 世纪后，不能令消费者感到满意的品牌将无立足之地。在信息社会，企业要保持技术上的领先和生产率的领先已越来越不容易，靠特色性的优质服务赢得顾客，努力使企业提供的品牌质量和品牌服务具备能吸引消费者的魅力要素，不断提高消费者的满意度，成了品牌竞争的更高形式。

总之，品牌服务是贯穿于品牌管理的全过程的，是以消费者为导向，向消费者提供最令人满意的产品和服务，它一般包括售前、售中和售后超值服务 3 个子系统。售前服务，即做好售前培训、售前调研、售前准备和售前接触4个环节；售中服务就是与消费者之间的沟通过程；售后服务主要包括员工服务规范、售后维修保养等。

优秀的品牌服务是创建品牌的重要保证。服务应从售前的了解市场需求开始，包括售前调研、宣传，到售中咨询以及售后维修、保修、送货等。顶级企业在管理品牌时，无不把服务作为一个重要的手段。美国著名的管理学家托马斯·波得斯和罗伯特·沃特曼在广泛调研了美国一些成功的品牌之后，总结了这样的成功经验："服务至上"是这些品牌的共同特征；"我们调查研究的最主要的结论之一，就是不管这些企业是属于机械制造业，或是高科技工业，或是卖汉堡的食品业，它们都以服务业自居。"这个结论说明了品牌服务对于锻造品牌的重要意义。

1. 有利于提高企业品牌效益

实践证明，在市场竞争中获胜的是那些能够提供优质的品牌服务的企业。美国一家民意调查机构，曾对未来几年内12项品牌经营要素的重要性进行调查，结果有48%的人将品牌服务质量列为第一位。对于这个调查结论，"市场战略对利润水平的影响"研究数据库也提供了决定性的支持。

该数据库研究分析表明，品牌服务好的企业的品牌价格约高9%，它们的市场占有率每年增加6%；而品牌服务较差的企业市场占有率每年下降2%。品牌服务最好的企业，其销售利润率可达12%，而其余企业则仅为微不足道的1%。优质的品牌服务是造成品牌之间实力悬殊的根本原因。

美国波士顿福鲁姆咨询公司也在调查中发现，客户从一家企业转向另一家企业，10人中有7人是因为服务问题，而不是因为产品质量或价格。微软公司总裁比尔·盖茨说，微软公司80%的利润来自产品销售后的各种升级、换代、维修、咨询等服务，而只有20%的利润来自产品本身。美国马萨诸塞州沃尔瑟姆营销顾问公司经计算证实，随着企业的品牌服务的改善，企业的销售额会增加，其增加额是由改善的品牌服务所留住的回头客带来的。

品牌专家的研究表明，留住一个老客户所支出的费用，仅仅是吸引一个新客户的1/7。而且，老客户不仅是企业产品的使用者，也是企业品牌形象的义务宣传者。一个消费品方面的老客户会直接或间接地影响到37个新的消费者。因此，老客户是企业的一笔宝贵的财富，而优秀的品牌服务是赢得老客户的根本途径。

2. 有利于维护品牌形象

优质的品牌服务可以降低消费者承担的风险，从而树立并维护品牌形象。质量是品牌的生命线，但是"零缺陷"只能是企业的一种追求，一种理想目标，任何产品都难以真正做到完美无缺。特别是在消费者的消费需要更加复杂和产品差异化缩小的情况下，企业要保证其售出的产品令消费者完全满意是很难做到的。而且消费者的评价大多是非客观的、相对的。

在消费实践中遇到不满意时，消费者就会产生抱怨和不满，进而给品牌形象带来不良影响。但企业若加强品牌服务意识，在产品设计、生产、提供时尽量减少缺陷，更重要的是向消费者提供完善的售后服务，如免费维修、包退、包换、上门维修等，就可以减少或弥补消费者购买后的损失，从而取得消费者的理解，赢得消费者的信任。所以，有无服务，特别是售后服务以及提供的服务的多少，成为影响消费者购买及消费者的品牌信任度、追随度的重要因素。品牌服务已经成为消费者选择品牌的关键因素。

3. 有利于提升品牌形象

优质的品牌服务可以增加消费者的利益和价值，从而提升品牌形象。消费者从购买的商品中获得的效用的大小，取决于他从消费该商品中实际得到的利益和满足与在他购买中付出的成本，包括时间、精力、价钱等相比较后的那一个变量。这个变量呈正增长，即购买后使用利益提高或购买成本降低就会增加效用，反之，效用就会降低，甚至出现不满意。所以要想锻造品牌、成就名牌就必须增强服务意识、完善服务、增加服务的内容，如免费送货、无偿提供零件、无偿培训、定期保养和检修等。

IBM卖的就是服务，企业的竞争已经由产品及价格逐渐转移到对客户的争夺，客户服务已经成为主宰企业生死存亡的重要指标。服务是未来市场的利润，服务是树立品牌的捷径；服务是企业诚信的表现，服务是竞争优势的体现。

企业的财务管理

管好企业的现金流

现金流对初创企业的重要性就像血液是人体不可或缺的元素一样，人体靠血液输送养分与氧气，只有血液充足且流动顺畅，人体才会健康，人才能维持生命与活力。如果动脉硬化、血管阻塞，人便有休克性死亡的危险。

企业若没有充足的现金就无法运转，更可能危及企业生存。可以说，现金流决定着企业的生存和运作的"血脉"。

因此，创业者要高度重视现金流的管理。大多数创业者的原始资本都是自己的血汗钱，或是找亲戚朋友借来的。如不重视现金流的管理，最终会造成账面有利润，账下无资金的困境，陷入无以维持、无法周转的境地。

企业是以赢利为目的的，但当前不乏有一些企业刻意追求高收益、高利润。因此往往会有这样一种错误的思想，认为企业利润显示的数值高就是经营有成效的表现，从而一定程度上忽略了利润中所应该体现出来的流动性。作为企业的资金管理者应当要能够充分、正确地界定现金与利润之间的差异，利润并不代表企业自身有充裕的流动资金。

正如戴尔公司董事长面对公司亏损时的反省之言："我们和许多公司一样，一直把注意力放在利润表的数字上，却很少讨论现金周转的问题。这就好像开着一辆车，只晓得盯着仪表板上的时速表，却没注意到油箱已经没油了。戴尔新的营运顺序不再是'增长、增长、再增长'，取而代之的是'现金流、获利性、增长'，依次发展。"

现金状况的好坏对一个企业来说作用很大，特别是初创期的中小企业，经营者更应该做好公司的"血脉"——现金流的管理。

1. 注重流动性与收益性的权衡

现金对企业来说非常重要，那是否意味着账面上现金越多越好，答案是否定的，创业者更要注意流动性与收益性的权衡。要根据企业的经营状况、商品市场状况、金融市场状况，在流动性与收益性之间进行权衡，做出抉择。

现金的持有固然可以使公司具有一定的流动性即支付能力，但库存现金的收益率为零，银行存款的利率也极低，因此，持有现金资产数量越多，机会成本越高。

如果减少现金的持有量，将暂时不用的现金投资于债券、股票或一个短期项目，固然可以增加收入，降低现金持有成本，但也会由此产生交易成本以及产生流动性是否充足的问题。因此，创业者要在保证流动性的基础上，尽可能降低现金机会成本，提高收益性。

2. 合理规划、控制企业现金流

企业现金管理主要可以从规划现金流、控制现金流出发。规划现金流主要是通过运用现金预算的手段，并结合企业以往的经验，来确定一个合理的现金预算额度和最佳现金持有量。如果企业能够精确的预测现金流，就可以保证充足的流动性。同时企业的现金流预测还可从现金的流入和流出两方面出发，来推断一个合理的现金存量。

控制现金流量是对企业现金流的内部控制。控制企业的现金流是在正确规划的基础上展开的，主要包括企业现金流的集中控制、收付款的控制等。现金的集中管理将更有利于企业资金管理者了解企业资金的整体情况，在更广的范围内迅速而有效地控制好这部分现金流，从而使这些现金的保存和运用达到最佳状态。

3. 用好现金预算工具，做好现金管理工作

对于刚刚起步、处于创业初期的企业来说，现金流量估计（或现金预算）是一个强有力的计划工具，它有助于你做出重要的决策。首先要注意确定现金最低需要量，起步企业的初期阶段现金流出量会远大于现金流入量。

待初创企业达到一定规模时，可以逐步扩展到规范的现金流管理，它包括现金结算管理、现金的流入与流出的管理等内容。在任何情况下，合理、科学地估计现金需求都是融资的重要依据。

绝不能让资金链出问题

资金链出现问题对于每个企业来说都是一个关乎生死存亡的大问题。资金链短缺曾经让许多中国知名企业，或轰然倒下，或受重创放缓脚步，令人叹息。如

曾经名噪一时的地产黑马顺驰地产，鼎盛的时候其老总孙宏斌甚至叫板王石的万科地产，后来因为大面积购地，遭遇地产"寒冬"，无资金支撑新开发的楼盘而土崩瓦解；赵新先的"三九胃泰"曾经传遍大江南北，却因盲目多元化导致资金危机，连引以为傲的立在纽约曼哈顿广场的巨幅广告牌都被悄然拆除；巨人集团的史玉柱因为高估当时企业和市场的大好形势盖巨人大厦，结果因资金不足，不仅让大厦没有树立起来，还拖垮了其他业务。当然他通过后来的经营和奋斗，又回到商海的潮头。

事实上，任何一个经济组织的生存和发展都需要一条健康、有效的资金链来维系和支撑。迅速成为中国最大印染企业又迅速陨落的浙江江龙控股集团有限公司就是死在资金链断裂的典型。

江龙印染由陶寿龙夫妇创办于2003年，是一家集研发、生产、加工和销售于一体的大型印染企业。2006年4月，新加坡淡马锡投资控股与日本软银合资设立的新宏远创基金签约江龙印染，以700万美元现金换取其20%的股份。同年9月7日，江龙印染（上市名为"中国印染"）正式在新加坡主板挂牌交易，陶寿龙因此一夜成名，迅速成为绍兴印染行业的龙头老大。

大好形势之下，陶氏夫妇的"印染王国"迅速膨胀——在短短几年间，江龙控股总资产达22亿元，旗下拥有江龙印染、浙江南方科技有限公司、浙江方圆纺织超市有限公司、浙江红岩科技有限公司、浙江方圆织造有限公司、浙江百福服饰有限公司、浙江百福进出口有限公司、浙江春源针织有限公司等多家经济实体及贸易公司，业务范围极广。

2007年，江龙控股的销售额达到20亿元，陶氏夫妇达到了事业的巅峰，并成为各地政府招商部门眼中的红人。不过，受国家宏观调控的影响，2007年年底，绍兴某银行收回了江龙控股1个多亿的贷款，并缩减了新的贷款额度。银行的意外抽贷更是让陶寿龙大伤脑筋。江龙控股的现金流和正常运营随即受到重大影响，百般无奈之下，陶氏夫妇开始转向求助于高利贷，公司经营也每况愈下。

"只要沾染上了高利贷，有几个企业能够全身而退的？"江龙控股的另外一个供货商陈先生说。在江龙控股出现资金危机后，除了借高利贷维持公司正常的周转外，陶寿龙夫妇还展开了一系列的自救行动，以维持公司的运行。据《第一财经日报》报道，该公司资金链断裂或将涉及高额的民间借贷，其中拖欠供货商的货款就达2亿元左右。加上一些对外担保和其他债务，总数额已远远超过 20 亿元。

2008 年 10 月初，董事长陶寿龙及其妻子失踪。随后不久，陶寿龙被绍兴人民检察院批准逮捕，该公司总经理、陶寿龙的妻子严琪也因涉嫌故意销毁会计凭证罪被批捕。江龙控股被重组。

江龙控股的陨落，资金链断裂是主要原因。现金流就是一个企业的命脉，中国有句古语叫"一文钱憋死英雄汉"，其实讲的就是现金流对企业的重要性。但是在现金流这个问题上，中国企业的很多创业者缺乏充分的认识。将企业做得更好，关键是强化企业的赢利能力，尤其是要管控好现金流。

如何避免资金链出问题呢？我们可以从以下几个方面着手：保证主链的资金充分宽裕，必须有相当的融资能力，包括政府、银行等非常手段，资金链必须畅通。

在我国，由于种种原因，存货和应收账款上的阻力是特别的大，容易降低企业的资金周转率，也会大量出现腐败现象。所以企业要以资金管理为中心，提高资金使用率；做好应收账款管理，防止坏账发生，加强对原始单据的审核，保证会计资料的真实性、完整性及合法性；坚持稳健原则，防范财务风险，建立财务风险防范与财务预警体系，及时化解财务危机；开展财务分析活动，为企业营运提供决策依据；建立财务监控体系，防止财务失控，建立内部稽核制度，保证会计业务的及时、完整、准确、合法。

当一个企业核心业务趋于成熟，或者转向其他领域的时候，以资金链为主的财务风险会陡然增大，创业者必须谨慎对待。那么中小企业该如何掌控现金流呢？

第一，对于下游原料企业先货后款。除了第一次合作，为了表示诚意，需要提前支付货款外，要尽量先货后款。当然，一定要按章办事，不要压款，以免影响付款信用。

第二，对于客户先款后货。尤其是新客户一定要求对方先款后货。要随时记录各个客户的付款情况，制定相应的付款条款。一旦客户拖欠，其信用水平就要立即降低，马上提升预付款的比例。这样，给客户以警示，并能把风险降到最低。

第三，尽量租用大型生产设备。购买必然会占用大量的现金，如果采用租用的方式，虽然短期内支付的租金相应多些，但能保留下足够的现金流，支撑企业良性运转。

第四，不要接超过公司生产能力 15% 以上的大单。如果接到超越自身生产能力的订单，一定要学会分包的策略。通过与别人的联合来完成订单，避免使自己力不从心。

作为企业的创业者，必须懂得现金流的重要性，根据企业在不同阶段经营情况的特征，企业创业者应该采取相应措施，这样才能够保证企业的生存和正常的运营。

控制企业的成本

在微利时代，控制成本成了企业面临的一种必然选择，很多世界顶级公司的管理者都深刻了解成本的降低对于企业的意义，他们说：节俭是一种永不过时的品质。在市场竞争日益激烈的今天，节俭所代表的不仅仅是一种美德，更是一种成功的资本，一种企业的竞争力。

创业之初，最重要的是生存下来。每个创业者，都会衡量兜里的钱究竟能存活多少天。所以，对创业者而言，首要一条是要学会平衡现金流，否则将是死路一条。大多数成功创业的公司，都走过了一个严格的成本控制过程。采用各种方法，在日常费用、设备采购、人员工资、营销推广等各个环节节约一切成本。

成本控制就是利用会计所提供的各种信息资料，计算实际或预计脱离目标的差异，找出产生差异的原因，并采取措施，消除不利差异，保证目标实现的过程。小本创业也是一样的道理，成本控制对于摆脱创业初期财务窘迫、中期经营浪费最终实现创业成功意义十分重大。

不断地追求低成本，做到物美价廉，是王永庆的经营信念。他曾说过："经营管理，成本分析，要追根究底，分析到最后一点，我们台塑就靠这一点吃饭。"

有一次，公司开会讨论南亚做的一个塑胶椅子。做报告的人把接合管多少钱、椅垫多少钱、尼龙布和贴纸多少钱、工资多少钱，都算得很清楚，合计550元（新台币）。而且，把每个项目的花费在成本分析上统统列出来了。

但王永庆看过之后又马上追问："椅垫用的P投资者泡棉1公斤56元，品质和其他的比较起来怎么样？价格如何？有没有竞争的条件？"

对此种问题，报告人显然没有研究过，因此他答不出来。

王永庆再问："这P投资者泡棉用什么做原材料？""用废料，1公斤40元。""那么大量做的话，废料来源有没有问题呢？"报告人又不知道。

"南亚卖给别人裁剪组合，在裁剪后收回来的塑胶废料1公斤多少钱？"

"20元。"

"那么成本1公斤只能算20元，不能算40元。使塑胶发泡的发泡机用什么样的？什么技术？原料多少？工资多少？消耗能不能控制？能不能使工资合理化？生产效率能不能再提高？"结果报告人也不知道，他根本没有分析。这么一大堆工作没有做，在王永庆看来，是绝对不行的。

所以，王永庆一再强调，要谋求成本的有效降低，无论如何必须分析在影响成本的各种因素中最本质的东西，也就是说要做到单元成本的分析，只有这样彻底地将有关问题一一列举出来检讨改善，才能建立一个确定的标准成本。

王永庆不仅要求员工在公司产品上降低成本，即便是对待日常的办公用品，他也要求员工要尽量降低成本。一次，他发现本公司生产的公文夹的成本是1.2元，而美国产的同样的产品成本只有0.5元，便要求南亚公司研发中心就这一问题进行研究，务必将成本降至美国同等水平，甚至更低。为此，研发中心以近两年的研究，将公文夹的成本降至0.5元的水准，为整个集团每年减少了许多支出。

王永庆就是这样从一点一滴做起，力争最大限度地节约成本，不多花1分钱，达到降低成本的理想目标，实现企业的合理化经营。

每个善于经营的企业家都会认识到，经营创收和降低成本是企业腾飞的两个翅膀，缺了哪一个都飞不起来。创业公司在赢利不明显的情况下，最关键一点就是在降低成本上狠下功夫。

成本控制是一个复杂的系统学科，对于众多创业者来说，有成本控制的想法是很重要的。"心动不如行动"，要想控制企业的成本，减少不必要的开支，创业者要从以下几个方面重点把握费用支出：

1. 降低物资成本

加强物资成本的控制和节约显得尤为重要。有些企业为了赶时髦，不计工本，搞了一些华而不实的物资设备，使用性不大，产生的效益不明显，甚至得不偿失。管理者必须抓好物资设备的采购，尽量集中购买，通过形成规模来降低成本。

另外，还要加强对物资设备的管理，完善物资进出登记、统计、验收手续，定期不定期地进行清点，确保账物相对；要严格各种物资领取的报批和发放手续；要教育和督促员工自觉养成节约用料的良好习惯，防止大手大脚，铺张浪费。

2. 控制人员成本

控制企业成本只靠在费用上和设备上节省，远远不够，最大的难题是人员成本。很多网站人员工资五险一金就占了公司每月总成本的60%以上，而且这些成本都是刚性的，只能随行就市的上涨。创业初期的企业，是没有足够的资金获得最适合的人才的。目前社会上各大学毕业生就业有难度，新创业公司不妨使用这批人才来降低初创成本。

3. 减少行政费用

行政费用包括办公、接待、交通、差旅等方面费用，如何把这些费用控制好，对降低企业经营成本至关重要。创业者要严格控制接待费用，接待应严格根据经营和业务需要，既要热情，又要防止铺张浪费；要严格控制办公费用，尽量做到少开会、开短会；办公用具的领取和使用要实行登记统计制度，打印、复印各种文件材料要注意纸张的节约，提高纸张的重复使用率；要严格控制交通、差旅费用，出差人员应按规定乘坐交通工具，给予出差补贴，报账时应严格把关。

4. 在降低财务费用上下功夫

严格控制财务费用是企业经营中应重视解决的一个重要问题。创业者要科学合理的筹措、调度、使用资金，既不能囤积，又不能流失，要把好钢用在刀刃上；要严格控制资金外借，重大资金的使用和超出营业范围使用资金应报集团审批，对企业部门之间的资金调剂也应按经济规律办事；要加快还本付息步伐，负债经营是创业公司的一个普遍情况，负债经营的公司，一定要在千方百计增加创收的基础上，尽可能加快还本付息，逐步减少利息支出，使企业轻装前进。

创业初期，现金流决定着企业的生存，学会控制企业的成本，减少不必要的开支，也等于为企业节约下来了"利润"，而利润决定着企业的发展，所以，控制成本对于创业公司来说非常重要。

设计好财务规章制度

据（《史记》）载，魏文侯问扁鹊说："你们三兄弟中谁最善于当医生？"扁鹊回答说："长兄医术最好，中兄次之，自最差。"文侯说："可以说出来听一听吗？"扁鹊说："长兄治病，是治于病情未发作之前，由于一般人不知道他

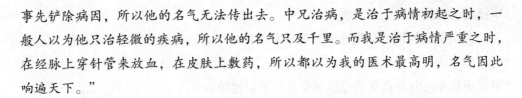

事先铲除病因，所以他的名气无法传出去。中兄治病，是治于病情初起之时，一般人以为他只治轻微的疾病，所以他的名气只及千里。而我是治于病情严重之时，在经脉上穿针管来放血，在皮肤上敷药，所以都以为我的医术最高明，名气因此响遍天下。"

这便是为后人所津津乐道的扁鹊三兄弟的故事。故事说明了这样一个道理：事中防范好于事后处理，事前防范好于事中防范。而事前防范的关键在于制度的建立和执行，有了制度还要注意落实，否则制度只能是一纸空文。

对于任何企业来说，财务规章制度贯穿公司发展的始终，无论是当初艰难的创业阶段，还是后来蒸蒸日上的发展阶段，甚至是折戟沉沙的衰落期，规章制度都是企业的命脉。当一个又一个悲情的商场故事发生时，我们往往将目光聚焦于老总们在关键时刻的错误决策，却忘了诸如财务规章制度这样的细枝末节。

"千里之堤，溃于蚁穴"，作为一个初创企业，在设计财务规章制度时，要尽量全面考虑可能遇到的问题，不能等发展壮大以后再考虑。为此，在设计财务规章制度时必须把握好以下几个方面的内容：

1. 现金管理制度

现金借款需由经手人填写"借款申请单"，经项目经理、部门经理、总经理审批后到财务支取。如果需要使用较大金额的现金的必须提前与出纳约定，以便提前准备。各部门所收现金要严格执行现金管理制度，于限定期限前交财务出纳统一管理，不准挪用。

2. 支票管理制度

支票必须符合以下要求方能收取：不能撕毁，破损或涂改；签发的支票是以墨汁或碳素墨水笔填写；签发单位印鉴完整清楚；支票右上部应有交换行号；加密的支票应提供密码。使用支票需由经手人填写"支票借款申请单"，经项目经理、部门经理、总经理审批后到财务办理支票领用手续。如由于责任心不强丢失支票，损失由个人负责。

3. 其他费用申请及报销

各部门所需发生的费用（除与项目有关的费用），根据部门预算计划由经手人填好现金或支票借款单，经部门经理签字、报财务审核并由财务负责报总经理

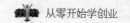

审批后予以领取现金或支票。

各类费用的报销必须在原始发票背面由经手人、部门经理签字。经手人要填写"支出凭单"将单据粘贴在支出凭单后，根据所支出款项的用途分类填写，报财务审核并由财务负责报总经理审批后予以报销。

4. 项目费用申请及报销

凡项目费用需在项目经理、部门经理、总经理审批的"立项通知书""项目预算表"送达财务后方可申请项目费用。购买项目用品、支付项目费用需由部门指定人员根据项目预算计划，填好现金或支票借款单，经项目经理、部门经理签字，报财务审核并由财务负责报总经理审批后予以领取现金或支票。

5. 加班交通费及误餐费

如员工加班，员工乘由公交公司开出的空调大巴士、小公共、专线车、地铁、公共汽车回家，公司可根据有效报销凭证报销交通费，加班至晚上 9：00 以后或因特殊原因由主管经理批准后，可以乘出租车回家，公司可根据有效报销凭证报销交通费；加班至晚上 7：30 以后的可由前台预定 10 元／人标准以下盒饭，并登记项目号。

6. 报销时间及报销凭证的规定

所有当月发生的费用应于当月报销，否则需由经手人直接报部门经理、总经理审批后，财务予以报销。所有填制的报销单据，应字迹清楚、不能涂改，否则财务不予受理。

所有由外部取得的报销凭证，必须是税务部门或财政局统一规定使用的正式单据，（印税务局章、财政局章并盖有收款单位财务章）一切非正式单据不能作为报销凭证；报销凭证抬头一定要写上单位名称。

创业者要想设计好一套完善的财务规章制度，在确保内容全面，细节到位的前提下，还要注意以下 3 个方面的问题：

1. 岗位职责权限要明确

在一个健全的组织机构中，必须具有明确的岗位责任制度和相关人员工作守则，以规范各级机构及人员的职责权限，使之明确所处的地位，与其他部门人员的关系，从而有利于保证企业各工作的有序进行，便于对各级机构、有关人员工作质量的考核、监督与评价。

因此，货币资金的岗位分工要求建立出纳人员、审批的领导，专用印章保管人员，会计人员、稽核人员、会计档案保管人员及货币资金清查人员各个方面的责任制度。货币资金的收付及保管应由出纳人员负责，其他人员不接触，货币资金收支的专用印章不得由一人兼管。

2. 不相容职务要分离

所谓不相容职务是指那些如果由一个人担任，既可能发生错误和舞弊行为，又可能掩盖其错误和弊端行为的职务。对这些不相容职务不能由一人兼管，而必须由两个或两个以上的人员合理分工、共同负责。

将不相容职务进行有效分离时，一般应符合以下 3 个条件：授权进行一项经济业务和执行该项经济业务的职务要分离，执行该项经济业务和记录该项经济业务的职务要分离，记录该经济业务和审查该项经济业务的职务要分离。

3. 授权批准不能少

为保证对授权批准的控制，必须在明确授权责任的基础上建立授权批准程序和授权批准检查制度。企业内部的各级管理层必须在授权范围内行使职权和承担责任，经办人员也必须在权限范围内办理业务。

比如采购人员必须在授权批准的金额内办理采购业务，超出此金额必须得到主管的审批。货币资金的授权批准制度要求明确审批人对货币资金业务的授权批准方式、权限、程序、责任和相关控制措施。审批人应当在授权范围内进行审批，不得超越审批权限。

总之，创业初期应逐步建立起财务管理制度体系，可以先按照上述要点和原则逐步完善财务管理制度。另外，制度的建设一定要与公司的规模同步，不要一味追求完美，甚至完全照搬大公司的规章制度，如果那样，由于整体管理制度的不配套，执行起来往往走形式，浪费人力和物力，得不偿失。

选择合适的结算方式

创业之初的企业合理选择银行结算方式，对加速资金周转、抑制货款拖欠、促进企业发展具有重要意义。企业结算方式选择失当，会导致正常交易活动无法实现；反之，则会使难以实现的交易变为现实。所以，结算方式的选择对企业持续经营意义重大。

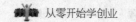

根据《票据法》，《支付结算办法》规定，企业主要采用的银行结算办法包括：支票、银行汇票、银行本票、商业汇票、支票、汇兑、委托收款、托收承付、信用卡和信用证等。各种方式概述如下：

1. 支票

支票是出票人签发的，委托办理支票存款业务的银行在见票时无条件支付确定的金额给收款人或持票人的票据，支票的提示付款期限为 10 天，超过提示付款期限提示付款的，持票人开户银行不予受理，付款人不予付款。

支票结算手续简便，在同城范围内使用，已被企业单位广泛接受，主要包括现金支票、转账支票、普通支票。

2. 银行汇票

银行汇票是汇款人将款项交存当地银行，由出票银行签发，又其在见票时按照实际结算金额无条件支付给收款人或者持票人的款项的票据。银行汇票是先收款后发货或钱货两清的商品交易，企业和个人均可以适用。

3. 银行本票

银行本票是申请人将款项交存银行，由银行签发凭证以办理转账或提取现金的一种票据。银行本票见票即付，如同现金，出票银行作为付款人，付款保证性很高。银行本票既有定额本票，又有不定额本票，可以灵活使用。其缺点是由银行签发，与支票相比手续相对繁杂而且只能在同城范围内使用，按照金额是否固定可以分为不定额和定额两种。

4. 商业汇票

商业汇票是出票人签发的，委托付款人在指定日期无条件支付确定金额给收款人或者持票人的票据。使用商业汇票必须要有真实的交易关系或债权债务关系。商业汇票的付款期限由交易双方商定，最长不超过 6 个月。商业汇票的提示付款期限自商业汇票到期日起 10 日内。商业汇票按承兑人划分，可以分为商业承兑汇票和银行承兑汇票。

5. 汇兑

汇兑是汇款人委托银行将款项汇往异地收款单位的一种结算方式。汇兑通用性强，适用于异地结算，早已被广大企业、单位所接受。但该结算方式只具有给付功能，无融资功能，只适用于付款人主动付款的结算。汇兑根据划转款项的不同方法以及传递方式的不同，可以分为信汇和电汇两种。

6. 托收承付

托收承付是根据购销合同由收款人发货后，委托银行向异地付款人收取款项，由付款单位向银行承认付款的结算方式。采用这种方式结算，购销双方必须签订购销合同，并在合同上约定采用托收承付结算。

7. 委托收款

委托收款是一种收款人委托银行向付款人收取款项的结算方式。委托收款结算方式一般适用于清偿债务、收取公用事业费。办理委托收款业务必须具有可靠、有力的收款依据，或者双方事先约定。委托收款在同城和异地结算不受金额起点限制。

8. 信用卡

信用卡属于电子支付工具的范畴，方便、灵活、快捷。信用卡同城、异地均可使用，有存款可以消费，无存款在授权限度内也可以进行消费。信用卡按使用对象分为单位卡和个人卡。单位卡账户的资金一律从其基本存款账户转账存入，不得交存现金，不得将销货收入的款项存入其账户。

9. 信用证

信用证结算方式是国际结算的一种主要方式。信用证是进口方银行向出口方开立的以出口方按规定提供单据和汇票为前提的支付一定金额的书面承诺，是一种有条件的付款凭证。

国内信用证结算适用于国内企业间的商品交易款项的结算，不能用于劳务供应款项的结算，付款保证性强，申请开证时交纳一定比例的保证金，只要受益人遵守了信用证条款，开证行就必须无条件付款，具有融资功能。

信用证在有效期内，随着购销活动的变化，经开证申请人与受益人协商一致，可以修改已确定的信用证条款。开证行作为付款中介，负责单据与已订立信用证条款的核对工作，很好地保护了收付款双方的利益。但采用这种结算方式，对货运单据的合法性、规范性要求高，手续相对繁杂，手续费也比较高。

以上各种结算方式各具特点，各有针对性、局限性，使用范围也存在差异。企业结算方式选择得当，不仅可以增加不少无息的、低息的可用资金，降低银行贷款的依赖程度，减少资金使用费用，而且可以降低直接与间接结算成本，减少费用开支。

企业合理选择银行结算方式对加速资金周转，抑制货款拖欠，加强财务管理，促进企业发展具有重要意义。企业只有合理选择结算方式才能使难以实现的交易变为现实。懂得如何选择适宜的银行结算方式，可以有效降低、甚至避免结算风险的发生。

总之，选择适宜的银行结算方式是企业财务决策的一项重要内容，必须引起企业的高度重视，在进行综合、权衡利弊后，才能选择出某个时点、某笔交易最适宜使用的银行结算方式，为企业效益的提高发挥积极作用。

分析企业的运营状况

企业运营就是对运作过程的计划、组织、实施和控制，是与产品生产和服务创造密切相关的各项管理工作的总称。从另一个角度来讲，把人员、设备、资金、材料、信息、时间等有限资源，合理地组织起来，最大地发挥它们的作用，以求达到某些经营性目标，这便是企业的运营管理。

一个企业的运营能力是通过生产经营资金周转速度的有关指标所体现出来的。企业管理人员经营管理、运用资金的能力、企业生产经营资金周转的速度越快，表明企业资金利用的效果越好，效率越高，企业管理人员的经营能力越强。因此，定期有效地分析企业的运营状况有助于针对企业的不同情况采取不同措施加以治理整顿。

一般来说，大部分企业在对运营状况进行分析时，通常通过以下几种途径进行实现：

1.分析企业经营情况

（1）提供分析资料。

要进行运营状况分析首先要为分析提供内部资料和外部资料。内部资料最主要的是企业财务会计报告，财务报告是反映企业财务状况和经营成果的书面文件，包括会计主表（资产负债表、利润表、现金流量表）、附表、会计报表附注等；外部资料是从企业外部获得的资料，包括行业数据、其他竞争对手的数据等。

（2）分析财务报告。

企业的运营状况还可以通过分析财务状况来掌握情况，按照分析的目的内容分为：财务效益分析、资产运营状况分析、偿债能力状况分析和发展能力分析；按照需要进行分析的对象不同分为：资产负债表分析、利润表分析、现金流量表分析。

2.按照分析的目的内容分析

（1）财务效益状况。

所谓财务效益状况是指企业资产的收益能力。资产收益能力是会计信息使用者关心的重要问题，通过对它的分析为投资者、债权人、企业经营管理者提供决策的依据。分析指标主要有：净资产收益率、资本保值增值率、主营业务利润率、盈余现金保障倍数、成本费用利润率等。

（2）偿债能力状况分析。企业偿还短期债务和长期债务的能力强弱，是企业经济实力和财务状况的重要体现，也是衡量企业是否稳健经营、财务风险大小的重要尺度。分析主要指标有：资产负债率、已获利息倍数、现金流动负债比率、速动比率等。

（3）分析资产营运状况。

资产营运状况是指企业资产的周转情况，反映企业占用经济资源的利用效率。分析主要指标有：总资产周转率、流动资产周转率、存货周转率、应收账款周转率、不良资产比率等。

（4）分析发展能力状况。

发展能力是关系到企业的持续生存问题，也关系到投资者未来收益和债权人长期债权的风险程度。分析企业发展能力状况的指标有：销售增长率、资本积累率、三年资本平均增长率、三年销售平均增长率、技术投入比率等。

3.按照分析的对象不同分析

（1）资产负债表分析。

资产负债表分析主要从资产项目、负债结构、所有者权益结构方面进行分析。资产主要分析项目有：现金比重、应收账款比重、存货比重、无形资产比重等。负债结构分析有：短期偿债能力分析、长期偿债能力分析等。

所有者权益结构分析：各项权益占所有者权益总额的比重，说明投资者投入资本的保值增值情况及所有者的权益构成。

（2）利润表分析。

利润表分析主要从赢利能力、经营业绩等方面分析。主要分析指标一般包括：净资产收益率、总资产报酬率、主营业务利润率、成本费用利润率、销售增长率等。

（3）现金流量表分析。

现金流量表分析主要从现金支付能力、资本支出与投资比率、现金流量收益比率等方面进行分析。分析指标主要有：现金比率、流动负债现金比率、债务现金比率、股利现金比率、资本购置率、销售现金率等。

企业运营状况分析是一个复杂的多方面的工作，既要致力于提高产品和服务质量，又要致力于提高资本运营质量，降低质量成本，提高质量效益，提高资本增值赢利等多重目标。

第八篇

成长有道：成功的企业就是把产品卖出去

创新与创业

不断刷新你的创意

从中国制造到中国创造，在过去的这些年，联想走过的道路，被越来越多的中国企业所借鉴。它的成功或挫败，都被视为是这个时代中国企业所能参照或回避的路径之一。有人说，这是一个中国式创新故事。

创新是柳传志的第一个经验。在创业之路上，柳传志走出了一条"贸工技"的路。这条道路跟以前的"技工贸"是不同的，对联想来说，是从理念上进行根本创新。

在技术方面，联想也很重视发挥产品技术的创新优势。"产品技术"是联想自己定义的一个词，就是把成熟的技术根据市场的需要集成起来形成产品。一开始先走的是贸易的路，然后才开始建厂子，抓技术，形成了自己的品牌。通过产品技术的不断创新，逐渐向核心技术方面发展。

大胆用人是柳传志的第二个经验。柳传志认为1994年联想集团能从危机中走出来，杨元庆做出了很大贡献。

1994年，IT领域实际上率先进入了WTO，关税降低，批文取消，外企发展迅猛；同时，在1994年年初，倪光南与柳传志在意见上出现重大分歧。联想当时制定的战略是：如何在资金、技术、产品、管理都不如人家的情况下，避免全军覆没。

联想对当时的局势进行了更详细的分析，其结论是：联想的成本高，但完全可以解决好；而国外企业在中国做起事来还有诸多弱点。"这个事分析完之后，然后就决心要跟他们竞争了，在当时比较冒险的因素就是选了杨元庆来做负责人。"柳传志说，"元庆后来做得很好，这种环境，决策人的因素非常重要。"

联想管理层还对创新的方向作了深刻分析，认为移动互联和云计算的发展都为IT厂家提供了成长空间。前面有不少IT企业因为研发投入不当成为前车之鉴，因此联想会特别注意两点：在诸多方向中确定利索能力的项目；在研发投入增加的同时，匹配其他环节。"保证木桶没有短板的同时，加强研发这块板。乐Phone 的研发和推广就是一个典型例子。"柳传志说。

柳传志认为大环境的不确定性是向中国所有企业提出挑战的最大问题，在这种不确定因素的情况下，企业制定战略最好的方式是经营目标要有灵活性，要有一个宽度，最好会怎么样，最坏会怎么样，这个宽度要比较大。在这个宽度之中，尤其是要保证，最坏情况下保证现金流不能断流。

大部分中国企业家，都要有创新的想法，不然就会被淘汰。腾讯的发展之路也可以说是一条创新之路。

如果说"马化腾"这个名字还没能深入人心到家喻户晓的地步，那么谁也不会对聊天工具 QQ 上那两只肥嘟嘟的小企鹅感到陌生，它们已经占据了几亿人的心房。这两只可爱的小企鹅就是腾讯开发的即时通信 QQ 的形象代言人，而马化腾就是"QQ 之父"，1998 年 11 月，年仅 27 岁的马化腾在深圳创立了腾讯公司。

一次偶然的机会，他接触了以色列人发明的一种私人"玩具"——ICQ。精明的马化腾在体验到 ICQ 带来的快乐时，也发现了 ICQ 无法在中国迅速发展的原因，那就是缺少中国版本。

于是，马化腾就想搞一个中文的 ICQ，马上叫上几个朋友成立了一个公司，搞一个中国的 ICQ。

腾讯 QQ 的发展可以用爆炸来形容，短短 9 年时间里，腾讯从一个仅开发 QQ 聊天工具的提供商，发展到现在的中国最大的门户社区，市场规模已经达到几百亿。有人将它的发展轨迹与美国的微软相提并论，并称腾讯将会是未来中国互联网的微软。

2006 年第二季度，腾讯总收入为 7.05 亿元，比去年同期增长 111.3%，QQ 注册用户达到 5.49 亿，活跃用户 2.24 亿。2007 年，马化腾入选美国《时代》杂志评选出的本年度"世界 100 名最具权威和影响力人物"之一。

在不断变化发展中，马化腾会不时地创新腾讯软件。

美国经济家熊彼特指出："经营者只有在不断创新的过程中才能成为企业家。"也就是说企业家是不断创新经营的专家。作为一名创业者，你如果想创业取得成功，当然也离不开"创新"。

创新是一次孤独的旅程

美国硅谷的大多数高科技公司有一个共同的特征：专注于少数几项产品。但苹果公司不同，它生产的是将会在下一时段流行的所有产品，如 iBook 和 iMac 的硬件、以 iPod 为中心的消费电子产品、Mac 操作系统和 iMovie、iPhoto、Safari 等应用软件、网络销售平台 iTunes 音乐商店。

IT 业是一个无法预测和无法确定的行业，随着用户口味和偏好的变化，IT 技术也在飞速发展。业务单一的公司如果出现一次错误就可能被市场无情地抛弃，而苹果公司的掌门人自有他的小算盘。总裁乔布斯喜欢在多个领域进行产品创新的习惯帮助了他，当机遇降临其中一部分领域的时候，他就获得了成功，创造了辉煌。

1976 年，史蒂夫·乔布斯和朋友沃兹尼克合作开办苹果公司。1977 年 4 月，苹果推出了世界上第一台真正的个人电脑——Apple II，从此个人电脑行业创立。由于配置简单，Apple II 的成本大大降低，普通老百姓花上几百美元就可以买到，苹果成为美国发展最快的电脑公司。

但一帆风顺的乔布斯后来和 CEO 约翰·斯高利对未来发展的看法发生了分歧，苹果的董事会站在了约翰·斯高利的那边。那时斯史蒂夫·乔布斯刚好 30 岁，他最后不得不选择辞职。

辞职几天后，乔布斯又创办了"NeXT"电脑公司，继续开始他的事业之旅。在这段时间中，无论是史蒂夫还是在百事前 CEO 斯卡利，坚持苹果的封闭性，并且都坚持软件与硬件的捆绑销售，致使它的电脑不能走向大众化之路，从而使苹果停止走向没落。

这几年，他建立的 NeXT 公司收获寥寥，他的完美主义倾向和商业现实无法调和。1996 年 12 月 17 日，苹果收购 NeXT，乔布斯重回苹果。

接着，他开始推出了新的电脑。1998 年推出 iMac，它是一个全新的电脑，代表着一种未来的理念。半透明的外装，一扫电脑灰褐色的千篇一律的单调，似太空时代的产物，加上发光的鼠标，以及 1299 美元的价格标签，令人赏心悦目。iMac 成了当年最热门的话题。1998 年 12 月，iMac 荣获《时代》杂志"1998 最佳电脑"称号，并名列"1998 年度全球十大工业设计"第三名。

iBook 在乔布斯的改革之下，"苹果"终于实现赢利。乔布斯刚上任时，苹果公司的亏损高达 10 亿美元，一年后却奇迹般地赢利 3.09 亿美元。1999 年 1 月，当乔布斯宣布第四财政季度赢利 1.52 亿美元，超出华尔街的预测 38% 时，苹果公司的股价立即攀升，最后以每股 4.65 美元收盘，舆论哗然。苹果电脑在 PC 市场的占有率已由原来的 5% 增加到 10%。

2010 年 4 月 6 日，苹果 ipad 正式在美国发售。

2010 年 5 月 26 日，在与比尔·盖茨竞跑了 30 多年之后，史蒂夫·乔布斯这位苹果公司创始人终于将他的公司送上了纳斯达克的顶峰位置。苹果公司的市值在当日纽约股市收市时达到 2220 亿美元，仅次于埃克森美孚，成为美国第二大上市公司，微软当日市值为 2190 亿美元。显然，史蒂夫·乔布斯已经是数码娱乐时代的领头人。

乔布斯成为一个奇迹，但这个奇迹还将继续进行下去。他总是给人以不断的惊喜，无论是开始还是后来，他天才的电脑天赋、绝妙的创意头脑、伟大的目标、处变不惊的领导风范铸就了他的成功。

创新是孤独的，乔布斯因为追求完美甚至被扫地出门，苹果平板电脑因为追求完美而迟迟不能诞生，创业者要能够忍受寂寞。

创新是一次孤独的旅程。盛田昭夫曾经讲过 SONY 创业和创新的经典故事。他昭示了 SONY 如何从做电饭煲的滑铁卢之战中寻找生路，最后把 SONY 打造成为世界民用电器之王。当然，SONY 也曾有过它漫长的蹉跎岁月，盛田昭夫曾经像温州人那样亲自带着样品跑到世界各地去敲经销商的门，他在驻日美军基地第一次看到一台几乎有桌面大的录音机，于是开始制造小型录音机，为克服 Walk-man 的迷你磁带的技术问题，多少个晚上在油灯下他一次次亲自试验用毛笔在塑料带上涂抹磁粉……从未有人想过可以把空前盛况的一场音乐会装进了你小小的衣服口袋里，SONY 真够异想天开的。

创意无时无刻不在发生，白日做梦、任务中的困难、夜深人静时的灵感，我们都可能有新的想法。当睡了一觉，第二天早上起来的时候，它们的强度、安慰性、振奋人心的要素都曾经大大减低，乃至云消雾散了。如果还能回想起来，我们就有可能去实施；可是能否得到别人的支持，能够通过技术手段实现自己的创意吗，能够得到消费者的认同吗，这就需要创业者认真地做好市场调研。

创新是孤独的，最重要的是，作为创业者，你若想成功创业，就必须知道这样一个事实，并为之做好准备：一个简单的创新花掉的时间有可能不是一个月、二个月，而是一年、两年的时间，这中间的挫折、泪水和汗水，都是常有的事。

纯粹地复制注定要失败

一位企业家曾经说过：复制别人终将注定失败。这句话用在创业上，也是如此。

在创业之初，因为对所在领域以及所要走之路并不是太熟悉，因此常常要找一个成功的榜样作为企业发展的模板。但是，许多时候创业者往往在学习榜样的同时逐渐失去了自我，只是盲目地照搬别人的产品或者销售方式去经营和管理自己的企业。

很多企业总是不由自主地跟着竞争对手进行着同样的改变。

凯马特是现代超市型零售企业的鼻祖。从 1990 年开始，为了与前景看好的沃尔玛进行较量，它斥资 30 亿美元，花了 3 年的时间对原有的 800 家商店进行了翻新，又设立了 153 家新的折扣商店。当时，沃尔玛正从乡村地区向凯马特所在的市区扩张。作为回应，凯马特的 CEO 也效仿沃尔玛，用降低数千种商品的价格来提高自己的竞争力，进而发起了针对沃尔玛的直接进攻。为了弥补其他商品的降价损失，凯马特开始增加能够给企业带来较高利润的服装的销售。

5 年之后，这个付出巨大代价的降价战略被证明是不成功的。凯马特的新店在执行该战略的最初 3 年里，每平方英尺的销售额由 167 美元下降到了 141 美元。凯马特所采购的服装要么积压在库，要么清仓大甩卖。

如果只跟在竞争对手屁股后面作出改变，或者在竞争对手改变以后自己才改变，那么企业是不可能获得先行者优势的。这种复制别人、邯郸学步的竞争思维一直误导着人们。当看到竞争对手通过某种改变获得成功时，为了自己也可以成功，人们往往也模仿竞争对手一些好的措施。但是，事实上，竞争对手的改变不一定都是对的，而且它们的改变是根据自身条件所作出的，所以这种急躁的竞争模仿战略会误导许多公司的经营者，总是针对强大的竞争对手的优势来进攻。

只有对市场反应最灵敏、冲在最前面的创业企业才能够占据最佳位置，从而最先获得市场机会，赚得超额利润。

小张大学毕业之后一直想自己创业，看到邻居在小区门口开了一个水果店收益一直不错，颇为心动。

于是，小张也租了小区内一间房做店面，筹集了几千元钱做启动资金，开了一家水果店。每当邻居的小店举行一些优惠活动的时候，小张也立马效仿。但是经营还不到两个月，小张的水果店就撑不住了，不得不关门。

为什么同样是水果店，邻居可以干得红红火火，小张的店就经营惨淡呢？原来，小张为了追求新意，多进了一些季节性很强的水果，由于价格昂贵，顾客自然很少登门。另外，邻居的店经营时间长，已经在小区有良好的口碑，而小张的营业时间也不固定，很多邻居也就不愿意去他那里买水果。而且，小张的优惠活动总是滞后于邻居的，当大家在邻居店买完优惠水果，也就不愿意去小张那里买了。

小张总是复制邻居的方式，缺少自己的经营特色，存在服务滞后的问题，因此他的小店关闭也合情合理。

事实上，在 IT 行业里面，复制、抄袭、模仿，其实一直都存在，甚至很多人也会把这种模式简单地定义成 C to C 模式，叫 Copy to China，过去很长时间很多企业都是把美国的成功的模式直接复制过来。这个模式在一段时间很盛行，也有很多成功的案例。

但是在现在的市场上，复制成功的例子越来越少。你可以复制它的模式，复制它所有能够看到的东西，但是无法复制它当时成功的时候的天时地利人和。你复制不了它当时所在的市场的状态，你也无法复制它的市场。很多成功的企业，在复制外来经验的同时，都加入了自己的创新。在引入的同时一定要跟自己所在的环境、所在的气场进行充分的结合。

英国经济学家马歇尔认为："企业家是以自己的创造力、洞察力、统率力发现或消除市场的不均衡性，创造交易机会和效用的人。"

管理大师彼得·德鲁克认为：企业家是革新者，善于捕捉变化，并把变化作为可供开发利用机会的人。企业家发现机会，是用"经济的"眼光看问题，就是追求利润；企业家看问题的另一个观点是"要管用"，也就是从实践的、实际的、实用的眼光看问题。当利润与实用建立联系后，企业家就从中发现了市场机会：他们总是根据市场的需要创造出实用的产品，并从产品销售中获得他们期望得到的利润。

在市场竞争的广阔天地里，如果创业者只跟风赶浪，人云亦云，搞别人搞过的东西，那就很难求得发展。市场是座金山，存在无穷无尽的亮点，只要创业者善于发现，目光敏锐，视野开阔，肯定能找到市场需求的亮点。

创新要与市场需求对接

评判企业市场反应机制、技术提升水平和协调管理能力等"综合素质"高低的一个重要指标就是，看其创新体系能不能为市场发展服务，创新成果能不能及时转化为产品的市场竞争力。特别是对于创业者来说，如果企业的产品不能适销对路，服务不能为市场接受，那么即使初创企业的科研实力再强，产品和服务再好，最终也会被淘汰。著名空调企业春兰集团在创新与市场对接方面，曾有过教训。

20世纪90年代初，春兰研制出了国内第一台变频空调，但考虑到当时市场对这种高端产品的需求不大，因而没有全面推向市场。实际上，这种高端产品的市场空间还是不小的，由于春兰当时没有全面推出，以致让后来的其他品牌的空调抢占了先机。正是因为有了这样深刻的教训，春兰在此后的发展进程中加大了创新与市场对接的力度，把创新放在了十分突出的位置，并采取了3种对接策略。

一是市场需要什么就研发什么，市场需要节能环保空调，春兰就开发达到国家新能效标准、对环境无任何污染的节能环保空调；市场需要健康、静音空调，春兰就研发具备长效灭菌功能、最静音的"静博士"空调；市场需要小吨位大载量卡车，春兰就开发双桥增压加强型轻卡，做到始终与市场需求同步。

二是市场何时需要就何时提供。由于做到了预期研制和技术储备，因而，市场无论何时需要相关产品，春兰都能做到及时推出，确保供应。

三是加大技术创新，提高春兰空调的品质。开发高能动力镍氢电池，引导汽车、电动机械和工具等产品市场向节能环保方向发展；开发移动式与卡式空调，以及镶有触摸屏的水晶彩色面板豪华和超豪华空调，引导消费者向往具有时尚和个性化特征的新生活。

另外，服务方面的创新也是春兰空调一直领先的重要因素。春兰24小时金牌服务已经成为优质春兰空调产品的延伸，以快速、高效响应为目标，春兰一直致力于对这一服务体系进行卓有成效的改革，并创建了先进的电子服务平台。

广泛收集市场信息，及时分析、研究消费者提出的各方面意见和要求，为春兰科研人员的新产品开发注入了活力，这也是春兰自主创新体系能够高效对接市场的根基所在。

正是坚持"以我为主"的发展模式，始终把自主创新作为立业的根本，在掌握产品核心技术的前提下推动产业扩张，从一个年产值不足300万元的小厂，发展成集科研、制造、投资、贸易于一体的大型现代公司。一项项世界科技前沿的课题，蕴藏着一个个呼之欲出的新兴产业，必将带来一个个巨大商机。随着动力镍氢电池研制成功、批量投产，今日的春兰集团，已形成家电、自动车、新能源三大支柱产业，"由量的扩张转变为质的飞跃"。

创新不是一切，不是企业的永远制胜法宝。管理大师德鲁克说："企业的创新必须永远盯在市场需求上。"创新与市场发展并不矛盾，它们是互为基础、互为支撑的。创新成果物化为受消费者欢迎、让消费者满意的新产品，就能够稳固并拓展更大的市场；市场丰厚的回报又可为自主创新提供坚强的物质保证，促进新的技术取得突破。企业自主创新说到底是为产品的市场竞争力服务的。在市场经济条件下，企业仅靠技术水平的先进，是不能确保其在竞争中取胜的。如果创新忽视市场的变化，必然遭到失败。

随着金融危机的寒流袭来，东莞很多鞋厂由于接不到订单而濒临倒闭。仅就2008年上半年，中国有6.7万家中小企业倒闭。号称"中国家具出口第一镇"的东莞大岭山镇，至少1/3家具企业及配套工厂倒闭，剩下的2/3也大多因亏损而缩小规模。而同在东莞生产皮鞋的王老板却能够接到一张又一张的订单。

王老板的皮鞋厂感受不到金融危机的寒意，得力于他多年对创新的执着。几年前，当别人还在贴牌生产中干得热火朝天时，他就开始打自己的品牌，并摸索创新的技术，同时紧密结合市场的需求。他在工厂里设立了博士工作站，高薪聘请人才还分配股份，新的科技成果可以很快做成产品。凭借创新和与市场需求对接，王老板在金融危机中稳稳站住了脚跟。

今天，中国有很多的企业，能制造很多的产品，可以出口巨额的贸易品。中国虽然已经成为一个令世界瞩目的制造业大国，但在全球产业链中，中国还只处于产业链的低端，由于缺乏核心技术，世界级品牌也不多，这与世界经济史上被称为"世界工厂"的英国、美国和日本相比，还有很大差距。对于创业者来说，这种现状也可能转化为很好的商机，创业者要不断坚持创新，不断结合市场需求。

创新不能超越或滞后市场需求的实际水平，不能忽视市场购买者的承受能力及其未来趋势。在创新中必须体现市场导向。创新成果最终需要在市场上检验，创新成本和收益完全由市场来埋单。创业者必须充分认识市场对创新的重要影响作用，甚至是决定作用，只有这样，才能提高创新的成功概率。

最有价值的创意来自客户需求

创新不是凭空而生的，新思想大多来自顾客。顾客的需求是多样化的，有些是显性的，我们看得见，有些是隐性的，我们看不见。很多产品所以同质化，是因为厂商都盯着显性需求，而忽略了隐性需求。显性需求好比浮出水面的冰山，只是冰山一角，而真正庞大的那部分却在水下，需要靠创新去挖掘。

客户服务就是一个最能发现隐性需求的部门。很多公司的客户服务都做得非常不好，生怕顾客来找麻烦。但是一些聪明的大公司却恰恰利用客服这个途径来寻找更多的创新灵感，创造出全新的市场利润空间。

安徽省每年的 5 月，是当地特产——龙虾上市的季节，龙虾是许多人喜爱的美味。每到这个季节，合肥各龙虾店、大小排档生意异常火暴，大小龙虾店就有上千家，每天要吃掉龙虾近 2.5 万千克。但是龙虾好吃清洗难的问题一直困扰着当地龙虾店的经营者。因为龙虾生长在泥湾里，捕捞时浑身是泥，清洗异常麻烦，一般的龙虾店一天要用 2～3 人专门手工刷洗龙虾，但常常一天洗的虾，几个小时就被顾客买完了，并且，人工洗刷费时又费力，这样又增加了人工成本。海尔针对这一潜在的市场需求，迅速研制开发，没多久就推出了一款采用全塑一体桶、宽电压设计的可以洗龙虾的"洗虾机"，不但省时省力、洗涤效果非常好，而且价格定位也较合理，只要 800 多元，极大地满足了当地龙虾经营者的需求。过去洗 2 千克龙虾一个人需要 10～15 分钟，现在用"龙虾机"只需 3 分钟就可以了。

就在 2002 年安徽合肥举办的第一届"龙虾节"上，海尔推出的这一款"洗虾机"马上引发了抢购热潮，上百台"洗虾机"不到一天就被当地消费者抢购一空，更有许多龙虾店经营者纷纷交订金预约购买。这款海尔"洗虾机"因其巨大的市场潜力获得安徽卫视"市场前景奖"。

海尔根据消费者洗龙虾难，造出了洗虾机；海尔还曾为农民兄弟设计了洗地瓜机。正如张瑞敏所说："中国企业不能用时间来赢市场，唯一能做的就是创新。"

在洗衣机市场，一般来讲，每年的 6～8 月是洗衣机销售的淡季。每到这段时间，很多厂家就把洗衣机的促销员从商场里撤回去了。张瑞敏很奇怪：难道天气越热，出汗越多，消费者越不洗衣裳？后来经过调查发现：不是消费者不洗衣裳，而是夏天里 5 公斤的洗衣机不实用，既浪费水又浪费电。于是，张瑞敏马上命令海尔的科研人员设计出一种洗衣量只有 1.5 公斤的洗衣机——小小神童洗衣机。小小神童洗衣机投产后先在上海试销，因为张瑞敏认为上海人消费水平高又爱挑剔。结果，精明的上海人马上认可了这种洗衣机。该产品在上海热销之后，很快又风靡全国。在不到两年的时间里，海尔的小小神童在全国卖了100多万台，并出口到日本和韩国。

张瑞敏曾说："我想任何一个企业做的产品，你卖的肯定不是这个产品，换句话说，用户要的绝对不是你这个产品，要的是一种解决方案……"张瑞敏是这样说的，也是这样做的，他总是根据用户的意见，从根本上把握消费者的真正需求，"永远不是为产品找用户，而是为用户找产品，真诚到永远"。

是的，海尔的创新主题实质上是一直围绕着消费者的需求运转。只有提高产品的质量及科技含量，加大产品的技术创新力度，研制生产出真正满足消费者需求的高科技产品，才能够赢得消费者的青睐，才能够在未来的全球一体化市场中立于不败之地。

在日本电熨斗生产领域，松下电器公司的电熨斗事业部很有威信。到了20世纪80年代，随着电器市场高度饱和，电熨斗也进入了滞销的行列，事业部的科研人员心急如焚。一天，被人称为"电熨斗博士"的事业部长岩见宪一召集了几十名年龄不同的家庭主妇，让她们不客气地对松下公司的电熨斗挑毛病。

一位妇女抱怨说："电熨斗若没有电线就方便多了。""妙！无线电熨斗。"松下公司的负责人兴奋地叫了起来。事业部马上成立了攻关小组。开始他们想用蓄电的办法取消电线，但是，研制出来的蒸汽电熨斗底厚5厘米，重量达5千克，妇女用起来简直像举铅球。为了解决这一难题，攻关小组将主妇们用电熨斗熨衣服的过程拍成录像片，分析研究其运用规律。在研究录像的过程中他们发现，妇女并非总拿着电熨斗熨衣服，而是多次把电熨斗竖在一边，调整好衣服后再熨。于是攻关小组修正了蓄电方法，他们设计了一种蓄电槽，每次熨衣服后可将电熨斗放入槽内蓄电，8秒钟即可蓄足电，电熨斗的重量也大大减轻了。蓄电槽装有自动继电器，十分安全。

这样，新型无线电熨斗终于诞生了，成为当年最抢手的畅销产品。

如果一个企业能够更快地贴近它的客户，能够更快地敏锐反应客户的需求，很多的创新就由此而来。之后的创新，更多的是一种行动，是一种实践，也是一种循环。没有行动的话，它就是一个创意，谈不上创新。

在2010年中瑞企业合作创新论坛上，作为一家拥有700余年历史的古老企业，斯道拉恩索首席执行官康佑坤表示，斯道拉恩索80%的创意都来自客户，他认为光坐在研发中心里做不出来，所以问题比回答更重要，学习比教学更重要。创业者提供的产品其实就是不断地帮助客户解决问题，满足他们的生活需求，只有这样的产品才是有生命力的产品，才是适销对路的产品。

观念创新是创新的基础

客观事物是在不断变化的，无论是对个人还是企业，观念也要随之而变，唯有变，才能获得发展机会。观念决定了行为方式，如果我们可以把行为方式变"墨守成规"为"解放思想"，这样将会发现很多创新的机会。

宜宾丝丽雅集团有限公司是我国西部唯一一家以生产维卡纤维和棉浆粕为主的大型企业集团，现已形成年产维卡纤维6万吨和棉浆粕4.2万吨的能力，位居全球第一。

自1997年起，宜宾丝丽雅集团以观念创新为先导，不断引领创新发展，谱写了国有企业富有魅力、充满活力的传奇。

思路决定出路，理念决定未来，有什么样的发展理念，就有什么样的发展道路和经济增长方式。宜宾丝丽雅集团始终坚持以创新发展理念引领跨越，公司响亮地提出"变革有为，以智图强"，确立"面向新型工业，参与国际竞争，科学创新经营，调整结构图强"的发展战略，这标志着丝丽雅集团从创新发展理念出发，从"破旧"走向了"立新"。

为提高综合竞争力，丝丽雅集团成立了科技委员会和科技部、知识产权办，每年的科技创新投入占到销售收入的6%～9%，80%的科技成果转化为现实生产力。产、学、研结合的研发系统，多层次的创新团队，相继开发出染色丝、亮彩丝、幻彩丝、阻燃丝、雅非特等100多个新产品，部分产品成为全国同行业生产标准，科技创新效益以年均30%以上的速度递增，并通过各种相关技术的有机融合，形成了具有市场竞争力的产品和产业。

科技创新，人才为本。通过"大换血""大学习""大优化""大成果"4个人力资源的战略阶段性调整，实现了人力资源向人才资本的科学转换，构建起"大仗能胜、新业能成、小事尽责"的新型人力资源结构。

丝丽雅集团坚持高标准化、高人性化、高能力化、高效用化、高资本化的"五化"标准，推行"升迁必竞争、聘期必受控、在位必创新、末位必淘汰"的竞争文化，建立起了"能者上、平者让、庸者下"的优胜劣汰机制，使各层级队伍始终保持创新、创造、向上的活力。

创新是一个企业生存发展、永不止步的源泉。探寻丝丽雅集团从濒临倒闭的宜宾化纤厂到举足轻重的行业龙头、从单一的粘纤制造商到多元化的大企业集团十几年的发展历程，可以看出一条清晰而坚实的成长轨迹，是一条艰辛而振奋的创新之路。观念的创新也可以是一个不经意的细节、一个微笑细致的服务。现在大家看到的整箱牛奶上便于携带的塑料提手、特仑苏的外包箱，这些很人性化的创意都是来自杨文俊等一帮人。

2002 年春节期间，蒙牛液态奶事业本部总经理杨文俊在深圳沃尔玛超市购物时，发现人们购买整箱牛奶搬运起来非常困难。

恰逢购物高峰期，很多的汽车无法开到超市的停车场，而商场停车管理员又不允许将购物手推车推出停车场，消费者只有来回不停地将购买到的牛奶等物品搬运到车上，这一现象引起了杨文俊的重视。

之后的一段时间，杨文俊就不断在思考这件事情，想怎么样才能方便搬运整箱的牛奶呢？一次偶然的机会，杨文俊在拎 VCD 时，突然来了灵感：一台 VCD 比一箱牛奶要轻，厂家都能想到在箱子上安一个提手，我们为什么不能在牛奶包装箱上也装一个提手，使消费者在购物时更加便利呢？这一想法立刻得到大家的认可，并马上得以实施。

这个创意使蒙牛当年的液体奶销售量大幅度增长，同行也纷纷效仿。

现在看来，这一创意很简单。可为什么杨文俊能够提出来，而其他人却提不出来呢？创新还是来源于观念的创新，只有把创新的观念融入意识里，才能不断挖掘创新点，更好地为客户服务。

观念创新是创新的基础，只有首先改变观念，才会为创新做准备，才有可能捕捉到创新的机会，从而使企业创新成功，对于创业者也是如此。不能整体只把创新放在嘴上，不能只把创新作为口号，要将创新的意识融入思想中去，融入生活的点滴中去，然后不断在实践中完善产品或服务创新。创业者要想永葆领先优势，就要促使自己不断创新。而要想不断创新，就需要创业者时时发动观念革命，丢弃过时的思维，吸收新颖的想法，以观念的变革来带动企业的变革。

提高企业的竞争优势

采用差异化的竞争策略

在产品生产和发展模式都日益趋同化的生意场上，差异化经营能够使企业在激烈的竞争中独辟蹊径，主动差异化是领导品牌封锁跟随者的利器。所谓"差异化经营"，最简单的解释就是：在一样的地方，做和其他人不一样的事情。一个生意人要做的是远离激烈的争斗，投入真正可以制胜的领域。差异化的经营思维也被称为蓝海思维。

要想避开强劲对手，就必须趁早设计你的经营战略，实现与竞争对手的差异化。在一些必要的环节上，将资源集中起来进行突破，努力做到与对手不一样。

有一天，分众传媒总裁江南春外出办事的时候被一张电梯门口的招贴画吸引住了。大家抱怨电梯很慢，等电梯时间往往很无聊。等电梯人的一句话提醒了江南春："如果有电视，人们在等电梯的时候就不会感到无聊了，效果也会比招贴画好很多。"江南春一下子被吸引住了，他想：我在电视上播广告怎么样？如果有比看广告还无聊的时间，我想大多数人还是会关注广告的。

发现了空白，就必须马上填补空白。江南春开始实施他的"蓝海"计划。2002年6月到12月，江南春说服了第一批40家高档写字楼。2003年1月，江南春的300台液晶显示屏装进了上海50幢写字楼的电梯旁。2003年5月，江南春正式注册成立分众传媒（中国）控股有限公司，分众从此开始走上飞速发展之路。

短短19个月时间，江南春领导的分众传媒利用数字多媒体技术所建造的商业楼宇联播网就从上海发展至全国37个城市；网络覆盖面从最初的50多栋楼宇发展到6800多栋楼宇；液晶信息终端从300多个发展至12000多个；拥有75%以上的市场占有率。

2005年7月，分众在纳斯达克上市，股价全线飘红。分众传媒市值高达8亿多美元，拥有30%多股权的江南春，身价暴涨到2.72亿美元，一夜之间，江南春成了人们眼中的造富英雄。

随后，江南春得到软银等风险投资商的注资，他带领分众传媒展开了大规模的收购行动。2005年底收购框架媒介，2006年初合并聚众传媒，之后收购凯威点告，2007年3月收购好耶网络广告公司。仅仅用了4年时间，分众传媒就快速成长为行业内的领导者。

从传统的广告代理到发现分众传媒的"大蛋糕"，在一定程度上得益于江南春差异化的思维方式，这种主动发现差异的思维模式，使他坚信"发掘别人没发现的产业模式才能挣大钱"。在竞争激烈的市场环境中，善于发现市场空白就是在创造"蓝海"。

正是江南春这种善于发现市场空白的思维方式，才使得他可以用两年零两个月的时间，就把之前名不见经传的分众传媒带到纳斯达克，而且在美国时间2005年7月14日上午9点半，应邀按响纳斯达克开市的铃声，成为享受这一待遇的第一位中国上市公司领导人。

差异化凸显的应该是一种优势，而非劣势。但在商场上，优势和劣势有时并不那么绝对。比如：价格高在大多数时候是一种劣势，但在某些情况下也可能成为一种优势。所以，创业者要学会分析自己的优势和劣势。

创业者可以用SWOT矩阵图。通过明确企业本身的竞争优势（strength）、竞争劣势（weakness）、机会（opportunity）和威胁（threat），将企业战略与企业内外部资源有机结合，对于制定企业发展战略至关重要。

利用SWOT矩阵图，有助于认清自己在市场竞争中的地位。创业者要关注竞争对手，但不要总是盯着对手不放。商业上的成功，归根结底，还是应该以顾客需求为导向，而不能一味随竞争对手的变化而变化。"见招拆招"式的经营策略，会让你永远处于下风。

美兆医院是中国台湾一家默默无闻的小型健康检查中心，却突破了台大、荣总、国泰与长庚四大医院的"围剿"，成为台湾健康检查中心的龙头。

美兆的创办人和董事长曹纯昌就是一位具有卓越蓝海思维的企业家。

曹纯昌经过调查，发现台湾健康检查有如下问题：

（1）台湾健康检查市场都由台大、荣总、国泰与长庚四大医院所独占，在医院附设项目，并没有独立经营的健康检查中心。

（2）四大医院的健康检查业务都是面向富裕阶层的，做一套完整的全身健康检查动辄 3 天以上的时间，上班族和中产阶层根本没有时间进行检查。

（3）健康检查的费用太高，台北荣总的健康检查收费近 2 万元（新台币）。

（4）一般人并非不愿意去做健康检查，而是大肠镜等侵入式检查过程，使人望而却步，而且当时大型医院的客人都与病患混在一起，很容易交叉感染。

经过全面分析，曹纯昌认为大医院都把健康检查经营的重心放在金字塔顶端的客户，却从来没有满足数量更庞大的中产阶层健康检查需求，而这正好给他提供了机会。

差异化战略的关键是积极寻找市场空白点，选择目标市场，挖掘消费者尚未满足的个性化需求，开发产品的新功能，赋予品牌新的价值。差异化战略的依据是市场消费需求的多样化特性。不同的消费者具有不同的爱好、不同的个性、不同的价值取向、不同的收入水平和不同的消费理念，因而决定了他们对产品品牌有不同的需求侧重。所以，企业的差异化战略，一定要立足在消费者需求的基础上进行，并最大可能获得顾客的理解和认同。

不要为了差异化而差异化

自从管理大师迈克尔·波特提出差异化战略后，很多企业懂得了主动差异化是领导品牌封锁跟随者的利器，差异化是挑战者或后来者争夺更多市场的利器。对于很多创业者来说，他们开始渴望用独一无二来打造自身的竞争优势，迫切地开发自己的与众不同之处。但是有些创业者把差异化僵化地理解为"有差异就好"，所以市场上出现了很多没有意义的差异化。

娃哈哈曾经推广过一个叫"维生素水"的饮料。研发者认为：含维生素的水肯定要好于那些不含维生素的水。但是市场反馈的情况是：注重维生素的消费者会选择果汁类型的饮料。不管商家怎么说，消费者都认定果汁饮料要比维生素水更具维生素，更好喝。所以，即使娃哈哈这样的大品牌，一旦差异化定位错误，产品同样销售不动。

健力宝曾经重拳推出第五季饮料。这个饮料品牌曾被健力宝集团轰轰烈烈地宣传过，无论是在产品名称上，还是在包装上都采取了与常规不同的差异化战略，然而并不成功，消费者并不认可，最终惨遭市场淘汰。这是为什么呢？一年只有四季，"第 5 季"这个名称确实够新鲜，够差异化。但是，仅仅是名称差异化，品质并没有与竞争区别开来，尽管它的宣传很卖力，消费者也不会为这个差异化的名字而埋单。

为差异化而差异化，注定是要失败的。差异化是一个十分有效的竞争战略，但从战略的眼光看，不一定所有的企业都适合采取差异化策略，但在中国市场上，许多行业都面临同质化的问题。因此，营造一个与众不同的营销战略，形成差异化优势，是值得考虑的发展模式。

企业的差异化战略，一定要立足在消费者需求的基础上进行，并最大可能获得顾客的理解和认同。市场的需求是第一位的，市场需求推动了新业务的发展。顾客真正想要的，是更好的产品和服务，而不是更多的差异化。需求永远是比竞争更重要的原点，差异化不是为了避开竞争，差异化的目的是满足对手所没有满足的顾客需求。

华龙面业的六丁目方便面成功运用了差异化战略，将目标牢牢地把持在低档面市场。低档面市场是方便面巨头康师傅与统一暂时不愿意进入的市场，但这个市场需求量非常大，虽然有众多本土方便面企业进行恶性竞争，但各区域市场上始终没有强势品牌。华龙面看到了产品差异化契机，绕开与行业巨头的竞争，全面进入低档面市场。

针对中原人尤其是河南人爱面食、市场基础特别好，但对方便面性价比非常敏感的需求特点，华龙推出零售价只有0.4元/包的六丁目，以"惊人的不跪（贵）"成功实施差异化战略。随着广告的大力宣传，六丁目出奇制胜地进入老百姓的心里，受到了老百姓空前的追捧。一举成为低档面的领导品牌，年销量达六七个亿，确定了低档面市场的霸主地位。

顾客需求是市场灵魂。从市场营销的角度讲，每一种需求都可以成为差异化战略的出发点。但是，并不是每一种差异化战略都能获得市场认可，在差异化战略实施方面，顾客关键需求才是战略实施的根本。

有家乳业公司刚成立不久，刚开始并没有什么优势，但他们在差异化策略上成功了。当时，中国的牛奶市场存在着两大问题：一是利乐包牛奶虽然品质好却价格贵，诸多消费者可望而不可即，而且8个月的保质期，多多少少有不新鲜之嫌；二是巴氏杀菌奶虽然保质期短、新鲜，但品质不稳定，消费者也不是很满意。

这家公司分析消费者对两种牛奶的不满后，果断推出了利乐枕牛奶，结果大获成功。因为，利乐枕牛奶也是超高温灭菌奶，具有一定的利乐包牛奶的品质，但保质期短，仅为 45 天，表面上让人感觉新鲜，而且价格比利乐包牛奶便宜。由于兼顾了两种牛奶的长处——新鲜、品质好，也避免了两种牛奶的短处——价格贵、品质差，所以消费者就是愿意接受。

国际乳品市场上，利乐枕牛奶基本属于"夕阳"产业。如果从技术角度出发，这家公司不可能引进这套设备。但真正掌握企业命运的是消费者，而不是那些先进的技术和设备厂商。所以，这家公司在不少人认为快要淘汰的产品上赚取了一大笔财富，很短的时间跻身于中国 UHT（超高温瞬时灭菌技术）奶的前三名。

虽然"老板"的本质可能是喜欢新鲜的东西，他总是想在你的报告中看到从来没有看过的东西，但这可能是误区。对企业而言，任何策略，适合第一，差异第二。再好的创意或点子，如果不适合你的企业，将可能带来非常不好的后果。

因此，创业者千万别为了差异化而差异化，一定要看这种差异化是否适合你的企业。

培养核心竞争力

企业发展战略中，有一个词叫"核心竞争力"。在创业初期，创业者就应该给自己提出一个问题：我公司未来的核心竞争力在哪里？对于这个问题所做的回答，将决定企业的发展方向。

综观世界 500 强企业，除个别投资型企业之外，绝大多数企业都是依靠其强大的核心业务起家、发展，取得辉煌业绩，直至领导整个行业。如沃尔玛连锁超市、通用汽车、英特尔芯片、微软操作系统等。立足核心业务进行发展，已经成为 500 强企业取得持续领先的秘诀。

20 世纪 80 年代，美国得克萨斯大学有一个学医的学生，他是个电脑高手，一心想着自己创业。有一次，他听别人议论现在的电脑太贵，于是就调查了一下电脑贵的原因，结果发现是经销商拿走了太多的利润。

他又了解到，当时多数制造商手中都积压一些产品，导致资金周转不畅。年轻人想：假如我直接从制造商手中拿货，然后低价直销出去，一定很受欢迎。

于是，他找到一些经销商进行协商，低价买进他们的存货后加以改装、优化。同样的电脑，市场上卖 2000 美元，他只卖 700 美元。果然，他的生意出奇的好，电脑源源不断地售出。年轻人进一步坚定了自己的想法：去除经销商的暴利，把电脑以更便宜的价格"直销"给客户。

今天，一台台带着"Dell"标志的电脑，通过遍布世界的销售网络，进入到千家万户，而那位名叫戴尔的年轻人，也成了美国最年轻的亿万富翁。

传统的销售方式，是根据需求预测生产出产品，然后通过代理商进行销售。这种方式非常依赖预测的准确性，有很大弊端。一旦预测有误，或渠道不畅，就会导致产品大量积压。

而戴尔直销模式，则是等客户下完订单，公司将订单信息送到零件厂家，厂家收到信息后立即将零件送到组装工厂，由工厂按客户要求定制产品。大约在一周时间内，产品就会送到客户手中。这种模式让客户能在很短的时间内，以更低的价格，买到量身订制的电脑。

这种直销方式可以说是革命性的，优势显而易见，然而其他公司却很难模仿，因为他们无法像戴尔这样，实现客户系统、零件生产、组装、发运这些流程的完美结合。

曾经有人质疑戴尔公司的巨大成功，认为他们在技术方面贡献不多。戴尔确实不是技术先锋，和微软、苹果、IBM 等以技术见长的大公司不同，戴尔不开发也不生产电脑零件，而只是负责改装和销售电脑。但他们发挥了自己在直销方面的优势，并建立起核心竞争力，从而赢得了广阔的市场。从实践的角度来分析，在明确界定的核心业务上积累市场力量，其核心竞争力不仅成为企业竞争优势的重要来源，也是企业成功扩张最可行的基础。许多失败的企业案例说明，偏离核心业务进行大规模扩张往往难以取得成功。

向强者和竞争者学习

学习是人类文明不断进步的根本原因，几乎找不出哪位顶尖运动员能不靠教练指导而有辉煌的成绩。独自摸索虽然也能够取得成功，但走弯路的时间与花费肯定是加倍的。但是向那些成功的竞争对手学习，能够把花费的时间和费用控制在一定范围内，更快速地获得成功。

20 世纪 80 年代，美国报纸曾经以"一个针孔价值百万美元"为大标题，竞相报道一个小发明。

发明的灵感来源于美国制糖公司解决糖变潮，在方糖包装盒上开一个小孔的方法。当时制糖公司每次把方糖出口到南美时，方糖都会在海运中变得潮湿，公司损失很大。为了克服这个缺点，他们邀请专家从事研究，但始终无法解决这个问题。

该公司有个工人，他也在动脑筋，希望能想出一个简单的防潮法。有一次，他终于发现在方糖包装盒的角落上戳个针孔，使它通风，便能达到防潮的目的。这位工人也因此获得了100万美元的报酬。

一位先生听了这个消息之后，希望自己也能够戳个洞防湿或防蒸汽，以获得专利权，于是他开始埋首研究。

锅盖已经有孔了，便器盖如果钻乱一定臭气冲天！他到处戳孔实验，竟发现在打火机的火芯盖上钻个小孔，可使普通注一次油只能维持10天的打火机保持50天之久。

这位先生感到异常惊喜，一连串实验与各种打火机的结果，证实每个钻孔的打火机，都能够灌一次油保持50天以上。

他马上申请专利，并以此专利获利颇丰。

创新，未必就是发明新东西；创新，也未必就是填补空白。作为企业家，应该从上述故事中学习到模仿创新或迁移创新的重要性。向强者学习，向成功者学习，可以大大降低我们学习的成本，使创新的过程少走弯路。

竞争是商业过程中的一场游戏，更是一种艺术，竞争者第一点是向竞争者学习，只有向竞争者学习的人才会进步。

在中国互联网业，腾讯横跨多个业务线，且都能做到行业前列。马化腾的成功源于他的学习。

在决定某项新业务在何时推出的时候，他考虑的是如何将企业自身的学习周期与该产业的生命周期进行协调，形成一个比较稳妥的扩张节奏，保证企业始终在当前业务与未来扩展之间建立一种平衡。这样的惯例，源自马化腾的学习力。虽然业界认为马化腾一直是靠抄袭取胜，但这种看法并不正确。

"微软、Google也是抄袭大王，从Windows到Office做的都是别人做过的东西。"对于落得"抄袭者"骂名，马化腾不以为然，"抄可以理解成学习，是一种吸收，是一种取长补短。"

不可否认的事实是，在IT领域确实如此，只要有好的东西就难免会被模仿、学习。马化腾并不止步于模仿，他更追求创新。"所以我不盲目创新，最聪明的方法肯定是学习最佳案例，然后再超越。"马化腾做得最成功的地方就是在模仿的基础上再创新，学习成功的榜样，做到谋定而动、后发制人。

马化腾向竞争对手学习是腾讯最大的竞争策略，也因此成就了腾讯今日的辉煌。马化腾告诉人们：学习，不仅能增加个人的知识储备，更是一个企业不断成长的关键所在。

在与竞争对手较量的过程中，既要有竞争意识，又要有合作观念。如果自己的企业确实做得不够好，就要低下头向其他公司合作学习，而且，也能从其他行业中学技术。所以说处在商业社会里面，就需要不拘一格来学艺，这样可以促使我们不断改进技术，争取行业中的领先地位。

商场如战场，作为创业者的你时时刻刻要面对竞争。但是，你有没有向竞争对手学习他们的出色之处呢？这绝对是对你自身气魄的挑战，但更是一个自我提升的良方。

精确把握客户需求，建立核心竞争力

市场考察对于企业的重要性不言而喻。但是，很多创业者尽管在表面上对市场进行了了解和分析，但实际上考察并不到位。由于对市场缺乏理性的分析，最终致使企业经营失败。企业经营的每一个步骤，尤其是企业的开创和业务的拓展，都离不开对市场的考察，正所谓"没有调查就没有发言权"。

真正智慧的创业者，在选择经商地点时，首要的一步便是考察市场，因为一个地方的自然条件、地理条件及各种政治、经济、文化、交通等因素对于各种经营的成败有着至关重要的影响。

1988 年，中国台湾顶新集团决定在大陆投资，但由于缺乏对大陆市场的了解，投资的几个项目均以失败告终。就在顶新集团董事长魏应行意欲退回台湾时，事情发生了转机。

一次，魏应行外出办事，因为不习惯火车上的盒饭，便带上了从台湾捎来的方便面。没想到这些在台湾非常普通的方便面却引起了同车旅客极大的兴趣，魏应行马上将面分给了他们。同车的旅客吃着热腾腾的面，直夸好吃，又方便又实惠。看到此情景的魏应行似乎有了某方面的灵感，他心里琢磨着：我怎么没有想到这个好项目呢?

这时的魏应行又自责又庆幸,自责的是自己没有对大陆市场进行彻底的调研,没有抓准大陆市场的真正缺口和需要,只一味地从自己的想当然出发,最终白白把精力和物力浪费在一些无关紧要的投资项目上。另一方面,他庆幸的是,自己在一些细节性的问题上细心,最终找到了在大陆开拓市场的希望,那就是在大陆投资方便面。

有了这个想法的魏应行立即付诸行动,他派人对整个大陆市场作了细致的调查,从各个地区的人口到他们的饮食习惯,再到他们的饮食规律。在品牌打造上,他也下了很大一番功夫,将产品定名为"康师傅"。因为"康"让人联想到"健康、安康、小康","师傅"让人联想到手艺精湛的专业人士,"康师傅"的形象是一个笑呵呵、很有福相的胖厨师,这些都十分符合大陆消费者的心理取向,特别具有感召力。功夫不负有心人,经过多年的发展,如今,康师傅已经成为中国内地方便面市场上的领导品牌。

顶新集团在投资大陆食品市场时,屡战屡败,屡败屡试。最终,凭借着对大陆市场的细致调研,还是在方便面上发现了商机,获得了飞速的发展。由此可知,企业的创业者在开拓市场时,除了要时时保持商业的敏感外,还要对市场进行充分调研,紧紧抓住客户的需求,用一双慧眼和一颗智慧的头脑,挖掘"柳暗花明"处的机遇。

企业如果想进军一个新的行业领域或在一个全新的地理区域安营扎寨,如果缺乏对市场的考察,无异于蒙着眼睛奔跑,最终在瞎跑乱撞中跌得头破血流。

那么,怎么提高企业准确把握顾客需求的能力呢?

首先,要贴近客户,深入实际。创业者最好把贴近顾客作为一种制度,在企业内部流程化,派专门的人员定期对顾客做一些调查。任何一个部门,如果业务不能直接接触顾客,就要创造让他们接触顾客的机会和方式,并建立下一个工序就是顾客的服务意识。

其次,创业者要建立顾客导向的组织,打通从顾客到顾客的端到端的流程。近些年来,国外企业中流行的集成产品开发 IPD 管理、产品经理制、客户经理制和专职的市场营销职能,都是贴近客户的有效手段。

再次,拜访客户,了解市场。创办企业、思考问题,一定要结合初创企业的实际情况和所处的大环境。拜访客户,了解市场,始终应排在创业者日程的最重要位置。深入理解顾客需求，随时把握市场变化，是创业者最重要的责任。企业家之所以成为企业家，首先在于他对市场有着最敏锐的感觉，当这种感觉开始迟钝的时候，企业离死亡就不远了。

中国本土 IT 企业比外国公司占有明显优势的地方，就在于本土的 IT 企业更了解中国用户的应用需求和用户习惯，从而更能把握市场发展的脉搏。

总之，为了提高企业的竞争力，完善企业的竞争策略，促进企业持续高速、稳定、健康发展，最基本的一点就是精确把握客户需求，只有敏锐地把握住目标客户的需求，比对手更快捷的反应和行动，才能提供更专业化的服务和管理，从而赢得客户。

企业的营销管理

创业者要把自己的企业推销出去

优秀的企业都是受消费者信赖的企业，都是在消费者心中有良好口碑的企业，而在这些为公众所熟知的企业中，成功的创业者都是他们最优秀的推销员。创业者总是能用最经济的成本把企业推销到目标市场，从而获得最大的品牌收益。

可口可乐并不是伍德鲁夫发明的，但是为什么他被美国人称为"可口可乐之父"呢？原因就在于他的商业智慧。1919年，伍德鲁夫的父亲用2500万美元高价，收购了当时已经面临财务危机的可口可乐汽水厂以及可口可乐专利权，创建了可口可乐公司。

从伍德鲁夫执掌可口可乐开始，可口可乐公司就开始了和奥运会长达80多年的合作，无疑，这是对公司最好的宣传。历史证明，伍德鲁夫在执掌可口可乐时期，把握到了最好的时机和最好的商机，仅凭借着和奥运会的合作，可口可乐迅速成为家喻户晓的饮料，并很快占据了市场。

但有些人认为，可口可乐并不是一种健康的饮料，伍德鲁夫也说过，"我们的可乐中，99.7%是糖和水，如果不把广告做好，可能就没有人喝了。"而他最擅长的手段就是"宣传"，用"宣传"的方式将可口可乐推销出去。

从1928年可口可乐成为奥运会的赞助商开始，80多年来，可口可乐一直和奥运会"捆绑"在一起。伴随着可口可乐为奥运会提供的合作费用越来越多的同时，它也一步步地成了世界上最贵的品牌。

创业者要学会把自己的公司和产品推销出去，可以研究一些公关策略。成都蛇口泰山公司利用其高超的公关策略，成功地把自己推向消费者，一度为其他企业所效仿。

1993年，"跳水女皇"高敏退役后打算以拍卖金牌的方式为自己的新事业筹措资金。当时，这件事情被媒体宣传得满城风雨，人尽皆知。就在人们翘首以待拍卖进行之时，成都蛇口泰山公司却出人意料地借台唱了一出戏。

该公司董事长兼总经理杨基新向外界宣布，因为不愿看到代表高敏和中国荣誉的金牌成为商品进入市场，所以该公司愿意出资80万元，请求高敏把金牌留在四川。

这是一个爆炸性新闻。一瞬间，人们的关注焦点便从高敏身上移到了这家刚成立一年、尚无名气的泰山公司上。但是由于高敏和天津克瑞斯公司已经签下了拍卖合同，所以无法接受泰山公司的要求。

为了尊重和支持高敏，泰山公司立即改变初衷，决定顺应"民意"，继续参加拍卖会，这一举动又赢得了观众的一片喝彩声。然而，令人奇怪的是，一直有着势在必得架势的泰山公司把价格抬至77万元时却忽然止步，使得金牌终归他人。

拍卖会结束以后，泰山公司向高敏跳水基金会捐款20万元。这个时候，人们才明白过来，原来这件事情从头到尾只不过是泰山公司精心导演的"公关"演出，目的就是把自己的公司推销出去，打响自己的名声。

在这场戏中，泰山公司唱得真真假假、虚虚实实，紧扣热点事件，使众多媒体不请自来，从而打响了企业的知名度，树立了良好的企业形象。

无独有偶，和泰山公司一样利用公众焦点事件进行自我推销的企业还有宁波金鹰集团。1995年，宁波金鹰集团以1380万元的天价买下了两只天安门城楼退役宫灯，这是当年中国拍卖市场上最著名的事件之一。由于媒体的大肆渲染，金鹰集团的知名度得到了很大的提高。

当有人问起总裁吴彪为何用如此的天价买下这对宫灯时，他说："我们首先认为这对宫灯是中国文物中的无价之宝，是新中国历史的见证。'金鹰'作为一个实力雄厚的集团，有义务保护好国家的文物。"事实上，金鹰的这一举动并不是一时的心血来潮，而是经过仔细权衡利弊、深思熟虑后所采取的一项公关活动。

金鹰集团借助人们保护文物的爱国情愫来感动社会大众。凭借这种感情的维系，赢得大众的关注，虽投入了巨资，但产出更多。有人算了这么一笔账，自中国嘉德国际拍卖公司向传媒发布一对天安门旧宫灯将被拍卖的消息后，国内外有近500家新闻媒体对此事进行了轰炸报道，但是假如金鹰刻意去做广告，宣传自己的话，投入上亿元的资金也许都不会产生这种效果。而且，它的这一豪举使人们毋庸置疑地相信："金鹰有实力，其商业价值更是不言而喻。"

通过上述案例，创业者可以看到，"借助热点或重大事件"是创业者把自己的企业推销出去的好办法。

当然，推销自己的方法还有很多，比如可以通过挑起争论性话题炒作自己，借竞争对手之危进行炒作等。无论何种方法，创业者的目的只有一个：把自己的品牌推销出去，把自己的企业精神推销出去，从而赢得更多的注意力，并使公众注意力转化为实际购买力，从而使企业获得最大的经济利益。

全球化的市场策略

不可否认的是，现在已经是全球化时代。这个时代，越来越多的国家和企业加入世界经济一体化；全球经济中心从发达国家向发展中国家迅速转移；互联网的发展，使沟通成本大幅降低，世界变得扁平，成了天涯若比邻的地球村，跨国协作更加通畅，富有效率；跨国贸易、投资及科技转移步伐的加快，使越来越多的本土企业有机会打入国际市场，同时，本土市场也成为全球市场的一个重要组成部分。

这是一个机遇与挑战并重的时代。网络科技的发展颠覆了许多传统的思维和经营模式，新产品开发的时间和产品的生命周期大大缩短，同时，多姿多彩的虚拟世界也创造了许多新的商业机会。这个时代，吸引着众多企业通过各种方式大踏步地迈开全球化的步伐。有远见的企业管理者从来不立足于一个地域来考虑问题，而是将企业放在全球发展平台来审视它的发展前景。

中星微就是中国企业全球化战略的突出代表企业。1999年，在北土城路的一个旧仓库里，中星微电子宣告成立。当时很少有人预见得到，这群年轻人会在国内芯片设计产业漫长的寒冬之后，设计出第一枚"中国芯"。8年后，中星微电子推出了超过1亿枚的"星光中国芯"，这个庞大的芯群体跳动在世界的各个角落，书写中星微电子的传奇经历。截至2007年以前，中星微电子成功占领了全球计算机图像输入芯片60%以上的市场份额，同时，其移动多媒体芯片已经被三星、LG、波导、TCL等国内外知名品牌的200多款手机采用。

中星微电子的首席技术官杨晓东博士指出："国外企业的知识产权先期布局是众所周知的，目前最好的办法就是在现有的技术上尽量进行广泛的二次开发，提高技术层次，并尽可能多地将研发成果权利化，以换取未来可能的交叉技术许

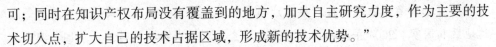

可；同时在知识产权布局没有覆盖到的地方，加大自主研究力度，作为主要的技术切入点，扩大自己的技术占据区域，形成新的技术优势。"

中星微电子的成功，有很多可供总结和借鉴的地方。两弹元勋、全国人大常委会前副委员长周光召院士曾给出这样的评价："在全球化环境下具有全球战略视野，中星微电子的战略考虑就是以弱胜强，在全球芯片列强林立的芯片市场选择了没有被这些强手占领的数字多媒体芯片。"中星微电子从一出世，就立足于国际市场，在国际大背景下寻找市场机会，最终获得成功，成为中国企业走出去的典范企业。

有些中国企业的全球化之路，是从区域性企业到出口商再到全球出口商，最后希望成为真正的全球化企业，华为走的就是这条路。

2007年华为共收入125.6亿美元，位列全球第五大电信设备经销商。早在1994年，当华为自主开发的数字程控交换机刚刚取得一定的市场地位时，任正非就预感到未来中国市场竞争的惨烈和参与国际市场的意义。这一年，华为第一次在北京参加国际通信展，1996年开始开拓国际市场。

华为首先瞄准的是深圳的近邻香港。1996年，华为与长江实业旗下的和记电信合作，提供以窄带交换机为核心产品的"商业网"产品，与国际同类产品相比，除价格优势外，它可以比较灵活地提供新的电信业务生成环境，从而帮助和记电信在与香港电信的竞争中取得差异化优势。这次合作中华为获得不少经验，和记电信在产品质量、服务等方面近乎"苛刻"的要求，也促使华为的产品和服务更加接近国际标准。

随后，华为开始考虑发展中国家的市场开拓，重点是市场规模相对较大的俄罗斯和南美地区。以俄罗斯为例，1997年4月华为就在当地建立了合资公司（贝托－华为，由俄罗斯贝托康采恩、俄罗斯电信公司和华为三家合资成立），以本地化模式开拓市场。2001年，在俄罗斯市场销售额超过1亿美元，2003年在独联体国家的销售额超过3亿美元，位居独联体市场国际大型设备供应商的前列。

2000年之后，华为开始在其他地区全面拓展，包括泰国、新加坡、马来西亚等东南亚市场以及中东、非洲等区域市场。特别是在华人比较集中的泰国市场，华为连续获得较大的移动智能网订单。此外，在相对比较发达的地区，如沙特、南非等也取得了良好的销售业绩。此后，华为开始在觊觎已久的发达国家市场上有所动作。在西欧市场，从2001年开始，以10G SDH光网络产品进入德国为起点，通过与当地著名代理商合作，华为产品成功进入德国、法国、西班牙、英国等发达地区和国家。2004年与西门子成立合资企业，又成功打入荷兰、泰国、澳大利亚等国家。

为了配合全球化战略，华为也在不断推进产品研发的国际化，华为在印度、美国、瑞典、俄罗斯以及中国的北京、上海和南京等地设立了多个研究所，8万多名员工中的43%从事研发工作。截至2008年6月，华为已累计申请专利超过29666件，连续数年成为中国申请专利最多的单位。华为在全球建立了100多个分支机构，通过这些机构引入国际先进的人才、技术，为华为总部的产品开发提供支持与服务。

全球化的浪潮无可避免，任何企业都必须走出去，而且要走得更稳，更远。创业者应该学习先进，像中星微和华为一样，能够让中国的产品、技术和品牌真正成为全球产业链中不可缺失的一环，从而为自己赢得更为广阔的市场发展空间和无限美好的发展前景。

营销是了解消费者的真正需求

以消费者需求为导向是市场营销的永恒主题。消费者永远都是没有错的，不要在产品卖不出去的时候找借口或者埋怨消费者，也不要在不能满足消费者需求时试图改造消费者接受你的产品。

企业要不断挑战产品和服务给消费者带来的效用。尤其是在当前，对于创业者来说，在产品营销方面，唯一的出路就是彻底转变思想，牢固地树立起现代市场营销的观念。最正确的营销不仅仅是将产品卖出去，而是要使产品充分满足消费者的需求和期望，有远见的创业者总是能最大限度地满足顾客的需求。如果创业者意识不到消费者需要什么样的产品和服务，企业的可持续发展就很危险了。

作为世界上最为重要的电信设备供应商之一，华为集团取得的成绩有目共睹。但是，华为总裁任正非常挂在嘴边的不是成就，而是危机。他在《华为的冬天》里写道：

"公司所有员工是否考虑过，如果有一天，公司销售额下滑、利润下滑甚至破产，我们怎么办？我们公司的太平时间太长了，在和平时期升的官太多了，这也许就是我们的灾难。泰坦尼克号也是在一片欢呼声中出的海。而且我相信，这一天一定会到来。面对这样的未来，我们怎样来处理，我们是不是思考过。我们好多员工盲目自豪、盲目乐观，如果想过的人太少，也许就快来临了。居安思危，不是危言耸听。"

正是这种危机意识，让华为的全体员工始终保持一种紧张状态。他们孜孜不倦地追求新知识、新技术，不断地进行市场调研，了解消费者的需求，不断开发新产品。

华为总裁任正非希望华为突破对单个产品的迷信和依赖，能够为客户提供"整体产品"。"整体产品"可以分解为基础产品、预期产品、附加产品、潜在产品4个层次，由客户的核心利益或核心价值整合到一起。任正非提出的整体产品思想，就是将华为投入浩瀚无边的客户市场，通过为客户提供完美的服务来决定华为的研发重点和走向。

因此，"为客户服务是华为存在的唯一理由。"为鼓励各部门员工积极收集高价值客户需求，从2006年开始，战略与 Marketing 体系专门设立了"最有价值需求奖"，并将定期开展评选活动。

从获奖需求的产生过程来看，高价值需求的发掘，往往需要敏锐的市场触觉，开阔的思维空间，不厌其烦地反复澄清细化。同时，高价值需求大多是集体智慧的结晶，依靠跨部门小组通力合作而成。

"关注客户的需求是华为得到全球运营商认可的关键，我们要认真地倾听来自客户的声音。"华为无线产品线总裁张顺茂说，"围绕客户的需求，通过创新的解决方案，为客户持续地创造价值，与客户共同成长是华为的发展战略。"

找到一个企业特定的位置很困难，这需要企业长期的自我观察，并在市场上与同类企业或产品进行比较。智慧的创业者应该向华为学习，从不考虑"我已经取得了什么"，而是"客户还需要我提供什么"。

"客户还需要我提供什么"符合了顾客满意理论。顾客满意（CS）理论是以消费者为中心时代的经典服务理念。它是指从顾客的需要出发，从产品结构、产品质量、销售方式、服务项目、服务水平等方面为顾客服务，满足顾客的各种不同的需要，使顾客完全满意。

如今，缺乏消费者意识是大多数创业者的通病。在企业的初创阶段，这是最严重的问题了，有时甚至会永久地阻碍新企业的发展。正如人们所说的"不是环境来适应你，而是你要去适应环境"，企业的产品和服务是由消费者决定的，而不是企业本身。企业在消费者面前，唯一要做的事情就是满足消费者的需求，适应消费者。

适应消费者需求，一般来说有两种情况：

第一种情况是消极被动适应法。就是简单地追随市场需求，紧盯着消费者的需求，走在消费者的后面，亦步亦趋。这种方式不能适应变化多端的消费者需求，也不能在根本上满足消费者需求。

第二种就是积极主动适应法。创业者在市场调研的基础上，把握消费者需求的现状及其变化趋势，走在消费者的前面，主动地操纵和引导消费者。因此，只有它才真正适应消费者的需求。

永远问客户还需要我提供什么，就是要求创业者在客户中找到自己的核心竞争力。核心竞争力是企业竞争力中那些最基本的能使整个企业保持长期稳定的竞争优势、获得稳定超额利润的竞争力，是将技能资产和运作机制有机融合的企业组织能力，是企业推行内部管理性战略和外部交易性战略的结果。

当一家创业公司在努力找到客户没有被满足的需求，并通过满足这一需求获得赢利时，企业的增长机制也就培养出来了。

以理性的营销面对消费者

随着居民生活水平的提高，消费者的物质追求也在不断提升，消费者的消费在逐步理性化，理性的消费者会对产品营销方式异常敏感，面对理性的消费者，创业者该采用怎样的营销方式呢？

春秋时代，楚国有个商人，专门从事珠宝生意。他的珠宝价格一直比较低廉，利润很少，所以，商人希望借助一些手段抬高自己珠宝的价格。偶然的机会，他发现卖丝绸的人都有一个漂亮的包装袋。转念一想，如果把珠宝也好好包装一下，价格肯定会上涨的。

一次，商人找了一些名贵的木材，又请了一个技艺高超的匠人，为珠宝做了一个非常漂亮的盒子。匠人把盒子雕刻得异常精致美观，并用香料把盒子熏得香气扑鼻。完工后，整个盒子看上去闪闪发亮，简直就是一件精美的工艺品。然后商人将珠宝放进盒子里，拿到市场上去卖。

漂亮的盒子一下子就吸引了大家的关注。很多人都围了上来，对盒子议论纷纷。这时来了一个郑国的买家，他看见装珠宝的盒子如此精美，爱不释手，问明价钱后，出高价买下了珠宝。

郑人交过钱后，把盒子里的珠宝取出来，还给了商人，拿着盒子走了。

这个"买椟还珠"的故事多数人都知道。卖珠宝的商人非常精明，为了卖掉珠宝，他利用精美的包装吸引消费者的眼球，借以抬高珠宝的身价。这是一种理性的市场营销手段，符合"经济人"追求利益最大化的条件。

但是，商人过分地强调商品的包装，以至于消费者只被表面包装吸引，而不管实质内容，会造成本末倒置。包装只是一种手段，目的是推销产品的，而因为完美的包装，商人把盒子卖出去了，却没有卖出自己的商品，这也是商人的尴尬之处。

在如今的生产经营过程中，类似楚国商人的行为也越来越多。随着人们对产品的要求越来越高，好的包装盒自然会引来更多消费者的关注。因此很多企业都相应地改革了包装设计，尤其在现代市场经营中，包装的创新和产品创新几乎处于同等地位。

当然，包装上的新意，往往会产生意想不到的作用。许多保健营养品，包装占了1/3，甚至更多，一个印刷精美的大盒子中并没有多少实用的东西。每年中秋节的月饼，大概包装会是月饼成本的几十倍，甚至更多。我们对商品进行包装的最初目的，是为了让自己的产品能够在众多同质化商品中脱颖而出，引起消费者的注意。

然而，创业者应当明白的是，过分重视包装而忽视产品本身，并不总能赢得消费者的认同。毕竟在商品买卖过程中，多数的消费者都是和商家一样，是追求利益最大化的"理性经济人"。

因此，对于创业者来讲，要想推销出自己的产品，还要在自己的产品上多下功夫。首先，可以注意产品的差异化。对于十分重视感官体验的消费者，产品一定要抓住眼球，营造良好的"第一印象"，如产品的颜色、触觉以及体现的艺术性等，给消费者带来持久的感官愉悦性。其次，可以强化服务，强化口碑效应。消费者在第一次购买产品产生了难忘的、积极的购物体验，就会自觉地把这个体验传达给其他人，正如人们选择格力空调，虽说他的质量是上乘，但更多的是看中它的服务。另外，创业者还要重视网络媒体，做好售前服务。网络作为"新生代"消费人群聚集的主流平台，具备极高的互动性。此时如何在网络中引导消费，显得极其重要。

理性的表层意思首先是相对感性而言，即理智而不盲动。消费者是理性的经济人，他们会以合乎理性的方式买到最实惠的商品。虽然有时候买家会在感情的非理性干扰下，短期内做出不符合"经济理性"的行为，但企业却不能因为消费者一时的不理性而以非理性的方式去刻意迎合。

理性营销更应该说是企业的一种营销心态，即以理性的心态去面对市场竞争所开展的营销行为。如果说在市场经济初期及以前的冲动能够较容易地造就一些英雄，那么，在市场经济日渐成熟且竞争日益激烈的市场环境里，现实已经证明，不理性的市场行为的后果是很可怕的。

理性营销，就是在"正确的时间做正确的事"，以及做好事前、事中、事后管理的计划性。鉴于市场竞争的激烈程度及变化因素的不确定性的增加，对于创业者来说，更长期的计划已不太现实，理性的企业表现在如何把目光放在当前的一段时期，而不是三五年以后的遥远时间。

尤其是在企业产品的营销过程中，更要注意适度与理性的原则，优秀的创业人能够着眼于企业核心产品的质量打造，然后制定可行的营销战略，而非一味依靠包装、广告的噱头推广企业产品，最终有可能偏离了营销目标原本的航道，使企业利益受损。

没有错误的价格，只有错误的消费群

产品价格的高低，是不同顾客的消费感受。消费者存在一个价格心理：高于自己预期的价位，产品价格就是高；低于自己预期的价位，产品价格就是低。

企业创业者应该从消费者价格心理看到一个潜在的规律：消费者对价格的反应与自己的消费能力有关。消费能力强的人，对高价格的承受能力就强；消费能力弱的人，总是期望所有的产品都是白菜价。所以，对于创业者的产品而言，没有错误的价格，只有错误的、不匹配的消费群。创业者要学会寻找自己的客户群，把产品投放在有消费能力的客户身上。

有一次，小刘和几个朋友一起到某处游玩。时值中午，他们来到游玩地点附近的一家西餐厅里用餐。小王是小刘的一个朋友，他拿着菜单看了半天，觉得上面的东西他都不喜欢，于是就询问服务生：你们这有汉堡吗？服务生回答说有。

小王看了看价格，有点不放心，说："做得好吃吗？要不是好吃的话，我可要拒绝付款呵。"尽管有点开玩笑的味道，服务生却认真地说："您尽管放心，我们餐厅是由英国名厨主理的，汉堡味道绝对纯正，保证您满意。"

过了一会，服务生将汉堡端上来。小刘和其他朋友一看，都赞不绝口。从厨师选用的面包、素菜、肉料和酱料，以及汉堡制作的外形和摆盘方式，都能堪称精致。小王满脸欣喜，急不可耐，可是在吃了几口之后，却不想再吃。服务生就站在旁边，小心翼翼地问：您觉得口味怎么样？小王毫不顾忌地说："很难吃，这样的汉堡居然还要88块，你去把你们的厨师叫来！"

很快，厨师被领了过来。厨师是一个英国人，不会说汉语，在翻译的帮助下，厨师向小王详细地介绍了汉堡的制作过程以及所用的材料，他保证这是最正宗的英国口味。看到他们如此认真，小王不好再说什么，虽然心中有所不满，但只好平静下来。待这位英国厨师走了之后，小王对小刘说：我就是觉得没有肯德基的汉堡好吃，下次我不会再来了。

这个汉堡到底有多难吃，大家都很好奇。小刘尝了尝，他觉得这个汉堡还不错，挺好吃的，但碍于小王的面子，他什么也没说。一周后，小刘再次去那个旅游景点时，专门来到这家西餐厅，他什么也没点，就点了两份汉堡。吃一份，带一份，他觉得这是他吃到的最好的汉堡。

这个事情为企业创业者带来了一个重要的启示：遇到适合产品的消费群，他会重复购买；如若消费者的需求特点与产品价值不符合，哪怕是再好的产品他也会觉得不好，再低的价格也会觉得高。

因此，企业创业者在设计产品之前，一定要锁定市场需求，根据市场需求进行产品开发。在产品投入市场之后，一定要找到产品的消费群体，在产品和消费群之间实现无缝对接。

顶级、神秘是爱马仕予人的印象。同时，它也是全球精品界中皮包平均单价最高、订制比率最高、在二手市场比新品还贵的唯一品牌。爱马仕力抗景气循环的秘密就在于将自己的产品稳固在金字塔顶端客层上。

爱马仕的精品强调，一对一的专属服务与沟通过程，不像大众产品，需要对上百万的消费者做广告。所以爱马仕不找明星代言，把资金直接投资在客户会接触到的产品、门市、员工身上。

在精品界中，纯手工制造已经不多，以定做、客制化为主诉求的品牌，更是稀少。而爱马仕铂金包则是包中之王！客人必须到门市下单，决定皮革、颜色、金属扣环后，再等上三五年才能拿到货，"梦幻包"封号不胫而走。

由于出货量受限，许多消费者无法等待，使得该包款在二手市场身价高涨。抓准有钱人不怕贵、只怕不特别的心态，爱马仕以定做打造独特性；而长达3年以上的制作期，刚好也分散财务风险。

爱马仕还成立特别订制部门，为客户量身定做皮件、水晶灯，甚至游艇、居家室内设计。总裁汤玛士提到，有位日本客人定做一件苹果造型，外覆皮革、内里衬银的容器，只为了每天带苹果上班吃。另有一位国际知名歌手，则定做6种不同颜色的鳄鱼皮夹克和吉他套。

爱马仕将营销重点，有效的围绕着顶级客层，培养出VIP的忠诚度，就是这个172年的品牌，打败不景气的秘密！

这个事例告诉创业者：只要是产品的目标消费群体，他最为在乎的是产品的品质，而不是产品的价格。只要找到真正需求产品的人，价格问题永远不是最大的问题。

渠道商是营销的重要途径

企业在创业初期，借助渠道商是营销的重要途径。世界营销大师科特勒认为，在现代经济社会中，中间商绝对不是可有可无的，它的存在将意味着营销方式的多样化和深层次。

企业、渠道、终端销售这三者是不可分割的一个整体，没有渠道多角度、多元化的销售方式，再好的产品也无法卖出理想的业绩。作为创业者，你一定要清楚自己的营销策略中渠道处于什么样的位置。企业采取恰当的渠道策略，建立一个稳固的渠道网络往往胜过任何广告与推销员。

TCL从成立至今，经历了很多的坎坷，甚至一度由于海外并购而陷入亏损，但不得不承认，TCL的发展是令人瞩目的。

多年来，公司不断推出适合市场需求的新产品，严格把好每一个产品和部件的质量关。TCL集团一直将市场视为企业的生命，提出并奉行"为顾客创造价值"的核心观念，赢得了广大的市场空间。TCL公司还十分重视建立覆盖全国的渠道分销服务网络，为顾客提供了优质高效的购买和保障服务。显然，经营产品的扩展，必须与营销渠道建设结合起来，这是一条重要经验。

TCL注意到了分销渠道的重要性。创造了"有计划的市场推广""服务营销"和"区域市场发展策略"等市场拓展新理念，建立了覆盖全国的营销网络，形成了自己的核心竞争力。

建立营销网络加快了TCL集团发展的步伐。TCL营销网络能够及时地发现市场、开拓市场、保障服务质量、有效进行品牌推广，并灵活适应市场变化。任何时候，TCL整个网络都能够迅速作出统一行动，进行价格统一调整，稳定公司的销售，并争取到市场的拓展。

TCL强大的营销网络吸引了国内外一些公司纷纷上门要求与TCL合作。健伍、NEC分别找上门来要求TCL代理其音响、手机。TCL营销网络不仅是TCL产品的"市场高速公路"，而且成了TCL最重要的一块无形资产。

可见，在企业发展过程中，渠道所发挥的重要作用。渠道的主要作用在于消除了产品服务与消费者之间在时间、地点和所有权上的差距，渠道成员在其中承担了许多关键的职能，为了渠道成员能起到真正的营销作用，企业经营者应慎重选择渠道，并对其进行监督和评价。

渠道与零售渠道之间一直是井水不犯河水，以三星推广560V液晶显示器为例，就不难看到三星在考虑各类渠道商利益分享上是何等细致。三星建立了专门的行业渠道，即专门向行业用户提供产品的销售渠道。

与零售渠道相比，行业渠道走的是量不大但技术先进、附加值高的产品。同时，行业渠道的销售商不仅仅是商人，更要精于技术支持。对于行业用户来说，购买时主观意愿相当强，不会为一些表面的促销活动所动，但对产品的各项技术指标则关心较多。一个行业渠道的销售人员必须具备相当的计算机专业知识，以便于推销和回答客户的种种疑问。

一般认为，渠道的选择分为普遍性分销方法、专营性分销方法和选择性分销方法3种。

1. 普遍性分销方法

这种分销被称为密集型分销。这是指企业广泛利用大量的批发商和零售商经销自己的商品。日常生活用品和标准化程度较高的商品，比较适用于这种方法。

2. 专营性分销方法

企业选择有限数量的中间商去经营他们的产品。专营性分销的极端形式是独

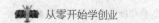

家经销，这种方法通常适用于高档、特殊的产品，或适用于使用方法复杂、需要较多销售服务的商品的推销。但是，采用这种策略也有风险，因为产销双方依赖性太强，一旦某中间商经营失误，往往使厂家蒙受巨大损失。

3. 选择性分销方法

此种方法介于普遍性分销方法与专营性分销方法之间。具体是指企业从愿意合作的众多中间商中选择一些条件较好的批发商和零售商去销售本厂的产品。这种方法适用于所有产品，但相对而言，对于高档选购品或精选特殊品更为适宜。

要想培育出在市场上最有战斗力的经销商队伍，对渠道商的管理远不是一套表格就可以实现的，其中还包括如何处理好渠道商之间的关系，如何定价、返点以及全国一盘棋，适时地进行宣传推广，并且让渠道商听从统一指挥，相互协同作战。创业者要学会妥善处理这些关系，不断完善和拓展企业的营销渠道。

低价策略促销售

低价在所有经营策略中永远都是最实在的一招，特别是现在，随着物价的上涨以及各种生活的压力使得消费者更加理性，采取低价是很多企业的必然选择。创业者在推销自己产品的时候，不妨在结合自己产品性质的情况下，坚持适度的低价策略。日本的大荣公司就是靠着这条路线长盛不衰的典范。

大荣公司原本只是一家小店，但是这家小店的主人中内功却是一个雄心勃勃的人，他的目标十分明确，就是要用"连锁经营法"壮大自己的事业。怎么壮大呢？在小店创立初期，中内功采取的就是"低价销售法"。因为大荣的商品比其他同类商品便宜，所以他的店内每天都挤满了顾客，货架上的货物每隔两小时就被抢购一空。

大荣商品低价的背后是中内功非常精心的策划。中内功积极地与产地合作，在国内畜牧业发达的地区投资牧场，采取委托经营的方式。这一招使他在通货膨胀的年代保证了大荣公司的繁荣发展。

为了保证货源充足，中内功建立了世界性的商品采购网，从来不依赖日本的商社，而是派采购员到世界各地寻找价廉物美的商品。比如冬笋，他会在春季去中国台湾采购，夏季在日本本土采购，秋季在加拿大和新西兰采购，冬季到美国加州采购。所以一年四季都能保证有新鲜、物美价廉的冬笋上架。

除了在世界许多地方设立采购站外，"大荣"还先后与许多大百货公司建立良好的业务合作关系，拓宽财路。

　　从1968年开始，"大荣公司"每年都会参加中国广州出口交易会，大量采购中国的廉价商品。在世界许多地方建立采购站的方式，不仅使大荣公司有了廉价又充足的货源，也能在最短的时间内得到最新最准的市场信息。同时培养和锻炼了自己的从业人员，也学习了别国的经验。比如当时美国刚兴起"超级市场"，大荣公司立即就发现了，并以迅雷不及掩耳之势开始建立超级市场。等两年后超级市场在日本一哄而起的时候，大荣公司的超级市场连锁店已经在日本遍地开花，占据了最有利的市场。

　　中内功就是用低价的策略，促进了自己的营销，从而赢得创业的胜利和以后大荣公司的辉煌发展。同样的，屈臣氏进入中国市场，也采取了低价策略。

　　能让都市时尚白领一族以逛屈臣氏商店为乐趣，并在购物后仍然津津乐道，有种"淘宝"后莫名喜悦的感觉，这可谓达到了商家经营的最高境界。经常可以听到"最近比较忙，好久没有去逛屈臣氏了，不知最近又出了什么新玩意……"，逛屈臣氏淘宝，竟然在不知不觉中成了时尚消费一族的必修课。作为城市高收入代表的白领丽人，她们并不吝惜花钱，物质需求向精神享受的过渡，使她们往往陶醉于某种获得小利后成功的喜悦，希望精神上获得满足。屈臣氏正是捕捉到这个微妙的心理细节，成功地策划了一次又一次的促销活动。

　　屈臣氏的促销活动每次都能让顾客获得惊喜，在白领丽人的一片"好优惠""好得意""好可爱"声中，商品被"洗劫"一空，积累了屈臣氏单店平均年营业额高达2000万元的业绩。

　　屈臣氏的促销活动不仅次数频繁，而且流程复杂、内容繁多，需要花很多的时间去策划与准备。2004年6月16日，屈臣氏中国区提出"我敢发誓，保证低价"承诺，并开始了以此为主题的促销活动，宣传"逾千件货品每日保证低价"。在这个阶段，每期《屈臣氏商品促销快讯》的封面都会有屈臣氏代言人高举右手传达"我敢发誓"的信息，到了2004年11月，屈臣氏做出了宣言调整，提出"真货真低价"，并仍然贯彻执行"买贵了差额双倍还"方针。一直到2005年8月，"我敢发誓"一周年，屈臣氏一共举行了30期的促销推广，屈臣氏的低价策略已经深入人心。

　　屈臣氏延续特有的促销方式并结合低价方针，淡化了"我敢发誓"的角色。

从 2007 年开始，促销宣传册上几乎是不再出现"我敢发誓"字样，差价补偿策略从"两倍还"到"半倍还"到最终不再出现。促销活动更加灵活多变，并逐步推出大型促销活动，如"大奖 POLO 开回家""百事新星大赛""封面领秀""VIP 会员推广"，将促销战略成功转型。

真理都是简单的，无论是大荣还是屈臣氏，它们制胜最厉害的法宝就是：守住低价这个根本，然后快速地占领消费者市场，进而大规模地快速复制。

在创业初期，为了尽快走入市场，赢得消费者的信赖，创业者可以结合自己企业的实际情况，采取适度的低价策略。